I0821452

Orthodoxie und Orthopraxie

Theodor Schneider

Orthodoxie und Orthopraxie

Glauben bekennen – Glauben leben

Herausgegeben und weitergeführt
von Bernd Jochen Hilberath
und Dorothea Sattler

Matthias Grünewald Verlag

VERLAGSGRUPPE PATMOS

PATMOS
ESCHBACH
GRÜNEWALD
THORBECKE
SCHWABEN
VER SACRUM

Die Verlagsgruppe
mit Sinn für das Leben

Für die Verlagsgruppe Patmos ist Nachhaltigkeit ein wichtiger Maßstab ihres Handelns. Wir achten daher auf den Einsatz umweltschonender Ressourcen und Materialien.

Bibliografische Information der Deutschen Nationalbibliothek
Die Deutsche Nationalbibliothek verzeichnet diese Publikation in der Deutschen Nationalbibliografie; detaillierte bibliografische Daten sind im Internet über http://dnb.d-nb.de abrufbar.

Verlagsgruppe Patmos in der Schwabenverlag AG, Ostfildern
www.gruenewaldverlag.de

Umschlaggestaltung: Finken & Bumiller, Stuttgart
Umschlagabbildung: Beatrix Claßen, Das große Blutbild, Acryl auf Holz; befindet sich im Privatbesitz von Theodor Schneider
Gestaltung, Satz und Repro: Schwabenverlag AG, Ostfildern
Druck: CPI books GmbH, Leck
Hergestellt in Deutschland
ISBN 978-3-7867-3223-5

Inhalt

Vorwort

Schüler und Schülerinnen werden irgendwann selbst älter. Sie haben – bei und trotz aller Prägung durch ihre Lehrerinnen und Lehrer – eigene Erfahrungen gesammelt. Das vorliegende Buch ist ein Zeugnis für diese allgemeine Lebensweisheit: Bernd Jochen Hilberath und Dorothea Sattler, wir beide bekennen uns dazu, in der Schule von Theodor Schneider gelernt zu haben, seine Theologie mit hoher Wertschätzung zu bedenken und auf unsere Weise heute neu zu verstehen.

Wir beide werden den Lernort unseres Denkens, die Universität Mainz, niemals vergessen können – vor allem nicht den Lehrer Theodor Schneider. Damals gab es noch eine Kreide-Tafel, vor der er stand. Heute gibt es andere Formen der Lehre. Eines bleibt gemeinsam: Die Anwesenheit einer Person bei der Vermittlung der Lehre bildet umfassender als Informationen über Sachverhalte, die durch Internet-Recherchen heute leicht überall und zu jeder Zeit zu finden sind. Damals wussten wir noch, wo Theodor Schneider an einem bestimmten Tag zur festgelegten Stunde anzutreffen war – und uns betroffen zurückließ, als er aus dem Hörsaal ging.

Die in diesem Buch dokumentierte erste Vorlesung von Theodor Schneider konnten wir beide nicht hören – damals waren wir zu jung bzw. am Beginn des Studiums und lebten an anderen Orten. Aber wir haben in der ersten Vorlesung von Theodor Schneider nach seiner Habilitation im Sommersemester 1971 in Bochum Themen wieder erkannt, die ihn begleitet haben und die auch uns ansprachen: das Leiden unter der Diskrepanz zwischen dem ethischen Anspruch im Namen der kirchlichen Institution und dem wirklichen, der Erfahrung entsprechenden Verhalten dieser »Großkirche«; die rational begründeten Anfragen der Religionskritik; die Erinnerung an den guten neuen Anfang mit Jesus in seiner Tradition des Judentums; die Einheit von Gottes- und Nächstenliebe; ein Begriff von der Wahrheit, für den das gelebte Leben im Vordergrund steht; ein Suchen nach einer kirchlichen Institution, die vor allem das österliche Evangelium verkündigen möchte. Schon damals hat Theodor Schneider Gedanken des von ihm zeitlebens hoch verehrten Karl Rahner aufgenommen, der auf das universale Wirken des Geistes Gottes vertraute. Wir haben beide in unseren späteren Forschungen Anliegen von Karl

Rahner in weitere Kontexte aufgenommen – vor allem in die Trinitätslehre und die Sakramententheologie.

Ja, es ist ein Wagnis, eine Vorlesung, die vor fünfzig Jahren gehalten wurde, erstmals zu veröffentlichen. Es war unser Wunsch. Äußerlich betrachtet, sind wir gewiss durch den 90. Geburtstag von Theodor Schneider dazu motiviert. Innerlich betrachtet, sehen wir dabei nicht nur die Möglichkeit, ein Zeitzeugnis für die offenkundig bald schon nach dem Zweiten Vatikanischen Konzil beginnenden Richtungsstreitigkeiten in der Römisch-Katholischen Kirche präsentieren zu können, sondern vielmehr auch gemeinsam einer Grundfrage nachzugehen, die zeitlos von Bedeutung bleibt: Wie kann es gelingen, dass eine theologische Lehre Folgen für das Leben in einer Glaubensgemeinschaft hat? Ist es zuweilen nicht auch umgekehrt: Das pastoral ausgerichtete Leben einer Kirche lässt dann Rückschlüsse auf ihre Lehre zu? Im Bereich der Liturgie ist diese Wechselwirkung am intensivsten bedacht worden: die »lex orandi« ist die »lex credendi«. Der im Gebet gelebte Glaube begründet eine geistliche Ordnung, die auch für die Lehrtradition Relevanz hat. Darf es beispielsweise sein, dass es einen Zwiespalt zwischen dem Zeugnis für die eschatologische Hoffnung für alle Geschöpfe und der Ansage einer Bedrohung durch Gottes Gericht gibt? Reicht es nicht aus, die eine Taufe als Grund des Glaubens zu feiern, um zumindest in pastoral begründeten Situationen auch miteinander die Eucharistie zu feiern?

Die damals von Theodor Schneider besprochene Thematik – das Verhältnis von Orthodoxie und Orthopraxie – ist gegenwärtig wieder von hoher Bedeutung. Es gibt heute eine große Offenheit für die Argumentation, es könne nicht eine wahre Lehre sein, was der Glaubensüberzeugung vieler Menschen widerspricht. Eine große Wertschätzung des »Sensus Fidei«, des Glaubenssinns der Gläubigen im Sinne des Zweiten Vatikanischen Konzils (vgl. LG 12), ist gegeben. Unverkennbar ist vor allem, dass mit allem Recht und starker Bedrängnis die Frage gestellt wird, welche moralische Autorität noch eine Institution beanspruchen kann, in der verantwortliche Personen Unrecht und Missbrauch mit leidvollen Folgen verharmlosen.

Die Bestimmung des Verhältnisses zwischen Orthodoxie und Orthopraxie ist sehr aktuell. Wir sind in der römisch-katholischen Kirche derzeit weltweit auf einem »Synodalen Weg«. Zu Beginn der 70er Jahre standen für Theodor Schneider die durch das 2. Vatikanische Konzil begründeten

Reformbewegungen in der römisch-katholischen Kirche im Mittelpunkt seines Interesses. Bald schon wurden diese Anliegen des Konzils bei der Würzburger Synode (1971–75), an der Theodor Schneider als Theologischer Berater und Mitglied der Sachkommission I (Glaubenssituation und Verkündigung) beteiligt war und in der Offiziellen Ausgabe der Synodenbeschlüsse die Einleitung zum Dokument »Unsere Hoffnung. Ein Bekenntnis zum Glauben in dieser Zeit« verfasst hat, ortskirchlich kontextualisiert aufgegriffen.

Die Lebenswege von uns beiden haben – bei aller bleibenden Verbundenheit – in unterschiedliche Richtungen geführt: Bernd Jochen Hilberath hat stärker fundamentaltheologische und interreligiöse Themen aufgegriffen; Dorothea Sattler hat Einzelfragen der christlichen Ökumene vertieft. Unsere Beiträge in diesem Buch sind der Versuch, die Grundthematik »Orthodoxie und Orthopraxie« in diesen Kontexten zu besprechen.

Wir möchten uns sehr gerne bei allen bedanken, die das Erscheinen dieses Buches ermöglicht haben: Yannick Selke, Münster, hat geduldig viel Zeit aufgewendet, um das Manuskript von Theodor Schneider aus dem Jahr 1971, das damals nicht zur Veröffentlichung vorgesehen war, vielmehr als eine sehr erwünschte Lernhilfe für die Studierenden bereit gestellt wurde, in eine Form zu bringen, die einer wissenschaftlichen Publikation entspricht. Dabei standen ihm David Guzu und Jan-Hendrik Mönch, beide Münster, zur Seite. Wir sind sehr dankbar, dass der Matthias Grünewald Verlag, mit dem Theodor Schneider seit langer Zeit aufgrund vieler Publikationen verbunden ist, unser Projekt gerne angenommen hat. Dem Lektor Volker Sühs danken wir für sein thematisches Interesse und die unkomplizierte Zusammenarbeit und Begleitung bis zur Veröffentlichung.

Theodor Schneider weiß um unser Vorhaben. Er hat sich gewünscht, dieses Buch, das anlässlich seines 90. Geburtstags am 22. Mai 2020 von uns vorbereitet wird, mit einem Gemälde (Acryl auf Holz) von Beatrix Claßen zu schmücken. Mit dieser Künstlerin, die heute in Mülheim/Ruhr lebt, ist Theodor Schneider seit seiner Zeit als Kaplan an Sankt Augustinus in Essen-West freundschaftlich verbunden. Theodor Schneider besitzt das Original aus dem Jahr 1998. »Das große Blutbild« – so der Name, den er der Darstellung gegeben hat – zeigt eindrücklich, welchen

Zusammenhang wir zwischen der Person Jesu Christi, seiner Gabe des Blutes gegenwärtig in der Eucharistie und dem Martyrium der Blutzeuginnen und Blutzeugen bis heute sehen: Eine menschliche Gestalt, der Gekreuzigte, gibt sein Leben für die Vielen – und viele folgen ihm nach bis in den eigenen Tod – in der Hoffnung auf ewiges Leben.

Tübingen / Münster, am 23. Februar 2020 – am Tag, an dem Theodor Schneider vor 64 Jahren in der romanischen Basilika St. Heribert in Köln-Deutz von Kardinal Josef Frings zum Priester geweiht wurde

Bernd Jochen Hilberath und Dorothea Sattler

Theodor Schneider

Orthodoxie und Orthopraxie Glauben bekennen – Glauben leben

§1 Die Fragestellung

1.1 Schlagwort, angezieltes Dilemma und Begrifflichkeit

Sie kennen die Karikaturen und allegorischen Darstellungen am Jahreswechsel, zu Beginn eines neuen Jahres, in denen das beginnende Jahr als kleines Kind dargestellt wird, das erst ganz am Anfang seiner Laufbahn, seiner Lebensbahn steht. Wenn man dieses Bild auf das Semester anwenden will, das soeben begonnen hat, wenn man also das noch ganz junge Sommersemester 1971 als einen Säugling betrachtet, dann wäre unsere Vorlesung, die hiermit beginnt, mit einem nochmaligen Deminutivum zu versehen, dann wäre sie gewissermaßen noch im embryonalen Zustand, kaum in statu nascendi, eher in expectatione status nascendi, in gespannter Erwartung des Hervorgebrachtwerdens. Angesichts dieses Vorganges hoffe ich für Sie und natürlich auch für mich, dass ein kräftiges und gesundes Kind dabei herauskommt!

1.1.1 Ein sozialkritischer Text von Kurt Tucholsky[1]

Von diesem Bild her müsste es jetzt eigentlich ohne große Schwierigkeiten möglich sein, den Übergang zu finden zu einem Text von Kurt Tucholsky, in dem er ein Kind noch vor der Geburt, angesichts des eigenartigen Verhaltens der Umwelt, eine kurze Reflexion anstellen lässt. Einige von Ihnen werden Kurt Tucholsky näher kennen, jenen geistreichen Spötter und Sozialkritiker aus Berlin, der 1935 in der schwedischen Emigration freiwillig aus dem Leben schied, der in einem fingierten Schulaufsatz über den Menschen schrieb:

> »Der Mensch hat zwei Beine und zwei Überzeugungen: eine, wenns ihm gut geht, und eine wenns ihm schlecht geht. Die letztere heißt Religion. […] Wenn der Mensch fühlt, daß er nicht mehr hinten hoch

1 | Vgl. zu diesem Kapitel: *Kurt Tucholsky*, Gestern Morgen, 126.
In den Anmerkungen erscheinen nur Kurztitel. Die vollständigen Angaben stehen im Literaturverzeichnis.

> kann, wird er fromm und weise; er verzichtet dann auf die sauern Trauben der Welt. Dieses nennt man innere Einkehr.«[2]

Dieser bissige und auch – wie Sie merken – dem Christentum gegenüber sehr skeptische Tucholsky hat 1927 einen kurzen Text geschrieben unter der Überschrift *Die Leibesfrucht spricht.*

> »Für mich sorgen sie alle: Kirche, Staat, Ärzte und Richter. Ich soll wachsen und gedeihen; ich soll 9 Monate schlummern [...] sie wünschen mir alles Gute. Sie behüten mich. Sie wachen über mich. Gnade Gott, wenn meine Eltern mir etwas antun; dann sind sie alle da. Wer mich anrührt, wird bestraft; [...] ich bin eine kostbare Sache. Für mich sorgen sie alle: Kirche, Staat, Ärzte und Richter. Neun Monate lang. Wenn aber diese neun Monate vorbei sind, dann muß ich sehn, wie ich weiterkomme. Die Tuberkulose? Kein Arzt hilft mir. Nichts zu essen? keine Milch? – kein Staat hilft mir. Qual und Seelennot? Die Kirche tröstet mich, aber davon werde ich nicht satt. Und ich habe nichts zu brechen und zu beißen, und stehle ich: gleich ist ein Richter da und setzt mich fest. Fünfzig Lebensjahre wird sich niemand um mich kümmern, niemand. Da muß ich mir selbst helfen. Neun Monate bringen sie sich um, wenn mich einer umbringen will. Sagt selbst: Ist das nicht eine merkwürdige Fürsorge – ?«[3]

Soweit Tucholsky.

Sie sollten dieses Zitat und die Tatsache, dass ich es Ihnen bringe, jetzt nicht missverstehen. Es geht keinesfalls um die Freigabe der Abtreibung. Es geht Tucholsky um die Frage, ob hier nicht ein eigenartiges Missverhältnis bestehe zwischen einem Grundsatz und seiner Beachtung und Anwendung. Es geht um die Frage, wie das Prinzip: das menschliche Leben ist ein kostbares, auf alle nur mögliche Weise zu schützendes Gut – wie dieses Prinzip auf die Wirklichkeit hin Anwendung findet. Mit welcher Konsequenz, mit welcher Intensität, in welcher Vollständigkeit hier die Verbindung von Theorie und Praxis versucht wird. Nicht dass man sich in der ersten, kurzen Phase so viel kümmert, sondern dass man sich in der zweiten, längeren Phase so wenig kümmert, dort liegt ja die Spitze der Aussage. Tucholsky äußert also den Verdacht, dass auf diesem

2 | *Kurt Tucholsky*, Mensch, 882 f.
3 | *Kurt Tucholsky*, Leibesfrucht, 126.

Gebiet, in der Frage der Bewertung des Lebens, beim Schutz und der Ermöglichung menschlichen Lebens, eine Inkonsequenz sich breitgemacht hat, eine befremdliche Einseitigkeit und Kopflastigkeit des Verhaltens amtlicher Organe. Man kann gewiss nicht sagen, dass nach Auschwitz, nach Dresden, angesichts von Vietnam und Ostpakistan die Frage nach dem Wert und dem Schutz des menschlichen Lebens weniger dringlich geworden ist, und man wird nicht umhin kommen, zuzugeben, dass hier eine grundsätzliche Frage angesprochen ist, die in Bezug auf das hilflose und wehrlose Menschenleben im Mutterleib eine nochmalige Zuspitzung erfährt. Aber man wird auch nicht sagen können, dass die KZ-Häftlinge angesichts der Gaskammern, die Dresdener angesichts der englischen Bomber, die vietnamesischen Kinder angesichts von Napalm weniger hilflos und wehrlos gewesen seien als ein Ungeborenes.

Dennoch geht es mir an dieser Stelle jetzt nicht um eine inhaltliche Diskussion, um eine Bewertung oder Beurteilung der Richtigkeit der Kritik von Tucholsky. Es ging mir bei diesem Zitat darum, an einem Bild, an einem konkreten Thema, an einem Ausschnitt – an einem recht zufälligen Ausschnitt sogar – einen ersten allgemeinen Eindruck hervorzurufen von der Thematik, mit der wir uns in diesem Semester befassen wollen. An diesem Aufhänger, diesem kurzen sozialkritischen Text ist nämlich genau jenes formale Gerüst erkennbar, das auch unsere Überlegungen tragen und bestimmen soll, die Spannung zwischen christlichen Grundsätzen und ihrer Verwirklichung und tatsächlichen Kraft – die Spannung zwischen christlicher Lehre und christlichem Leben, die Spannung zwischen Worten und Taten, die Spannung zwischen Anspruch und Wirklichkeit, die Spannung zwischen Forderung und Leistung, das Verhältnis von christlicher Theorie und christlicher Praxis, das Verhältnis von kritischer Reflexion und verantworteter Aktion, das Bedingungsverhältnis von Entwurf und Ausführung, die richtige Akzentsetzung im Verhältnis von Lehre und Leben, im Verhältnis von Glaubenswort und Glaubenstat.

Denn genau dieses spannungsvolle Zueinander verbirgt sich hinter unserem schlagwortartigen Titel, der einem Außenstehenden vermutlich wie theologisches Partei-Chinesisch vorkommt: *Orthodoxie und Orthopraxie.*

1.1.2 Die augenblickliche innerkirchliche Stimmungslage[4]

Mir scheint, dass das angesprochene Spannungsverhältnis ein Feld absteckt, auf dem sich gerade heute für viele Christen, besonders für viele junge Christen, erhebliche Probleme ergeben. Ich würde nicht behaupten, dass diese Problematik absolut neu ist, aber vielleicht ist doch kennzeichnend für die Lage der Kirche in unseren Breiten anfangs der siebziger Jahre, dass ein starkes Bewusstsein vorhanden ist von einem massiven Missverhältnis zwischen dem, was Kirche und Christen eigentlich sein und tun sollten, und dem, was sie tatsächlich sind und tun. Die augenblickliche Stimmung in der nachkonziliaren Kirche Deutschlands und wahrscheinlich darüber hinaus ist gefärbt von einer gewissen Enttäuschung und sogar Resignation. In Gesprächen mit Einzelnen von Ihnen fällt mir auf, wie häufig man sich dieser allgemeinen Enttäuschung von der Kirche zu entledigen sucht durch die grundsätzliche Überlegung, das Studium der Theologie aufzugeben, die Befassung mit dem Glauben beiseitezuschieben, um der Redlichkeit und Ehrlichkeit willen – so heißt es – die Mitgliedschaft in der Kirche aufzugeben, aus der Institution Kirche auszutreten.

Nun kann ich mich zwar des Eindrucks nicht erwehren, dass *aus-der-Kirche-austreten* im Augenblick den *Duft der großen, weiten Welt,* das Flair des Modischen an sich hat und dass solche Überlegungen oder der tatsächliche Schritt manchmal dazu herhalten müssen, eine Art quasiemanzipatorischer Selbstbestätigung zu vollziehen – zu fragen wäre in solchem Zusammenhang natürlich immer auch, welcher Art die Erwartungen und Hoffnungen denn waren, denen man sich hingegeben hat. Zu fragen wäre, ob wir nicht in entscheidenden Punkten in einer kurzatmigen Weise gerade aufgrund eines echten Engagements doch einer Illusion nachgelaufen sind, der Utopie einer raschen, grundlegenden und allgemeinen Umwandlung der Christenheit und durch sie der menschlichen Gesellschaft gehuldigt haben. Ich will sagen, dass in solchen mühsamen Gesprächen immer auch eine gehörige Portion Irrationalität, Kurzsichtigkeit zutage treten und die Neigung zu gewaltsamer Flurbereinigung. Aber all diese Vorbehalte können doch nicht darüber hinwegtäuschen, dass die Kirche als gesellschaftliche Größe, als Institution, als offizielles Gebilde zurzeit ein denkbar schlechtes Image hat. Nun ist ge-

4 | Vgl. zu diesem Kapitel: *Frans Haarsma / Walter Kasper / Franz-Xaver Kaufmann*, Kirchliche Lehre.

wiss Beifall der Massen noch kein Ausweis für richtiges Verhalten. Aber das Abflauen und Zusammensacken großer Erwartungen, die an die Kirche vor Beginn und während des Konzils geknüpft wurden, geht keineswegs nur zu Lasten der enttäuschten Christen und Nichtchristen, beruht durchaus nicht nur auf der Böswilligkeit der öffentlichen Meinung, sondern ist weithin begründet im kirchlichen Verhalten selber. Zwar bringt es der allgemeine Charakter der Information durch die Massenmedien mit sich, dass ein einseitiges und manchmal irreführendes Bild dadurch entsteht, dass alles bewusste christliche Leben (die vielen Kreise junger Familien, die lebendigen Gruppen engagierter junger Christen, der selbstlose Einsatz und die echte Gesprächsbereitschaft auch im Klerus und zwar auf allen Ebenen, die Fortschritte in der Ökumene, die wirklichen Aufbrüche auch in Südamerika, auch in Spanien, auch auf den Philippinen), dass all dies sich selbstverständlich Gebende weniger Publizität erhält als offizielle, manchmal recht seltsame Verlautbarungen aus Rom oder von Seiten der Bischöfe.

Das schlechte Image der offiziellen Kirche hat unter anderem seinen Grund wohl darin, dass eine gewisse *Phasenverschiebung* sich auch in die nachkonziliare Kirche hinein fortsetzt. Papst Johannes XXIII. meinte mit seinem *Aggiornamento* doch, dass wir Christen hinter der Zeit, hinter dem Heute zurückgeblieben waren. Ganz gleich, wie man die Leistung des Konzils in dieser Hinsicht beurteilt und bewertet, es ist wohl nicht zu leugnen, dass eine Phasenverschiebung immer noch besteht, insofern als unsere heutigen Probleme als Christen des Sommers 1971 und als Christenheit innerhalb der hektischen Welt sich nicht einfach mehr mit dem Themenkatalog des letzten Konzils abdecken lassen. So notwendig die Besinnung der Kirche auf ihr Selbstverständnis und die daraus sich ergebenden Veränderungen gewesen sein mögen, so sicher führt es zu wirklichen Enttäuschungen, wenn die Kirchenleitungen, die Theologie und die einzelnen Gemeinden heute sich damit begnügen, Ausführungsbestimmungen zum Zweiten Vatikanum zu entwerfen und zu erlassen. Das zunehmende Tempo in der Bewegung der Menschheit macht sich auch hier ganz erheblich bemerkbar, so dass eine Mischehengesetzgebung etwa, die 1965 als ein wirklicher Schritt nach vorn erschienen wäre, 1970 schon als sehr verspätet ins Ziel kommt. Und wenn man soeben hört, dass eine römische Behörde, also eine auf Weltebene fungierende Institution, Bestimmungen erlassen hat, wonach in Zukunft bei kirchlichen Trauungen keine unangemessene weltliche Musik mehr erklingen soll und unter anderem das Largo von Händel und der Hochzeitsmarsch aus Wagners Lohengrin verboten sein soll, dann mag das von der Sache her sinnvoll und begründbar sein, es gerät dennoch hart an die Grenze des Lächerlichen, und ich könnte jeden gut verstehen, der angesichts dieser Rundfunkmeldung geseufzt hat: *Eure Sorgen möchte ich haben!*

1.1.3 Die römische Kongregation für die Glaubenslehre[5]

Wir sprachen, recht unsystematisch natürlich und auch etwas zu hastig, von der Stimmung der Enttäuschung unter vielen Gläubigen, die mitverursacht ist durch ausbleibende praktische Schritte und erwartete Reformen.

In diesen Zusammenhang gehört wohl auch die im Februar dieses Jahres veröffentlichte neue Geschäftsordnung für das *Heilige Offizium*, die ehemalige Inquisitionsbehörde, die oberste Glaubensbehörde, die seit 1965 den offiziellen Titel *Kongregation für die Glaubenslehre* trägt. Vielleicht haben Sie selbst den ganzen Vorgang ein bisschen mitverfolgt, bei dem es um Fragen geht, die zwar in einem speziellen, aber doch sehr direkten Sinn mit unserem Thema zu tun haben, mit dem rechten Glauben und dem rechten Verhalten, mit *Orthodoxie und Orthopraxie*. Ende 1968 hatte sich eine große Zahl namhafter Theologen mit genauen Vorschlägen nach Rom gewandt, wie eine Prüfung beanstandeter theologischer Lehren sachgerecht durchgeführt werden könne, so dass allen Beteiligten Recht widerfährt und die strittige Frage auf eine Art zur Klärung gebracht wird, die gerade auch den Betroffenen hört und ernst nimmt. In ersten Stellungnahmen zu der nun probeweise eingeführten neuen Geschäftsordnung wird von Fachleuten vor allem die Möglichkeit von sogenannten außerordentlichen Verfahren beanstandet, weil damit über eine Hintertür die bisherige undurchsichtige, geheime Praxis gerettet werden kann. Im sogenannten außerordentlichen Verfahren, das hoffentlich nicht zum regelmäßigen wird, ist einem Autor, dessen Lehre als heterodox beanstandet wird, keine echte Verteidigungsmöglichkeit eingeräumt. Nicht einmal ein amtlicher Berichterstatter nimmt den Autor und seine Lehre förmlich in Schutz. Und selbst beim ordentlichen Verfahren er-

5 | Vgl. zu diesem Kapitel: *Johannes Neumann*, Glaubensschutz, 40–42. *Leo Waltermann* (Hg.), Rom.

fährt der zuständige Bischof und der Autor von der Tatsache und dem Ergebnis einer Untersuchung in der Regel erst, wenn ein erstes vorläufiges Urteil bereits feststeht. Jedenfalls sind entscheidende Forderungen der Theologen nach einer wirklichen Transparenz eines Untersuchungsverfahrens ihrer Orthodoxie noch nicht berücksichtigt. So erhält zum Beispiel der Betroffene kein Recht auf Akteneinsicht in die Voten der Gutachter und die Stellungnahme des sogenannten *Anwalts*.

Angesichts dieser Tatsache wirkt eine Äußerung eines Beamten der Glaubenskongregation fast wie ein ironischer Kommentar. Sie ist in etwas anderem Zusammenhang gesprochen, aber vielleicht doch nicht untypisch. Man findet sie in dem interessanten Buch von Leo Waltermann, *Rom, Platz des Heiligen Offiziums Nr. 11*, in dem er Beamte der Glaubensbehörde interviewt, das Gesagte dann kommentiert und mit Dokumenten versieht, unter anderem auch mit dem Fragebogen, der Msgr. Illich aus Mexiko vorgelegt wurde. Auf eine Frage Waltermanns nach der Kurienreform antwortete Msgr. Lanciotti: »Die Aufgaben der Kongregation sind die gleichen geblieben. Nichts ist geändert worden. Früher wie heute verteidigt die Kongregation für die Glaubenslehre den Glauben und die Sitten«[6].

Lassen sich Glaube und Sitten verteidigen mit mehr oder weniger inquisitorischen Maßnahmen?

Mit diesen Beispielen möchte ich keineswegs Ihre etwaige Skepsis gegenüber der augenblicklichen Lage der Kirche vertiefen und Ihre schlechte Stimmung noch mehr verdüstern. Andererseits ist in unserer konkreten Situation (wie eigentlich zu jeder Zeit) nichts so wichtig wie eine möglichst nüchterne, illusionslose, dem tatsächlichen Sachverhalt angemessene Beurteilung der Lage. Dazu gehört einerseits, das wissen Sie wie ich, dass es in der Kirche eine Möglichkeit geben muss, zu sagen, dies und das ist unser Glaube und dies und das ist unser Glaube nicht, die Möglichkeit, den rechten Glauben, die Orthodoxie zu benennen, denn eine solch grundlegende Entscheidung, wie die zu einer christlichen Existenz, kann sich nicht auf Vermutungen und fromme Meinungen stützen.

Und insofern sich ein solcher Vorgang in der Kirche aus Menschen abspielt, in der greifbaren und gesellschaftlich verfassten Gemeinschaft

6 | *Leo Waltermann* (Hg.), Rom, 20.

der Gläubigen, so ist auch von vornherein damit zu rechnen, dass dieser Vorgang der zeitgemäßen Umschreibung des rechten Glaubens und des rechten Handelns gesellschaftlich greifbar, institutionalisiert auftritt. Zum Selbstverständnis der Kirche gehört eben ganz eindeutig auch das Bekenntnis, und zwar ein formulierbares Bekenntnis, gehört die Möglichkeit, den Bezugspunkt unserer gläubigen Existenz mit Worten zu umschreiben und zu benennen, und im Zusammenhang damit auch so etwas wie ein *Lehramt*, wie immer es sich auch im Einzelnen konkret vollziehen mag. Nicht darum geht es also, Bekenntnis oder Lehramt grundsätzlich infrage zu stellen, sondern darum, das komplizierte Beziehungsverhältnis in den Blick zu nehmen, das zwischen Glaubens-Wort und Glaubens-Wirklichkeit, zwischen Aussage und Ausführung auch im Bereich des Christlichen besteht. Schon der Versuch, das Selbstverständnis des christlichen Glaubens deutlich, verständlich und verbindlich zu formulieren, ist insgesamt ein viel komplizierterer Vorgang als römische Beamte ihn sich vorstellen mögen. An diesem Prozess der Wahrheitsfindung und der Bewusstwerdung des eigenen Selbstverständnisses haben ja alle Gläubigen auf ihre Weise teil, der Glaubenssinn der Gesamtkirche, die konkrete Erfahrung der einzelnen Christen, die wissenschaftliche Arbeit der Theologen sowie die bischöflichen Amtsträger und der Inhaber des Petrusamtes.

Und dieser so beschriebene Glaube ist der Glaube von Menschen, die in einer bestimmten Zeit unter bestimmten Bedingungen das zu leben versuchen, was allen Menschen aller Zeiten als heilshafte Möglichkeit des Selbstvollzuges angeboten ist. Aussage und Vollzug, Glaube und konkretes Verhalten sind also nicht einfach voneinander trennbar in Sätze und ihre Anwendung. Der Einzelchrist wie die Kirche als Ganze sind hineingeflochten in den verwickelten Prozess der Menschheitsgeschichte. Angesichts der Tatsache, dass die Probleme der Menschen sich wandeln und in den verschiedenen Epochen der Geschichte erheblich differieren, spitzt sich dieser Sachverhalt im ethischen Bereich enorm zu. Die Frage: Was muss ich tun, wie muss ich mich als Christ verhalten?, lässt sich also nicht einfach aus einem abstrakten Bekenntnis beantworten, sondern nur aus der Konfrontation unseres Bekenntnisses mit der konkreten Problematik heraus. Wichtig ist es deshalb, zunächst einmal die Vielschichtigkeit der Sachlage überhaupt zu sehen und nicht durch gewaltsame Vereinfachungen zur einen wie zur anderen Seite hin zu vergröbern und zu verfälschen. Wenn man sich auf behördlicher Seite auf möglichst klare, eindeutige, zeitlos gültige Sätze über Glauben und Sitten zurückziehen möchte, mag das verständlich erscheinen, denn es erleichtert scheinbar das Verfahren, aber es trifft dann oft nicht mehr die Wirklichkeit.

Ebenso wenig entspricht es den tatsächlichen Gegebenheiten, wenn man etwa auf der anderen Seite mit dem Schlagwort von der *normativen Kraft des Faktischen* operiert. Es ist zwar scheinbar leichter, ohne große Reflexion das zu tun, was *man* tut, aber ein bestimmtes Verhalten ist eben nicht schon deshalb richtig, weil ich es bei sehr Vielen beobachte. Eine in theoretischer Reflexion nicht begründbare und motivierbare Aktion wäre blinder, unverantwortlicher Aktivismus, der höchstens Zufallstreffer erzielt. Eine Theorie andererseits, die über aller Wirklichkeit schwebt, allen Bezug zu den konkreten Gegebenheiten des menschlichen Lebens und der Zeitnöte verloren hat, wird nicht zu Unrecht mit den Worten *Elfenbeinturm, Wolkenkuckucksheim* oder *ideologischer Überbau* beschrieben. Beim Thema Orthodoxie und Orthopraxie geht es um ein kompliziertes Spannungsverhältnis und Bedingungsverhältnis zwischen christlicher Theorie und christlicher Praxis.

Nach dem groben Anklingenlassen der augenblicklichen Stimmungslage und nach einer knappen ersten Beleuchtung des komplizierten sachlichen Hintergrundes ist nun doch wohl ein genauerer Blick auf die Worte, auf die Begrifflichkeit angebracht, derer wir uns hier bedienen.

1.1.4 Die Wortbedeutung von Orthodoxie[7]

Sie haben gewiss auch schon gemerkt, dass die Wortbildung *Orthodoxie und Orthopraxie*, die in dieser Kombination meines Wissens zuerst Johann Baptist Metz vor einigen Jahren in die Debatte geworfen hat, eine sprachlich-grammatisch unkorrekte Zusammenstellung ist, die auf der Basis einer rein lautlichen Analogie erfolgte: Dem geläufigen Wort Orthodoxie (Rechtgläubigkeit) wurde eine analoge Bildung Orthopraxie (Rechtverhalten) an die Seite gestellt. Mit dieser Formulierung hat auch Otto Semmelroth seinen Aufsatz überschrieben, den er vor zwei Jahren in *Geist und Leben* veröffentlichte.

Von Orthodoxie und Orthopraxis spricht hingegen Piet Schoonenberg in

7 | Vgl. zu diesem Kapitel: *Otto Semmelroth*, Orthodoxie Orthopraxie, 359–373. *Karl Rahner*, Antwort Theologen, bes. 9–34.

dem 1968 veröffentlichten Patmos-Paperback *Die Antwort der Theologen*. Er benutzt also das uns geläufige und in ähnlichen Zusammenhängen auch gebräuchliche Wort Praxis, wodurch sich allerdings eine erneute Verschiebung ergibt, denn das geläufige Pendant zu Praxis ist Theorie und nicht Doxie. Aber eine Wortbildung Orthotheorie würde das Gemeinte bis zur Unkenntlichkeit verfremden und erst recht zu einer Geheimsprache ausarten. Es soll hier ja auch gar nicht um eine neue Begrifflichkeit gehen oder um eine theologische Sprachregelung. Das Schlagwort ist zweitrangig, das mit ihm Gemeinte ist Thema unserer Vorlesung. Darüber allerdings müssen wir uns genau verständigen.

Für manche von uns verbindet sich mit dem Wort Orthodoxie zunächst wahrscheinlich der Gedanke an die östlichen Kirchen: Orthodoxe Kirche, orthodoxe Theologie, zusammengefasst als die *Orthodoxie*. Orthodoxie ist in diesem Sinne ja zu einer Art Konfessionsbezeichnung geworden, die zwar dem Selbstverständnis der östlichen Christenheit entsprungen ist, der Überzeugung, dass bei der ersten großen Kirchenspaltung dort der wahre Glaube, die Rechtgläubigkeit ihre Heimat behielt. Aber diesen eigentlichen Wortsinn lässt Orthodoxie neben Katholizismus und Reformationskirchen kaum noch durchschimmern. Ähnliches ist da vor sich gegangen wie bei dem Wort *Katholisch*, das, entgegen seinem Wortsinn – καθόλον, über den ganzen Erdkreis hin, allumfassend – eher zu einer Konfessionsbezeichnung wurde, so dass es den evangelischen Christen fast unmöglich erscheint, im Glaubensbekenntnis in einer angestrebten Einheitsübersetzung zu beten: Ich glaube an die eine heilige *katholische* Kirche und stattdessen von der einen *allgemeinen* Kirche reden, obschon ja von der sprachlichen Wurzel her dasselbe gemeint ist.

Orthodoxie ist hier also nicht als Konfessionsbezeichnung gemeint, sondern in seiner ursprünglichen Bedeutung als rechter Glaube, als Rechtgläubigkeit im allgemeinen christlichen Wortverstand, etwa so wie es Johannes Damascenus, der bedeutende östliche Kirchenlehrer zu Beginn des achten Jahrhunderts im Titel seines theologischen Werkes verwendet hat. Er nennt sein Buch Ἔκθεσις ἀκριβῆς τῆς ὀρθοδόξου πίστεως (*De fide orthodoxa* hieß es in der lateinischen Übersetzung), Darlegung des recht verstandenen Glaubens. Eine Art dogmatisches Handbuch verbirgt sich dahinter.

Das biblische Griechisch kennt diese Wortbildung weder als Substantiv noch als Adjektiv. Im Gegensatz zum profangriechischen δόξα, das soviel heißt wie Meinung, Ansicht, Glaube, hat das neutestamentliche δόξα auf dem Wege über die Übersetzung der LXX (der vorchristlichen griechischen Übersetzung des Alten Testamentes) seine Bedeutung gewandelt. Mit δόξα wurde das hebräische Kabod (Herrlichkeit, Glanz, Ansehen Gottes) übersetzt, und nur in diesem Sinne gebrauchen die neutestamentlichen Schriftsteller das Substantiv δόξα. Das Verbum δοκέω allerdings behält auch im neutestamentlichen Griechisch seine allgemeine Bedeutung meinen, glauben, der Ansicht sein. Die Kombination mit dem Adverb ὀρθῶς, recht, richtig, ὀρθῶς δοκεῖν, auf rechte Weise glauben, findet sich im biblischen Sprachgebrauch auch nicht. Der Sache nach sagen allerdings solche Formulierungen in den Pastoralbriefen wie *die rechte, gute Lehre,* ἡ καλὴ διδασκαλία, *bona doctrina* (vgl. 1 Tim 4,6) etwa das Gleiche und haben auf die spätere Wortbildung ορθόδοξος vermutlich auch einigen Einfluss ausgeübt. Denn bis in die Gegenwart ist das Wort orthodox-rechtgläubig, Orthodoxie-Rechtgläubigkeit ganz stark gefärbt durch den Gedanken an *Lehre, Wortlaut, Formel, Formulierung.* Jemand ist hetorodox, er bewegt sich außerhalb der Lehrtradition der Kirche, jemand steht nicht mehr auf dem Boden der Orthodoxie, heißt scheinbar selbstverständlich, er lehrt nicht mehr das, was die Kirche lehrt. Dass dies faktisch eine erhebliche Einengung des ursprünglichen Wortsinnes von rechtgläubig ist, merkt man sogleich, wenn man Glauben, Gläubigkeit in seiner vollen Wortbedeutung zu beschreiben versucht. Ob jemand gläubig ist oder nicht, drückt sich ja nicht zunächst in Worten oder der Anerkenntnis von Sätzen aus, sondern im Verhalten. Und drückt es sich nicht im Verhalten aus, dann hätten wir es auch wohl mit einer sehr ungenügenden, sehr rudimentären Art von Gläubigkeit, also mit teilweiser Heterodoxie zu tun. Die Einengung der Bedeutung von Orthodoxie auf die rechte Lehre, auf das Fürwahrhalten von Sätzen steht gewiss auch in Zusammenhang mit den Akzentverschiebungen im Glaubensverständnis, wie sie sich aus der Auseinandersetzung der Reformationszeit ergaben. Darauf werden wir später noch näher eingehen müssen.

Eine eigenartige sachliche Parallele scheint mir in dem seltsamen Sprachgebrauch vorzuliegen, mit dem wir die Christen in praktizierende und nicht praktizierende aufteilen. Seltsamerweise meinen wir mit praktizierenden Christen nicht etwa solche, die erkennbar ihr Christentum im

Alltag, in der Praxis zu leben versuchen, sondern diejenigen, die am sonntäglichen Gottesdienst teilnehmen. Ähnlich wie der notwendige christliche Gottesdienst aber noch nicht einfach die Praxis des christlichen Lebens ausmacht, ähnlich ist die Anerkenntnis der Lehraussagen der Kirche noch kein hinreichender Ausweis für rechte Gläubigkeit, für Rechtgläubigkeit, für Orthodoxie.

1.1.5 Orthodoxie ohne Orthopraxie?[8]

Einige von Ihnen werden sich an den Aufsatz erinnern, den Karl Rahner am letzten Pfingstfest in der Zeitung *Publik* veröffentlichte unter der Überschrift *Angst vor dem Geist*. Darin machte er sowohl den ungeduldigen Progressisten wie den ängstlichen, beharrenden Traditionalisten den Vorwurf, kein Vertrauen auf das Wirken des Geistes Jesu Christi in der Kirche zu haben, kleinen Glaubens, kleingläubig zu sein, also nicht in rechter Weise zu glauben. Es ist zwar ungewöhnlich, konservative Bischöfe, die ängstlich auf die Einhaltung der Lehrtradition der Kirche achten, als inorthodox oder heterodox zu bezeichnen – andererseits muss man doch die Frage stellen, ob nicht Orthodoxie im ursprünglichen Sinn des Wortes *Gläubigkeit* etwas mehr umfassen müsste, als dass man mit keinem Dogma der Kirche Schwierigkeiten hat.

Auf eine sehr eindringliche Weise hat Professor Johann Baptist Metz in Münster Anfang Dezember 1968 im Rahmen seiner Vorlesung gerade zu dieser Frage Stellung genommen, als in die Öffentlichkeit drang, dass nach Hans Küng auch Edward Schillebeeckx, der holländische Dominikaner, in Rom Schwierigkeiten wegen seiner Theologie bekommen hatte. Metz sagte unter anderem: Die Reformer oder Kritiker, wie man sie dann schnell nennt, werden dadurch neutralisiert, dass man sie in ihrer Glaubensbereitschaft angreift oder verdächtigt. Sie gelten als liberal, als halbgläubig oder gar als ungläubig. Das Schlimme daran scheint mir zu sein, dass die Reformer selbst diesem Eindruck noch in die Hände arbeiten, indem sie sagen: Manche unserer Amtsträger sind natürlich guten Willens und tiefgläubige Menschen, aber sie machen eben dies und das in ihrer konkreten Amtsführung falsch. Die Reformer müssten den Mut haben, den Vorwurf des geringeren Glaubens, der Kleingläubigkeit oder Scheingläubigkeit auch zurückzugeben. Sie müssen den guten Willen

8 | Vgl. zu diesem Kapitel: *Karl Rahner*, Chancen Glaube, 52–57, 227–237. *Johann Baptist Metz*, Reform Gegenreformation.

und das gute Gewissen bestreiten. Erst dann wird nämlich klar, worum es geht, nicht um die Tiefgläubigkeit bei den Reformfeindlichen und um liberale Kleingläubigkeit bei den Reformern. Es muss der Verdacht ausgesprochen werden, dass es auch umgekehrt sein kann.

Lassen wir diese engagierte, aus der konkreten Situation erwachsene Äußerung so stehen, ohne sie jetzt im Einzelnen zu durchleuchten. Es geht uns nicht darum, Vorwürfe zu erheben, Vorwürfe zurückzugeben. Mir ist der angesprochene Gedanke wichtig: Rechtgläubigkeit kann nicht nur an der Bejahung von Sätzen gemessen werden, Rechtgläubigkeit, Orthodoxie hat wesentlich mit Verhalten zu tun. Es ist zwar üblich geworden, Orthodoxie weithin mit Lehre, mit Glaubensformeln zu identifizieren, aber diese Sicht von Rechtgläubigkeit ist zugleich eine Verstümmelung des ursprünglichen Sinnes von Glauben und Gläubigkeit.

Ein konservativer Bischof, der in Ängstlichkeit auf überholten philosophischen und gesellschaftspolitischen Anschauungen beharrt, weil er sie irrtümlicherweise mit der Sicht der Heiligen Schrift identifiziert, der die Entwicklung der Welt als einen einzigen Abfall von den früheren guten Verhältnissen empfindet, der ist auch nicht in rechter Weise gläubig, der ist kleingläubig, dem fehlt das Vertrauen auf die Macht Gottes und seines Heiligen Geistes, der ist nicht orthodox im eigentlichen Sinn des Wortes. Rechter Glaube muss sich in rechtem Verhalten erweisen, Orthodoxie und Orthopraxie stehen in einem engen gegenseitigen Bedingungsverhältnis.

Diese unmittelbare Ausrichtung des Recht-glaubens auf das Recht-tun ist nicht so selbstverständlich wie uns das jetzt vielleicht scheinen mag (obschon oder gerade weil wir das jetzt eigentlich nur ganz grob umrissen haben und in den nächsten Stunden diesem Zusammenhang natürlich noch ein bisschen genauer nachspüren müssen).

Wenn man die ersten großen christlichen Mönchs- und Einsiedlerbewegungen betrachtet, wie sie die Menschen und gewiss nicht die Schwächlinge zu einer unwahrscheinlichen Askese in die Einsamkeit trieb, wenn man liest, wie vor allem nach dem Ende der blutigen Christenverfolgungen Mönche und Anachoreten sich verstehen als die Nachfolger der Märtyrer, die ihr Leben hingeben nicht in einem kurzen heroischen Aufschwung des blutigen Todes, sondern in einem langen, harten, aufzehrenden Absterben, dann geschieht so etwas gewiss nicht in bloßen Worten, sondern schon konkret im Tun. Aber diese Absonderung von den übrigen Menschen, auch von den christlichen Gemeinden, und dieser ausgeprägte Blick auf den eigenen Kampf gegen Sünde und Versuchung und auf das eigene Heil ist doch gewiss eine Form christlicher Existenz, die nicht im Zentrum christlichen Selbstverständnisses steht, wie es sich im Neuen Testament findet.

Zu dieser Art, den Glauben zu verwirklichen, zeigt sich einige Jahrhunderte später im Abendland des Mittelalters eine gewisse Parallelität. Alle Welt schien inzwischen christlich geworden, wenngleich oft nicht mehr als die Oberfläche der Einzelnen und der Gesellschaft vom Evangelium getroffen war. Wer vom Wort Gottes wirklich angerührt war, wer die Nachfolge des Herrn wirklich antreten wollte, für den schien es wiederum selbstverständlich zu sein, sich abzuwenden und abzusondern, in einen Orden einzutreten, dort zu leiden, zu büßen und zu beten. Ich weiß, dass diese grobe Kennzeichnung der mittelalterlichen Frömmigkeit unzureichend ist und natürlich auch den Bettelorden des 13. Jahrhunderts nicht gerecht wird. Und gewiss müsste das Verhältnis der vita activa und der vita contemplativa und die Höherbewertung der letzteren, die mittelalterliche Geringschätzung der Laienchristen, der Weltchristen, der Eheleute genauer, differenzierter dargestellt werden.

Und doch wird sich kaum bestreiten lassen, dass mit dem Schlagwort *Abkehr von der Welt* ein sehr starker Zug mittelalterlicher Frömmigkeit getroffen ist. Selbst die spätmittelalterliche *Nachfolge Christi*, das geistliche Buch von Thomas von Kempen, das doch aus der sogenannten devotio moderna herauswuchs, welche sich um eine echte, tiefinnerliche und nicht nur oberflächliche, vorgegebene Gläubigkeit bemühte und zu Anfang schreibt: »Wahrlich, hohe Werte machen nicht heilig noch gerecht: aber ein tugendhaftes Leben macht den Menschen Gott lieb«[9], sagt an anderer Stelle dann wieder überdeutlich:

> »Ich weiß nicht, was das ist, wohin wir vom Geist geführt werden, und was wir beanspruchen, [...] daß wir eine solche Mühe und noch größere Sorge um vergängliche und wertlose Dinge an den Tag legen und über unser Inneres kaum selten mit völlig gesammelten Sinnen nachdenken. [...] Was einer getan hat, darnach wird gefragt, aber kraft welcher Tugend er handelt, das wird nicht so eifrig erwogen. Ob einer mutig, reich, schön, begabt, ein guter Schreiber, guter Sänger,

9 | *Thomas von Kempen*, Nachfolge Christi, 3.

> guter Arbeiter ist, wird erforscht: wie arm er im Geiste sei, wie geduldig und sanft, wie ergeben und innerlich, das wird von vielen verschwiegen.«[10]

In diesen Worten scheint von einem unvereinbaren Gegensatz die Rede zu sein.
Man braucht sich angesichts solcher Texte eigentlich nicht zu wundern, wenn Menschen, die leidenschaftlich für die Gerechtigkeit in der Welt, für die Verbesserung der Lebensbedingungen, für Ausrottung von Hunger und Krankheit sich einsetzen, auf die Idee kommen, die christliche Religion mache die Menschen für solche praktischen Aufgaben untauglich. Sie tröste ihn mit dem Bestehenden, schläfre ihn ein, betäube ihn. Mit solchen gewiss unzutreffenden, aber doch auch wieder erklärlichen Thesen werden wir uns morgen ein wenig näher auseinandersetzen müssen.

1.1.6 Orthopraxie als Vollzug des christlichen Glaubens[11]

Für mich bleibt allerdings ein gewisses Rätsel, wie sowohl auf Seiten der Christen wie bei ihren Gegnern so eindringliche Texte wie das Gleichnis vom Samariter (Lk 10) oder die Gerichtsrede (Mt 25) so sehr in den Hintergrund gerieten, dass sie bei der Beantwortung der Frage: Was ist rechter Glaube, wie äußert sich rechte Gläubigkeit, was ist eigentlich Orthodoxie?, scheinbar keine bestimmende Rolle mehr spielten. Diejenigen auf der Rechten des Richters, die für Kleidung und Nahrung gesorgt haben, die Gefangene und Kranke besucht haben, beteuern in der Gerichtsrede ausdrücklich, dass sie gar nicht gemerkt haben, dass sie etwa IHM begegnet sind. Dennoch haben sie es IHM getan, und werden genannt »Gesegnete[...] meines Vaters«, denen das Reich geschenkt wird, das »seit Anbeginn der Welt bereitet ist« (Mt 25,34). »An ihren Früchten denn sollt ihr sie erkennen«, so schreibt das Matthäusevangelium. »Nicht jeder, der zu mir sagt ›Herr, Herr‹, wird in das Himmelreich eingehen, sondern wer den Willen meines Vaters im Himmel tut.« (Mt 7,20 f.)
Zum rechten Glauben im biblischen Sinn gehört also der konkrete Vollzug, gehört die Orthopraxie. Was das auf dem Hintergrund des biblischen Zeugnisses bedeutet, werden wir natürlich noch etwas deutlicher

10 | *Thomas von Kempen*, Nachfolge Christi, 174 f.
11 | Vgl. zu diesem Kapitel: Lk 10. Mt 25.

machen müssen. Aber in diesem Sinne der rechten christlichen Praxis, des richtigen christlichen Verhaltens, des echten christlichen Lebensvollzuges soll das Wort *Orthopraxie* im Folgenden gebraucht sein.

Wenn man Orthopraxie so weit und so allgemein fassen würde, wie es Otto Semmelroth in seinem schon erwähnten Aufsatz tut[12]: Rechtes Verhalten der Strukturen der Welt, der Gesellschaft, des Geschäftes, der Technik, angemessenes richtiges Verhalten, also ganz allgemein: sachgerechtes Verhalten, und wenn man daneben Orthodoxie im engen traditionellen Sinne versteht, wie er es tut, dann stellt sich die Frage nach dem Verhältnis von Orthodoxie und Orthopraxie noch einmal anders, wird zur Frage nach dem Verhältnis der christlichen Lehre zur weltlichen, säkularisierten Welt. Aber nicht auf diesen grundsätzlichen und allgemeinen Gedanken möchte ich in den nächsten Stunden den eigentlichen Akzent setzen. Unsere Frage ist vielmehr die nach der inneren Struktur christlicher Existenz (um es einmal so auszudrücken). Wie versteht und vollzieht sich ein christlicher Glaube? Welche Bedeutung hat das Wort *und*? Stellt es gegenüber, stellt es nebeneinander, handelt es sich etwa um zwei Aspekte derselben Sache? Übernimmt nicht das Wörtchen ὀρθός, *recht*, in beiden Hauptworten schließlich so etwas wie die Funktion eines Gleichheitszeichens, in dem Sinne: Rechter Glaube ist da, wo recht gehandelt und recht gelebt wird; rechtes Verhalten ist dort, wo die rechte Sicht der Dinge besteht? In diese Richtung zielt die andere Frage: Ist rechte Gläubigkeit nur dort, wo sie sich konkret vollzieht? Ist Orthodoxie nur da, wo man von Orthopraxie reden kann? Und ist andererseits rechtes, Jesus Christus gemäßes Handeln nur dort gegeben, wo bestimmte Gegebenheiten ausdrücklich oder unausdrücklich bejaht sind? Ist also Orthopraxie nur dort anzutreffen, wo das, was wir als unseren Glauben bekennen, in welcher Form auch immer, angenommen ist?

Ich weiß nicht, ob ich am Ende erwähnen soll, dass ich diese Fragen nicht als rein akademische Fragen empfinde. Die Frage: Was soll ich glauben, was soll ich tun? Was ist meine Überzeugung und wie verhalte ich mich?, ist letztlich eben nicht in der Theorie zu beantworten, sondern hat erheblich mit Praxis zu tun.

12 | *Otto Semmelroth*, Orthodoxie Orthopraxie, 359–373, hier vor allem: 365–373.

1.2 Beobachtungen zur marxistischen Religionskritik[13]

Sie wissen, dass in jüngster Zeit über die Möglichkeiten und Aufgaben der Theologie im Bereich der praktischen Weltgestaltung, also innerhalb des Feldes, zu dem wir in dieser Vorlesung einige Gesichtspunkte zusammenstellen, manches gesagt und geschrieben worden ist. Ich brauche nur die Stichworte *Politische Theologie* und *Theologie der Revolution* zu nennen. Wir werden an gegebenem Ort auch dazu einiges überlegen müssen.

Hier, zu Beginn, ist zunächst festzustellen:

Christliche Theologie versteht sich als Reflexion auf den Glauben der Kirche – methodisch, wissenschaftlich durchgeführte Beschreibung der Phänomene: Christentum, Kirche, gläubige Christen.

Diese methodische Reflexion kann auf verschiedene Weise grausam vertheoretisieren, dafür gibt es aus allen Epochen wohl Beispiele. Wenn die Theologie vergisst, dass sowohl Ausgangspunkt wie Zielpunkt des Glaubens (den sie reflektiert) konkret sind – Ereignisse der Geschichte, Erfahrungen leibhaftiger Menschen, auf die sich das konkrete Verhalten gläubiger Existenz bezieht –, wenn die wissenschaftliche Theologie sich von dieser Grundlage zu weit entfernt, dann gerät sie notwendigerweise in Gefahr, sich selbst zu verlieren, ihr Wesen zu verfälschen, nämlich verantwortliche Erhellung des Glaubens leibhaftiger Menschen in einer konkret geschichtlichen Kirche zu sein. Aber so richtig das alles ist, so sehr bleibt doch bestehen, dass Theologie als Wissenschaft auf der Seite der *Theorie* steht!

Insofern müssen wir uns hier den Vorwurf gefallen lassen, dass wir über die Orthopraxie auch wiederum nur reden, denken, Worte machen. Das liegt aber in der Natur der Sache. Christlicher Glaube, Gläubigkeit, gläubige Existenz ist mehr als die Reflexion dieses Glaubens. Theologie ist nur ein Moment am Christlichen! So wie allgemein menschliche Existenz sich nicht erschöpft in der Reflexion dieser Existenz, so kann auch christliche Existenz nicht auf Theologie reduziert werden. Der Weg des Praktischwerdens der Theologie ist der des »tätigen Glaubens in der Liebe«[14], und zwar auf allen in Frage kommenden Ebenen. Es geht um diesen praktischen Vollzug. Aber bei der Lebensgestaltung und Weltge-

13 | Vgl. zu diesem Kapitel: *Joseph Möller*, Glauben Denken, 113–120. *Norbert Greinacher*, Theologie Spannungsverhältnis, 156–170.

14 | *Joseph Möller*, Glauben Denken, 117.

staltung geht es nicht ohne theoretisches Konzept, ohne Leitlinien. Ähnlich ist es im Bereich christlicher Existenz: Die Reflexion wird uns nicht erspart. Reflexion ist nicht alles, sie ist Mittel, nicht Ziel, sie ist noch nicht das Gemeinte, der Vollzug, aber sie ist notwendig für einen sinnvollen und verantwortlichen Vollzug.

Diese theologische Reflexion hat – wenn sie recht geschieht – nicht den Charakter bloßen Konstatierens, bloßer Beschreibung und Rechtfertigung. Sie hat als Bedenken, als unterscheidendes Bedenken immer auch ein kritisches Moment in sich. Die kritische Funktion der Theologie ist gerade heute sicherlich ein sehr wichtiger Gesichtspunkt. Ich bin zwar auch der Meinung, die Karl Rahner vor einiger Zeit geäußert hat, dass

wir nicht in eine neurotische (und dann letztlich ihrem eigenen Tun gegenüber wieder sehr unkritische) Kritiksucht verfallen sollen. Nicht überall da, wo wir nicht ernst genommen werden, wo wir verlacht oder beiseitegeschoben werden, liegt der Grund immer nur und ausschließlich bei uns Christen. Es gibt tatsächlich Verschlossenheit, Borniertheit, Unglauben, Egoismus auch auf der Gegenseite.

Eine maßlose Selbstbezichtigung führt in eine totale Anpassung und in eine Selbstaufgabe. Aber ich habe nicht den Eindruck, dass wir im Augenblick in der Kirche an zu viel Selbstkritik sterben. Wenn wir nicht nur auf einem Auge blinzeln, also einseitig kritisieren, wenn wir wirklich kritische Betrachtung der eigenen Position mit freimütiger Kritik am System und an anderen verbinden, dann ist das ein dringend notwendiges Geschehen.

Ein kurzes Wort noch zu dem inhaltlichen Aufriss. Um die Enttäuschungen so klein wie eben möglich zu halten, ist es ja immer hilfreich, zu Beginn die Erwartungshaltungen abzuklären.

Unsere Überschriften geben einen sehr großen, eigentlich einen zu großen Bogen an. Wenn Sie bedenken, dass jedes Thema etwa einer Vorlesungsstunde entspricht, dann können Sie sich an den Fingern abzählen, dass es immer nur zu Gesichtspunkten, Hinweisen, Aspekten, Akzenten reichen wird und keines der angesprochenen Themen erschöpfend besprochen werden kann. Insofern gleicht die Aufzählung der Themen einer Reihe von Anzügen oder Kleidern auf der Stange im Kaufhaus. Man findet sie interessant, modisch, todschick, je nach Temperament – man geht hin, sieht näher zu, probiert sie an – und sie sind alle zu groß!

Man ist nämlich an dem Gestänge mit den deutlich zu großen Nummern. Unsere Themenkleider werden uns also beim Anprobieren um die Glieder schlottern, aber ich hoffe, dass diese Modenschau uns dennoch den Blick schärft, den Geschmack vertieft und das Zupacken in uns kräftigt.

1.2.1 Formen der irreligiösen Kritik[15]

Orthodoxie – Orthopraxie ist ein kompliziertes Spannungsgefüge. Es gibt vielfache Möglichkeiten zur Fehlakzentuierung und Verzerrung, also viele Anlässe zur Kritik.
Wir sollten hier wenigstens drei Arten der Kritik auseinanderhalten.

a) Es gibt eine Kritik an der empirischen Kirche (Armutsbewegungen im Mittelalter: Franziskaner, Dominikaner), bei bewusster Zugehörigkeit oder partieller Identifikation!
b) Es gibt eine Kritik, die das Christentum als schädliche oder mangelhafte Religion im Vergleich zu anderen ansieht. Zum Beispiel meinte Macchiavelli, der christliche Glaube schwäche die männlichen Tugenden. Jean Jaques Rousseau war der Ansicht, Barmherzigkeit und Nächstenliebe würden unfähig machen zu staatlichem Handeln. Der nationalsozialistische Ideologe Alfred Rosenberg behauptete, die christliche Denkweise schade der Rasse des Herrenmenschen. Im Vergleich zu asiatischen Religionen vermissen manche Menschen in der christlichen Verkündigung das kontemplative und meditative Element.
c) Eine Kritik der *Religion überhaupt* war vor der Aufklärung kaum zu finden, verband sich aber sehr eng mit dem marxistischen Gedankengut.

Der Frühsozialismus begnügte sich noch weithin mit der ersten Form der Kritik (a)). Karl Marx übern*ahm* – aus vorwiegend *politischen* Motiven (!) – eine Form der Kritik, die sich aus der zweiten Form (b)) zur dritten Form (c)) entwickelt hatte, er übernahm sie weitgehend von Ludwig Feuerbach, der eine Art Schlüsselfigur ist in dem Problemkreis *Moderne Religionskritik*.
Wer war dieser Ludwig Feuerbach? Versuchen wir, uns in aller Kürze ein Bild in Umrissen zu verschaffen.

15 | Vgl. zu diesem Kapitel: *Iring Fetscher / Werner Post*, Religion Menschen. *Helmuth Gollwitzer*, Marxistische Religionskritik. *Henri de Lubac*, Tragödie Humanismus.

1.2.2 Ludwig Feuerbach (1804–1872), Leben und Werk[16]

Ludwig Feuerbach, als Sohn des berühmten Juristen Anselm von Feuerbach 1804 in Landshut in Bayern geboren, wuchs in einem liberal-protestantischen Elternhaus auf. Er leitet die Berechtigung zu seinen umstürzenden Gedanken später ausdrücklich aus seiner eigenen religiösen Erfahrung der Jugendzeit ab, in der er ein christgläubiger, bibelgläubiger Gymnasiast gewesen sei.

> »Wenn irgend einer berufen und berechtigt war, über die Religion ein Urtheil zu fällen [schrieb er 1846 als berühmter Mann; T.S.], so war ich es; denn ich habe die Religion nicht nur aus Büchern studirt, ich habe sie aus dem Leben, und zwar nicht nur aus dem Leben anderer..., sondern auch aus meinem eigenen Leben kennen gelernt. Die Religion war für mich ein Object der Praxis, ehe sie mir zu einem Object der Theorie wurde.«[17]

Was meint er damit? Er konkretisiert das aus der Rückschau so:

> »Die erste während meiner Jugendperiode, ungefähr im 15. oder 16. Lebensjahre, mit Entschiedenheit hervortretende Richtung galt nicht der Wissenschaft oder gar Philosophie, sondern der Religion. Diese religiöse Richtung entstand aber in mir nicht durch den Religions-, resp. Konfirmationsunterricht, der mich vielmehr, was ich noch recht gut weiß, ganz gleichgültig gelassen hatte, oder durch sonstige äußere religiöse Einflüsse, sondern rein aus mir selbst, aus Bedürfnis nach einem Etwas, das mir weder meine Umgebung noch der Gymnasialunterricht gab.«[18]

Auf dieses stark individualistisch-mystische Moment werden wir gleich noch zurückkommen.

»In Folge dieser Richtung machte ich mir dann die Religion zum Ziel und Beruf meines Lebens und bestimmte mich daher zu einem Theologen.«[19] 1823 begann Feuerbach sein Theologiestudium in Heidelberg, wechselte aber schon 1824 nach Berlin, wo er Schleiermacher und vor allem Hegel

16 | Vgl. zu diesem Kapitel: *Albert Esser* (Hg.): *Ludwig Feuerbach*, Wesen Religion. *Ludwig Feuerbach*, Wesen Christentum.

17 | *Ludwig Feuerbach*, Sämtliche Werke II, 381 f. Zitiert nach: *Johannes Wallmann*, Feuerbach Tradition, 71.

18 | *Feuerbach* an L. Noack. Zitiert nach: *Johannes Wallmann*, Feuerbach Tradition, 72.

19 | *Albert Esser* (Hg.): *Ludwig Feuerbach*, Wesen Religion,10.

hörte. Dieser nahm ihn so gefangen, dass er schon im nächsten Jahr an seinen Vater schrieb: Er könne die Theologie nicht mehr studieren. »Sie ist für mich eine verwelkte schöne Blume, [...] Palästina ist mir zu eng [...].«[20] So studierte er nun über zwei Jahre bei Hegel.

> »›Er war es, den ich meinen zweiten Vater, wie Berlin meine geistige Geburtsstad... nannte. Er war der einzige Mann der mich erfahren ließ, was ein Lehrer ist‹, schreibt er 1840 im Rückblick, ›...ich hatte kaum ein halbes Jahr ihn gehört, so war auch schon von ihm mein Kopf und Herz zurechtgesetzt; ich wußte, was ich sollte und wollte: nicht Theologie, sondern Philosophie! Nicht faseln und schwärmen, sondern lernen! Nicht glauben, sondern denken!‹«[21]

Diese Verehrung hinderte ihn aber durchaus nicht, zwei Jahre später im Begleitbrief zu seiner Philosophischen Dissertation Über *die Unendlichkeit, Einheit und Allgemeinheit der Vernunft*, die er Hegel zuschickte, seinem Lehrer kess entgegenzuhalten, dass dieser doch eigentlich auf das falsche Pferd gesetzt habe, wenn er – Hegel – das Christentum als die vollkommene und absolute Religion beschreibe, denn »diese kann nur sein das Reich der Wirklichkeit der Idee und der daseienden Vernunft.«[22]
In seiner Schrift *Gedanken über Tod und Unsterblichkeit*, die 1830 erschien, ist schon deutlich zu spüren, wie er sich langsam von Hegel absetzt, wie er den landläufigen Unsterblichkeitsgedanken als egoistischen Wunschgedanken zu enthüllen versucht. Er hält dabei zwar noch am Gottesbegriff fest, setzt aber der christlichen Sicht einen mystisch gefärbten Pantheismus entgegen: Durch den Tod transzendieren wir uns selbst, einen uns mit dem Unendlichen, erleiden die »Versenkung und Auflösung in Gott«[23]. Mit den bissigen Aphorismen gegen Theologie und Christentum, die er dieser Schrift anhängte, erregte er so viel Ärgernis, dass er sich seine akademische Laufbahn total verbaute und sein Leben als Privatdozent beschloss. Nach längeren philosophiegeschichtlichen Studien in der ländlichen Umgebung eines fränkischen Dorfes, in das er übergesiedelt war, vollzog er den vollständigen Bruch mit dem Denken Hegels.

20 | *Albert Esser* (Hg.): *Ludwig Feuerbach*, Wesen Religion, 10f.
21 | *Karl Grün*, Nachlaß I, 387. Zitiert nach: *Johannes Wallmann*, Feuerbach Tradition, 58.
22 | *Ludwig Feuerbach*, Sämtliche Werke IV, 361. Zitiert nach: *Johannes Wallmann*, Feuerbach Tradition, 59.
23 | *Ludwig Feuerbach*, Gedanken, 19. Zitiert nach: *Johannes Wallmann*, Feuerbach Tradition, 61.

»›Wer die Hegelsche Philosophie nicht aufgiebt‹«, schreibt er jetzt, »›der giebt nicht die Theologie auf‹, [...] denn sie ist nichts als ›der letzte Zufluchtsort... der Theologie.‹«[24]

Nach dem Bruch mit seiner Jugendfrömmigkeit und der Theologie und nach dem Bruch mit Hegel schrieb er nun den Entwurf seines eigenen philosophischen Systems, das Buch, das ihn mit einem Schlage berühmt machte, ihm den Namen des großen Religionskritikers einbrachte und des ersten bedeutenden atheistischen Philosophen Deutschlands, das Buch *Das Wesen des Christentums*, 1841 in erster, 1843 in zweiter, veränderter Auflage erschienen.

Wie zuvor von der Unsterblichkeit, so will Feuerbach jetzt vom Gottesgedanken nachweisen, dass er eine Illusion sei, ein fiktives Wunschdenken vorstellt, dass er eine Projektion des menschlichen Wesens in ein erträumtes Jenseits sei.

> »›Die Religion ist der Traum des menschlichen Geistes‹, ›die Spiegelung des menschlichen Wesens in sich selbst‹, Gott nichts anderes als ›der Spiegel des Menschen‹. ›Das göttliche Wesen ist nichts anderes als das menschliche Wesen oder besser: das Wesen des Menschen, abgesondert von den Schranken des individuellen, d.h. wirklichen, leiblichen Menschen, vergegenständlicht, d.h. angeschaut und verehrt als ein andres, von ihm unterschiednes, eignes Wesen – alle Bestimmungen des göttlichen Wesens sind darum Bestimmungen des menschlichen Wesens.‹ Das heißt: dem christlichen Gottesglauben fehlt jeder Realitätsgehalt. Die Geschichte des Christentums ist nichts anderes als die Geschichte einer großen Illusion.«[25]

Man würde jedoch den Kern der Feuerbachschen Religionstheorie verfehlen, wenn man angesichts dieser Worte nur den negativen, destruktiven Klang vernehmen würde. Der Titel *Das Wesen des Christentums* ist durchaus auch positiv gemeint, insofern dies genau, nach Feuerbachs Ansicht, die wahre Religion sei, das Wesen des Menschen als göttlich zu erkennen. Das Göttliche wird nicht einfach negiert, es soll nur von seiner Auslagerung aus dem Menschen zurückgeholt werden, die Entzweiung des Menschen mit sich selbst, die Ausspiegelung seiner wahrhaft göttli-

24 | *Ludwig Feuerbach*, Philosophische Kritiken, 239. Zitiert nach: *Johannes Wallmann*, Feuerbach Tradition, 62.

25 | *Johannes Wallmann*, Feuerbach Tradition, 63 f.

chen Eigenschaften soll beendet werden, der wahre Sinn der Theologie sei die Anthropologie. Das genau ist die Quintessenz seines Werkes und seiner *Religionskritik*: Nicht Entgöttlichung, sondern Vergöttlichung des Menschen. »Der Wendepunkt der Geschichte wird jener Augenblick sein, in dem es dem Menschen bewusst wird, dass der einzige Gott des Menschen der Mensch selbst ist: Homo homini Deus«[26]. Theologie ist Anthropologie – und deshalb ist die Anthropologie Theologie!
Feuerbach wehrt sich gegen den Vorwurf des Atheismus: Im Vorwort zur zweiten Auflage stellt er gegenüber allen Missverständnissen klar:

> »Allein ich sage keineswegs: – wie leicht hätte ich es mir dann machen können – Gott ist Nichts, die Trinität ist Nichts, das Wort Gottes ist Nichts usw., ich zeige nur, daß sie nicht das sind, was sie in der Illusion der Theologie sind, – nicht ausländische, sondern einheimische Mysterien, die Mysterien der menschlichen Natur.«[27]

Feuerbach macht das Göttliche Subjekt zum Prädikat des Menschen. Indem er Gott als das Bild des Menschen beschreibt, verleiht er dem Menschen göttliche Dimensionen und göttliche Eigenschaften. Gott ist nichts anderes als die Projektion des eigenen Wesens, heißt für Feuerbach aber zugleich: Das Wesen des Menschen, besser der Gattung Mensch, der Menschheit ist *so*, dass es zu dieser göttlichen Projektion geneigt und fähig ist. Das Dogma der Trinität bringt nichts anderes zum Ausdruck als die ontologische Bedeutung der menschlichen Gemeinschaft. Das Dogma von der Schöpfung erweist die Spontanität und den Reichtum des menschlichen Willens und bedeutet die Anbetung der Subjektivität des Menschen. Der Glaube an den Himmel und eine persönliche Unsterblichkeit ist der klarste Ausdruck der Liebe zum eigenen Leben und dessen Wertschätzung. Das sogenannte *un*wahre, das heißt theologische Wesen der Religion kann nur in das wahre Wesen der Religion zurückgeholt werden, indem die Projektion nach außen, die den Menschen sich selbst entfremdet und entzweit, wieder auf die Ebene der Humanität zurückgeholt wird. Das Transpositionsschema ist einleuchtend einfach: Theologie ist Anthropologie. »Gott ist die Liebe ist zu über-

26 | *Ludwig Feuerbach*, Wesen Christentum, 30. Zitiert nach: *Henri de Lubac*, Tragödie Humanismus, 30.

27 | *Albert Esser* (Hg.): *Ludwig Feuerbach*, Wesen Religion, 66.

setzen Liebe ist göttlich«.[28] Das göttliche Subjekt wird zum Prädikat des Menschen. Der Glaube an die Göttlichkeit des Menschlichen bedeutet damit zugleich eine neue und ungeteilte Zuwendung zum Menschen, zum Mitmenschen, zur menschlichen Gemeinschaft. *Homo homini Deus* ist also auch durchaus positiv gemeint. Destruktion und neue Deutung, Abkehr vom unwahren und Erkenntnis des wahren Wesens der Religion, das genau war Feuerbachs Intention. Also einerseits sei das unwahre Wesen der Religion entlarvt: »Gott ist der Lückenbüßer, das fiktive Komplement menschlicher Bedürftigkeit, die illusionäre Erfüllung der menschlichen Wünsche.«[29] Andererseits schließt dieses Werk, das alles christliche Denken umstößt und auf den Kopf stellt, mit den lobpreisenden Worten:

> »So braucht man nur den gewöhnlichen gemeinen Lauf der Dinge zu unterbrechen, um dem Gemeinen ungemeine Bedeutung, dem Leben als solchem überhaupt religiöse Bedeutung abzugewinnen. Heilig sei uns darum das Brot, heilig der Wein, aber auch heilig das Wasser! Amen.«[30]

Und diese Worte sind keine Ironie, sondern neues religiöses Pathos. Feuerbach hat in weiteren Veröffentlichungen – eine trägt den Titel *Das Wesen der Religion* – seine Gedanken ergänzt, erläutert, ausgeführt, aber nicht wesentlich modifiziert. Am Ende seines Lebens bringt er seine Lehre noch einmal mit seiner konkreten Erfahrung in Verbindung, distanziert sich ein bisschen verbittert von seinem einstigen großen Lehrer Hegel, der ihm jetzt als das »Muster eines deutschen Professors der Philosophie«[31] vorkommt: »Der absolute Geist«, schreibt er,

> »ist nichts anderes als der absolute Professor, der die Philosophie als Amt betreibende, in der Professur seine höchste Seligkeit und Bestimmung findende, den Kathederstandpunkt zum [...] alles bestimmenden Standpunkt machende Professor. Wie ganz anders ist mein Schicksal, das mich nicht auf den Schultern der Staatsmacht ... erhoben und auf das Katheder der absoluten Philosophie gestellt hat, das

28 | *Albert Esser* (Hg.), *Ludwig Feuerbach*, Wesen Religion, 28.
29 | *Albert Esser* (Hg.): *Ludwig Feuerbach*, Wesen Religion, 33 f.
30 | *Ludwig Feuerbach*, Wesen Religion, 225.
31 | *Albert Esser* (Hg.): *Ludwig Feuerbach*, Wesen Religion, 18.

> mich im Gegenteil in tiefster Niedrigkeit, Verlassenheit und Obskurität, aber eben deswegen auch glücklicher ›Einsamkeit und Selbständigkeit‹ 24 Jahre auf ein Dorf ... verbannte. Zwei Jahre in Berlin als Student, und 24 Jahre auf einem Dorfe als Privatdozent!«[32]

So schrieb er selbst in einem Brief. Nach Jahren großer wirtschaftlicher Schwierigkeit und finanzieller Not, nach einem Schlaganfall und langem Siechtum stirbt Ludwig Feuerbach am 13. September 1872.
Wenn Sie dieses ganz knappe Bild von Feuerbach für sich ergänzen und vervollständigen wollen, empfehle ich Ihnen sehr das Büchlein, das ich in der ausgeteilten Gliederung angegeben habe, die Auswahl aus Feuerbach mit der guten Einführung von Albert Esser. Esser gliedert diese geschickte Einführung in drei Abschnitte: Leben und Werk; Die Grunddanken der Religionskritik; Feuerbachs Erbe im Für und Wider. Im dritten Teil stellt er die kritischen Fragen zusammen, die man an diese grandiose Konzeption eines pervertierten Christentums richten muss. Eine Art Gegenargumentation im Einzelnen zu entwickeln, ist hier nicht der Ort, vielleicht kann das bei anderer Gelegenheit einmal geschehen.

1.2.3 Zu Feuerbachs geistesgeschichtlicher Stellung[33]

Hier wäre angesichts unserer Fragestellung notwendig, einige Linien noch etwas deutlicher zu ziehen, die geistesgeschichtliche Stellung und die Wurzeln dieses außerordentlich wirksamen Denkens noch stärker hervorzuheben.
In einem Aphorismus hat Feuerbach 1844 geschrieben: »Was ich bin? fragst du mich? Warte, bis ich nicht mehr bin.«[34] Durch die Tatsache, dass Karl Marx sich in seiner Stellung zur Religion völlig auf den Boden der Feuerbachschen Konzeption stellte, hat dieser Aphorismus eine ganz überraschende Konkretisierung erfahren. Karl Löwith geht so weit zu sagen, sein Denken sei »schlechthin zum Standpunkt der Zeit geworden, auf dem wir nun alle – bewußt oder unwissend – stehen.«[35] Jene enge Verschränkung von Feuerbach und Marx will ja auch das Wortspiel von

32 | *Albert Esser* (Hg.): *Ludwig Feuerbach*, Wesen Religion, 19.
33 | Vgl. zu diesem Kapitel: *Johannes Wallmann*, Feuerbach Tradition, 56–86. *Karl Löwith*, Hegel Nietzsche.
34 | *Ludwig Feuerbach*, Philosophische Kritiken, 414.
35 | *Karl Löwith*, Einleitung I, XXV. Zitiert nach: *Albert Esser* (Hg.): *Ludwig Feuerbach*, Wesen Religion, 9.

Arnold Ruge ausdrücken: Vor dem Eintritt in das marxistische Paradies müsse man durch das Fegefeuer, das Purgatorium des Feuer-bachs.
Hegel, Feuerbach, Marx – zunächst einen kurzen Blick auf diese seltsame und doch recht folgerichtige Linie, die zu erkennen gibt, dass es so etwas wie einen geistesgeschichtlichen Ort gibt, und dass bestimmte Gedanken und Denker voneinander abhängen, aufeinander aufbauen, einander weiterführen.
Eigentlich muss es ja erstaunen, dass Feuerbach ausgerechnet bei Hegel sich von der Theologie löst, die Philosophie gegen die Theologie ausspielt, Theologie gegen Philosophie austauscht. Erstaunen deshalb, weil die Position Hegels das genaue Gegenteil sein will: Die Versöhnung und Verbindung von Glauben und Philosophieren.

> »In der Philosophie Hegels war ja der imponierende Versuch unternommen worden, auf dem Boden der von der Aufklärung erkämpften Autonomie der Vernunft die aufklärerische Frontstellung gegen die christliche Religion zu überwinden [...] und dagegen die wesentliche Identität von philosophischer Vernunft und Religion zu behaupten und zu erweisen.«[36]

Hegel schreibt in seiner Religionsphilosophie: »Der Gegenstand der Religion wie der Philosophie ist die ewige Wahrheit in ihrer Objectivität selbst, Gott und Nichts als Gott und die Explication Gottes.«[37] Hegel bezeichnet ausdrücklich als sein Ziel, die Vernunft mit der Religion zu versöhnen, er feiert das Christentum als absolute Religion, er nimmt die von der Aufklärung so sehr zersetzten altkirchlichen Dogmen von der Trinität und der Inkarnation neu interpretiert in sein Denken auf. Religiöser Glaube und Vernunft sind keine Gegensätze mehr. Die Wahrheit, welche das Denken in der Form des Begriffes vorträgt, drücke der Glaube in der Form der Vorstellung aus. Begriff und Bild, abstraktes Denken und konkreter Satz sagen dieselbe, eine, göttliche Wahrheit.
Dabei darf natürlich nicht übersehen werden – wir können das allerdings hier nur andeuten –, dass hier in Hegels Denken zugleich eine ganz ungewöhnliche Verfremdung der christlichen Gedanken geschieht, insofern, als das Unableitbare, geschichtlich Konkrete, Faktische und auch historisch Zufällige, welches in und mit Jesus von Nazareth gege-

36 | *Johannes Wallmann*, Feuerbach Tradition, 58.
37 | Zitiert nach: *Johannes Wallmann*, Feuerbach Tradition, 58.

ben ist – auf den sich der christliche Glaube bezieht –, hier erscheint als das von uns aus Denkbare, Entwerfbare, gewissermaßen a priori Setzbare, vom Menschen aus Verstehbare, Durchschaubare. Vergröbert gesagt: Die Geschichte ist zum System geworden. Wenn aber, und hier genau setzt ja die Sonde von Feuerbach an, das, was der Glaube in Bildern uns vorstellt, nichts anderes sein soll als das im Begriff Gedachte, das von uns aus Denkbare, dann muss sich dieses Denken doch nur auf sich selbst besinnen, um die Einheit wiederherzustellen, die Einheit von Mensch und Quasi-Gegenüber Gottes, die im Glauben als eine Zweiheit (die sogenannte Selbstentfremdung!) erschien. Wenn Glaube eine andere Form, eine ältere Form, eine kulturgeschichtlich frühere Form des Gottesgedankens ist, dann ist es auf der Stufe der inzwischen erreichten Reflexion nur konsequent zu sagen: *Ich denke* Gott, er ist mein Bild, meine Projektion, der Ausdruck meiner inneren Dimension, meiner Wünsche und meiner Fähigkeiten, meines Sehnens und meiner Nöte. Ohne Hegel kein Feuerbach, der aber den nächsten Schritt tut, der sich des Hegelschen Systems bedient, dem Denken Hegels in vielerlei Hinsicht verpflichtet bleibt, indem er sich vom System Hegels löst.

Marx übernimmt ziemlich unbesehen und ungeprüft das Konzept von Feuerbach, unter anderem auch deshalb, weil ihn kein sonderliches theologisches Interesse trieb. Für ihn ist dieser Bereich gewissermaßen erledigt, endgültig bereinigt durch Feuerbach.

Aber er tut nun den geistesgeschichtlich konsequenten, nächsten Schritt. Für Feuerbach hatte die neue Sicht immer noch theologischen Charakter, Anthropologie hatte den Charakter der Theologie, sein Bemühen war getragen vom religiösen Pathos, das Ziel des Menschen ist seine Vergöttlichung, denn das Wesen der Menschheit ist göttlich zu nennen. Warum diese Verbrämung? Diese Frage liegt doch nahe, wenn der Mensch endlich wieder zu sich selbst zurückgefunden hat. Wenn er alle Kräfte wieder von außen, von der Projektion zurückholt auf sich und seine Welt, dann brauche ich keinerlei religiöse Nomenklatur mehr, dann ist die Welt des Menschen mit ihren politischen, ökonomischen und gesellschaftlichen Aufgaben das eigentliche Feld der Reflexion und vor allem der Praxis.

Ehe wir noch etwas genauer sagen, wie Marx noch einen Schritt über Feuerbach hinausgeht, sollten wir in diesem Abschnitt über die geistesgeschichtliche Stellung Feuerbachs seine Beziehung zur theologischen

Tradition etwas schärfer zeichnen. Der angeführte Aufsatz von Johannes Wallmann ist die Antrittsvorlesung, die er vor drei Jahren hier in Bochum gehalten hat. Er ist jetzt gerade Nachfolger von Professor Elliger geworden als Ordinarius für Kirchengeschichte in der Abteilung I. Diesem ausgezeichneten Aufsatz verdanke ich manchen Hinweis. Vor allem hat Wallmann auf überzeugende Weise die eigenartigen religiösen Wurzeln des Feuerbachschen Denkens aufgedeckt. Noch Karl Barth hat sich sehr ernst damit auseinandergesetzt, dass Feuerbach sich fortwährend auf Luther beruft und sein Werk *Wesen des Christentums* mit Lutherzitaten nur so gespickt hat. Liegt ein solches Ende etwa in der Konsequenz des lutherischen Ansatzes, hat Barth sich gefragt. Wallmann hat gezeigt, dass die erste Auflage von Feuerbachs Werk diese Lutherzitate *nicht* hat, ja, dass Feuerbach bis 1841, bis zum Entwurf seines Systems gar keine nähere Kenntnis von Luther besaß. (Durch die Aufklärung waren Luthers Schriften auch im Bereich der evangelischen Theologie zeitweise fast in Vergessenheit geraten.) In Rezensionen wurde Feuerbach genau dies zum Vorwurf gemacht, er habe sich von mittelalterlichen Pseudomystikern abgesetzt, aber nicht vom genuin christlichen Standpunkt. Daraufhin sucht und findet Feuerbach nachträglich viele Stellen bei Luther, die er als Beleg für seine vorher entworfenen Thesen in die zweite Auflage einführt.

Es lässt sich sogar noch deutlicher zeigen, von welcher Art Christentum Feuerbach seinen Ausgang nimmt. In einem sehr frommen Brief des 17-jährigen an seine Mutter und seine Schwestern empfiehlt er ihnen eindringlich die Lektüre des Buches: *Die Stunden der Andacht*. Es handelt sich um ein Anfang des vorigen Jahrhunderts unwahrscheinlich verbreitetes Werk von Heinrich Zschokke, ehemals Schauspieler, Theologe, Politiker und viel gelesener Romanschriftsteller, das eine eigenartige Mischung aus pietistisch mystischer und rationalistischer Gedankenwelt, einen sentimentalen Rationalismus darstellt, das den Gedanken der Vergöttlichung auffällig in den Vordergrund schiebt. Zu dieser sentimental-rationalistischen Geistmystik Zschokkes, in welcher der christliche Glaube bis zur Unkenntlichkeit verzerrt war, hat sich der junge Feuerbach in der entscheidenden Phase seiner Jugendreligiosität bekannt. Das hat Wallmann im Einzelnen belegt. Der Weg, der von den *Stunden der Andacht* bis zum *Wesen des Christentums* führt, ist so etwas wie eine fortlaufende Auseinandersetzung mit den Grunddogmen dieser Pseudomystik, wobei sich allerdings ein Gedanke von Anfang an durchhält – das wird Ihnen schon aufgefallen sein: Der Gedanke der Vergöttlichung, der mystischen Einung des Menschlichen und des Göttlichen ist die Konstante in Feuerbachs Entwicklung, ist das tragende Element!

1.2.4 Karl Marx und die Religion[38]

Von diesem mystischen Element ist bei Karl Marx nichts mehr zu spüren. Er übernimmt das Ergebnis der Feuerbachschen Überlegungen und baut darauf seinen Gedanken weiter.

Einer der grundlegenden Texte, in denen komprimiert die Stellung von Karl Marx zur Religion zum Ausdruck kommt, ist die *Einleitung zur Kritik der Hegelschen Rechtsphilosophie* aus den Jahren 1843/44 (also geschrieben nur zwei Jahre nach Feuerbachs *Wesen des Christentums*). Dieser Text aus den Frühschriften von Marx beginnt so:

> »Für Deutschland ist die Kritik der Religion im wesentlichen beendigt und die Kritik der Religion ist die Voraussetzung aller Kritik. [...] Der Mensch, der in der phantastischen Wirklichkeit des Himmels, wo er einen Übermenschen suchte, nur den Widerschein seiner selbst gefunden hat, wird nicht mehr geneigt sein, nur den Schein seiner selbst, nur den Unmenschen zu finden, wo er seine wahre Wirklichkeit sucht und suchen muß. [...] Das Fundament der irreligiösen Kritik ist: Der Mensch macht die Religion, die Religion macht nicht den Menschen. [...] Und zwar ist die Religion das Selbstbewußtsein und das Selbstgefühl des Menschen, der sich selbst entweder noch nicht erworben oder schon wieder verloren hat«[39].

Das ist reiner Feuerbach, so möchte man sagen, hier schreibt Marx Feuerbach aus, hier steht er auf den Schultern von Feuerbach.

Aber schon kommt ein neuer Klang ins Spiel, denn der Text fährt unmittelbar fort:

> »Aber der Mensch, das ist kein abstraktes, außer der Welt hockendes Wesen. Der Mensch, das ist die Welt des Menschen, der Staat, Sozietät. [...] Dieser Staat, diese Sozietät produzieren die Religion, ein verkehrtes Weltbewußtsein, weil sie eine verkehrte Welt sind. Die

38 | Vgl. zu diesem Kapitel: *Karl Marx*, Frühschriften. *Werner Post*, Kritik Marx. *Willem Banning*, Karl Marx. *Johannes Kadenbach*, Religionsverständnis Marx.

39 | *Karl Marx*, Werke, 488. Zitiert nach: *Werner Post*, Kritik Marx, 162–164.

Religion ist die allgemeine Theorie dieser Welt [...], ihre feierliche Ergänzung, ihr allgemeiner Trost- und Rechtfertigungsgrund. [...] Der Kampf gegen die Religion ist mittelbar der Kampf gegen jene Welt deren geistiges Aroma die Religion ist.«[40]

Hier spricht nun Marx. Hier geht es nicht um die Religion als eine theologisch-philosophische Frage, hier geht es um die konkrete Welt des Menschen und hier meldet sich indirekt die Kritik an Feuerbach. Der Mensch, das Wesen des Menschen, die Gattung Mensch, das ist nichts Gedachtes, Abstraktes, der Mensch, das ist die Welt des Menschen! Und die Welt des Menschen, das sind die durch die bisherigen Menschen mitgestalteten gesellschaftlichen Zustände. Die Flucht aus diesen heillosen Zuständen, das ist die Religion. »Die Religion ist«, so schreibt er weiter,

»der Seufzer der bedrängten Kreatur, das Gemüt einer herzlosen Welt. [...] Sie ist das Opium des Volkes. [...] Die Forderung, die Illusionen über seinen Zustand aufzugeben, ist die Forderung, einen Zustand aufzugeben, der der Illusionen bedarf. Die Kritik der Religion ist also im Keim die Kritik des Jammertales, dessen Heiligenschein die Religion ist«[41].

Der Akzent ist gegenüber Feuerbach verschoben, ein neues Thema angeschlagen, es geht nicht mehr um Religion, Theologie oder Christentum, es geht um eine neue diesseitige, politische Aufgabe. Es ist also die Aufgabe der Geschichte, fährt Marx fort, »nachdem das Jenseits der Wahrheit verschwunden ist, die Wahrheit des Diesseits zu etablieren. [...] Die Kritik des Himmels verwandelt sich damit in die Kritik der Erde, die Kritik der Religion in die Kritik des Rechts, die Kritik der Theologie in die Kritik der Politik.«[42]

Eindeutiger lässt sich wohl kaum zum Ausdruck bringen, dass für Marx Religionskritik nicht mehr Hauptthema ist, sondern allenfalls Voraussetzung, Mittel zum Zweck.

Für Marx verbleibt Feuerbach trotz allem mit seiner mystischen, neuen, religiösen Interpretation noch im Bereich theoretischer, abstrakter Beschreibung des Menschen. Neue Beschreibung und neue Interpretation

40 | *Karl Marx*, Werke, 488 Zitiert nach: *Werner Post*, Kritik Marx, 164 f.

41 | *Karl Marx*, Werke, 488 f. Zitiert nach: *Werner Post*, Kritik Marx, 166, 170.

42 | *Karl Marx*, Werke, 489. Zitiert nach: *Werner Post*, Kritik Marx, 171 f.

aber genügen nicht. Das Übel muss beseitigt werden. So heißt dann die elfte und letzte These über Feuerbach, die Marx in diesen frühen Jahren notierte, jener vielzitierte Satz, der eine Kritik Feuerbachs und zugleich das Programm von Marx knapp formuliert: »Die Philosophen haben die Welt nur verschieden *interpretiert*; es kommt aber darauf an, sie zu *verändern*.«[43]

Das Feuerbachsche System bleibt das relativ ungeprüft und fertig übernommene Fundament der Marxistischen Religionskritik. Aber Marx' Interesse ist kein weltanschaulich-theologisches, sondern ein politisches. Die Beseitigung der politisch-gesellschaftlichen Verhältnisse ist das Ziel, dann wird die Religion von selbst verschwinden. So liegt Kirchenkampf oder gewaltsame Verfolgung ausdrücklich nicht in der Absicht von Karl Marx. Auch in dieser Hinsicht gilt, was Marx einmal in einem anderen Zusammenhang gesagt hat: dass er selbst kein Marxist sei.

Haben Sie bitte Verständnis dafür, dass wir hier schon wieder einen Einschnitt machen. Die Tatsache, dass Ludwig Feuerbach gegenüber Karl Marx so viel mehr Raum eingeräumt wurde, erscheint hoffentlich hinreichend motiviert durch die grundlegende Bedeutung, die Feuerbach für die marxistische Religionskritik gewonnen hat.

1.2.5 Auf der Suche nach der Einheit von Orthodoxie und Orthopraxie[44]

In einem letzten Punkt müssten wir aber versuchen, die wenigen Beobachtungen zur marxistischen Religionskritik, die ich Ihnen vorgetragen habe, noch ein wenig zu bündeln und noch ausdrücklicher als bisher erkennbar geworden ist, mit unserer Thematik Orthodoxie und Orthopraxie in Verbindung zu bringen.

Feuerbach leitet aus seiner Kenntnis der Geschichte eine notwendige geschichtliche Entwicklung ab, in der die historische Auflösung des Christentums schon mit Händen zu greifen ist, schon ein faktischer Bestand ist. Es ist negiert im Leben und in der Wissenschaft, in der Kunst und in der Industrie, das heißt, es ist mit Ausnahme des Sonntags aus

43 | *Kaarl Marx*, Thesen Feuerbach, 341, in: ders., Frühschriften.

44 | Vgl. zu diesem Kapitel: *Bernhard Welte*, Nietzsches Atheismus, 228–261. *Arthur Rich*, Motive Frühschriften, 192–209. *Roger Garaudy / Karl Rahner / Johann Baptist Metz*, Dialog. *Ernst Bloch*, Prinzip Hoffnung, 288–334. *Herbert Vorgrimler / Robert Van der Gucht* (Hg.), Bilanz Theologie, 328–338. *Marcel Reding*, Marx-Verständnis, 280–290. *Annemarie Gethmann-Siefert*, Perspektiven Humanismus, 223.

dem praktischen Leben der Menschen verschwunden. Er schreibt, dass es nichts weiter mehr ist als

> »eine fixe Idee, welche mit unsern Feuer- und Lebensversicherungsanstalten, mit unsern Eisenbahnen und Dampfwagen, unseren Kriegs- und Gewerbeschulen, unsern Theatern und Naturalienkabinetten in schreiendstem Widerspruch steht«[45].

Das ist für Feuerbach die Praxis des Christentums, das, was von einer Orthopraxie noch übriggeblieben ist. Gegen eine solche Praxis kommt die mystisch-rationalistische Jugendfrömmigkeit von Feuerbach letztlich nicht mehr an. Das mystische Element der Vergöttlichung hat ausgesprochen individualistische Züge, die Mitmenschen, die Gemeinschaft, die Tatsache, dass wir als Gattung, als Menschheit existieren, wird nahezu völlig unterschlagen. Die durch die Aufklärung beigesteuerte rationalistische Komponente hingegen macht den Rest Christentum in dieser Frömmigkeit unkonkret, nimmt ihm das historisch Greifbare, Einmalige, Faktische, macht den Menschen Jesus und das, was er tut und was mit ihm geschieht, zu einer Art Chiffre.

Dieses Auseinanderfallen eines Zerrbildes christlicher Praxis und christlicher Theorie wird dann auch nicht mehr von Hegels genialer Synthese aufgefangen. Denn dort erscheint das menschliche Denken letztlich auch nur wie eine rationale Rechtfertigung der unglücklichen Aufspaltung des Menschen in den armen, entfremdeten Menschen und in den reichen, erhabenen Gott.

Insofern die Vernunft menschliches Tun ist, erweist sie, indem sie Gott erweisen will, doch nur, dass sie selbst Gott denkt. Das Auseinanderklaffen von Glaube, der sich nach außen auf Gott wendet, und Liebe, die sich auf den Menschen, auf den Mitmenschen bezieht, lässt sich nach Feuerbach nur wieder überbrücken, indem der Glaube als eine pervertierte Liebe erwiesen wird, indem die Liebe zu sich selbst, zur Menschheit, zur Gattung Mensch, zum Wesen Mensch als die eigentliche Form des Glaubens erkannt wird.

So kann er schreiben:

> »Die Liebe identifiziert den Menschen mit Gott, Gott mit dem Menschen, darum den Menschen mit dem Menschen; der Glaube trennt

45 | *Ludwig Feuerbach*, Erläuterungen, 32. Zitiert nach: *Karl Löwith*, Philosophische Kritik, 147.

> Gott vom Menschen, darum den Menschen von dem Menschen; denn Gott ist nichts anderes als der mystische Gattungsbegriff der Menschheit«[46].

Die Entzweiung von Glaube und Liebe, die Entzweiung von Orthodoxie und Orthopraxie (um in unserer Terminologie zu reden) wird von Feuerbach beseitigt, indem der Glaube gestrichen, als eine pervertierte Form der Liebe wieder in den Bereich des Menschlichen zurückgehoben wird. Die miserable Praxis soll dadurch verklärt und vergöttlicht werden, dass die nach außen vergeudeten Projektionen auf die Menschheit selbst zurückgelenkt und zurückbezogen werden.

Bei Karl Marx liegt die Sache noch einmal ein wenig anders, obschon sich auch hier eine Art Parallele zu unserer Thematik auftut. Ich meine jetzt nicht so sehr die oft angesprochene Tatsache, dass der Marxismus eine Art Pseudoreligion, ein After-Christentum darstellt, mit einer Heilslehre, mit einer grundlegenden Urkunde als heiliger Schrift (dem kommunistischen Manifest), mit einer Unfehlbarkeit beanspruchenden Lehrautorität (die Partei hat immer recht), mit einer heilsvermittelnden Institution Kirche (der Partei), mit ausgesprochener Glaubensforderung auf die Frage nach dem Ursprung (die seltsame Beschreibung der Urmaterie und ihrer quasi-göttlichen Eigenschaften), mit ihrer ausgesprochenen Verheißung eines Zieles, einer säkularisierten Eschatologie (der klassenlosen Gesellschaft). So interessant diese Parallelitäten sein mögen, sie sind doch weithin formaler Art. Tiefer gehen die Überlegungen, die Arthur Rich in dem zitierten Aufsatz ausführt. Er macht aufmerksam auf die unwahrscheinliche Nähe zwischen der biblischen Beschreibung der Sündigkeit der Welt und des Zustandes der von Marx so genannten *naturwüchsigen Welt*, die durch die bisherigen Menschen in ihrem jetzigen desolaten Zustand wesentlich mitbestimmt ist einerseits, und der angezielten Erlösung aus dieser Misere andererseits, der Erlösung durch Kräfte, die die Möglichkeiten des einzelnen Menschen übersteigen (Gnade, Kirche) und der erlösenden, befreienden Funktion der neuen Klasse in der neuen Zeit (des neuen Äons), nämlich des *Proletariats*. Durch den Menschen mitverschuldetes Elend der Welt muss überwun-

46 | *Ludwig Feuerbach*, Wesen Christenthum, 297.

den werden durch Kräfte, die der Einzelne nur als Geschenk empfangen kann.

Ich sehe, wir haben keine Zeit mehr, auf diese von der Sache her gegebenen Parallelen näher einzugehen, auf die strukturelle Verwandtschaft in der Auffassung davon, wie die theoretische Sicht, das Konzept umgesetzt wird in die Praxis, in eine tatsächliche Orthopraxie.

Verdächtigen Sie mich jetzt bitte nicht des Versuches, in einer Vermischung der Termini vorschnell vereinnahmen zu wollen, was sich ausdrücklich vom Christentum absetzt und gar nichts mit dem christlichen Glauben zu tun haben will. Der Dialog, der zwischen den beiden Fronten in Gang kommt, ist sehr mühsam und vielleicht auf lange Sicht ohne

konkrete Ergebnisse. Dass er nicht einfach unmöglich ist, zeigen die Darlegungen von Roger Garaudy, Karl Rahner und Johann Baptist Metz in dem Buch *Der Dialog*.

Es ist aber nicht zu bestreiten, und das lässt sich selbst nach diesen hastigen und bruchstückhaften Beobachtungen zur marxistischen Religionskritik schon sagen, es ist nicht zu bestreiten, dass hier ein ganz elementares Aufbrechen von menschlichen Kräften stattgefunden hat, die genau das anzielen, was wir die Einheit von Wissen und Tun, von Theorie und Praxis, von Wort und Tat, von Interpretation und Verwandlung, von Glaube und Liebe genannt haben, also jenes Ineinander von Orthodoxie und Orthopraxie, das sowohl Feuerbach wie Marx im Bereich des abendländischen Christentums vergeblich gesucht haben. Angesichts einer unglaubwürdigen christlichen Praxis und angesichts einer bis zur Unkenntlichkeit verzeichneten Orthodoxie bricht die marxistische Religionskritik aus, um anderswo zu suchen, was sie im Bisherigen nicht findet. Wir machen es uns zu leicht, wenn wir sagen: Sie haben, von falschen Voraussetzungen ausgehend, ein falsches Bild vom Wesen des Christentums entworfen – obschon das stimmt. Wir sollten uns bewusst machen, dass auch Feuerbach und Marx illegitime Kinder des Christentums sind, die uns recht schmerzlich an unser Versagen erinnern.

1.3 Der christliche Anspruch und »Das Elend des Christentums« (Joachim Kahl)[47]

Am Ende der letzten Stunde, in der ich Ihnen einige Beobachtungen zur marxistischen Religionskritik, vor allem die grundlegende Bedeutung der Position Ludwig Feuerbachs vorgetragen habe, haben wir von der historischen Schuld des Christentums am Aufkommen dieser antichristlichen und antireligiösen Weltbewegung gesprochen, als die sich der Marxismus heute darstellt.

Man hat schon des Öfteren darauf hingewiesen, dass die geistigen Wurzeln dieses östlichen Weltblocks, die heute in entscheidender Weise von Asiaten mitgetragen und in zunehmendem Maße auch mitgestaltet werden, im Herzen des sogenannten christlichen Abendlandes liegen. Und die Frage, wie es komme, dass die Ideen von Feuerbach und Marx und Engels sich zum ersten Mal in politisch entscheidender Weise in Russland breitmachen konnten, also im Bereich des ostkirchlichen Christentums, das in seiner ganzen theologischen und geistlichen Ausrichtung erheblich weniger auf den gesellschaftlich-politischen Bereich bezogen war als das westliche Christentum, die Frage also, ob hier nicht eine Art Vakuum den Raum für die marxistischen Ideen eröffnete, die Frage, ob hier nicht gewisse ursächliche Beziehungen bestehen, ist nicht einfach als Hirngespinst, als geschichtliche Konstruktion beiseite zu schieben.

Damit ist jene grundsätzliche Schwierigkeit angesprochen: Die christliche Lehre in ihrer recht unterschiedlichen geschichtlichen Prägung durch Gottesdienstformen, Lebensgewohnheiten und Frömmigkeitseinrichtungen, die christliche Lehre so, wie sie der Einzelne in seiner Familie, seiner Gemeinde, der Universitätstheologie und den wissenschaftlichen Handbüchern erfuhr und zur Kenntnis nahm, war keineswegs immer so, dass darin das zentrale Anliegen Jesu Christi aufleuchtete, so wie es sich in den Schriften des Neuen Testaments spiegelt. Ich will sagen, dass es keineswegs nur den kritischen Auswanderern anzulasten war, wenn sie ein verzerrtes und verzeichnetes Bild vom Wesen des Christentums gewannen. Ebenso bedeutsam wie die mangelhafte Selbstdarstellung der christlichen Lehre im Bereich mystisch-pietistischer und aufklärerischer Theologie war gewiss der fehlende Einfluss der offiziellen Kirche auf die Erneuerung der politischen und sozialen Verhältnisse

47 | *Joachim Kahl*, Elend Christentum.

im 18. und 19. Jahrhundert, die Tatsache, dass Kirche und Christen sich den Vorwurf gefallen lassen mussten, die bestehenden misslichen Verhältnisse zu stützen, ja sogar zu verteidigen. Wenn man über die Kinderarbeit im vorigen Jahrhundert liest, über die Arbeitszeiten, fehlenden Urlaub, fehlende Kranken- und Alterssicherung, dann kommt einem schon das Schaudern an. Andererseits war der abendländische Boden doch so stark von christlichem Gedankengut durchtränkt, dass auch die neuen Tendenzen ihre Herkunft nicht verleugnen können. Feuerbachs Lehre von der Vergöttlichung und Marx' Lehre von der neuen Klasse des Proletariats sind auf ihre Weise doch auch verwachsene Sprösslinge des Alten und Neuen Testamentes, Neuzüchtungen, Gegenzüchtungen im

selben Mistbeet, um es einmal drastisch zu sagen. Die alten christlichen Pflanzungen und ihre Früchte reichten nicht hin, den Hunger zu stillen, ja waren teilweise ungenießbar geworden, jedenfalls aus der Sicht der neuen Gärtner. Aber die neuen bedienen sich doch weithin desselben Ausgangsmaterials!

Nun wäre es nicht das erste Mal, dass gewisse religiöse, politische, gesellschaftliche Bewegungen auslaufen, erschlaffen, ermatten, unbrauchbar werden. In unserem Fall aber spitzt sich die Auseinandersetzung und Fragestellung dadurch enorm zu, dass der christliche Glaube und die ihn vermittelnde und propagierende Gruppe Menschen, die Christen, die Kirche einen dezidierten Ausschließlichkeits- und Absolutheitsanspruch erheben.

Und auf dieses Spannungs- und Missverhältnis von christlichem Anspruch und christlicher Wirklichkeit wollen wir heute ein wenig näher eingehen.

1.3.1 »Außerhalb der Kirche kein Heil«[48] (Cyprian v. Karthago, † 258) Zeugnisse aus der Geschichte[49]

Der Absolutheitsanspruch der Christenheit, überaus geläufig und beargwöhnt in dem komprimierten Schlagwort von der *allein seligmachenden Kirche*, ist vom Märtyrerbischof Cyprian von Karthago um die Mitte des 3. Jahrhunderts (256) (und ähnlich auch von dem großen Theologen des

48 | *Thascius Caecilius Cyprianus*, 73. Brief, Kap. 21.

49 | Vgl. zu diesem Kapitel: *Joseph Ratzinger*, Volk Gottes, 339–375. *Yves Congar*, Kirche Heil. *Viertes Laterankonzil*, Contra Albigenses et Catharos, DS 802. *Bonifaz VIII.*, Unam Sanctam, DS 870–875. *Konzil von Florenz*, Dekret Jakobiten, DS 1330–1353. *Ignatius von Loyola*, Exerzitien, 33. *Erstes Vatikanisches Konzil*, Dei Filius, DS 3012–3014. *Joseph Möller*, Glauben Denken, 38–58.

Ostens, Origenes) so formuliert worden: *Salus extra ecclesiam non est*. Cyprian schreibt diesen Satz in einem langen Brief an den mauretanischen Bischof Jubaianus, dem er seinen Standpunkt über die Ketzertaufe klarmacht:

> »Wenn aber dem Ketzer selbst die Taufe des öffentlichen Bekenntnisses und des Blutes nicht zum Heil verhelfen kann, weil es außerhalb der Kirche kein Heil gibt, wieviel weniger wird es ihm dann nützen, wenn er im Verborgenen und in einer Räuberhöhle sich mit unechtem Wasser hat begießen und beflecken lassen und so, statt die alten Sünden abzulegen, vielmehr noch neue und größere auf sich geladen hat. Deshalb können wir die Taufe unmöglich mit den Ketzern gemeinsam haben, mit denen wir weder [...] den Glauben noch auch die Kirche gemeinsam haben. Und darum müssen sich diejenigen [wieder; T.S.] taufen lassen, die von der Ketzerei zur Kirche kommen«.[50]

Obgleich Cyprians Satz als Nebensatz eingebunden ist in eine im Ganzen recht fragwürdige Argumentation über die Ungültigkeit der Ketzertaufe, hat er sich doch im Laufe der kommenden Jahrhunderte ganz erheblich Gehör verschafft. Wie eng und wörtlich, wie unmittelbar auf die einzelnen Personen bezogen er im Altertum verstanden wurde, zeigt ein Zitat des Bischofs Fulgentius von Ruspe, eines Schülers des Heiligen Augustinus, der um 525 schreibt: »Man darf nicht daran zweifeln, daß nicht nur alle Heiden, sondern alle Juden, alle Häretiker und Schismatiker, die außerhalb der katholischen Kirche sterben, ins ewige Feuer gehen werden, das für den Teufel und seine Engel bereitet ist.«[51]

Das biblische Wort Christi: »[N]iemand kommt zum Vater als durch mich« (Joh 14,6), hat hier also eine ganz erhebliche Konkretisierung und eine für unser heutiges theologisches Empfinden unzulässige Zuspitzung erfahren, insofern hier Kirche zu vordergründig verstanden ist. »Es gibt nur eine allgemeine Kirche der Gläubigen. Außer ihr wird keiner gerettet.« (NR 375) So formuliert die große, bedeutende Kirchenversammlung im Lateran 1215, das vierte Laterankonzil, vor allem im Blick auf die schwärmerischen radikalen Auffassungen der Albigenser, welche sich von den kirchlichen Organisationsformen lossagten.

Knapp ein Jahrhundert später leitet Papst Bonifaz VIII. in seiner Bulle

50 | *Thascius Caecilius Cyprianus*, 73. Brief, Kap. 21.

51 | *Fulgentius von Ruspe*, De fide ad Petrum, 38, 79. Zitiert nach: *Yves Congar*, Kirche Heil, 110.

Unam Sanctam (1302) aus diesem Ansatz sogar seinen Anspruch der Herrschaft auch über die weltlichen Fürsten und vor allem seine Oberhoheit über den Kaiser ab:

> »Daß es nur eine heilige katholische und apostolische Kirche gebe, zwingt uns der Glaube anzunehmen und festzuhalten. Und mit Standhaftigkeit glauben wir an sie und bekennen sie in Einfalt, sie, außer der wir kein Heil noch Verzeihung der Sünden finden. [...] Sie stellt den einen mystischen Leib dar, dessen Haupt Christus ist, das Haupt Christi aber ist Gott. In ihr ist nur ein Herr, ein Glaube, eine Taufe (Eph 4,5). Daher hat diese eine und einzige Kirche nicht zwei Häupter [er denkt an Papst und Kaiser; T.S.], wie eine Mißgeburt, sondern nur einen Leib und ein Haupt, nämlich Christus und seinen Stellvertreter, Petrus, und dessen Nachfolger.« (NR 376/429)

So schnell kann man die Linie von Gott über Jesus Christus ziehen bis zum Nachfolger Petri. Nun wäre es schon unglücklich, wenn man vorwiegend politische Ansprüche theologisch motivieren will. Bonifaz VIII. spitzt die Sache aber noch weiter zu, er fährt nämlich fort: »Dem römischen Papst sich zu unterwerfen, ist für alle Menschen unbedingt zum Heile notwendig: Das erklären, behaupten, bestimmen und verkünden Wir«. (NR 430)

Ohne den Papst kein Heil! Hier ist doch wohl in der Sicht und in der Formulierung des Gemeinten einiges aus dem Lot geraten! Als man in Florenz 1442 versuchte, die Einheit mit den Kirchen des Ostens wiederherzustellen, da wird der Anspruch, nur durch Jesus Christus und seine Kirche sei das Heil zu erlangen, auf die Trennung der östlichen Christenheit hin formuliert. Im Dekret für die Jakobiten zitiert man den schon erwähnten Text von Fulgentius von Ruspe, dass dem ewigen Feuer verfällt, wer sich nicht vor seinem Tod der Kirche (gemeint ist natürlich die römische) anschließt. »So viel bedeutet die Einheit des Leibes der Kirche«, heißt es hier,

> »daß die kirchlichen Sakramente nur denen zum Heile gereichen, die in ihr bleiben, und daß nur ihnen Fasten, Almosen, andere fromme Werke und der Kriegsdienst des Christenlebens den ewigen Lohn erwirbt. ›Mag einer noch so viele Almosen geben, ja selbst sein Blut für den Namen Christi vergießen, so kann er doch nicht gerettet werden, wenn er nicht im Schoß und in der Einheit der katholischen Kirche bleibt‹ (Fulgentius).« (NR 381)

Angesichts solcher kühnen Behauptungen fragt man sich doch beklommen, woher Fulgentius und seine Zitatoren die Sicherheit nehmen, so zu reden.

Der Gedanke, dass alle Menschen, die sich nicht ausdrücklich zu Jesus Christus und seiner katholischen Kirche bekennen, auf dem großen Marsch in das ewige Verderben sind, war auch im 16. Jahrhundert eine ganz geläufige Vorstellung:

> »Der heilige Ignatius von Loyola, der in seinem Exerzitienbüchlein den Weg seiner Bekehrung [...] aufgezeichnet hat, fordert denjenigen, der mit ihm in den Exerzitien diesen Weg gehen will, auf, am ersten Tag der zweiten Woche nachzudenken über das christliche Grundgeheimnis der Menschwerdung Gottes. Wie es der Art seiner Betrachtungen entspricht, schlägt er vor, sich zunächst die Situation zu vergegenwärtigen, die den Hintergrund dieses Ereignisses bildet. Im Exerzitienbüchlein heißt es darüber: ›Die erste Einstellung ist, den Vorgang vergegenwärtigen, den ich betrachten soll. Hier, wie die drei göttlichen Personen die ganze Fläche oder das gesamte Erdenrund voll von Menschen überschauten und, sehend wie alle zur Hölle abstiegen, in ihrer Ewigkeit beschlossen, daß die zweite Person sich zum Menschen mache, um das Menschengeschlecht zu retten [...]‹. [...] Ignatius sieht vor sich eine Welt, die heillos der ewigen Verlorenheit der Hölle preisgegeben ist. Der Gedanke, daß alle Menschen vor Christus und alle, die nach ihm außerhalb des Glaubens der Kirche geblieben sind, dieses Schicksal erleiden, war wohl einer der Hauptantriebe, die ihn bewegten, sich mit solcher Inbrunst [...] der Verkündigung des Evangeliums hinzugeben [...]. Die Erschütterung, die von solch einem Gedanken ausgehen muß [...], steht auch hinter dem Werk des großen Jesuitenmissionars Franz Xaver. Er hat die Exerzitien im Geist seines Ordensvaters vollzogen und ist, von solchen Erfahrungen getroffen, hinausgegangen, [...] um so viele wie möglich von dem furchtbaren Schicksal ewiger Verlorenheit zu erretten.«[52]

Wenn aus einer solchen düsteren Sicht der Geschichte und der historischen Bedingtheit des Heilswirkens Gottes in Jesus Christus und durch die Kirche, die wir in dieser Weise heute nicht mehr nachvollziehen

52 | *Joseph Ratzinger*, Sinn Christsein, 36.

können, sich ein so aufopfernder Einsatz ableitet, wie bei den genannten großen Heiligen, dann hat auch ein solch überholtes Bild noch die Züge des Heroischen.

Peinlich aber wird es, wenn eine bestimmte verengte, oberflächliche, verdinglichte Sicht der Heilsnotwendigkeit des christlichen Glaubens sich in ein triumphalistisches Gewand hüllt, sich in eine selbstsichere, fast überhebliche Sprache kleidet. 30 Jahre nach Feuerbachs *Wesen des Christentums,* 20 Jahre nach Abfassung des kommunistischen Manifestes, in unmittelbarer zeitlicher Nachbarschaft der Pariser Kommune verkündet das Erste Vatikanische Konzil 1870:

> »Damit wir nun der Pflicht, den wahren Glauben zu umfassen und in ihm bis ans Ende zu verharren, genügen können, gründete Gott durch seinen einziggeborenen Sohn die Kirche und stattete sie mit solchen offenkundigen Merkmalen ihrer Herkunft von ihm aus, daß sie von allen erkannt werden kann als Hüterin und Lehrerin des geoffenbarten Wortes. Denn nur die katholische Kirche trägt alle die vielen wunderbaren Zeichen, die Gott gegeben hat, auf daß die Glaubwürdigkeit der christlichen Lehre hell aufleuchte. Ja, schon durch sich selbst ist die Kirche ein großer und steter Beweggrund der Glaubwürdigkeit und ein unwiderlegliches Zeugnis ihrer göttlichen Sendung, kraft ihrer wunderbaren Fortpflanzung, ihrer hervorragenden Heiligkeit und unerschöpflichen Fruchtbarkeit in allem Guten, in ihrer katholischen Einheit und unbesiegbaren Beständigkeit. Daher kommt es, daß sie wie ein Zeichen ist, das aufgerichtet unter den Völkern (Is 11,12) , die zu sich lädt, die noch nicht glauben, ihren Kindern aber die festgegründete Sicherheit schenkt, daß ihr Glaube, den sie bekennen, auf sicherster Grundlage aufruht.« (NR 384 f.)

Auch wenn man in Rechnung stellt, dass dieser Text immerhin hundert Jahre alt ist und einen anderen Sprach- und Denkstil verrät, kann man die Frage nicht unterdrücken, ob die Bischöfe und Theologen, die diesen Text formulierten, gar nicht gemerkt haben, was um sie herum vorging, oder ob sie sich gar nicht mehr die Mühe gemacht haben, das in sich stimmige System ihrer Theorie, ihrer theologischen Sätze noch zu der unstimmigen Praxis ernsthaft in Beziehung zu setzen.

1.3.2 Die Sicht des Zweiten Vatikanischen Konzils[53]

Wenn wir versuchen wollen, diese Beispiele aus der Geschichte, die verschiedenen Ausprägungen und Anwendungen dieses Satzes von der Heilsnotwendigkeit der Kirche zu deuten, zu werten, zu beurteilen, dann müssen wir zunächst konstatieren, dass die neuere Theologie, die sich, was diese Thematik angeht, auch in den Dokumenten des letzten Konzils niedergeschlagen hat, ein enges, fixistisches, individualistisches Missverständnis dieses Satzes *Außerhalb der Kirche kein Heil* aufgebrochen und beiseite geräumt hat. Gewiss war auch schon vorher das so streng sich gebende Prinzip, dass »außerhalb der apostolischen, römischen Kirche niemand gerettet werden kann«, dass sie »die einzige Arche des Heils [ist] und jeder, der nicht in sie eintritt, [...] in der Flut untergehen [muß]« (NR 367) – so heißt es wörtlich in einem Schreiben von Pius IX. (1854) –, dieses Prinzip war immer schon an einigen Stellen durchlöchert, kein absolut geschlossener, starrer Ring, etwa durch den ganzen Fragenkreis der sogenannten Begierdetaufe oder durch die Unterscheidung zwischen objektiver und subjektiver Schuld. So schreibt auch Pius IX. weiter in dem obigen Text:

»Aber ebenso müssen wir sicher daran festhalten, daß von dieser Schuld vor den Augen des Herrn niemand getroffen wird, der da lebt in unüberwindlicher Unkenntnis der wahren Religion.« (NR 367) Es gibt keine geschichtliche Prädestination und Determination, die Entscheidung des Einzelnen spielt eine wichtige Rolle.

Aber es ergibt sich doch eine ganz andere Argumentation, ob man von der Rettung, vom allgemeinen Heilswillen Gottes aus denkt und redet oder ob die ewige Verwerfung und Verdammnis den Hintergrund abgibt. Wer nicht in die Arche kommt, geht verloren, ertrinkt in den Fluten, dieses eindrucksvolle biblische Bild kann sehr schnell zum Ausdruck einer Ghettomentalität, einer Denkweise der Eingrenzung, Abgrenzung und des Abschließens werden.

Die biblischen Bilder vom Sauerteig, der alles durchsäuern soll, vom Salz, das die Fäulnis des Ganzen verhindern soll, vom Licht, das auf dem Leuchter allen im Hause Licht spenden soll, sind wohl doch geeigneter (oder zumindest eine notwendige Ergänzung) zur Beschreibung der hei-

53 | Vgl. zu diesem Kapitel: *Zweites Vatikanisches Konzil*, Unitatis redintegratio, Nr. 3. *Zweites Vatikanisches Konzil*, Nostra aetate, Nr. 2. *Karl Rahner*, Anonyme Christen, 545–554. *Karl Rahner*, Anonymes Christentum, 498–515. *Trutz Rendtorff*, Christentum.

ligenden, heilsvermittelnden Funktion der Kirche gegenüber den Nichtchristen.

Es ist Ihnen geläufig, dass das letzte Konzil zunächst deutlich die Gemeinsamkeiten mit den anderen christlichen Konfessionen herausgestellt hat, die es ebenfalls Kirchen oder kirchliche Gemeinschaften genannt hat. Im Ökumenismusdekret Kap. 3 heißt es:

> »Ebenso sind diese getrennten Kirchen und Gemeinschaften trotz der Mängel, die ihnen nach unserem Glauben anhaften, nicht ohne Bedeutung und Gewicht im Geheimnis des Heiles. Denn der Geist Christi hat sich gewürdigt, sie als Mittel des Heiles zu gebrauchen, deren Wirksamkeit sich von der der katholischen Kirche anvertrauten Fülle der Gnade und Wahrheit herleitet.« (UR 3)

Dieser Text, dessen letzter Satz wie ein Pferdefuß wirkt, zeigt zugleich die Überwindung des missverstandenen Cyprianischen Satzes, wie auch die Verbindung mit seinem richtigen Kern durch eine gewisse Konstanz der Aussage. Zunächst: Es gibt Heil auch außerhalb der engen, rechtlichen Grenzen der Zugehörigkeit zur römisch-katholischen Kirche. (Das erscheint uns fast wie eine Binsenwahrheit!) Aber in eben dem Maße, wie Gott auch bei Christen anderer Konfessionen und durch sie Heil wirkt, wächst und verbreitet sich dort die eine Kirche Jesu Christi. Das Dekret formuliert diesen Gedanken ausdrücklich:

> »daß einige, ja sogar viele und bedeutende Elemente oder Güter, aus denen insgesamt die Kirche erbaut wird und ihr Leben gewinnt, auch außerhalb der sichtbaren Grenzen der katholischen Kirche existieren können: das geschriebene Wort Gottes, das Leben der Gnade, Glaube, Hoffnung und Liebe und andere innere Gaben des Heiligen Geistes und sichtbare Elemente: all dieses, das von Christus ausgeht und zu ihm hinführt, gehört rechtens zu der einzigen Kirche Christi.« (UR 3)

Hier hat sich also die negative, abgrenzende, bedrohliche, ausschließende Formulierung des Absolutheitsanspruches in eine positive, zusagende, verheißende, verbindende Formulierung gewandelt: Hieß es vorher: Außerhalb der Kirche kein Heil, so heißt es jetzt: Da, wo Gott Heil schafft, ist Kirche, überall da, wo Gottes Gnade am Werk ist, entsteht Kirche Jesu Christi. Und dieses Wirken ist nicht einmal auf getaufte Menschen, auf die Christenheit beschränkt. Dieses Heilswirken Gottes hat sich zwar an geschichtliche Vermittlungen gebunden, ist aber gewiss nicht auf sichtbare Zeichen beschränkt oder daran gefesselt. Was in Jesus Christus in deutlichem Ausdruck erscheint, ist auch in den nichtchristlichen Völkern anfanghaft und verborgen wirksam. Das Konzil tut einen weiteren bedeutsamen Schritt in der Beschreibung der heilsvermittelnden Funktion der Kirche, wenn es im Dekret über die nichtchristlichen Religionen sagt:

> »Von den ältesten Zeugen bis zu unseren Tagen findet sich bei den verschiedenen Völkern eine gewisse Wahrnehmung jener verborgenen Macht, die dem Lauf der Welt und den Ereignissen des menschlichen Lebens gegenwärtig ist [...]. Die katholische Kirche lehnt nichts von alledem ab, was in diesen Religionen wahr und heilig ist. Mit aufrichtigem Ernst betrachtet sie jene Handlungs- und Lebensweisen, jene Vorschriften und Lehren, die [...] nicht selten einen Strahl jener Wahrheit erkennen lassen, die alle Menschen erleuchtet. Unablässig aber verkündet sie und muß sie verkündigen Christus [...], in dem die Menschen die Fülle des religiösen Lebens finden« (NA 2).

Eine schlagwortartige Kennzeichnung haben diese Gedanken ja in der Rahnerschen Formulierung vom *anonymen Christen* gefunden. Mit dieser (gewiss missverständlichen) Benennung hat Rahner keineswegs gemeint, bewusste Christen könnten sich unter bestimmten Umständen in die Passivität, in die Anonymität, in die innere Emigration und Resignation zurückziehen (das wäre eine völlig andere Frage!). Gemeint ist mit dem Wort dies: dass überall da, wo Menschen von der Gnade Gottes angerührt, ihrem Gewissen und Herzen folgend wahrhaft lieben, wahrhaft hoffen, wahrhaft vertrauen, wahrhaft selbstlos beten, genau jene Wirklichkeit entsteht, die wir Christusgemeinschaft nennen, oder *Leben im Heiligen Geiste,* Kirche. Überall, wo Menschen vom Geiste Gottes ergriffen und erleuchtet, gelenkt und getrieben werden, überall da entsteht Kirche, da wächst Gliedschaft am mystischen, kosmischen Leibe Christi, selbst da, wo solche Menschen sich nicht ausdrücklich nach ihm benennen, auch da, wo sie und ihr Tun ohne Kennzeichnung, ohne Namen, namenlos bleiben, selbst da wirkt Jesus Christus – wenn auch namenlos – sein Heil.

Wenn man dieses Thema von der *Heilsnotwendigkeit der Kirche* grundsätzlich behandeln wollte, müssten nun verschiedene Fragen gestellt und beantwortet werden.

In unserem Zusammenhang kommt es jetzt aber nicht so sehr darauf an, wie in dieser neuen Sicht der Dinge die besondere Funktion der Christenheit unter den Nichtchristen und speziell etwa die Missionstätigkeit aufgefasst und motiviert werden, die nach dem Zeugnis des Neuen Testamentes wesentlich zum Selbstverständnis der Kirche Jesu Christi gehören. Diese Fragen sind wichtig und müssen an anderer Stelle genau und sorgfältig behandelt werden.

Es ist hoffentlich nicht der Eindruck entstanden, wir wollten einen Weg vom klaren Anspruch der Wahrheits- und Heilsvermittlung hin zu einem verwischenden, nivellierenden Indifferentismus nachzeichnen oder empfehlen. Das wäre ein ausgesprochenes Missverständnis des hier Dargelegten. Ich wollte Sie zunächst vor allem darauf aufmerksam machen, wie wichtig es ist, dass dieses Sendungsbewusstsein und dieser Heilsauftrag nicht aus falscher Sicherheit oder missverstandenem Erwählungsbewusstsein abschließend, abgrenzend und verwerfend vorgetragen werden, sondern einladend, einbeziehend, ausweitend und angliedernd.

1.3.3 Der Absolutheitsanspruch des Neuen Testamentes[54]

Nachdem dieser Entwicklungsgang eines theologischen Gedankens hoffentlich deutlich geworden ist, ist es aber nun doch notwendig, noch einen Blick auf das Neue Testament zu tun, auf die Wurzel jenes anstößigen und lange missdeuteten Satzes: Außerhalb der Kirche kein Heil. Wir kommen nicht daran vorbei und müssen nüchtern ins Auge fassen: Das Neue Testament, die Botschaft der frühen Christenheit, das Evangelium von Jesus Christus erhebt einen deutlichen und nicht hinweg zu interpretierenden Absolutheitsanspruch.

Wenn das Neue Testament die Urkunde, der Kanon, der Maßstab der Kirche bleibt, ist es also kein Weg möglicher, legitimer theologischer Entwicklung, die Lehre Jesu Christi, die Kirche Jesu Christi, den Anspruch Jesu Christi an seine Kirche und durch seine Kirche an alle Menschen als einen beliebigen, ablösbaren, ersetzbaren, austauschbaren, überholbaren Anspruch, als *eine* Möglichkeit unter vielen, als *einen* Ring unter mehreren, als *eine* Wahrheit unter gleichrangigen anderen einzuordnen. Man kann zwar dieser Meinung über das Christentum sein, und viele, auch getaufte Zeitgenossen mögen tatsächlich so denken. Sie be-

54 | Vgl. zu diesem Kapitel: Joh 14,6. Joh 20,22. Mt 28,19. 2 Kor 5,20. Lk 10,16. Joh 17,3. Joh 3,31–36. Joh 17,25. 1 Joh 1,3. Joh 8,32.

finden sich aber mit dieser Ansicht nicht in Übereinstimmung mit dem Selbstverständnis der apostolischen Kirche. Das kann man feststellen, ohne in hermeneutische Einzelüberlegungen einzutreten. Wir werden dieser Frage in etwas anderem Zusammenhang in einem späteren Kapitel noch nachgehen. Hier will ich mich mit ein paar andeutenden Zitaten begnügen.

»Wie mich der Vater gesandt hat, so sende ich euch« (Joh 20,22), sagt Christus am Ende des Johannesevangeliums bei seiner Ostererscheinung unter den Jüngern.

Seine Funktion, Kunde von der Liebe des Vaters zu bringen, geht auf die über, die ihm nachfolgen, die von seinem Geist erfüllt werden, die seine Zeugen sind bis an die Grenzen der Erde. »So geht hin und werbet Jünger für mich bei allen Völkern, indem ihr sie taufet auf den Namen des Vaters und des Sohnes und des Heiligen Geistes und sie alles halten lehret, was ich euch geboten habe.« (Mt 28,19)

Dieser sogenannte Taufbefehl, der schon die trinitarische Taufformel der frühen Gemeinden aufgenommen hat, sagt deutlich, in wessen Vollmacht und mit welchem Anspruch die christliche Predigt auftritt. »Für Christus denn lassen wir den Aufruf ergehen als seine Gesandten, und es ist, wie wenn Gott durch uns aufriefe« (2 Kor 5,20), so schreibt Paulus in seinem 2. Brief nach Korinth.

Im Lukasevangelium heißt das mit den Worten Jesu: »Wer euch hört, hört mich, und wer euch zurückweist, weist mich zurück; wer aber mich zurückweist, weist den zurück, der mich gesandt hat.« (Lk 10, 16) Wenn aber das Heil genau darin bestehen soll, dass der Sendende erkannt, erfahren und angenommen wird, wenn darin das wahre Leben besteht, wie Johannes formuliert, dass sie den Vater erkennen, diesen Vater aber niemand geschen hat und nur der Einziggeborene Kunde gebracht hat (vgl. Joh 1,18), wenn niemand den Vater wirklich kennt als der Sohn, und wem der Sohn es offenbart (vgl. Mt 11,27), dann geht es hier also um den einzig möglichen Zugang zum göttlichen Vater.

In den Abschiedsreden bei Johannes heißt es: »Gerechter Vater, die Welt hat Dich nicht erkannt, ich aber habe Dich erkannt – und diese haben erkannt, daß Du mich gesandt hast. Ich habe ihnen Deinen Namen kundgetan, damit die Liebe, mit der du mich geliebt hast, in ihnen sei« (Joh 17,25).

Wir sind uns darüber einig, dass der johanneische Christus in den Ab-

schiedsreden ein Höchstmaß an meditativer, frühchristlicher Theologie vorträgt, aber gerade auf dieses Selbstverständnis der frühen Kirche kommt es uns ja hier an. In aufreizend deutlicher Weise und geradezu klassisch sagt dies Johannes am Anfang seines ersten Briefes:
»Das verkünden wir auch euch, damit ihr Gemeinschaft mit uns habt; und mit uns Gemeinschaft haben, bedeutet, sie mit dem Vater und seinem Sohne Jesus Christus haben.« (1 Joh 1,3) Wo die Kirche ist, ist Gottes Heil, nur da, wo Kirche ist, ist Gottes Heil, überall, wo wirklich Kirche ist, wirkt Gott Heil, aber auch überall, wo Gott unter Menschen Heil wirkt, ist tatsächlich Kirche.

Nur Jesus führt zum Vater, wer Jesus ist, erfährt man bei den Christen. Nur die Erkenntnis und Erfahrung der Wirklichkeit Jesu Christi führt zum Heil in Gott. Die Wirklichkeit Jesu Christi aber lebt in der Geschichte durch die Kirche. Machen wir uns mit dieser dialektischen Aussage nicht etwas vor: Nur wo Kirche ist, wirkt Gott Heil, überall wo Gott Heil wirkt, ist Kirche? Ist das nicht wiederum nur graue Theorie, eine Theologie, die in sich richtig sein mag, aber mit der geschichtlichen Wirklichkeit der konkreten Kirche einfach nicht übereinstimmt? Eine einzigartige Wahrheit, Gottes Zuneigung zu uns wird auf eine einzigartige Weise – Leben, Sterben und Auferweckung Jesu – und mit einzigartiger Vollmacht im Heiligen Geiste, mit Unverirrlichkeit und Unverbrüchlichkeit durch die Kirche kundgemacht und weitergetragen. Das ist die Theorie, aber wie ist die Praxis? Der Anspruch, die Lehre ist deutlich, aber wie ist die Wirklichkeit, das Leben?

1.3.4 Die elenden Tatsachen der kirchlichen Geschichte[55]

Im Johannesevangelium sagt Jesus zu Juden, die zum Glauben an ihn gekommen waren: »[D]ie Wahrheit wird euch frei machen« (Joh 8,32). Man könnte dieses prägnante Wort als eine Kurzformel für den christlichen Verkündigungsauftrag ansehen: Die Wahrheit, um die es geht, ist: Gott liebt die Menschen, seine Liebe ist stärker als Sünde und Tod, sie erweist sich vor allem in der Erhöhung Jesu Christi. Diese Wahrheit soll uns frei machen von Schuld und Hoffnungslosigkeit, von Todesverfallenheit.

55 | Vgl. zu diesem Kapitel: *Henry Kamen*, Spanische Inquisition. *Werner Böckenförde*, Glaube, 159–198. *Ruth Schirmer-Imhoff* (Hg.), Prozeß Jeanne d'Arc. *Joachim Kahl*, Elend Christentum. *Jens Marten Lohse*, Menschlich Gott. *Otto Hermann Pesch*, Sprechender Glaube, 133.

Diese christliche Wahrheit, die wahre Lehre, wurde in der Geschichte der Kirche unter anderem verbreitet und *rein* zu erhalten versucht mit dem fatalen Instrument der Inquisition.

Bis zum frühen Mittelalter gingen die Bischöfe als die für den Glauben Verantwortlichen gegen Ketzer und Abtrünnige mit geistlichen Strafen vor. »Erst im elften und zwölften Jahrhundert wandelte sich mit dem kirchlichen Bewußtsein auch die Praxis. Aus dem geistlichen Bußrecht wurde kirchliches Strafrecht nach Art des weltlichen Rechtes«[56].

Bald wurde dieses *Sanctum Officium* (gemeint ist die Funktion der Glaubensüberwachung) durch bestimmte Beauftragte und Gesetze institutionalisiert. Um die angestrebte Ausrottung der Ketzerei wirksam zu erreichen, bedurfte es der Hilfe des weltlichen Arms, des brachium saeculare, der Kopf war dabei allerdings *geistlicher Natur.* In diesem Zusammenspiel waren meist die Päpste der treibende und die Kaiser der getriebene Teil.

Papst Lucius III. erließ 1184 ein Ketzergesetz und umschrieb die Strafen für Kleriker und Laien, die mit Häresie zu tun hatten. Darin steht auch die folgenschwere Bestimmung, die ihre Ausläufer bis in das geltende kirchliche Gesetzbuch hat. »Wer aber nur als im Verdacht der Kirche stehend empfunden wird, wird dem gleichen Urteil unterworfen, sofern er nicht [...] die eigene Unschuld durch eine entsprechende Reinigung beweist.« (vgl. CIC/1917 c. 2315) Verdacht wird also schon zu einem Strafbestand, nicht das Gericht muss den Verdächtigten der Schuld überführen, sondern der Verdächtigte muss seine Unschuld beweisen. Diese Bestimmung hat im Laufe der Jahrhunderte Tausende ins Gefängnis, unter die Folter und auf den Scheiterhaufen gebracht.

In einer ausführlichen, unvoreingenommenen Untersuchung über die spanische Inquisition beschreibt der englische Historiker Henry Kamen aus alten Quellen die eigenartige Vermischung von Prozession, Messfeier und öffentlicher Ketzerverurteilung mit anschließender Hinrichtung, von Frömmigkeit und Brutalität in den sogenannten Autodafés, die der Abschluss quälender Untersuchungen waren. Die im weltlichen Recht damals bereits übliche Anwendung der Folter wurde nämlich 1252 durch Papst Innozenz IV. auch für Inquisitionsverfahren gestattet. Die Folterer waren meistens die bei den weltlichen Gerichten angestellten öffentli-

56 | *Werner Böckenförde*, Glaube, 162 f.

chen Henker. Während der Prozeduren mussten zugegen sein: die Inquisitoren selbst, ein Vertreter des Bischofs und ein Sekretär, der gewissenhaft die Einzelheiten notierte. »Die Grundregel, die beachtet werden mußte, lautete, daß das Opfer nicht in Lebensgefahr kam und kein Glied verlor.«[57] Die damals bei weltlichen und kirchlichen Tribunalen gebräuchlichen Foltern waren der Wippgalgen und die Wasserfolter.

> »Bei der *garrucha* [dem Wippgalgen; T.S.], einem Flaschenzug, wurde das Opfer, an den Handgelenken gebunden, bis zur Decke hochgezogen, während schwere Gewichte an seinen Füßen hingen. Dann ließ man es, aus jeweils verschiedener Höhe, in das Seil fallen, wobei Arme und Beine langgezerrt und nicht selten ausgerenkt wurden. Komplizierter war die *toca* oder Wasserfolter. Das Opfer wurde liegend an die Folterbank gefesselt, sein Mund mit Gewalt geöffnet und eine *toca*, ein leinenes Tuch, ihm in die Kehle geschoben; durch diesen Stofftrichter goß man dann langsam Wasser aus einem Krug. Beim *potro* [der Seiltortour; T.S.], der nach dem 16. Jahrhundert gebräuchlichsten Tortour, band man das Opfer an die Folterbank mit Stricken, die, um den Körper und alle Glieder geschlungen, [...] allmählich immer fester gezogen wurden. Bei jeder neuen Drehung schnitten die Stricke tiefer ins Fleisch und preßten es immer mehr zusammen. Bei allen Folterungen war es Vorschrift, die Opfer vorher zu entkleiden. Männer und Frauen wurden nackt ausgezogen und behielten nur ein Stück Stoff zum Bedecken ihrer Schamteile.«[58]

Wenn man solche Dinge liest und zitiert, glaubt man beim Wirtshaus im Spessart zu sein, aber es geht tatsächlich um die vermeintliche Ausbreitung und Verteidigung der reinen Lehre, der Wahrheit des christlichen Glaubens. Wenn Henry Kamen schließlich feststellt, »[e]in Vergleich mit der bewußten Grausamkeit und zu den Verstümmelungen, zu denen es damals bei den normalen weltlichen Gerichten kam, zeigt die Inquisition in günstigerem Licht, als es die Gegner der Inquisition wahrhaben möchten«[59], so spricht das für die Fairness seines Urteils, aber der makabre Eindruck und die beschämende Peinlichkeit werden dadurch nicht beseitigt.

57 | *Henry Kamen*, Spanische Inquisition, 195.
58 | *Henry Kamen*, Spanische Inquisition, 195.
59 | *Henry Kamen*, Spanische Inquisition, 197.

Es ist erschütternd und deprimierend, die authentischen Akten und Protokolle des Prozesses gegen Jeanne d'Arc zu lesen, die als Taschenbuch auch in deutscher Übersetzung zugänglich sind. Dabei geht es hier nur um ein einziges Schicksal. Der spanische Großinquisitor Thomas von Torquemada schickte im 15. Jahrhundert über 10 000 Verurteilte auf den Scheiterhaufen und über 92 000 auf die Galeeren. Ob man vom Auftreten des Kreuzzugheeres liest, von den Verfolgungen und Ermordungen sogenannter Hexen, vom schwarzen Sklavenhandel nach Südamerika und den Methoden der Konquistadoren (vielleicht kennen Sie die eindrucksvolle Schilderung von Reinhold Schneider: *Las Casas vor Karl V.*), von christlichem Antisemitismus und von sogenannten Religionskriegen: Es lässt sich eine merkwürdig düstere Bilanz aufmachen, wenn man es darauf anlegt und seine Augen beim Gang durch die christliche Geschichte aufmacht. Auf diesem Hintergrund wirkt der Satz *Die Wahrheit wird euch frei machen* wie purer Hohn.

Wir können und wollen jetzt nicht mehr im Einzelnen das Verhältnis der offiziellen Kirche zum Bereich der wissenschaftlichen Wahrheit unter die Lupe nehmen. Aber ich brauche hier nur den Namen Galilei zu nennen oder die Evolutionslehre oder aus jüngster Zeit *Humanae Vitae*, um Problemkreise anzusprechen, in denen wir als Christen, als Kirche alles andere als eine strahlende Figur machen. Gewiss ist es nur die halbe Wahrheit, wenn man sagt, die moderne Naturwissenschaft habe sich weithin neben der Kirche oder sogar gegen sie entwickeln müssen, gewiss lässt sich zeigen, wie eine experimentelle Naturwissenschaft nicht möglich gewesen wäre ohne die völlige Entdivinisierung des Kosmos durch den jüdisch-christlichen Schöpfungsbegriff. Andererseits kann ich auch wiederum verstehen, wenn Joachim Kahl in seinem gehässigen, pamphletistischen, verzerrenden Buch *Das Elend des Christentums* die Theologen lächerlich macht, die »heutzutage nahezu sämtliche Errungenschaften der Geschichte (etwa die Entfaltung der Naturwissenschaften) auf eine ›letztlich christliche Wurzel‹ zurückführen«[60] wollen.

Wenn Pius XI. in seiner Eheenzyklika *Casti connubii* noch 1930 *gegen* die verwegenen Neuerungen einer wirtschaftlichen und sozialen Emanzipation der Frau und Mutter argumentiert (vgl. NR 476), wenn Papst Gregor XVI. 1832 in einer Enzyklika die Gewissensfreiheit des Menschen als

60 | *Joachim Kahl*, Elend Christentum, 17.

eine »absurde«, irrige Auffassung, als eine Art »Wahnidee« bezeichnet (vgl. DS 2730), wenn Pius IX. im Syllabus, einer Sammlung abgelehnter Sätze, als mit dem Glauben unvereinbar auch folgende Meinung zeichnet: »Jeder Mensch ist frei, jene Religion zu bejahen und zu bekennen, die er nach seiner Ansicht für die wahre hält« (vgl. DS 2915), dann wäre die spöttische Frage, worin denn die Freiheit sich zeige, welche durch die Wahrheit des Glaubens vermittelt werden soll, obgleich unsachlich und jeder Problematik unangemessen, doch sehr verständlich. Gewiss ist die Religions- und Gewissensfreiheit inzwischen vom Zweiten Vatikanum feierlich bestätigt worden. Aber was hilft es, dass man aus allen kirchlichen Epochen natürlich Zeugnisse großer Heiligkeit, Beispiele erstaunlicher kirchlicher Fürsorge, wirklichen Einsatzes für die Rechte und Anliegen der Menschen beibringen kann? Die bitteren Früchte der Unfreiheit, Verblendung, Brutalität und Vergewaltigung, die sich am Baum der christlichen Lehre haben bilden können, erschütternde Praktiken, die sich immer auf irgendeine Weise auch von der christlichen Theorie zu rechtfertigen versuchten, scheinen zu einer Disqualifikation zu werden angesichts des Jesuswortes: »An ihren Früchten denn sollt ihr sie erkennen.« (Mt 7,20)

Ist die Lehre gut, aber ihre Vertreter schlecht? Ist die Theorie richtig, aber die Institution korrupt? Ist die Theorie überhaupt umsetzbar in die Praxis, liegen die Schwierigkeiten etwa darin, dass sie die konkreten Möglichkeiten des Menschen überfordern? Geht es um ein schönes Ideal, das an den geschichtlichen Bedingtheiten und Beschränktheiten scheitert? Oder ist der geleistete Einsatz an Erkenntniskraft und Tatkraft zu gering? Lassen sich solche Pannen für die Zukunft verhindern, oder sind tatsächlich solche Verirrungen nichts weiter als die logische Folge eines verfehlten theoretischen Ansatzes, wie Joachim Kahl uns weismachen will?

1.3.5 Das »Wesen im Unwesen«[61] *(Hans Küng) – Die Gebrochenheit des Kirchenbildes*[62]

Im ersten Kapitel seines Buches *Die Kirche*, unter der Zwischenüberschrift *Die Gebrochenheit des Kirchenbildes*, zitiert Hans Küng die bewun-

61 | *Hans Küng*, Kirche, 37.

62 | Vgl. zu diesem Kapitel: *Hans Küng*, Kirche, 37–43. *Hans Urs von Balthasar / Joseph Ratzinger*, Zwei Plädoyers. *Hans Urs von Balthasar*, Klarstellungen, 183–190.

dernden Äußerungen des englischen Historikers und Staatsmannes Thomas Macaulay, der die Geschichte, Organisationsform, kulturelle Leistung und Lebenskraft der katholischen Kirche eindrucksvoll vor Augen führt . »Diese ganze Bewunderung«, sagt Küng, »betrifft im Grunde eine Fassade, die auch zur Kirche gehört, von uns nicht verleugnet werden soll, aber nicht ihr inneres Wesen ausmacht«[63]. Er weist dann auf die vielstimmige Klage über die Kirche hin, auf die scharfe Kritik in der Vergangenheit und auch die kritischen Attacken in der Gegenwart:

> »Gegen schlechte Predigten, lahmen Gottesdienst, veräußerlichte Frömmigkeit, geistlose Traditionen, autoritäre, in Korrektheit erstarrte Dogmatik und lebensfremde, in Kasuistik verlorene Moral, gegen Opportunismus und Intoleranz, Gesetzlichkeit und Bonzentum der kirchlichen Funktionäre auf allen Stufen, gegen den Mangel an schöpferischen Menschen in der Kirche.«[64]

Wie die oberflächliche Bewunderung, so trifft auch die Kritik vielfach nur die Fassade, eine wirkliche Fassade, aber doch eine Außenseite der Kirche. Allerdings kann dieses Phänomen der Pervertierung in der Kirche nicht schon dadurch begriffen werden, dass man unterscheidet zwischen geschichtlicher Gestalt und bleibendem Wesen.[65] »Hier dringt vielmehr«, sagt Küng,

> »so unwirklich und so wirklich wie immer – das *Böse* in der Kirche durch: der Kirche ungutes ›*Un*-Wesen‹. Das Unwesen der Kirche steht zum Wesen der Kirche, obwohl es von ihm lebt, in Widerspruch, ist nicht ihr legitimes, sondern ihr illegitimes, ist nicht ihr echtes, sondern ihr pervertiertes Wesen. Es ist [...] gegeben nicht durch Gottes heiligen Willen, sondern durch das Versagen der Menschen, die die Kirche bilden. Als Schatten begleitet das Unwesen der Kirche Wesen durch alle geschichtlichen Gestalten hindurch. [...] Die Feststellung eines Unwesens der Menschen-Kirche soll nicht etwa der Entschuldigung für all das Dunkle in der Kirche dienen. Sie soll nur die Bewunderer wie die Kritiker der Kirche darauf aufmerksam machen: Wir müssen mit diesem dunklen Unwesen der Kirche von vornherein rechnen! Es sollte uns, da wir es mit einer Menschen-Kirche zu tun

63 | *Hans Küng*, Kirche, 38 f.
64 | *Hans Küng*, Kirche, 40.
65 | Vgl. *Hans Küng*, Kirche, 41.

> haben, nicht überraschen. […] Wer eines Menschen Schatten trifft, trifft etwas Wirkliches, trifft aber nicht den Menschen. Wer der Kirche Unwesen angreift, greift wirkliche Kirche an, greift aber nicht der Kirche Wesen an«[66].

Diese Äußerungen eines Theologen, der wie kaum ein anderer den Mut hat, die Praxis der Kirche und ihre unzulängliche Rechtfertigung zu kritisieren, könnte uns angesichts der Düsterkeiten unserer christlichen Geschichte ein wenig Mut machen, in den nächsten Stunden weiter zu fragen und weiter zu suchen nach dem rechten Verhältnis von Theorie und Praxis, nach dem wahren Wesen der christlichen Theorie, des christlichen Glaubens und nach den Möglichkeiten ihrer praktischen Verwirklichung.

Hans Urs von Balthasar hat mit seiner spitzen Zunge kürzlich auf eine Frage geantwortet:

> »Warum ich in der Kirche bleibe? Jedenfalls nicht deshalb, weil ich an irgendeinem Zeiger ablesen könnte, daß die Kirche a) meinen Erwartungen oder b) Gottes Erwartungen entspricht. Denn zu a) liegt die Frage ja umgekehrt: ob nämlich ich den Erwartungen der Kirche entspreche und zu b) kann auch ein Unterbelichteter sehen, daß die Kirche als der Haufen Sünder, den sie darstellt, nie den Erwartungen Gottes entsprechen wird. […] Warum ich (trotzdem) in der Kirche bleibe? Weil seltsamerweise wir Idioten alle sie mit unseren Maßnahmen immer noch nicht umzubringen vermocht haben.«[67]

> »Natürlich ›sollte‹ die Kirche. Sie ›sollte‹ alles, und viel mehr, als sie je kann. Man möchte bloß wissen, ob alle, die sie deshalb verlassen, weil sie nicht erfüllt, was sie von ihr erwarten, anderswo mehr Befriedigung finden. Wenn ich höre: ›Die Kirche sollte‹, so scheint mir das bloß zu sagen: ›Ich sollte.‹ Um so mehr als ich von der Kirche so viel mehr erhalte, als ich verdiene. Mehr, als was ein Mensch oder eine menschliche Gemeinschaft vermitteln kann. An mir, an uns, dafür zu sorgen, daß die Kirche dem besser entspricht, was sie in Wirklichkeit ist.«[68]

66 | *Hans Küng*, Kirche, 41 f.
67 | *Hans Urs von Balthasar*, Klarstellungen, 183 f.
68 | *Hans Urs von Balthasar*, Klarstellungen, 190.

1.4 Theorie und Praxis, Versuch einer kurzen Orientierung[69]

1.4.1 Stimmen aus der Philosophie

> »Wenn man die Philosophen von der Wirklichkeit reden hört, so ist das oft ebenso irreführend, wie wenn man im Schaufenster eines Trödlers auf einem Schild die Worte liest: Hier wird gerollt. Wollte man mit seiner Wäsche kommen, um sie rollen zu lassen, so wäre man angeführt. Das Schild hängt nur zum Verkauf da.«[70]

Der hier so bissig behauptet, die Philosophen verkauften nicht die Wirklichkeit, sondern verhandelten nur das Etikett, ist kein geringerer als Sören Kierkegaard. Als er nach Abschluss seiner Dissertation 1845 nach Berlin kam, um Schelling zu hören, erwartete er von diesem zunächst den Aufschluss über die Wirklichkeit, den er in Hegels Schriften so schmerzlich vermisst hatte, die Umsetzung der Wissenschaft in das konkrete Geschehen, in die eigene Existenz. Aber der hochgespannten Erwartung folgte schon bald ebenfalls eine resignierende Tagebuchnotiz:

> »Meine Zeit erlaubt mir nicht, tropfenweise einzunehmen, was auf einmal zu verschlucken ich kaum den Mund auftun würde. Ich bin zu alt, um Vorlesungen zu hören, gleichwie Schelling zu alt ist, um sie zu halten. Seine ganze Lehre von Potenzen verrät die höchste Impotenz.«[71] (Schelling war um diese Zeit schon siebzig, Kierkegaard 32)

Die großen Philosophen des deutschen Idealismus waren dem Wegbereiter einer Existenzialphilosophie zu weit weg von der Wirklichkeit, Theorie und nichts als Theorie.

Welch anderer Klang aus dem Mund eines bedeutenden zeitgenössischen Denkers, der eine völlig veränderte geistige Landschaft in Bezug auf unser Problem *Theorie und Praxis* erkennen lässt:

> »Als man einem Studenten das Zimmer zerschlug, [schreibt er kurz vor seinem Tode im August 1969; T.S.] weil er lieber arbeitete als an Aktionen sich zu beteiligen, schmierte man ihm an die Wand: wer sich mit Theorie beschäftige, ohne praktisch zu handeln, sei ein Ver-

69 | Vgl. zu diesem Kapitel: *Nikolaus Lobkowicz*, Theory Practice. *Theodor W. Adorno*, Stichworte, 169–191. *Jürgen Habermas*, Theorie Praxis. *Jürgen Habermas*, Erkenntnis Interesse. *Werner Post*, Theorie Praxis, 894–901.

70 | *Kierkegaard*, Tagebücher I, 29. Zitiert nach: *Karl Löwith*, Hegel Nietzsche, 165.

71 | *Kierkegaard*, Tagebücher I, 176. Zitiert nach: *Karl Löwith*, Hegel Nietzsche, 165.

räter am Sozialismus. Praxis wurde nicht ihm allein gegenüber zum ideologischen Vorwand von Gewissenszwang. Das von ihnen diffamierte Denken strengt offenbar die Praktischen ungebührlich an: es bereitet zu viel Arbeit, ist zu praktisch. Wer denkt, setzt Widerstand; bequemer ist, mit dem Strom [...] mitzuschwimmen. Indem man einer regressiven und deformierten Gestalt des Lustprinzips nachgibt, es sich leichter macht, sich gehenläßt, darf man überdies eine moralische Prämie von den Gleichgesinnten erhoffen.«[72]

Vielleicht haben Sie den Schreiber dieser bissig-ironischen Bemerkung schon erkannt, es ist der Mitbegründer der sogenannten *Kritischen Theorie* und Frankfurter Philosoph Theodor W. Adorno in seinen *Marginalien zu Theorie und Praxis*. Mit Heftigkeit kämpft er, angesichts einiger Geschehnisse der letzten Jahre, dagegen, dass die Antithese von Theorie und Praxis zur Denunziation, zur Abwertung und Verächtlichmachung der Theorie missbraucht wird. Die Ansicht, nur durch Praxis sei aus den Zwängen der gesellschaftlichen Praxis herauszukommen, hält er für blinde, kurzschlüssige Beschäftigungstherapie, für wahnhaften Aktionismus. Natürlich, sagt Adorno, sei der Vorrang des Objekts ernst zu nehmen und zu achten. Aber *reines Denken, reines Subjekt* sei doch eine Fiktion, ein Popanz. Wer das Denken mit diesen Schlagworten diffamiere, übersehe, dass auch Denken ein Tun ist, das sich am Objekt entzündet und betätigt, dass also Theorie ebenfalls eine bestimmte Gestalt von Praxis sei. »Recht verstanden ist Praxis [...] das, was das Objekt will [also die Zustände, die Sachlage, das mir Gegenüberstehende, das an mich Herantretende, in das ich aber einbezogen und vielfach verflochten bin; T.S.]: sie [die Praxis; T.S.] folgt seiner [des Objekts; T.S.] Bedürftigkeit.«[73] (Das Subjekt will handelnd auf die Notwendigkeiten der Sachlage reagieren. Aber das kann nicht durch bloße Anpassung an das Objekt geschehen, denn dadurch würde die »heteronome Objektivität«[74] bloß befestigt, nicht durchschaut, nicht durchleuchtet.)

»Die Bedürftigkeit des Objekts ist durchs gesellschaftliche Gesamtsystem vermittelt; daher nur durch Theorie kritisch bestimmbar. Praxis ohne Theorie, unterhalb des fortgeschrittensten Standes von

72 | *Theodor W. Adorno*, Stichworte, 173.
73 | *Theodor W. Adorno*, Stichworte, 176.
74 | *Theodor W. Adorno*, Stichworte, 176.

Erkenntnis, muß mißlingen [...]. Falsche Praxis ist keine. Verzweiflung, die, weil sie die Auswege versperrt findet, blindlings sich hineinstürzt, verbindet noch bei reinstem Willen sich dem Unheil. [...] Theoriefeindschaft wird zur Schwäche der Praxis. Daß dieser die Theorie sich beugen soll, löst deren Wahrheitsgehalt auf und verurteilt Praxis zum Wahnhaften; das auszusprechen ist praktisch an der Zeit.«[75]

Sie erkennen die Richtung seines Kampfes: gegen eine ideologisierte Praxis, für eine recht verstandene Theorie. Der Geist, das Denken, das angestrengte, kritische Denken darf nicht untergehen. »Der gegenwärtige Praktizismus stützt sich auf ein Moment, das die abscheuliche Sprache der Wissenssoziologie Ideologieverdacht getauft hat«[76]. Dabei ist doch der Motor zur Kritik von Ideologien gerade die Erfahrung der Unwahrheit und Unrichtigkeit, die nicht anders als in kritischem Denken ermittelt und festgestellt werden kann. Wenn aber die Praxis durch das »Opiat der Kollektivität«[77] vernebelt, dass sie sich selbst und die Sachzwänge, auf die sie reagiert, nicht mehr durchschaut, dann wird sie selbst tabuisiert und ideologisiert. Adorno nimmt sehr konkret Bezug auf die Universität und ihre Probleme, und er demonstriert sehr plastisch und anschaulich seine Bedenken gegenüber der Praxis mancher Gruppen an dem Beispiel der permanenten Diskussionen:

»Das Falsche des heute geübten Primats von Praxis wird deutlich an dem Vorrang von Taktik über alles andere. Die Mittel haben zum äußersten sich verselbständigt. [...] So fordert man allerorten Diskussionen, zunächst gewiß aus anti-autoritärem Impuls. Aber Taktik hat die Diskussion [...] vollends zunichte gemacht. Was aus Diskussionen resultieren könnte, Beschlüsse von höherer Objektivität darum, weil Intentionen und Argumente ineinander greifen und sich durchdringen, interessiert die nicht, welche automatisch, auch in ganz inadäquaten Situationen, Diskussionen wollen. Jeweils dominierende Cliquen haben vorweg die von ihnen gewollten Ergebnisse parat. Die Diskussion dient der Manipulation.«[78]

75 | *Theodor W. Adorno*, Stichworte, 176.
76 | *Theodor W. Adorno*, Stichworte, 188.
77 | *Theodor W. Adorno*, Stichworte, 188.
78 | *Theodor W. Adorno*, Stichworte, 180.

Nach ausführlicher, genauer Beschreibung entsprechender Veranstaltungen sagt Adorno noch einmal:

> »Hinter der Technik waltet ein autoritäres Prinzip: der Dissentierende müsse die Gruppenmeinung annehmen. Unansprechbare projizieren die eigene Unansprechbarkeit auf den, welcher sich nicht will terrorisieren lassen. Mit all dem fügt der Aktionismus in den Trend sich ein, dem sich entgegenzustemmen er meint oder vorgibt: [...] weil seiner Art Praxis die Reflexion auf die Zwecke unerträglich ist.«[79]

Dies scheint in den letzten Lebensjahren die ganz starke Sorge von Adorno gewesen zu sein, dass man sich selbst, sein Tun nicht mehr kontrolliere und kontrollieren lasse, dass das eigene Verhalten ungeprüft den anderen aufgezwungen werde, dass eine neue Art von Terror sich ausbreite.

> »Besonders Gewitzte sagen, Theorie sei [...] repressiv [...]. Aber das unmittelbare Tun, das allemal ans Zuschlagen mahnt, ist unvergleichlich viel näher an Unterdrückung, als der Gedanke, der Atem schöpft. Der Archimedische Punkt: wie eine nicht repressive Praxis möglich sei, wie man durch die Alternative von Spontaneität und Organisation hindurchsteuern könne, ist, wenn überhaupt, anders als theoretisch nicht aufzufinden. Wird der Begriff fortgeworfen, so werden Züge sichtbar wie die einseitige, in Terror ausartende Solidarität.«[80]

Man ist versucht, diese leidenschaftlichen Rufe Adornos zu überschreiben: Plädoyer fürs Denken. Wenn man genauer zuschaut und den extrem unterschiedlichen zeitgeschichtlichen Hintergrund mitbedenkt, sind die Anliegen von Kierkegaard und Adorno was das Verhältnis von Theorie und Praxis angeht keineswegs so gegensätzlich, wie ihre angeführten Worte zunächst glauben machen könnten. Dass das Denken sich aufs Leben, aufs Tun, aufs Handeln beziehen müsse und daran erproben müsse, dass Denken sich nicht vom Handeln entferne, dass Denken und Handeln nicht getrennt würden, das war Kierkegaards Sorge angesichts des deutschen Idealismus, angesichts von Hegel und Schelling. Dass das Handeln sich nicht blind mache, dass es den Geist nicht auslösche, dass

79 | *Theodor W. Adorno*, Stichworte, 181.
80 | *Theodor W. Adorno*, Stichworte, 186.

Handeln sich aus dem Denken herleite und durch Denken überprüfe, dass Handeln sich vom Denken nicht trenne, dass Handeln und Denken nicht gegeneinander ausgespielt werden, das ist das große Anliegen Adornos in diesen Texten. Ohne den einen oder den anderen zum Kirchenvater machen zu wollen, kann uns doch die Sicht Adornos in manchem hilfreich sein: Seine Sicht des Verhältnisses von Theorie und Praxis kann man so umschreiben: *Einheit in der Unterschiedenheit*. Praxis ohne Theorie ist blinder Wahn, Theorie ist ein Moment an der Praxis, Denken muss sich auf die Wirklichkeit, auf die tatsächlichen Verhältnisse richten und sie bedenken, aber auch nur denkend können wir handeln. Theorie an sich, sogenanntes *reines* Denken, ist Ideologie, entspricht nicht der Wirklichkeit. Aber auch reine Praxis ist Ideologie, gehört zu den Ameisen, aber nicht zu den Menschen. Das Verhältnis von Theorie und Praxis ist nach dieser Ansicht nicht die Identität, auch nicht der Übergang, erst recht nicht die Unterordnung. »Sie stehen polar zueinander«[81], sagt Adorno, ihr Verhältnis ist der qualitative Umschlag.

So neu ist dieser Gedanke auch in der Philosophie eigentlich nicht. In recht unterschiedlichem Zusammenhang gewiss, aber doch mit relativ ähnlichem Ergebnis, reflektiert schon Aristoteles das Verhältnis von Theorie und Praxis. Die theoretische Wissenschaft von den ersten Gründen und Ursachen, die Philosophie nämlich, forscht nach dem Urgrund und Hintergrund, nach dem Göttlichen und der göttlichen Ordnung der Dinge. Deshalb kann die Philosophie bei Aristoteles auch Theologische Wissenschaft heißen.

»Als Theorie bleibt sie das freie Anschauen des Göttlichen und der göttlichen Ordnung. Dies unterscheidet sie von allem praktischen Wissen«[82], schreibt Aristoteles im VI. Buch der Metaphysik. Das klingt sehr esoterisch und sehr weltabgewandt. Aber das scheint nur so auf den ersten Blick! Denn Aristoteles fährt unmittelbar fort: »Indem sie [die Theorie; T.S.] aber Wissenschaft wird, nimmt sie die Form der das praktische Dasein leitenden Einsicht an und wird so ›Wissen der Gründe und Ursachen der Dinge‹«[83]. Da Praxis bei Aristoteles das Leben des Lebendigen überhaupt meint, insofern es sich im Tun und Wirken vollzieht, sind Theorie und Praxis aufeinander zugeordnet. Der Mensch lebt als Mensch,

81 | *Theodor W. Adorno*, Stichworte, 190.
82 | *Aristoteles*, Metaphysik VI, 1.1025b,3.
83 | *Aristoteles*, Metaphysik VI, 1.1025b,3.

indem er aufgrund von Einsicht und Wissenschaft handelt. Die Philosophie als Theologie, als theoretische Wissenschaft wendet sich dem Göttlichen nicht als etwas Fremdem, Abwesendem zu, sondern dem Sein, sofern es in den Dingen gegenwärtig ist, sofern es als Ursache und Grund im praktischen Dasein wirksam ist. Schauen und Handeln richten sich also nicht auf verschiedene Objekte, die theoretische Wissenschaft steht nicht im Gegensatz zur praktischen Welt und dem ihr dienenden Wissen.

Diese Darstellung des aristotelischen Gedankens verdeckt allerdings ein wenig die ständige Gefahr und Versuchung, die von der griechischen Philosophie, vom Denkansatz Platos, des großen Lehrers von Aristoteles,
72 in der Folgezeit immer ausging bei der Beschreibung des Verhältnisses von Theorie und Praxis. Wenn das Reich der Ideen die eigentliche Wirklichkeit darstellt, wie Plato sagt, dann wird die Theorie, die geistige Schau der Idee zum eigentlichen Tun des Menschen, und die Befassung mit der materiellen Welt, mit dem leibhaftigen Leben, in das wir für eine gewisse Zeit der Uneigentlichkeit hineingezwungen sind, zu etwas weniger Wichtigem und Sekundärem. Arbeit, Praxis war ja schon von der alten Gesellschaftsordnung her Sklavengeschäft. Je freier für die Muße, die Theorie, den Geist, desto menschlicher. Wenn sich ein solcher Dualismus noch mit einer ausgesprochenen Leibfeindlichkeit, einer Abwertung alles Materiellen und Sichtbaren verband, wie in dem gefährlichen Manichäismus, dann kann man sich vorstellen, welche Auswirkungen das auf die Bewertung von Theorie und Praxis hatte. Und in dem Maße, wie sich im Mittelalter mit der Übernahme der griechischen Philosophie auch solche Vorstellungen in das christliche Denken einschlichen, geriet auch die Praxis in die Defensive. Dann brauchte nur statt des Ausdrucks *Reich der Ideen* ein Wort wie *Jenseits* oder *ewiges Leben* oder *Himmel* zu stehen, und schon ist im Handumdrehen die Betrachtung der ewigen Dinge, die *vita contemplativa*, besser als die *vita activa*, die konkrete Befassung mit Problemen des jetzigen Lebens. In einer solchen Sicht des Verhältnisses von Theorie und Praxis, für die dann sehr oft die Begegnung Jesu mit Maria und Martha als Beweis herangezogen wurde (vgl. Lk 10,38) (»›Martha, Martha, du machst dir Sorge und Unruhe um viele Dinge – eins nur ist nötig. Maria hat den besten Teil erwählt [...].‹« (Lk 10,41 f.)), lag der Keim zu einer ganz gefährlichen Überbetonung und Isolierung der Theorie und zu einer Unterordnung und Geringschätzung des kon-

kreten Vollzuges. Dass dies von der biblischen Sicht des Menschen und seiner Aufgabe in der Welt in keiner Weise nahegelegt war, werden wir gleich noch deutlich machen. Ehe wir das tun, sollten wir aber doch dem großen Hegel eine gewisse Genugtuung widerfahren lassen, den Kierkegaard so massiv angegriffen hat. Wie auch immer man sein Denken beurteilen mag, auch er sieht das Verhältnis von Theorie und Praxis als ein dialektisches Geschehen, in dem sich die Selbstverwirklichung des Menschen vollzieht. Gegenüber der unmittelbaren Praxis, dem unreflektierten Tun, dem bloßen Vollzug weist nach ihm die in die Theorie gehobene Praxis, also das reflektierte, durchleuchtete, überdachte Tun, ein *Mehr* an Erfahrung auf. Sachverhalte, Vollzüge, eigenes Tun sind erst in dem Maße tatsächlich erfahren, begriffen und durchschaut, als sie von der Theorie umfasst und in den Begriff gebracht sind. Andererseits ist ein bloß gedachter Entwurf, ein erst konzipiertes System *weniger* als eine in die Praxis übertragene Theorie. Die zur Praxis gewordene Theorie ist *mehr* als die noch unerprobte. Dieses dialektische Verhalten von Theorie und Praxis nach Hegel, in dem also der theoretische Entwurf an der Praxis verifiziert werden muss, die tatsächliche Praxis aber, die ja viele Komponenten hat, immer wieder auch durch die theoretische Reflexion gesichtet und überprüft werden muss, dieses dialektische Hin und Her ist kein unendlicher Regress, sondern genau darin vollzieht sich nach Hegel die Selbstverwirklichung des Menschen.

Ob also Aristoteles oder Hegel, ob Kierkegaard oder Adorno, *eins* scheint doch für alle hier zitierten eindeutig zu sein: Das Verhältnis von Theorie und Praxis ist nicht (darf nicht werden, sollte nicht sein!) das eines Entweder-Oder. Im Zueinander und Ineinander von Denken und Handeln vollzieht sich der Mensch. Menschsein heißt verantwortlich wirken, denkend handeln, leben (und nicht gelebt werden!), heißt: bewusster, erkannter, bedachter Vollzug.

1.4.2 Die grundlegende Bedeutung des Menschenbildes[84]

Spätestens hier ist die Stelle, an der wir fragen sollten, worin dieses eigenartige Zueinander und Ineinander von Denken und Handeln, von Theorie und Praxis seinen eigentlichen, seinsmäßigen Grund hat. In der traditionellen, sehr ungenauen Terminologie, die aber doch schlagwort-

84 | Vgl. zu diesem Kapitel: *Karl Rahner*, Geist Welt. *Johann Baptist Metz*, Metaphysik, 78–84.

artig zeigen kann, worauf ich hinaus will, müsste man antworten: Weil wir Menschen zugleich Leib und Seele sind, weil wir Menschen jene seltsame Einheit von Geist und Materie bilden, jenes eigentlich befremdliche Lebewesen, das sich einerseits vorgegeben ist, sich vorfindet und sich andererseits selbst entwirft und plant und formt. Wir sind gewissermaßen die herumlaufende, spannungsreiche Verkörperung des Problems: Theorie und Praxis. Gestaltung unseres Lebens, Vollzug ist nie nur physikalisch-mechanisches Geschehen, ist nie nur ein objektiver Ablauf, sondern ist immer zugleich ein psychisch-voluntatives Geschehen, eine subjektive Gestaltung. Wenn das stimmt, und ich sehe keine Schwierigkeit, dass wir uns ohne lange Darlegung darauf einigen können, dann hat die *Sicht des Menschen*, die Auffassung, die jemand hat vom Wesen des Menschen, eine mehr idealistische Schau des Menschen oder eine mehr materialistische Konzeption, vermutlich immer sofort auch konkrete Auswirkungen in das Theorie-Praxis-Problem hinein. Fast wäre ich geneigt, Kierkegaards Kritik an Hegel und Schelling und Adornos Kritik an den Aktivitäten marxistischer Gruppen als eine Bestätigung für diese Vermutung anzuführen.

Mich interessiert in diesem Zusammenhang aber nun ein anderer Bereich, nämlich der des biblischen, christlichen Denkens: Die biblische Beschreibung des Menschen als Einheit aus Ackerboden und Lebensodem (vgl. Gen 2,7), also die biblische Sicht der Einheit des Wesens Mensch müsste doch eine tragfähige Grundlage abgeben für eine christliche Antwort auf die Frage nach dem Verhältnis von Theorie und Praxis. An dieser Stelle muss allerdings zunächst einiger Trümmerschutt beiseite geräumt werden, der sich über dem ursprünglichen biblischen Menschenbild angesammelt hat im Laufe der Jahrhunderte, wir sprachen eben schon andeutungsweise davon. Die dualistische Sicht des Menschen, die sich im Laufe der abendländischen Geistesgeschichte immer stärker in das Gewand des christlichen Menschenbildes hineingeschmuggelt hat, muss zunächst entlarvt und entfernt werden. Die Unsterblichkeit der Seele ist ein Axiom griechischer Philosophie und keine Aussage des Neuen Testamentes. Die Apostel verkünden die Auferweckung des Menschen, aber nicht die natürliche Unsterblichkeit der Seele. Und eine Geringschätzung und Abwertung des Leibes (Seelen muss man retten, unsterbliche Seelen, alles andere ist nicht so wichtig!) kann sich nicht auf das Alte und das Neue Testament berufen. Die hebräische Anthropologie, die sich auch im Neuen Testament weithin durchhält, gebraucht Begriffe, die nicht einen Teil des Menschen, sondern jeweils den ganzen Menschen meinen: *Nefesch*, das meist mit Seele übersetzt wird, meint den *ganzen Menschen* als Lebewesen, den lebendigen, leibhaftig existierenden Menschen. Ebenso meint *basar*, Fleisch *nicht einen Teil* des Menschen, etwa als eine körperliche Konstituante, sondern den lebendigen, hinfälligen, ganzen Menschen, kann auch die Verwandtschaft, die Sippe, die ganze Menschheit bezeichnen, aber immer einschließlich des Lebensprinzips und nie als Ansammlung von Körpern, von Leichnamen.

Diese ganzheitliche biblische Anthropologie, die wir hier mehr voraussetzen als beschreiben, wurde in einem ganz veränderten geistigen Klima, nämlich im 13. Jahrhundert, und in einer ganz unbiblischen Terminologie, nämlich der damals hochmodischen aristotelischen Begrifflichkeit, von Thomas von Aquin in einer faszinierenden Konzeption dargestellt. Nach Aristoteles kann man in jedem Seienden unterscheiden zwischen ὕλη (materia) und εντελέχεια (forma). Die Forma ist *das Wirklichkeitsprinzip* und die Materia *der Ermöglichungsgrund*. Alles in der Welt tatsächlich Vorhandene ist es selbst durch die Einheit, das Zusammenwirken von Materia und Forma, die tatsächliche Verwirklichung von Möglichem. In diese Begrifflichkeit fasst nun Thomas das christliche Bild vom Menschen. (Die Schwierigkeiten und Hintergründe seines geistigen Ringens können wir jetzt hier auch nur andeuten. Ich hoffe, Sie können in nicht allzu ferner Zeit eine längere Abhandlung von mir über diese Problematik lesen, wenn Sie wollen.[85]) Wichtig für unseren Zusammenhang ist die Beschreibung des Menschen und seines Selbstvollzuges, wie sie Thomas auf diese Weise gelingt.

Thomas konzipiert den Menschen ganz von der *anima* her, die sich *in corpore* vollzieht. Die *anima* als *forma*, als Verwirklichungsprinzip, vollzieht den Menschen als erkennendes, reflexives Wesen in *materia*. *Geist in Welt* hat Rahner seine Untersuchung der thomanischen Erkenntnistheorie deshalb genannt. Denn für Thomas ist das Typische der menschlichen Reflexivität, das Kennzeichnende der menschlichen Subjektivität und Geistigkeit, dass sie sich nur an und in der Materie, an der widerständigen, gegenständigen, gegenständlichen Materie findet und zu sich selber kommt. Aber diese Materie ist nicht das einfach Fremde oder von außen

85 | *Theodor Schneider*, Einheit Menschen.

Hinzukommende, sondern ist das Organ, das Eigene der Anima. Denn menschliche Erkenntnis ist immer an die Sinne gebunden, sinnliche Erkenntnis. Indem die Anima, die Selbsterkenntnis, sich vollzieht, erwirkt sie sich zunächst die Sinnlichkeit. Die körperlichen Sinne sind also Teil des Selbstvollzuges der menschlichen Anima. Mit den Sinnen nimmt der Mensch Objekte, ihm gegenüberstehende Phänomene auf (in diesem Sinn kann auch der eigene Körper, die eigene Leiblichkeit und Materialität gewissermaßen ein Gegenstand, ein betrachtetes Gegenüber werden), und in diesem Hin auf den materiellen Gegenstand und dem gleichzeitigen Zurück auf sich selbst als Bewusstheit, genau in diesem Hin und Zurück als Erkenntnisprozess kommt die Anima zu sich selber, vollzieht der Mensch sich selber als erkennendes Wesen. Nur in der Materialität ist der Mensch er selbst als seiner selbst bewusstes Subjekt. Die als Sinnenhaftigkeit, Sinnlichkeit dem Menschen eigene Materialität ist nichts zum Geist des Menschen Hinzugefügtes, sondern ist das Medium, in dem allein er sich selbst realisieren kann. Der Mensch ist verleiblichter Intellekt, der Leib ist die sichtbare Außenseite der menschlichen Seele, der menschlichen Geistigkeit, die Seele ist sichtbar im Leibe, der Leib ist wesentliches Element am Selbstvollzug des menschlichen Geistes, Geist in Welt, Geist in Leib, das ist der lebendige Mensch.

Was trägt diese anthropologische Konzeption für das Theorie-Praxis-Problem aus? Damit wollten wir uns ja befassen!

So wie Geist und Materie im Menschen nicht einfach identisch sind und doch *ein* Seiendes bilden, so sind von der Konstitution des Menschen her Theorie und Praxis nicht einfach identisch und doch im dialektischen Hin und Zurück der einheitliche Selbstvollzug des menschlichen Lebens. Noch einmal anders gesagt: *Praxis* ist das menschliche Leben, weil wir materiell-leibhaftige Wesen sind, die in einer geistig konstituierten, menschlichen Mitwelt und einer materiellen Umwelt leben. Leben heißt, sich bewegen müssen, leben heißt, tun müssen. *Theorie* ist menschliches Leben immer, weil Menschsein Reflexivität ist, Bewusstsein, Erkenntnis, Selbsterkenntnis und also alles, was wir praktisch tun (wenn es im wachen Zustand geschieht), dieser Bewusstheit unterliegt.

Praxis ohne Theorie wäre der bewusste (und insofern bewusst auch schon wieder hintergriffene) Versuch, sich auf die Ebene der Bewusstlosigkeit zurückzuschieben. Theorie ohne Praxis wäre der eingebildete Versuch, seiner leibhaftigen Existenz, der Verflochtenheit in Welt und

Geschichte zu entkommen. Die Einheit von Geist und Materie im Menschen lässt sich zerstören im Tode, aber diese Zerstörung ist zugleich das Ende dieses konkreten Menschen.
Die dialektische Einheit von Theorie und Praxis lässt sich bei unserer menschlichen Konstitution nur zerstören durch die physische oder psychische Zerstörung des Menschen. *Zer*störung nur durch Vernichtung, aber *Störung* dieses Spannungsverhältnisses doch gewiss auch noch auf mancherlei andere Weise.

1.4.3 Die Endlichkeit des Menschen und das Phänomen des Bösen[86]

Eine mögliche Fehlerquelle, ein potentieller Störfaktor im Zusammenspiel von Theorie und Praxis liegt in der besonderen Art und Weise, wie im Menschen Geist und Materie zusammengebunden sind in der besonderen Eigenart des *animal rationale,* die man etwa als seine *Endlichkeit* umschreiben könnte. Ich meine damit die Tatsache, dass der geistige Selbstbesitz, das Selbstbewusstsein, das Sich-selbst-durchschauen, Sich-selbst-reflektieren durch die Vorgegebenheiten doch stark eingeengt ist. Wenn wir anfangen, uns selbst wahrzunehmen, sind wir schon da, und zwar schon eine ganze Weile, von Eltern gezeugt und ins Dasein gesetzt, die wir uns nicht selbst ausgesucht haben, von ihnen mit Erbmasse und Anlagen versehen, die uns in mancherlei Hinsicht schon vorprogrammiert haben, von der Früherziehung im Mutterleib und in den ersten Phasen der Kindheit schon verbogen oder einseitig angelegt. Wir finden uns vor, und zur Ichfindung gehört wesentlich die Auseinandersetzung mit dieser Tatsache unseres Herkommens und Geprägtseins durch andere.
Unser Ausgangsmaterial, um es einmal so zu sagen, die Vorgegebenheit unserer materiell-leibhaften Existenz ist ganz erheblich. Aber nicht nur unser Herkommen ist unserer bewussten Planung und unserem Wollen entzogen, muss angenommen und ratifiziert werden, auch unser Zukommen, das noch Ausständige, von uns teilweise selbst Entworfene und Vorbereitete unseres künftigen Lebensabschnittes ist nicht in jeder Hinsicht zu unserer Verfügung. Unerwartete, unserem Einfluss entzogene Kräfte und Einflüsse sind in jedem Fall im Spiel. Wir haben uns nie ganz! Ähnlich wie unser Herkommen mehr geahnt als gewusst ist, ist

86 | Vgl. zu diesem Kapitel: *Adolf Darlapp*, Geschichtlichkeit, 491–497. *Johann Baptist Metz*, Konkupiszenz, 843–851. *Joseph Bernhart*, Böse, 184–197.

auch unsere Zukunft trotz aller Entwürfe weithin bestimmt und zwar nur zum geringen Teil durch uns selbst. Ja selbst das, was wir unsere Gegenwart nennen, also das Feld auf dem doch das eigentliche Zusammenspiel von Erkennen und Tun, von Planung und Ausführung, von Theorie und Praxis, der Vollzug von Geist in Materie sich darstellen, selbst in der Gegenwärtigkeit unserer kritischen Rationalität erfahren wir stets neu auf schmerzliche Weise, dass wir einfach von unserer Konstitution her nicht in der Lage sind, unser Verhalten rational vollständig aufzuarbeiten. Wir können das, was wir tun, nie adäquat geistig erhellen, durchsichtig machen. In einem gewissen Maß durchschauen wir uns schon. Genau das ist ja gemeint mit Reflexivität, mit der Selbstbezüglichkeit des menschlichen Geistes. Ich kann mich selbst zu einer Art Gegenüber machen, ich kann mich gewissermaßen selbst betrachten. Ich kann, ohne aus mir selbst zu emigrieren, mich selbst beobachten bei dem, was ich tue und wie ich es tue. Ich habe mir selbst gegenüber eine gewisse Breite der kritischen Selbstkontrolle. Die Schwierigkeit beginnt aber da, wo ich diese Selbstkontrolle noch einmal überprüfen möchte. Inwieweit ist meine kritische Selbstbeobachtung, mein Nachdenken über mich selbst schon durch bestimmte Gewohnheiten und Einflüsse von außen, durch besondere Interessen meinerseits vorgespurt, festgelegt. Ich müsste über meine Theorie gewissermaßen eine Metatheorie bauen können, einen Oberaufseher über den Aufseher meiner Theorie, meines Denkens. Verstehen Sie, was ich meine? – Die Gebundenheit meiner Erkenntnis an die leibliche Ermöglichung und Vermittlung dieser Erkenntnis ist so groß, dass immer ein nicht aufgehellter Rest, eine dumpfe Zone, eine geistig nicht durchwirkbare Handlungszone bleibt, die ich bin, die zu mir gehört, die aber durch meine Bewusstheit nicht mehr abgesichert ist. Wenn ich einen bestimmten schwierigen Gedanken denke, wenn ich eine Arbeit zu verrichten habe, die meine ganze Aufmerksamkeit in Anspruch nimmt, wenn ich einem Menschen begegne, der all meine Sympathien gefangen nimmt, dann bleibt gewissermaßen keine Kraft der geistigen Schau, keine Theorie mehr übrig, um nun meine Verhaltensweise noch einmal kritisch zu überwachen. Ich habe mich und mein Tun nicht in jeder Hinsicht und in jeder Lage im Griff. Ich bin nicht einfach Herr meiner selbst. Ich bin ein *endlicher* Geist. So tun wir immer wieder Dinge, die wir im Nachhinein, in der nachträglichen Betrachtung und Bewertung nicht verstehen, nicht gutheißen, nicht rechtfertigen können. Unsere Praxis, unser Tun macht sich manchmal einfach selbstständig und das Ergebnis kann vor der Theorie nicht mehr bestehen.

Neben dieser Endlichkeit, die uns oft ganz schön zu schaffen macht, müssten wir als eine zweite, sehr wesentliche Fehlerquelle jenen Bereich erwähnen, den wir mit dem Wort *das Böse* umschreiben. »Denn nicht das Gute tue ich, was ich will – ich tue, was ich nicht will, das Böse« (Röm 7,19), schreibt Paulus, und diese Worte sind von ihm nicht so sehr gemeint als persönliches Bekenntnis denn als eine Beschreibung allgemeiner menschlicher Erfahrung in der Ichform. Etwas als richtig und notwendig erkannt zu haben, ist noch keine Garantie dafür, dass ich es nun auch ausführe. Es gibt jene eigenartige Gebrochenheit im Zusammenspiel von Wissen und Tun, die immer von einem Schuldgefühl, vom Wissen um Versagen begleitet ist. Auch diese Gebrochenheit ist uns in gewisser Weise schon vorgegeben durch vielfache Verflochtenheit in eine Gesellschaft, die alles andere als ein Muster an Güte, Rücksicht und Selbstlosigkeit ist. Beeinflusst und geprägt durch die Bosheit und das schuldhafte Fehlverhalten unserer Vorfahren und unserer Umwelt, erwischen wir einen ungünstigen Start und laufen prompt auf derselben Bahn, ratifizieren auch unsererseits den Egoismus, die Bitterkeit, die Unterdrückung, das repressive System. Mit dem Wort *Erbsünde* hat man in der Vergangenheit jene eigenartige, vorgegebene Gebrochenheit zu umschreiben versucht. Der Begriff *Konkupiszenz* ist gewissermaßen das Bindeglied zwischen der Endlichkeit und der Anfälligkeit für das Böse, insofern in unserem Verhalten ungute Antriebe wirksam sind, die unserer aktuellen Freiheitsverfügung immer schon vorausliegen. Insofern diese Störfaktoren, diese Fehlerquellen nicht nur den Einzelnen als Einzelnen, sondern immer als Glied der menschlichen Gemeinschaft, also die Gesellschaft, den Staat, die Kirche, die menschliche Gruppe betreffen, insofern ist die Frage, *wie* die Einwirkung dieser Störfaktoren hintangehalten werden kann, wie ein Auseinanderbrechen von Theorie und Praxis vermieden werden kann, nie nur eine Frage der privaten, individuellen Ethik, sondern stets auch eine gesellschaftspolitische, kirchenpolitische Fragestellung.

1.4.4 Die Kritische Theorie (Max Horkheimer/Theodor W. Adorno)[87]

Wir haben nur noch wenig Zeit, wenigstens kurz und sehr unzureichend jene philosophische Bemühung vorzustellen, die ihr Interesse genau darauf richtete und richtet, die bestehenden durch Endlichkeit, Verblendung, Bosheit und Eigennutz mitgestalteten und geformten Zustände und gesellschaftlichen Verhältnisse kritisch zu durchleuchten, um damit die Voraussetzungen zu schaffen für sinnvolle Änderungen und Verbesserungen.

Ich meine die von Max Horkheimer und Theodor W. Adorno entwickelte und von Jürgen Habermas fortgeführte sogenannte *Kritische Theorie* der Frankfurter Schule. Horkheimer hat gesagt:

80 »Die wahre gesellschaftliche Funktion der Philosophie liegt in der Kritik des Bestehenden. Das bedeutet keine oberflächliche Nörgelei über einzelne Ideen oder Zustände, so als ob ein Philosoph ein komischer Kauz wäre. Es bedeutet auch nicht, daß der Philosoph diesen oder jenen isoliert genommenen Umstand beklagt und Abhilfe empfiehlt. Das eigentliche Ziel einer derartigen Kritik ist es zu verhindern, daß die Menschen sich an jene Ideen und Verhaltensweisen verlieren, welche die Gesellschaft in ihrer jetzigen Organisation ihnen eingibt. Die Menschen sollen den Zusammenhang zwischen ihren individuellen Tätigkeiten und dem, was durch diese erreicht wird, einsehen lernen, zwischen ihrer besonderen Existenz und dem allgemeinen Leben der Gesellschaft, zwischen ihren täglichen Projekten und den großen Ideen, die sie anerkennen.«[88]

Was der Einzelne tut, hat Einfluss auf das Ganze, auch die bloß unkritische Anpassung ist nicht ohne praktische Folgen für die Anderen. Die bewusste Konfrontation der tatsächlichen Zustände mit dem, was aufgrund angestrengter Reflexion als Sein-sollendes erkannt wird, ist die Voraussetzung für Verbesserung und Veränderung. Adorno sagt den gleichen Gedanken so:

»Kein Zweifel und unbestritten, daß die vernünftige Analyse der Situation die Voraussetzung zumindest von politischer Praxis ist: sogar in der militärischen Sphäre, der des kruden Vorrangs von Praxis,

87 | Vgl. zu diesem Kapitel: *Max Horkheimer*, Sehnsucht. *Werner Post*, Theorie Pessimismus. *Herbert Marcuse*, Kultur Gesellschaft, 102–127. *Michael Theunissen*, Gesellschaft Geschichte.

88 | *Max Horkheimer*, Sehnsucht, 82f.

> wird so verfahren. Analyse der Situation erschöpft sich nicht in der Anpassung an diese. Indem sie darüber reflektiert, hebt sie Momente hervor, welche über die Situationszwänge hinaus führen mögen. Das ist von unabsehbarer Relevanz für das Verhältnis von Theorie und Praxis. Durch ihre Differenz von dieser als dem unmittelbaren, situationsgebundenen Handeln, durch Verselbständigung also, wird Theorie zur verändernden, praktischen Produktivkraft. Betrifft Denken irgend etwas, worauf es ankommt, so setzt es allemal einen [...] praktischen Impuls. Der allein denkt, welcher das je Gegebene nicht passiv hinnehmen will [...]. Es gibt keinen Gedanken, wofern er irgend mehr ist als Ordnung von Daten [...], der nicht sein praktisches Telos hätte. Jegliche Meditation über die Freiheit verlängert sich in die Konzeption ihrer möglichen Herstellung«[89].

Dass diese kritische Theorie nicht einfach alles und jedes kritisiert im Sinne einer negativen Beurteilung, dürfte damit schon klar geworden sein. Κρίνειν heißt scheiden und unterscheiden, Kritik im eigentlichen Sinn des Wortes will nicht einfach alles ändern, sondern am Bestehenden und Überkommenen das Durchzuhaltende unterscheiden von dem zu Verbessernden. Deshalb gehört zur kritischen Theorie immer auch ein *konservatives* Element, das geistige Überlieferung wirklich ernst nimmt und die Kontinuität in der Geschichte nicht einfach abbricht durch aktivistischen, unreflektierten Umsturz.

Ich möchte diese kurze Präsentation jetzt einfach so stehen lassen, obschon natürlich auch dazu wieder Kritisches zu sagen wäre. Willi Oelmüller hat in dem mit Metz und Moltmann herausgegebenen Band: *Kirche im Prozess der Aufklärung* in diesem Zusammenhang von dem Problemüberhang der kritischen Theorie gesprochen.

1.4.5 »Befreiendes Gedächtnis Jesu Christi«[90]

Lenken wir unsere allgemeinen und weithin untheologischen Gedanken wenigstens gegen Ende wieder zurück auf unseren engeren Fragekreis. Uns war diese Reflexion über Theorie und Praxis wichtig als der allgemeine Hintergrund unserer Frage nach dem Verhältnis von Orthodoxie

89 | *Theodor W. Adorno*, Stichworte, 175.

90 | Vgl. zu diesem Kapitel: *Johann Baptist Metz*, Befreiendes Gedächtnis. *Johann Baptist Metz*, Erinnerung, 23.

und Orthopraxie, von rechtem christlichen Denken und Handeln. Von einer Besinnung, die solche verändernden, praktischen Kräfte freisetzt, von einer Meditation, die kritisch-befreiend wirkt, von einem Denken, einem Andenken, das für alles verantwortlich Bestehende einen gefährlichen Charakter gewinnt, hat Johann Baptist Metz auf dem Theologenkongress in Brüssel gesprochen. »Christlicher Glaube lebt aus dem Gedächtnis Jesu Christi«[91]. Dieses Gedächtnis *verrät* seinen eigentlichen Inhalt, wenn es sich nur verstünde als eine träumerische Beschwörung der »guten alten Zeit«[92]. Es wird ein befreiendes Gedächtnis, wenn es in der Erinnerung an ihn all die tiefsitzenden Nöte und alles verdeckte Sehnen wieder wachruft, das durch Gewohnheit und Selbstbetrug gewissermaßen domestiziert war. Orthodoxie als gefährlich-subversives, befreiendes Gedächtnis Jesu Christi wäre ein unmittelbarer Impuls auch im Sinne der *Kritischen Theorie*, subversive Memoria, umstürzende Erinnerung an den, der gesagt hat, er wolle Feuer auf die Erde werfen und er wünsche nichts anderes, als dass es wirklich brenne.

§ 2 Der biblische Aspekt

2.1 Jesus von Nazareth im Konflikt mit der zeitgenössischen Orthodoxie

Nachdem wir am vergangenen Freitag einen für unser Empfinden wahrscheinlich sehr theoretischen Ausflug in philosophische Überlegungen unternommen haben, Stimmen haben zu Wort kommen lassen, die einerseits eine Ehrenrettung des Denkens, der Theorie zum Ziele haben, andererseits das polare, wechselseitige, dialektische Verhältnis von Theorie und Praxis, ihre Einheit in der Unterschiedenheit herausstellten, wollen wir nun wieder theologischer werden, in unser Fach zurückkehren, wenn wir uns nun dem Neuen Testament zuwenden, näherhin die Frage untersuchen, wie und warum Jesus mit den Vertretern der offiziellen jüdischen Gläubigkeit und schließlich auch mit der römischen Besatzungsmacht in Konflikt geriet. Denn es besteht ja keinerlei historischer Zweifel darüber, dass er von römischen Behörden mit einer römischen Art der Todesstrafe hingerichtet worden ist.

91 | *Johann Baptist Metz*, Befreiendes Gedächtnis, 5.
92 | *Johann Baptist Metz*, Befreiendes Gedächtnis, 5.

Dass wir uns als Theologen, als solche, die sich in der theologischen Wissenschaft betätigen, immer wieder den Texten des Alten und Neuen Testamentes, der Heiligen Schrift, wie wir sagen, zuwenden, hat grundlegende Bedeutung. Den Grund für die fundamentale Bedeutung der Heiligen Schrift im Ganzen der Theologie sehen wir nicht etwa darin, dass es so etwas wie ein *Goldenes Zeitalter* gegeben habe, eine gute alte Zeit, an der man sich stets neu und voll bedauernder Sehnsucht nach dem Vergangenen zu orientieren hätte. Der Grund liegt im Selbstverständnis der Theologie als Wissenschaft. Denn das Materialobjekt der Theologie – der Stoff, die Sache, welche die Theologie mit kritisch-nüchterner, rational-reflexer Methode erhellen und vermitteln will – ist erklärtermaßen der Glaube der Kirche. Und die frühesten schriftlichen Selbstzeugnisse der Kirche, die Urkunden, die aus der Entstehungszeit dieser Glaubensgemeinschaft stammen und die zugleich die früheste Kunde vermitteln von dem, auf den sich ihr Glaube bezieht und ihre Gemeinschaft stützt, nämlich Jesus von Nazareth, diese frühen Urkunden sind gesammelt im Neuen Testament. Es ist damit so etwas wie eine Stiftungsurkunde, wie ein Grundgesetz der Kirche. Das schließt nicht aus, sondern ein, dass diese Texte in historisch-kritischer Methode genauestens analysiert werden müssen und man kann doch wohl sagen, dass es kein zweites literarisches Dokument gibt, dass unter textkritischen, überlieferungsgeschichtlichen, literarkundlichen, zeitgeschichtlichen Aspekten so durchgepflügt und durchforstet worden ist wie das Neue Testament. Bei diesem methodischen Vorgehen dürfte allerdings nie vergessen werden, gerade aus hermeneutischen Überlegungen heraus, um der richtigen, historisch einwandfreien Auslegung der Texte willen, dass es sich um Glaubenszeugnisse handelt, also um eine Art von Berichten, die bewusst von der Überzeugung getragen sind, dass Gott lebt und wirkt, dass er in der Geschichte von Israel gehandelt habe, dass er an Jesus Christus in besonderer Weise gehandelt habe, und dass dieses Handeln, vor allem die Auferweckung, das sogenannte Christusereignis, die eigentliche Grundlage dieser gläubigen Gemeinschaft ist, die sich Kirche nennt.

Es ist hier nicht der Ort, diese Tatsache einer rechten Einschätzung des Neuen Testamentes näherhin auseinanderzulegen. Ich halte es für sehr wichtig, sich irgendwann in seinem Studium einmal in aller Ruhe und Schärfe den Unterschied zwischen Religionswissenschaft und Religionsphilosophie auf der einen und Theologie auf der anderen Seite klarzumachen.

Wissenschaftliche Reflexion auf den Glauben der Kirche heißt also: Zum Stoff, zum Materialobjekt der Theologie gehört das Phänomen *Glauben*. An diesem Punkte ergeben sich immer wieder überraschende Missverständnisse. So war kürzlich wieder in einer unserer Studentenzeitungen zu lesen, dass die Theologie keine Wissenschaft sei und nicht an die Universität gehöre, wenn – wie man aus der Promotions- und Habilitationsordnung entnommen hat – der Bischof ein gewisses Vetorecht bei diesen Examina habe! Über die Modalitäten der Beteiligung der kirchlichen Behörde kann man gewiss verschiedener Meinung sein, wer aber diese grundsätzliche Bezogenheit von Glauben der Kirche und theologischer Wissenschaft verkennt, verwechselt Religionswissenschaft und Theologie. Die Theologie ist ein Moment in der Glaubensfindung und im Glaubensverständnis der Kirche. Losgelöst von der aktuellen, so und so gesellschaftlich verfassten Kirche, wäre Theologie nicht mehr sie selbst. Es geht bei dieser Frage genau um die Position, die Hubertus Halbfas anfangs vertreten, später aber unter dem Eindruck der Gespräche mit Kasper, Gnilka, Rahner und Welte weitgehend wieder zurückgenommen hat. Ob es voraussetzungslose Wissenschaft überhaupt gebe, ist eine Frage, die wir hier nicht entscheiden wollen, aber es gibt keine voraussetzungslose Theologie, wenn damit gemeint sein soll, der Glaube der Kirche bleibe in jedem Fall draußen. Weil der Glaube der Kirche in seiner vielfältigen geschichtlichen Ausprägung, angefangen beim Neuen Testament bis zur gegenwärtigen kirchlichen Praxis, weil dieser Glaube der Kirche das zu Untersuchende und zu Durchdenkende ist, wäre die Forderung, den Glauben aus der Theologie herauszuhalten ähnlich, wie wenn man eine voraussetzungslose Chemie fordern würde, in dem Sinne, dass nur rational-spekulative Kombination zu gelten habe, und die Fakten, die Tatsachen, der Stoff, die Reaktion des Stoffes draußen zu bleiben haben, weil das eine vorgängige Festlegung der Forschung bedeute.

Von diesen kurzen, eiligen, mehr fundamentaltheologischen Überlegungen wollen wir nun überleiten zu unserem heutigen Thema mit einem Gebet! Sie haben richtig gehört, ich sagte Gebet. Damit meinte ich allerdings nicht, dass wir jetzt ein gemeinsames Gebet anstimmen sollen (obwohl ich das unter Christen auch nicht für gänzlich unmöglich halte), ich wollte Ihnen einen Gebetstext vorlegen, der in Köln vor einiger Zeit gesprochen wurde und nun im 2. Band *Politisches Nachtgebet in Köln* abgedruckt ist:

»Wer Macht hat, der kommt groß raus. Die Abhängigen müssen zu Kreuze kriechen. Wer abhängig ist im Beruf und zu Hause, der hält seinen Mund und gehorcht, er schielt auf Geld und Zensuren. Wer Frieden will und eine veränderte Welt, versäumt es, sich anderen verständlich zu machen. Wer Meinung und Macht hat, benutzt sie als Waffe, um andere mundtot zu machen. [...] Ist das die Welt, die du gewollt hast? Ist das die Welt, die du willst? Ist das die Welt, die wir wollen? Die einen nehmen sich alles heraus, und die anderen nehmen alles hin. Wo ist einer, der Mut hat, ein bißchen Mut hat, aufzubegehren? Zivilcourage ist dünn gesät! Wo ist einer, der ein Wort riskiert, wenn alles den Buckel krumm macht? Sie schweigen alle, solange es nicht an den eigenen Kragen geht! Wo ist einer, der Recht und Ordnung will, ohne dem Terror zu verfallen? Sie lieben die Macht der Knüppel, der Fäuste, der Hetzreden. [...] Ist das die Welt, die du gewollt hast? Ist das die Welt, die du willst? Ist das die Welt, die wir wollen?«[93]

2.1.1 Jesu bissige Kritik an Schriftgelehrten und Pharisäern[94]

Dass Jesus genau der Typ gewesen sei, nach dem hier gefragt ist, das ist doch wohl der unausgesprochene Hintergrund dieser gezielten Fragen. Hier hat tatsächlich einer weiter geredet, als es ihm selbst an den Kragen ging, hier hat einer seine eigene Haut zu Markte getragen, nicht für sich, sondern für die Anderen, ohne Terror, nicht mit der Macht der Knüppel, auf der Jagd nach Frieden und Gerechtigkeit. Man kann Jesus alles Mögliche absprechen, aber jedenfalls nicht Zivilcourage, wenn man sein Verhältnis zu den herrschenden Kreisen Israels, vor allem seine scharfen Äußerungen gegenüber den Schriftgelehrten und Pharisäern liest, die doch einigen Einfluss im Volk hatten. Der Evangelist Lukas berichtet:

»Als er so gesprochen hatte, bat ihn (ein Mann aus den ernsten, frommen Kreisen der Gemeinde) ein Pharisäer, er möge doch über das Essen bei ihm zu Gast sein, und Jesus ging mit ihm und legte sich zu

93 | *Dorothee Sölle / Fulbert Steffensky* (Hg.), Politisches Nachtgebet, 120.

94 | Vgl. zu diesem Kapitel: Mk 7,2–23. Mt 23,1–36. Lk 11,37–54. Mk 12, 38–40. Lk 18,9–14. *Josef Schmid*, Evangelium Markus, 59–63. *Kurt Schubert / Josef Schmid*, Pharisäer, Pharisäismus, 438–441. *Hans-Werner Bartsch*, Jesus.

Tisch. Da sah der Mann, dass Jesus vor dem Essen kein Weihwasser für seine Hände gebrauchte, und äußerte sein Befremden.« (Lk 11,37 f., Zink)

Das Markusevangelium erklärt an dieser Stelle für Nichtkundige, worum es geht:

»Die Pharisäer nämlich und die Juden überhaupt essen erst, wenn sie die Hände mit einer Handvoll Wasser genetzt haben, und befolgen darin die Vorschriften der geistlichen Obrigkeit. Wenn sie vom Markt kommen, essen sie erst, wenn sie sich so abgespült haben, und vieles andere mehr ist es, an das sie sich herkömmlicherweise halten, mit

Waschungen an Trinkbechern und Holzkrügen und Kupfergeschirr.« (Mk 7,3 f., Zink)

Lukas fährt fort:

»Jesus aber begann eine Rede: Ihr Pharisäer! Mit frommer Reinlichkeit vollzieht ihr heilige Waschungen an Becher und Schüssel, innen aber ist nichts als Raubtierfutter und Bosheit. Ihr Schwachköpfe! Hat der, der den Lehm für die Schüssel schuf, nicht auch Anspruch auf euer Herz? Gebt mit liebevollem Herzen, was in der Schüssel ist, an die weiter, die es brauchen, dann sind Herz, Speise und Schüssel rein! Weh euch, ihr Falschspieler! [...] Weh euch, ihr eitlen Würdebonzen, ihr liebt die reservierten Prachtsessel in den Gotteshäusern und schätzt es, wenn die Leute euch auf dem Markt mit ›Hochwürden‹ begrüßen. [...] Da nahm einer von den Gesetzeslehrern, den Predigern, das Wort: Meister, mit solchen Worten machst du auch uns verächtlich! Und Jesus fuhr fort: Ja, das ist wahr! Wehe auch euch, ihr Prediger! Ihr bündelt die religiösen Pflichten, die ohnedies einzeln schon schwer sind, zu gewaltigen Lasten zusammen und packt sie auf die Schultern der Menschen, ihr selbst rührt mit keinem Finger daran, sie mit ihnen gemeinsam zu tragen! [...] Als Jesus das Haus verließ, fingen die Prediger und die Leute aus den strengen Kreisen an, ihm erbittert zuzusetzen und ihn über immer mehr Dinge auszufragen, und standen auf der Lauer, um irgendein Wort aus seinem Munde zu erjagen.« (Lk 11,39–54, Zink)

»Die vielen Menschen, zu denen er im Tempel sprach, hörten ihn gerne und stimmten ihm zu, auch als er harte Worte gegen die Lehrer der Heiligen Schrift gebrauchte«, so berichtet Markus.

> »Laßt euch nicht blenden von den würdigen Lehrern der Heiligen Schrift, die gerne in Talaren umherwandeln und es schätzen, wenn die Leute sie ehrfürchtig grüßen, während sie über den Markt schreiten. [...] Laßt euch nicht blenden! Sie verschlingen die Häuser der Witwen und murmeln lange Gebete zur Tarnung [...] und werden desto härteres Urteil von Gott empfangen.« (Mk 12,38–40, Zink)

Die aktualisierende Übersetzung stammt nicht von mir, sondern ist aus dem paraphrasierenden Text des Neuen Testamentes von Jörg Zink, Kreuz-Verlag Stuttgart. Man kann sagen, er treibe hier eine modische Effekthascherei, wenn er von Talaren und Hochwürden redet, ich muss aber gestehen, dass mich immer schon erschreckt hat, wie sehr die Äußerungen von Jesus gegen die Pharisäer und Schriftgelehrten auf ein bestimmtes Erscheinungsbild des Klerus passen.

Was sind das für Leute, die Jesus hier so provoziert? Die Entstehung der jüdischen Pharisäerpartei und ihre vor- und nachchristliche Geschichte kann man im Lexikon nachlesen, sie ist für uns hier nicht so wichtig. Von Hause aus eine streng religiöse, fromme Richtung, waren die Pharisäer durch die Aufnahme ihrer Führer, der Schriftgelehrten, in den Hohen Rat auch eine politisch sehr einflussreiche Gruppe geworden, die, im Gegensatz zur konservativ-liberalen Partei des sadduzäischen Priester- und Laienadels, ihre Anhänger mehr unter den Leuten der Mittelschicht hatte. Interessant für uns ist, dass die pharisäische Richtung und das Schriftgelehrtentum als einzige der jüdischen Parteien den Untergang des jüdischen Staates 70 nach Christus und auch die Katastrophe des letzten jüdischen Aufstandes gegen die Römer unter Kaiser Hadrian, den sogenannten Bar-Kochbar-Aufstand 132–135 nach Christus, überstanden und das überlebende Judentum in seinem Sinne prägten. Die Macht ihres Frömmigkeitsideals war in der christlichen Geschichte groß genug, den religiösen Verfall des überallhin verstreuten Judentums zu verhindern. Diese Tatsachen bestätigen den relativ positiven Eindruck, den man gewinnt, wenn man die Pharisäer mit den anderen Parteien zur Zeit Jesu, etwa mit den Essenern und den radikalen Zeloten, vergleicht. Kann man das Typische dieser Gruppe knapp umschreiben?

Die Pharisäer wollten in strenger Befolgung des mosaischen Gesetzes und der ausdeutenden Überlieferung die Idee Israels als der heiligen Gemeinde verwirklichen. Weil man nur befolgen kann, was man genau kennt, also nur der wirklich fromm sein konnte, der gebildet war und das Gesetz studiert hatte, führte die pharisäische Einstellung von selbst zu einer Absonderung von dem gewöhnlichen Volk, dem Am Haárez, dem Volk vom Lande, auf das man verächtlich und bedauernd hinabsah. In diesem Ansatz einer religiösen Intensivierung lagen zwei massive Gefahren. *Einmal*: Wenn das *Gesetz*, noch dazu in einer bis ins Kleinste kasuistisch ausgestalteten Form (besonders, was die Fragen der rituellen Reinheitsvorschriften und der Beachtung des Sabbats anging), zum

Kern der Religion gemacht wurde, dann geriet eine solche Haltung trotz des leidenschaftlichen Ernstes, den man dem Pharisäismus nicht absprechen kann, zwangsläufig in eine starke Veräußerlichung (Beachtung von Vorschriften)! Und zum *anderen*: Wenn die Gemeinde der Heiligen durch die Befolgung des Gesetzes aufgebaut werden soll, dann ergibt sich sehr bald ein totales Missverständnis: Israel ist dann nicht deswegen heilig, weil es von Gott geheiligt zu seinem Bundes- und Eigentumsvolk erwählt wurde, sondern deshalb, weil es das Gesetz befolgt. Die ausgeprägte Idee der vor Gott verdienstlichen Leistung wurde so zum Kennzeichen der pharisäischen Auffassung. Und genau dieser entscheidende Punkt wurde ja zur Zielscheibe des massiven Angriffs von Paulus, dem ehemaligen Pharisäer, in seiner Gnadentheologie des Römer- und Galaterbriefes.

Damit sind auch die möglichen Reibungsflächen zwischen Jesus und den Pharisäern schon genannt. Sehr bald sehen sie in Jesus einen gefährlichen Neuerer und Volksverführer, der unschädlich gemacht werden musste, weil er sich souverän über die Vorschriften der Alten, die sogenannte *mündliche Tora*, über die Reinheitsvorschriften, über die geltende Fastenpraxis und besonders über das Gebot der Sabbatruhe hinwegsetzte. Und vor allem war natürlich Jesu Umgang mit Sündern und Unreinen ein ausgesprochenes Ärgernis für sie. Lukas berichtet das Wort Jesu: »Es kam Johannes der Täufer, der aß kein Brot und trank keinen Wein, und da sagtet ihr: ›Er hat einen bösen Geist!‹ Es kam des Menschen Sohn, aß und trank – und nun sagt ihr: ›Der ist ein Esser und Trinker, Freund von Zöllnern und Sündern!‹« (Lk 7,33–35) Selbst wenn man in Rechnung stellt, dass wir es hier mit einer sprachlich späten Fassung zu tun haben, bricht hier doch ganz massiv der Abscheu und die Verachtung der Pharisäer gegenüber Jesus durch.

Aber die mangelnde Wertschätzung beruhte ja durchaus auf Gegenseitigkeit. Es ist ja keineswegs so, dass Jesus sich nur verteidigte. Aus den wenigen angeführten Schriftzitaten ging doch wohl schon deutlich genug hervor, dass auch er durchaus gezielt attackiert. Die Lehre der pharisäischen Führer, nämlich der Schriftgelehrten, und die Praxis der einfachen Pharisäer hat Jesus scharf abgelehnt. Warum? »›[...] Gottes Gebot gebt ihr preis und verkrampft euch in menschliche Überlieferungen.‹ – Und er sprach zu ihnen: ›Fein wißt ihr das Gebot Gottes zu entkräften, wenn ihr nur eure Überlieferungen wahrt! [...]‹« Diesen Vorwurf Jesu überliefert Mk 7,8. Vorauf gegangen war die Debatte um die Missachtung der Reinheitsvorschriften durch Jesus und seine Jünger. Jesus erhärtet seinen Vorwurf aber am Beispiel des 4. Gebotes. Mit allerlei ausdeutenden Vorschriften, die man peinlich genau befolgte, konnte man praktisch Vater und Mutter völlig legal um die ihnen zustehende Unterstützung bringen. Die Lehre wurde verfälscht und damit für die Praxis unwirksam! Die Verbindung zwischen der mosaischen Lehre und dem Volk wurde fast noch stärker zerrissen durch die abkapselnde, esoterische Heiligkeitsauffassung der Schriftgelehrten: »Wehe euch, ihr Schriftgelehrten, ihr habt den Schlüssel zur Erkenntnis weggenommen; *ihr* seid nicht eingetreten, und denen, die hineinwollten, habt ihr's verwehrt.« (Lk 11,52) Das heißt doch: Ihr verhindert, dass der Impuls des Gesetzes, die Kraft der Lehre des Mose für das Volk wirksam wird, bei ihm überhaupt ankommt. Jesus unterscheidet aber zwischen dieser Lehre des Mose und dem, was die Pharisäer daraus gemacht haben: »›[...] [H]ütet euch vor dem Sauerteig der Pharisäer und Sadduzäer!‹ [...] Da merkten sie, dass er nicht gemeint hatte, sie sollten sich vor dem Sauerteig im Brot hüten, sondern vor der Lehre der Pharisäer und Sadduzäer.« (Mt 16,6–12) Im selben Matthäusevangelium (Mt 23,1) sagt Jesus: »Auf dem Stuhl Moses' sitzen die Schriftgelehrten und Pharisäer. Nun denn, alles, was sie euch sagen, tut und haltet euch daran – nach ihren Werken aber sollt ihr nicht tun!« Das Gesetz des Mose ist nicht wertlos, aber was sie daraus machen, ist eine Farce! Diese Kritik Jesu bedeutet nicht, dass er wie die Sadduzäer nur die 5 Bücher Mose, die Thora in ihrem buchstäblichen Sinn gelten ließ und die weiterführenden Überlieferungen der Propheten und Schriften ablehnte. Jesus ist kein Sadduzäer, er ist kein Priester und kein Adeliger, sondern ein Schreiner aus dem unbedeutenden Nazareth, und er nimmt durchaus die weiterführende nachmosaische Glaubensentwicklung an wie die Pharisäer. Das kommt sehr deutlich in dem bekannten Streitgespräch mit den Sadduzäern heraus, das Jesus über die Auferstehungsfrage führt (vgl. Mk 12,18,27). Die Abgrenzung Jesu ist keine äußere, formale, sondern eine inhaltliche, innere Scheidung. Die pharisäische Frömmigkeitspraxis beweist Jesus, dass die Pharisäer kein Empfinden mehr haben für wichtig und unwichtig, für vordringlich und zweitrangig. Der Kern der alttestamentlichen Botschaft wird verdeckt durch ein Gestrüpp nebensächlicher Vorschriften und Praktiken. »Ihr rechnet den Zehnten für Minze und Anis und Kümmel, was aber schwerer wiegt im Gesetze, das Recht, die Barmherzigkeit, die Treue, das stellt ihr hintan. [...] Ihr blinden Wegweiser, die ihr die Mücke siebt und das Kamel verschluckt!« (Mt 23,23 f.) So klingt das in der Formulierung des Matthäusevangeliums. Wenn das Ganze dann noch verpackt wird in Eitelkeit und Ehrsucht und Frömmigkeitsdünkel wie im Gebet des Pharisäers (vgl. Lk 18,10), dann ist man an dem Punkte, wo eine verfälschte und verstellte Theorie in eine schaurige Praxis ausartet.

Josef Schmid macht darauf aufmerksam, »daß verschiedene Züge am Pharisäismus, wie Veräußerlichung, Widerspruch zwischen Lehre und Praxis, sowie das Nichtverstehen der religiösen Wertunterschiede in allen Religionsgemeinschaften begegnen, der Pharisäismus also eine zeitlose Erscheinung ist.«[95] Aus unserer eigenen Erfahrung können wir alle diese These vermutlich unterstützen, und ohne Schwierigkeit lassen sich Beispiele anführen, wie bei bester Absicht und religiösem Eifer Freitagsgebot oder Kirchensteuerfrage, Bekenntnisschule und Liturgiereform, liturgische Kleidung und die richtige Verneigung an der richtigen Stelle, Formvorschrift bei der kirchlichen Eheschließung, das priesterliche Kollar und der Pflichtzölibat und manche andere angeblich *sehr wichtige* Fragen zu Fragen nach dem Zehnten von Anis, Minze und Kümmel werden (vgl. Mt 23,23) und dafür sorgen, dass das Evangelium von der Liebe Gottes, von seinem Erbarmen in Jesus Christus im zweiten Glied ein Schattendasein fristet. Doch zurück zu unserem Thema.

95 | *Josef Schmid*, Pharisäer, Pharisäismus, 441

2.1.2 *Jesus als Übertreter des Gesetzes*[96]

Haben wir eben etwas zu ungenau geredet? Hatten die Pharisäer nicht doch recht, wenn sie Jesus unter anderem vorwarfen, er übertrete und missachte das Gesetz des Mose, er stelle sich über die geheiligte Überlieferung, über das Gesetz des lebendigen Gottes? Viele der kultischen Vorschriften, der Reinheitsvorschriften stehen doch in der Thora. Eine Missachtung der Thora aber war doch gewiss schlimmer als ein heutiger dauernder Verstoß gegen das Kirchenrecht. Wie ist Jesu Stellung zum Alten Bund und zum alttestamentlichen Gesetz? Darauf genau zu antworten, ist gar nicht so einfach, vor allem aufgrund der Quellenlage. Bei dem bisher Gesagten haben wir Jesu Verhältnis zu den Pharisäern natürlich auch mit den Augen der Evangelisten gesehen, wie man ja überhaupt sich darüber klar sein muss, dass wir Zugang zu dem historischen Jesus nur erlangen über die interpretierende Bezeugung durch die frühen Gemeinden. Bei der Frage nach der Haltung des historischen Jesus gegenüber dem alttestamentlichen Gesetz ergibt sich aber die besondere Schwierigkeit, dass jeder der einzelnen Evangelisten die überkommenen Äußerungen Jesu in eine eigene Konzeption, in seine eigene Theologie des Gesetzes eingebaut hat. Abgesehen von Paulus steht Markus, der Heidenchrist, den Fragen des alten Gesetzes am reserviertesten gegenüber, während Matthäus in dieser Frage gewissermaßen ein Antipode ist. Bei Matthäus steht beispielsweise jener Satz als Ausspruch Jesu: »Wahrlich, ich sage euch, bis Himmel und Erde vergehen, soll auch nicht der kleinste Buchstabe, noch ein Tüpflein vom Gesetz vergehen, ehe alles vollendet ist.« (Mt 5,18) Das ist die präzise Umschreibung der Position der Pharisäer. Angesichts der übrigen Zeugnisse aus den Evangelien müsste man sich entweder über die buchstäbliche Deutung und den nächstliegenden Sinn hinwegsetzen oder zugeben, dass hier lediglich der Standpunkt der streng gesetzestreuen, judenchristlichen Urgemeinde zum Vorschein kommt. Wir können hier nicht auf die exegetischen Einzelfragen eingehen, vielleicht schauen Sie einmal in das interessante Buch von Wolfgang Trilling, *Fragen zur Geschichtlichkeit Jesu*. Nach einer ersten Zusammenschau der einzelnen Berichte muss man jedenfalls sagen: »In den Evangelien hat die Stellung Jesu zum Gesetz einen gewissen Doppelcharakter. Bejahung und Kritik, treue Beobachtung und Übertre-

96 | Vgl. zu diesem Kapitel: *Wolfgang Trilling*, Geschichtlichkeit Jesu, 82–96. *Josef Schmid*, Evangelium Matthäus, 89–94. *Josef Scharbert / Josef Schmid / Peter Bläser*, Gesetz, 815–822.

tung des Gesetzes stehen hier unvermittelt und in scheinbarem Widerspruch nebeneinander«[97]. Es wird zwar nicht gelingen, die Stellung des geschichtlichen Jesu zum Gesetz nahtlos gefügt zu beschreiben, aber vor diesem Hintergrund lässt sich natürlich doch noch einiges Konkretere sagen.

Zunächst: Jesus denkt, lebt und argumentiert ganz aus der Welt der Heiligen Schriften des Alten Bundes heraus, das zeigt die starke Nähe der Logien Jesu zu alttestamentlichen Texten. Wenn Lukas im Emmausbericht schreibt, dass Jesus beginnend bei Mose und den Propheten auslegte, was alles von ihm geschrieben steht (vgl. Lk 24,27), dann liegt diese Interpretation der frühen Christenheit durchaus auf der Linie des

Ansatzes, den Jesus selbst gewählt hat. Jesus eifert gegen die Entweihung des Tempels, er hält mit seinen Jüngern das jährliche Passahmahl, auch nach Jesu Tod nehmen die Jünger zunächst weiter am Tempelkult teil.

Bei aller grundsätzlich positiven Einstellung zu dieser Welt des mosaischen Gesetzes, ist jedoch zu erkennen, dass in den Augen Jesu die großen sittlichen Forderungen vor der kultischen Frömmigkeit rangieren. Dies wird besonders deutlich in der Frage der Sabbatheiligung. Durch seine provokatorische Sabbatheilung hat Jesus das Sabbatgebot nicht für ungültig erklärt, sondern seinen inneren Sinn wieder freigelegt. Die pharisäische Sabbatordnung verbietet ärztliche Hilfe am Sabbat, außer bei Todesgefahr für den Kranken. Auf Sabbatbruch stand eigentlich Todesstrafe durch Steinigung. Durch seine Heilungen am Sabbat, auch durch das Ährenpflücken aus Hunger am Sabbat (vgl. Mk 2,23–28), ist keineswegs gegen den Sinn des Sabbatgebots verstoßen, denn dies entspringt der Liebe Gottes zu den Menschen. Um diesen im Gesetz ausgedrückten Willen Gottes zu erfüllen – »Der Sabbat ist 'um des Menschen willen da', nicht der Mensch um des Sabbats willen« (Mk 2,27) –, darf und muss man gelegentlich dessen Buchstaben übertreten.

Eindeutig und in jeder Hinsicht ablehnend ist hingegen Jesu Haltung gegenüber den rituellen Vorschriften der kultischen Reinheitsgesetze. Was nach Jesu Lehre einen Menschen vor Gott rein oder unrein macht, ist einzig und allein das, »was [...] aus dem Menschen hervorgeht«, wie es in Mk 7,15 heißt, das, was aus seinem Herzen, seinem Innern aufsteigt, seine Gesinnung also. Durch diesen neuen Reinheitsbegriff ist der mosa-

97 | *Peter Bläser*, Gesetz, 820.

ische – in dem zwischen *sittlich schlecht* und *kultisch unrein* noch nicht unterschieden wurde – hinfällig. Das Zeremonialgesetz ist damit abgetan.

Das klingt recht akademisch, man darf aber nicht übersehen, welch schockierende Einstellung das für einen frommen Juden war. In der syrischen Religionsverfolgung haben Hunderte von Juden sich umbringen lassen, weil sie es ablehnten, Schweinefleisch zu essen, und zur Zeit Jesu ließen sich Tausende von Juden von ihren griechischen und römischen Nachbarn verspotten, weil sie kein Schinkenbrot aßen. Der Kollaborateur Zachäus in dem lebenslustigen Jericho wird allerdings im römischen Offizierskasino und auch zu Hause kaum Rücksicht darauf genommen haben. Und mit solchen liegt Jesus zu Tisch. Es geht bei diesen Mählern mit den Sündern nicht nur, wie man dauernd lesen kann, um die orientalische Tischgemeinschaft als Ausdruck der menschlichen Zusammengehörigkeit, sondern hier setzt Jesus eine Demonstration gegen Mose. Jesus ist in den Augen der Frommen nicht nur Apostat, sondern auch noch Abfallsprediger, weil er sein Tun theoretisch rechtfertigt: Speisevorschriften sind grundsätzlich hinfällig!

Diese Distanzierung von Mose ist nun sogar bei den ethischen Gesetzesforderungen zu beobachten, dort allerdings im Sinne der Verschärfung und Verinnerlichung. »Ihr habt gehört, daß zu den Alten gesagt worden ist« (Mt 5,21), beginnen die Antithesen in der Bergpredigt, »[i]ch aber sage euch« (Mt 5,22). Das, was Jesus als Lehre der Alten zitiert, sind aber nicht nur mündliche Auslegungen nachexilischer Zeit, sondern Texte aus der Thora. Im Gespräch über die Unmöglichkeit der Ehescheidung wird von Jesus in aufreizender Weise unterschieden zwischen Mose (er hat euch den Scheidebrief wegen eurer Herzenshärte erlaubt (vgl. Mt 19,8)) und dem ursprünglichen Willen Gottes (»[u]rsprünglich war es nicht so« (Mt 19,8)).

Wenn die Verinnerlichung und Konzentration der Gesetzesvorschriften auf das eine zentrale, große Doppelgebot der Gottes- und Nächstenliebe der eine wesentliche Faktor in Jesu Stellung zum Gesetz ist, stoßen wir hier an einen zweiten entscheidenden Punkt der Auffassung Jesu vom alttestamentlichen Gesetz: Jesus macht einen Unterschied zwischen Gott und Mose, zwischen dem Willen Gottes und seinem Ausdruck im Gesetz. Der Gehorsam gegen die Buchstaben des Gesetzes, und sei er noch so genau und ernst, ist nicht dasselbe wie die Erfüllung des Willens

Gottes. Und Jesus nimmt für sich die Vollmacht in Anspruch, in jedem Einzelfall zu entscheiden, ob das vorliegende Gesetz der Ausdruck des Willens Gottes ist oder nicht. Was für ihn Geltung hat, ist der tiefere Sinn des Gesetzes, nicht seine einzelne Bestimmung. Ich weiß nicht, wie eine solche Auffassung für die Ohren eines Juristen klingt. Jesus zerstörte damit jedenfalls den jüdischen Traditionsgedanken und geriet in einen unüberbrückbaren Gegensatz zu den herrschenden Frommen seiner Zeit. Die Tatsache, dass Jesus Gottes Gebot gegen eine mosaische Bestimmung ausspielte, seine Freiheit und Selbstständigkeit dem Mosegebot gegenüber war für die Gläubigen des damaligen Judentums unvorstellbar und schockierend.

2.1.3 Der außergewöhnliche Anspruch Jesu[98]

Diese Beobachtungen sind natürlich ein wichtiger Punkt bei der Frage nach dem Selbstbewusstsein Jesu und bei der Interpretation der Person Jesu in der Christologie. Sie sind gewissermaßen ein Teil jener sogenannten *Impliziten Christologie* des historischen Jesus, die die frühe Christenheit dann Schicht für Schicht reflektiert und entfaltet hat. Wir fragen hier nicht unter direkt christologischem Aspekt. Und doch sollten wir noch einen ganz kurzen Blick tun auf diesen außergewöhnlichen Anspruch Jesu, weil nur von dorther seine souveräne Haltung gegenüber dem Religionsbetrieb seiner Zeit verständlich wird. Im Geheimnis seiner Persönlichkeit liegt die Wurzel seines Konfliktes mit der zeitgenössischen Orthodoxie. In seinem empfehlenswerten Taschenbuch *Jesus Christus* schreibt der evangelische Theologe Eduard Schweizer, Exeget in Zürich:

> »Daß allerlei Heilungen durch Jesus vollzogen worden sind, ist nicht zu bezweifeln. Sicher ist auch, daß er Zöllner, die wegen ihrer häufigen Berührung mit Heiden und ihrer fraglichen Geschäftsgebaren vom Gottesvolk ausgeschlossen waren, in seine Tischgemeinschaft und damit in die Gemeinschaft mit Gott gerufen hat, daß er also Vergebung geübt hat, als stünde er an der Stelle Gottes. Sicher ist, daß er Menschen die Königsherrschaft Gottes zusprach, als könnte er einfach darüber verfügen. Sicher ist, daß er nie wie die Propheten des Alten Testamentes seine Worte einleitet: ›So spricht der Herr‹, oder gar wie die Rabbinen ›so steht geschrieben‹. Er hat also nicht von sich

98 | Vgl. zu diesem Kapitel: *Eduard Schweizer*, Jesus Christus, 18–26. *Rudolf Pesch*, Anspruch Jesu, 53–56, 67–70, 77–81.

> selbst weg auf eine andere Autorität gewiesen. Im Gegenteil, unter den Jesusworten, die am ehesten zu den echten gezählt werden können, sind unerhörte Aussagen wie das ›ich aber sage euch‹, das Aussagen des Alten Testamentes außer Kraft (Matth 5, 21 ff) und das ›Ich‹ Jesu an die Stelle Gottes setzt. Und wenn Jesus darauf hinweist, daß er ›mit dem Finger Gottes Dämonen austreibt‹ (Luk 11, 20), dann setzt er seinen Finger mit dem Gottes ineins. Wenn es Sodom und Gomorrha besser ergehen wird im Jüngsten Gericht als den Städten, die Jesus verwerfen (Matth 11, 21–24), wenn Jesus mehr ist als Salomo und Jona und Johannes der Täufer (12, 41 f; 11, 11–14), wer ist er denn?«[99]

Die Souveränität Jesu gegenüber dem alten Gesetz, seine auffallende Freiheit gegenüber den Vorschriften – darauf möchte ich Sie an dieser Stelle vor allem hinweisen – ergibt sich aus der Souveränität seines Anspruchs und seines Auftretens, aus seiner Stellung gegenüber Gott und aus seiner Stellung als Wort und Gesandter des Vaters an die Menschen. Das ist deshalb wichtig, weil die Gefahr besteht, Grund und Folge zu trennen, Zusammenhängendes auseinanderzureißen. Auf die Freiheit Jesu kann sich nur berufen, wer sich auf Jesus beruft. Den Standpunkt Jesu gegenüber dem Gesetz kann nur einnehmen, wer Jesu Standpunkt ganz annimmt, auch seinen Standpunkt gegenüber dem Willen des Vaters und seinen Standpunkt des Dienstes an allen Menschen. Verstehen Sie mich hier nicht falsch. Ich möchte die neue Freiheit nicht für Jesus reservieren, damit wir weiter alles quasi-alttestamentliche Rechtsgebaren in der Christenheit rechtfertigen können. Ich halte es nur als ein fatales Missverständnis, wenn man sich auf die Freiheit Jesu gegenüber dem Gesetz beruft, ausgerechnet um sich seinem massiven Anspruch zu entledigen und zu entziehen. Ich kann nicht Jesus mit Jesus widerlegen, ich kann ihn nicht stückchenweise akzeptieren. »[W]o der Geist des Herrn waltet, da ist Freiheit« (2 Kor 3,17), schreibt Paulus. Ja, und nochmals ja! Der Geist des Herrn aber ist da, wo man sich ihm anschließt und eingliedert, ihm nachfolgt. »Wer aber nicht Christi Geist hat, gehört nicht zu Gott« (Röm 8,9), wer nicht sein ist, hat seinen Geist nicht und kann sich auch nicht auf seine Freiheit berufen.

99 | *Eduard Schweizer*, Jesus Christus, 18 f.

2.1.4 *Jesus, ein Revolutionär?*[100]

Aber wir wollen hier keine Predigt halten. Eine wichtige Frage unseres heutigen Themas ist ja noch offen: Inwieweit kann man Jesu Haltung gegenüber den herrschenden religiösen und politischen Kräften seiner Zeit und seines Landes mit den Kategorien der *Revolution* einfangen und angemessen deuten? War Jesus – wie in letzter Zeit wieder sehr beliebt geworden ist zu sagen – ein Revolutionär? Die gewaltsame Aktion Jesu im Jerusalemer Tempel, die sogenannte Tempelreinigung, die zu seiner Verhaftung und Hinrichtung führte, ist heute schlimmsten Missdeutungen ausgesetzt. Eine genaue Untersuchung des Textes und seines Hintergrundes führt Rudolf Pesch zu dem Ergebnis, dass Jesu Aktion und Provokation bei der Tempelaustreibung ganz im Dienst seiner Verkündigung und seines übrigen Wirkens stehe: Der Ankündigung der Nähe der Herrschaft Gottes und seiner Sammlungsbewegung in Israel.[101] Eine ähnliche Funktion haben andere provokative Handlungen, wie etwa das Zöllnergastmahl. Die älteste Fassung der Gastmahlgeschichte, die uns unbezweifelbar in das Leben Jesu selbst führt, lässt sich nach Rudolf Pesch so rekonstruieren:

> »Und es geschieht, er liegt im Hause Levis des Alphäussohnes zu Tisch, und viele Zöllner nahmen mit Jesus und seinen Jüngern am Mahl teil. Und die Schriftgelehrten der Pharisäer sahen, daß er mit ihnen ißt; sie sagen seinen Jüngern: ›Mit Zöllnern ißt er!‹ Da Jesus es hörte, sagte er ihnen: ›Ich bin nicht so sehr gekommen, Gerechte einzuladen, sondern vielmehr Sünder‹.«[102]

> »Gegen den Vorwurf, er mache sich mit Sündern gemein [...], er disqualifiziere sich, da er mit Sündern Tischgemeinschaft halte, antwortet Jesus mit einem Hinweis auf seine Sendung [...], die vorzüglich den Sündern, das heißt [...] den von der religiös bestimmten Gesellschaft Abgesonderten gilt.«[103]

100| Vgl. zu diesem Kapitel: *Martin Hengel*, Revolutionär Thesen, 694–696. *ders.*, Jesus Revolutionär. *Oscar Cullmann*, Jesus Revolutionäre. *Helmut Merkel*, Jesus Revolutionär, 44–47.

101| Vgl. *Rudolf Pesch*, Anspruch Jesu, 56

102 | *Rudolf Pesch*, Anspruch Jesu, 67.

103 | *Rudolf Pesch*, Anspruch Jesu, 67.

Dazu schreibt Pesch:

> »Wir sehen also ein Stück genauer, worum es Jesus angesichts der Nähe der Gottesherrschaft geht: Um die Sammlung Israels als des Gottesvolkes, der Herde Jahwes, das als ganzes an Gottes Heil teilhaben soll. Deshalb ist Jesus um die Aufhebung aller Vereinzelung besorgt, die durch Diskriminierung einzelner Menschen oder Menschengruppen entsteht, weil er Heil für alle verkündigt. Schuld berechtigt, so meint Jesus mit Hinweis auf Gottes Barmherzigkeit, nicht zu Diskriminierung. [...] Einziger Maßstab, an dem der Mensch sich und andere messen darf, ist Gottes Barmherzigkeit.«[104]

Diese Tatsache, dass Jesus sich bewusst und provokativ an alle Menschen seiner Umgebung wendet, ist eine jener Beobachtungen, die völlig quer liegen zu der modischen Behauptung, Jesus sei ein politisch-religiöser Revolutionär aus der Gruppe der sogenannten Zeloten gewesen. Denn die Zeloten, die seit dem Tode des Herodes im Jahre 4 vor Christus dafür sorgten, dass in Palästina eine akute revolutionäre Situation herrschte, waren der extreme linke Flügel der pharisäischen Partei.[105] Die Grundlage ihres revolutionären Handelns bildete neben einer brennenden eschatologischen Naherwartung der verschärfte Eifer für das Gesetz. Nach Flavius Josephus stimmten die Zeloten in ihrer Theologie völlig mit den Pharisäern überein. Auch sie sonderten sich scharf von jenen ab, denen Jesus sich in besonderer Weise zuwendet, und kämpften gegen die Heiden, die Jesus einbezieht. Martin Hengel, der 1961 seine 400-seitige Dissertation mit dem Titel *Die Zeloten: Untersuchungen zur jüdischen Freiheitsbewegung in der Zeit von Herodes I. bis 70 nach Christus* vorgelegt hat, der auf diesem Gebiet also ausgesprochener Fachmann ist, kommt in den lesenswerten Thesen, die ich Ihnen unter 2.14 angegeben habe, zu dem Ergebnis, dass der Versuch, Jesus als einen den Zeloten nahestehenden Revolutionär zu verstehen, als Geschichtsfälschung bezeichnet werden muss. Die in diese Richtung zielende Interpretation Jesu durch Kautsky, Eisler, Carmichael, Brandon und anderen beruhe auf einer einseitig gewaltsamen Interpretation der Quellen und sei darum historisch nicht gerechtfertigt.[106]

104 | *Rudolf Pesch*, Anspruch Jesu, 67.
105 | Vgl. *Martin Hengel*, Revolutionär Thesen, 694.
106 | Vgl. *Martin Hengel*, Revolutionär Thesen, 694.

> »Auch die Tatsache, daß Jesus selbst den *Tod eines Aufrührers* gegen die römische Herrschaft stirbt, kann nicht in dem Sinne interpretiert werden, daß Jesus den Zeloten nahestand. Es ergibt sich daraus nur, daß er bei der jüdischen und römischen Behörde als ›Messiasprätendent‹ denunziert wurde. Jesu Verhalten widerspricht vielmehr auch hier dem der Zeloten. Er hätte bis zu seiner Verhaftung jederzeit die Möglichkeit gehabt, sich in die Wüste zurückzuziehen und sich den Aufständischen anzuschließen. Daß er – wie auch seine Jünger nach seiner Hinrichtung – nichts in dieser Hinsicht unternahm, spricht für sich. Auffällig ist auch, daß die römischen Behörden bis zur neronischen Verfolgung nicht mehr von sich aus gegen die christliche Gemeinde vorgingen.«[107]

Am Ende seiner Darstellung der scheinbaren Berührungspunkte Jesu mit den Zeloten und der erheblichen Differenzen meint Hengel:

> »Nach allem ist anzunehmen, *daß Jesus von den Zeloten nicht weniger gehaßt wurde als von den Hierarchen in Jerusalem* und daß sie auch seinen Tod ebenso sehr begrüßten wie diese [...]. So mussten Verkündigung und Wirken Jesu von der extremen Rechten und Linken seiner Zeit als äußerst provokativ empfunden werden.«[108]

Den politisch arrangierten Sadduzäern, die jede Eschatologie ablehnen, passt nicht die Botschaft Jesu von der anbrechenden eschatologischen Gottesherrschaft. Den strengen Frommen in der Partei der Pharisäer, einschließlich ihres linken zelotischen Flügels, ist die Tatsache ein Dorn im Auge, daß die kommende Gottesherrschaft für alle, auch für den Pöbel gelten solle. Den Zeloten argumentiert Jesus mit seiner Predigt der bedingungslosen Nächstenliebe (einschließlich der Feinde) mitten ins Gesicht, denn sie versuchen den Anbruch des Gottesreiches, das sie als ein israelitisches Großreich verstehen, mit gewaltsamen Aktionen zu beschleunigen.

> »Die Aristokratie versuchte, ihre beherrschende Position und ihren Besitzstand mit Hilfe der fremden Besatzung mit Gewalt zu wahren, umgekehrt wollten die Eiferer durch schonungslosen Einsatz aller Kampfmittel – bis hin zum Meuchelmord der Sikarier – die Herr-

107 | *Martin Hengel*, Revolutionär Thesen, 695.
108 | *Martin Hengel*, Revolutionär Thesen, 695.

schaftsverhältnisse radikal umstürzen und die eschatologische Befreiung Israels herbeiführen.«[109]

2.1.5 Jesus und seine Revolution des Herzens

Jesus hatte sich also gewissermaßen zwischen alle Stühle gesetzt! Und dennoch hat er genau dadurch eine weltgeschichtliche Revolution ausgelöst, eine Revolution des Herzens gewissermaßen. Seine Botschaft von der nahen Gottesherrschaft, den Ruf zur Umkehr richtet er an den Einzelnen, aber an jeden Einzelnen. Er sieht das Böse in der Welt nicht primär in den transsubjektiven, sozialen und politischen Strukturen, sondern im finsteren, ichsüchtigen Herzen der Menschen, die diese Strukturen schaffen und ausnutzen. Die Vorbereitung auf die nahe Gottesherrschaft geschieht in Jesu Programm also nicht durch die revolutionäre Änderung gesellschaftlicher Strukturen – Beseitigung des Priesteradels, Enteignung der Domänenbesitzer, Befreiung Jerusalems von den unreinen Fremden, in dieser Richtung besitzt Jesus keinerlei politisch-soziales Programm, sondern durch die Umkehr des Einzelnen. Deshalb heißt das Evangelium Jesu Christi nach dem Anfang des Markus-Evangeliums: »Die Zeit ist erfüllt, nahegekommen ist das Reich Gottes. Bekehret euch und glaubt an die Frohe Botschaft!« (Mk 1,15) Und überall da, wo eine solche Wende, eine solche Umkehr, eine Revolution des Herzens tatsächlich stattfindet, sei es bei Augustinus, sei es bei Franz von Assisi, sei es bei Johannes XXIII., da geraten die gesellschaftlichen Strukturen in Bewegung, da verändert sich die geschichtliche Konstellation, da bricht der Geist Gottes durch.

2.2 Jahwe, ein Gott der Menschen

Man kann nicht immer und an jeder Stelle alles sagen. Diese Binsenwahrheit, die sich bei der Behandlung jeder Thematik bemerkbar macht, ist oft eine entscheidende Schwierigkeit bei Themen der Theologie, bei der Behandlung von Fragen, die auf vielfältige Weise verknüpft sind mit geschichtlichen, gesellschaftlichen und persönlichen Gegebenheiten. Dadurch, dass man gezwungen ist, die einzelnen Aspekte einer Sache nacheinander zu durchdenken und zu besprechen, kann es leicht zu Missverständnissen kommen, die einfach darauf gründen, dass man das

109 | *Martin Hengel*, Revolutionär Thesen, 696.

noch nicht Genannte, das erst später zu Behandelnde als nicht gegeben, als irrelevant ansieht.

Angesichts unserer gestrigen Überlegungen, die ja vor allem herauszuarbeiten versuchten, worin Jesus sich von den Frommen seines Volkes unterschied, in welchen Punkten er sich von den maßgeblichen religiösen Kreisen, vor allem von den Schriftgelehrten, den Lehrern des Alten Testamentes, absetzte, konnte leicht ein schiefes Bild entstehen. Dann nämlich, wenn man das, was wir heute besprechen wollen, nicht im Hinterkopf hat, im Hintergrund sieht, dann, wenn man den Gegensatz zwischen jüdischer und christlicher Zeit, zwischen jüdischer und christlicher Glaubenserfahrung, zwischen Altem und Neuem Testament als einen ausschließenden Gegensatz ansieht. Das kann sich dann sehr schnell in Schlagworte kleiden, wie: Der Gott des Alten Testamentes sei der Gott der Rache und des Zornes, des fordernden Gesetzes – der Gott des Neuen Testamentes sei der Gott der Barmherzigkeit und der huldvollen Liebe. Natürlich muss man sagen können und auch im Einzelnen beschreiben, worin das Neue des Neuen Bundes besteht. Paulus hat sich über viele Seiten genau mit dieser Darstellung abgequält, wirklich gequält, weil jeder Gedanke zugleich eine Art Trennungsstrich war zwischen sich selbst und seiner geistigen Heimat, seiner Erziehung, seiner Jugendreligiosität, seinem Volke. Aber – und genau darauf muss ich nun massiv Ihr Augenmerk richten – die Tatsache, dass wir von einem Neuen Bund reden, darf nicht verdecken, wie sehr der Neue Bund dem Alten verpflichtet ist, wie sehr er aus dem Alten herauswächst, das heißt, seine Wurzeln in das Erdreich des Alten Bundes steckt, aus ihm Kraft zieht, ihn gewissermaßen auslaugt in dem Bemühen, sich über ihn hinauszuheben. Jesus ist Jude, all seine Apostel sind Juden, Angehörige des auserwählten Volkes Israel. Die gläubige Erfahrung des israelitischen Volkes ist der Boden, auf dem Jesus steht, und Gott, dessen anbrechende Herrschaft er ankündigt, ist der, welcher sich in den verschiedenen Stadien der israelitischen Geschichte kundgemacht hat. Und zwar nicht nur in dem Sinne: Es handelt sich ja schließlich um den einen, selben Gott, es gibt ja nur einen, sondern auch in dem Sinne: Es handelt sich um genau die Erfahrung, die man in der Vergangenheit schon gemacht hat. Bei genauer Kenntnis der Texte des Alten Testamentes ist es einfach unrichtig zu sagen: Der Gott des Alten Testamentes ist der Gott der Rache und des Zornes und der Vergeltung, der Forderung und des drohenden Gerichtes. Wenn man so sagt, verabsolutiert man einzelne Züge der altbundlichen Offenbarung und übersieht andere, ebenso wichtige, völlig. Und wenn man so tut, als sei im Neuen Testament nur von Barmherzigkeit die Rede und von Güte, und nicht auch vom drohenden Zorngericht Gottes, von Hölle und Verdammnis, von unwahrscheinlich anspruchsvollen ethischen Forderungen, von Entscheidung über Heil und Unheil, dann ist das zugleich eine Fälschung des Neuen Testamentes und eine falsche Beschreibung des Gottes des Neuen Testamentes. Die Botschaft Jesu wäre ohne die Gotteserfahrung des Alten Bundes undenkbar, hinge in der Luft und würde in sich historisch fast unverständlich.

Insofern gehört das, was wir im Folgenden bedenken wollen, als Hintergrund und Voraussetzung unbedingt zum gestrigen Thema hinzu.

Aber nicht nur deshalb tun wir auf die Jahweoffenbarung einen Blick, nicht nur um Missverständnisse abzuwehren oder um eine gewisse Vollständigkeit zu erreichen. Ich halte ihn für notwendig, auch von unserem Thema her. Wenn man über das Verhältnis von Glaubensdenken und Glaubenstun nachdenkt, über die Gemeinsamkeit und den Unterschied von Lehre und Leben, von Theorie und Praxis im Bereich des Glaubens, dann ist ja irgendwann die Frage fällig, was die religiöse Theorie überhaupt mit Praxis zu tun hat, ob es eine unmittelbare Verbindung zwischen dem religiös-theologischen Thema Gott – der ja vorgängig und grob gesagt nicht einfach ein Moment unseres praktischen Lebens ist – und dem Bereich unseres praktischen Lebens gibt. Wenn Glaubenslehre, Theologie das Wort von Gott, über Gott, das Nachdenken und die Rede über Gott ist, wieso hat das mit der Welt, mit meinem Leben, meiner Praxis zu tun? Hat Gott überhaupt mit der Welt zu tun? Genügt es nicht, wenn ich Gott verehre mit Gebeten, mit Opfern besänftige, mir gnädig stimme, dass er Schaden von mir fernhält, und ich im Übrigen nach rein sachbestimmten Gesichtspunkten mein Verhalten in der Welt einrichte? Natürlich fragen wir nicht mehr so allgemein, natürlich haben wir über diese Frage schon ein bestimmtes Maß an Wissen. Wir sind überzeugt, dass Gott mit unserem konkreten Leben und Handeln eine Menge zu tun hat, und Sie könnten das hoffentlich auch einem, der sich darüber Gedanken macht, einleuchtend erläutern. Aber die grundsätzliche Frage kann und darf man ja stellen, sie ist ja nicht abwegig. Und ihre Beantwortung, ihre schon in der Geschichte der Gottesoffenbarung geschehene Beantwortung ist genau das Fundament der Lehre Jesu, seines ganzen

Schicksals und damit auch der Boden unserer Gesamtthematik Orthodoxie und Orthopraxie!

2.2.1 *Über das Verhältnis von Lehre und Leben im Alten Testament*[110]

Wenn man ein Handbuch der katholischen Dogmatik, ja schon, wenn man die Briefe des Neuen Testamentes mit dem Gesamteindruck des Alten Testamentes vergleicht, kann man das Gefühl haben, nach Jesus sei mehr spekuliert worden als vor ihm, die Apostel hätten mehr theoretisiert und theologisiert als die Propheten. Es handelt sich gewiss nicht einfach um Gegensätze, sondern um Akzentverschiebungen, aber die scheinen doch so zu sein, dass man in der exegetischen Literatur des öfteren die Behauptung findet: Das Alte Testament sei Orthopraxie im Vergleich zu den Lehren des Neuen Testamentes, es gehe den Büchern des Alten Bundes um rechtes Handeln, um ein Befolgen der Bundescharta, um Treue zu Gottes Geboten und gegenüber dieser massiven Betonung der Praxis trete eine Glaubenslehre kaum in Erscheinung.

Leo Baeck, ein jüdischer Theologe und Rabbiner, schreibt in seinem Buch *Das Wesen des Judentums*: »Wofern man dieses Wort [Bekenntnisformel; T.S.] nicht allzu weit faßt, kann sogar gesagt werden, daß das Judentum überhaupt keine Dogmen hat und infolgedessen ja auch eigentlich nicht eine Orthodoxie.«[111] Er erklärt aber ein Stück weiter noch einmal, dass man das nur sagen könne, wenn man einen engen Begriff vom Dogma hat, also darunter bestimmte, von einer Lehrautorität verbindlich vorgeschriebene Glaubensformeln versteht, die auch in ihrem Wortlaut Verbindlichkeit beanspruchen.[112] Und er muss konzedieren:

> »Allerdings ist es selbstverständlich, daß sich in einer positiven Religion [auch im Judentum; T.S.] klassische Sätze von Geschlecht zu Geschlecht forterben als die alte heilige Kunde der Glaubenswahrheit. Überall, wo es ein Glaubensgut, ein depositum fidei, gibt, hat es seine ehrwürdigen Worte, in denen der Klang von Offenbarung und Geschichte singt und schwingt.«[113]

110| Vgl. zu diesem Kapitel: *Herbert Haag*, Glaube Dogma, 67–76. *Norbert Lohfink*, Credo Dtn, 19–39. *ders.*, Hauptgebot, 271–281. *Leo Baeck*, Wesen Judentum.

111 | *Leo Baeck*, Wesen Judentum, 4 f.

112| Vgl. *Leo Baeck*, Wesen Judentum, 4 f.

113 | *Leo Baeck*, Wesen Judentum, 5.

Eine bestimmte überlieferte Lehre in bestimmten überlieferten Worten gibt es also auch im Judentum. Man darf hier nämlich nicht außer Acht lassen, worin das Handeln, der Aufruf zum rechten Handeln im Alten Testament denn wurzelt. Die Orthopraxie, die im Alten Testament gefordert wird, wurzelt doch im Glauben, dass Gott sich in bestimmter Weise mitgeteilt und zu erkennen gegeben hat, und dass genau diese Kundgabe Gottes, das Wissen von Gott, der Grund für eine bestimmte Verhaltensweise ist. Natürlich muss man sagen, Mose habe keine Dogmen formuliert, sondern seinem Volk einen bestimmten Weg geführt, im wörtlichen und im sittlichen Sinn. Aber dann muss man sofort hinzufügen, auch Jesus habe das Gleiche getan. Glauben heißt, zu ihm kommen und ihm nachfolgen, im wörtlichen und im übertragenen Sinn. Er nennt sich selbst den Weg. »Die Apostelgeschichte berichtet, Saulus habe sich vom Hohenpriester Vollmachten erbeten, gegen die ›Anhänger dieses Weges‹ (9,2)«[114]. Die christliche Überzeugung und Lehre wird auch hier mit »Weg« umschrieben, der *Weg des Heiles* (vgl. Lk 2,28–32), wie es im Lobgesang des greisen Simeon heißt. Für das Neue wie für das Alte Testament ist aber wichtig zu sehen, dass wir Menschen einen Weg des Heiles nur gehen können, weil zuvor Gott einen Weg gegangen ist zu uns, den Weg der Geschichte zu seinem Weg gemacht hat, ein Stück des Wegs mit uns gegangen ist, selbst handelnd in unser Geschehen eingetreten ist. Und das Wissen um diese Tatsache, genau das ist die Voraussetzung und die Veranlassung, dass nun auch wir Menschen uns aufmachen.

Im 26. Kapitel des Buches Deuteronomium, das ja entstand in einer Zeit bedrohlicher Vermischung der Jahwereligion mit den Umweltreligionen, im 8.–6. Jahrhundert vor Christus, in einer religiösen Abwehrhaltung also, die sich abgrenzt und sich über das Spezifische der eigenen Religion Rechenschaft zu geben versucht, in diesem Buch Deuteronomium gibt es einen Text, den die Exegeten das *kleine heilsgeschichtliche Credo* nennen. Es handelt sich um ein Gebet, das der israelitische Bauer sprechen soll, wenn er seinen Korb mit Erstlingsfrüchten im Tempel am Altar abgibt. Bezeichnenderweise besteht dieses Credo in einer Aufzählung der wichtigsten Ereignisse aus der Frühgeschichte Israels.

Es lautet:

114 | *Herbert Haag*, Glaube Dogma, 69.

> »Ein umherirrender Aramäer war mein Vater; er zog nach Ägypten und hielt sich dort als Fremdling mit wenig Leuten auf; aber er ward dort zu einem großen, starken und zahlreichen Volk. Doch die Ägypter mißhandelten uns; sie quälten uns und legten uns harten Frondienst auf. Wir schrieen zum Herrn, dem Gott unserer Väter. Der Herr erhörte unser Rufen und sah unsere Qual, unsere Mühsal und Bedrängnis. Und der Herr führte uns aus Ägypten mit starker Hand und ausgestrecktem Arme heraus mit großen, furchterregenden Taten, mit Zeichen und Wundern. Er brachte uns an diese Stätte und gab uns dieses Land, ein Land, das von Milch und Honig überfließt.« (Dtn 26,5–9)

104 Der Bauer spricht immer von *Wir*, er spricht in der Wir-Form von Ereignissen in der Geschichte seines Volkes, die längst zurückliegen, es ist also das Bekenntnis der Gemeinschaft, das er hier für sich übernimmt. Auffällig ist schon an diesem Bekenntnis, dass von Gott nicht aufgezählt wird, er sei allwissend, allmächtig, ewig und allgegenwärtig, sondern er habe Israel aus Ägypten gerettet. Das geschichtliche Heilshandeln Gottes bestimmt das ganze Gottesbild und auch das Glaubensbekenntnis Israels. Aber auch in dieser Beschreibung der Geschichte und abseits von philosophischer Argumentation wird nun doch so etwas wie ein tragendes, massives Grunddogma entwickelt, das *Grunddogma* des jüdisch-israelitischen Glaubens, der *Monotheismus*.

Im selben Buch Deuteronomium steht dieses Grunddogma des alten Gottesvolkes in seiner ganz lapidaren Form: In vier Worten (analog zu den vier Buchstaben des Gottesnamens) heißt es in Dtn 6,4: JHWH elohenu JHWH ächad – »Der Herr ist unser Gott, der Herr allein!« (Dtn 6,4) – Jahwe, unser Gott, ist ein einziger.

Dieses präzise zentrale Glaubensbekenntnis wird meist nach den beiden voraufgehenden Worten, Schema Jisrael, Höre Israel, das Schema genannt. Wenn man unter Dogma eine überlieferte Lehre versteht, die prägnant das Entscheidende, Unterscheidende und Unaufgebbare einer Religion ausspricht, dann können wir hier von einem *Dogma* Israels sprechen, jedenfalls ist dieser Text, der in der jüdischen Liturgie einen zentralen Platz einnimmt und täglich zweimal, am Morgen und am Abend, zu rezitieren ist, von den Juden bis auf den heutigen Tag so verstanden worden. Und bis in unsere schaurige Gegenwart hinein sind ungezählte Juden mit diesem Bekenntnis auf den Lippen in den Tod gegangen. Natürlich ist auch bei diesem zentralen Text gemeint: Mit Jahwe leben und nicht Sätze über Jahwe glauben, denn der Text fährt ja unmittelbar fort: »Du sollst den Herrn, deinen Gott, aus ganzem Herzen, aus ganzer Seele und mit all deiner Kraft lieben.« (Dtn 6,5) Die Worte werden ja in der Konzeption Jesu eine entscheidende Rolle spielen!

Und dass schon im Deuteronomium nicht an bloße Innerlichkeit, nicht an eine Sache des Herzens allein gedacht ist, zeigt der fortlaufende Text. »Diese Worte, die ich dir heute befehle, seien in deinem Herzen! [...] Und du sollst sie auf die Pfosten deines Hauses und auf deine Tore schreiben.« (Dtn 6,6–9) Die Liebe zu Gott erfüllt sich in der Erfüllung des Willens Gottes im Haus und an den Toren, gegenüber denen im Hause und auch gegenüber denen, die von außen hereinkommen.

Über diesen entscheidenden Satz hinaus ist das Judentum zur Zeit Jesu allerdings noch von einer erstaunlichen dogmatischen Weiträumigkeit. Sowohl Pharisäer wie Sadduzäer gehören zur gleichen Religionsgemeinschaft und beten und opfern im gleichen Tempel. Ja, die Sadduzäer, die nicht an Auferstehung und ewiges Leben glauben, stellen traditionsgemäß den Hohenpriester. Erst später, in der nachchristlichen Geschichte des Judentums, die, wie wir gestern schon andeuteten, weitgehend vom pharisäischen Frömmigkeitsideal geprägt wurde, kam so etwas wie eine stärker lehrhafte Durchgestaltung im ganzen Judentum zum Zuge. Der hochbegabte, mittelalterliche jüdische Philosoph und Theologe Moses Maimonides, der Thomas von Aquin erheblich beeinflusste, schrieb, dass jeder Jude als Ketzer und Abtrünniger zu gelten habe, der nicht folgende 13 Sätze glaubt:

1. Dass Gott ist, 2. dass er ein einziger ist, 3. dass er geistig und unkörperlich ist, 4. dass er ewig ist, 5. dass der Mensch verpflichtet ist, ihn zu verehren und anzubeten, und dass diese Anbetung nur Gott gebührt und keinem geschaffenen Wesen, 6. dass es Prophetie gibt, 7. dass nichts an die von Mose erreichte Prophetie herankommt, 8. dass die Thora in ihrer Gesamtheit und in ihrem ganzen Wortlaut göttlich ist und ebenso ihre Erklärung in der mündlichen Überlieferung, 9. dass die Thora unveränderlich ist, 10. dass Gott allwissend ist, 11. dass das Tun der Menschen belohnt und bestraft wird, 12. dass der Messias gewiss kommt, 13. dass die Toten gewiss auferstehen.[115]

115| Vgl. *Arthur Hyman*, Thirteen Principles, 128.

Diese Glaubenssätze finden sich bis heute in frei gereimter Form in jedem jüdischen Gebetbuch als die Zusammenfassung allgemein anerkannter Grundgedanken des Judentums.
Die Abstraktion, die inzwischen stattgefunden hat, die sich in Bezug auf Gott etwa in den Worten geistig, unkörperlich, allwissend kundtut, bringt aber doch nur ins Wort, was die Heiligen Schriften des Alten Bundes auf mehr oder weniger bildhafte Weise schon deutlich gesagt haben, dass Jahwe, der Gott Israels, der Eine und Einzige, ein Gott ist, der mit herkömmlichen Maßstäben, Worten und Vorstellungen nicht zu fassen ist, dass er der welttranszendente, der ganz andere Gott ist.

2.2.2 Die alttestamentliche Botschaft vom welttranszendenten Gott und die Gefahr ihrer Fehldeutung[116]

Jahwe ist so sehr der ganz Andere, dass es keinerlei Möglichkeit gibt und deshalb verboten ist, ihn darzustellen, abzubilden. »Wem vergleicht ihr nun Gott, was wollt ihr Ähnliches neben ihn stellen?«, fragt Jesaja 40,18. Der Einzige, der Bild und Gleichnis Gottes genannt werden kann, ist der lebendige Mensch, aber das tote Bild eines lebendigen Menschen ist kein Bild Gottes, es ist allenfalls das Bild eines Bildes und damit wertlos. Jahwe ist auch räumlich nicht zu fassen oder einzufangen, er ist nicht einzugrenzen oder zu umgrenzen. Der prophetisch geschulte Verfasser des Tempelweihegebetes im ersten Königsbuch (1 Kön 8,27) schreibt den auch für uns noch denkwürdigen Satz: »Wohnt denn Gott wahrhaftig auf Erden? Fürwahr, der Himmel und die Himmel der Himmel fassen dich nicht, wieviel weniger dieses Haus, das ich erbaut habe?« Jahwe ist auch durch das Volk Israel in keiner Weise eingegrenzt und eingebunden im Sinne einer naturhaften Relation zwischen Volk und Volksgott. Er nimmt sich Israels aus freier Gnadenwählung an. Schon Amos verkündet vor dem Exil – also vor der Zeit, als man besonders gezwungen war, über das Verhältnis Jahwes zu den anderen Ländern und Völkern nachzudenken –, Amos spricht als Bote Gottes: »Seid ihr mir nicht genau so viel wert wie die Kuschiten, ihr Söhne Israels? [...] Habe ich nicht Israel aus dem Lande Ägypten herausgeführt, doch auch die Philister aus Kaphtor und die Aramäer aus Kir?« (Am 9,7) Das auch die kosmischen Räume umfassende und transzendierende Wesen Jahwes beschreibt auf

116| Vgl. zu diesem Kapitel: *Alfons Deissler*, Grundbotschaft, 154–182. *ders.*, Gottes Selbstoffenbarung, 226–271. *Heribert Mühlen*, Abendländische Seinsfrage.

eine großartige und auch sprachlich faszinierende Weise der Psalm 139: »Stiege ich zum Himmel empor, so bist du dort; lagerte ich mich in der Unterwelt, so bist du zugegen. Nähme ich die Flügel der Morgenröte und ließe ich mich nieder am Ende des Meeres, auch dort würde deine Hand mich leiten und deine Rechte mich fassen.« (Ps 139,8–10)

Wie die Räume, so umspannt Jahwe auch die Zeiten: »Ehe die Berge geboren wurden, Erde und Welt entstanden, von Ewigkeit zu Ewigkeit bist du, o Gott«, sagt der Psalm 90,2.

Und wenn ich eben sagte, nur der Mensch sei als Bild Gottes anzusprechen, so muss auch das noch einmal korrigiert und gereinigt werden, denn nur das Menschsein insgesamt, wie es sich in Mann und Frau ergänzt und vollendet und fruchtbar wird, kann als Bild dienen. Denn das Alte Testament beschreibt Jahwe als den Übergeschlechtlichen. Jahwe hat kein weibliches Gegenüber, nicht einmal das Wort Göttin ist uns überliefert, er ist aber auch nicht einfach männlich vorgestellt, denn die Vatervorstellung wird nicht einseitig auf ihn angewandt, er wird von Jeremia mehrfach auch mit der Mutter verglichen, und das oft auf sein Verhalten angewendete Wort *barmherzig* bedeutet im Hebräischen *mütterlich*.

Die Lebensfülle Jahwes lässt sich nicht mit geschlechtlicher Differenzierung einfangen oder beschreiben. Die Welttranszendenz Jahwes, wie wir sie in den angeführten Texten kurz angesprochen haben, ist das große Unterscheidungszeichen des jüdischen Glaubens im Raum der orientalischen Religionen. Sie gehört so sehr zum fundamentalen Grundbestand des israelitischen Glaubensgutes, dass die Autoren des Alten Testamentes ohne Gefahr des Missverständnisses in ihrer plastischen Sprache die vielen Anthropomorphismen auf Gott anwenden konnten, welche unserem rationalen, abendländischen Verstehen oft so erhebliche Schwierigkeiten bereiten. Von der abendländischen Spekulation her, die sich ja sehr bald mit griechischem Denken verbündete, im Altertum vor allem mit platonischem Gedankengut, im Mittelalter dann in voller Breite mit dem Lehrgebäude des Aristoteles, von der abendländisch-christlichen Spekulation her tat sich gegenüber dieser Lehre vom welttranszendenten Gott, die ja mit ihrem ganzen Gewicht und ihrer ganzen Tiefe und Unauslotbarkeit in die Gotteslehre der Anhänger Jesu Christi eingegangen ist, eine bedrohliche Gefahr auf. Je mehr nämlich diese erhabene Sicht Gottes mit philosophischen Kategorien durchdacht und beschrieben wurde, die mehr der sachhaften Sphäre angehören: *causa prima, principium, ens a se, finis totius mundi, primum movens,* je mehr also der Eindruck entstand, es handele sich hier um jemanden, den man auch wenigstens methodisch als Etwas, als Sein, als ein uns Gegenüberstehendes, von uns Losgelöstes, als ein Objektum betrachten könne, je mehr die Personalität Gottes, sein Du-sein, sein Bund, seine Zuwendung durch die Begrifflichkeit verdeckt wurde, in dem Maße wurde die Lehre von Gottes Transzendenz zu einem Auswandern Gottes aus der Welt, wurde die Transzendenz zu einem Jenseits und Außerhalb und Später.

Die vorletzte Station dieser traurigen Fahrt ist der *deus otiosus,* der müßige, nunmehr unbeschäftigte große Uhrmacher des Deismus. Und die letzte Station ist die Feststellung, dass Gott und Welt nichts mehr miteinander zu tun haben, dass Gott für die Welt nicht existiert, dass Gott tot sei, was immer man auch im Einzelnen für Vorstellungen und Theoreme mit diesem mythologischen Schlagwort verbindet. Es lohnt sich, einmal das Büchlein von Heribert Mühlen, dem Paderborner Dogmatiker, zu lesen: *Die abendländische Seinsfrage als der Tod Gottes und der Aufgang einer neuen Gotteserfahrung,* Paderborn 1968. Diese metaphysische Denk- und Redeweise schlich sich bis ins Herz der alttestamentlichen Gottesoffenbarung. Wenn Sie ältere theologische Handbücher aufschlagen, dann können sie die Namensoffenbarung Jahwes »Ich bin, der ich bin« (Ex 3,14) erklärt finden als den Ausdruck der wesentlich überweltlichen, in sich ruhenden und vollkommenen, in sich seligen Erhabenheit des allmächtigen Gottes. Da ist nicht nur unterschlagen, dass Transzendenz und Immanenz korrespondierende Begriffe sind, dass also Gott, weil und insofern er alles Geschaffene übersteigt und umgreift, er es in seiner Macht trägt und durchdringt, allem geschöpflichen Sein zuinnerst gegenwärtig und allem Sein auf einzigartige Weise immanent ist, sondern dort ist zugleich aufgrund einer mangelnden Exegese (der gewisse sprachliche Voraussetzungen fehlten) auch das Wesentliche dieser einzigartigen Gotteserfahrung am brennenden Dornbusch verfälscht, verfremdet, verloren.

2.2.3 *Die grundlegende Bedeutung der Jahwe-Offenbarung Ich werde (für euch) da sein (vgl. Ex 3)*[117]

Die Frage, wer dieser Partner sei, der die Geschichte Israels bestimme und lenke, der dieses Beduinenvolk erwählt und zum Träger einer Erfahrung für alle Menschen gemacht hat, hat eine Antwort gefunden, die für alle Zeiten verknüpft ist mit dem religiösen Genie des Mose. Diese Gotteserfahrung wird in Exodus 3, in der Erzählung vom brennenden Dornbusch, auf eine unnachahmliche Weise ins Wort gebracht. Sie kennen den Bericht: Mose, in Ägypten erzogen, aber von dort geflohen, soll nach dort zurückkehren, um seine Landsleute aus der Knechtschaft herauszuführen. Wer ist der, der solches von ihm verlangt, und wie nennt er sich? Der Gott der Väter. »»Wenn ich nun zu den Kindern Israels komme und zu ihnen spreche: ›Der Gott eurer Väter hat mich zu euch gesandt‹, und sie mich dann fragen werden: ›Wie heißt er?‹, was soll ich ihnen dann antworten?‹ Gott entgegnete dem Moses:« (Ex 3,13 f.), »Ähjeh ascher ähjeh.« (Ex 3,14). In unseren Übersetzungen steht dort meist: »Ich bin, der ich bin.« (Ex 3,14) Martin Buber hat in seinem Buch *Moses* beschrieben, wie aus einem alten, wildverzückten Ruf: Ja-hu = Oh, Er (also halb Interjektion, halb Pronomen) durch Vokalisierung eine präzise Verbalform gemacht und eine eindringliche Aussage über die Wirklichkeit Gottes erreicht wird. Das hier benutzte Verbum hajah (in der älteren Form hawah) hat einen dynamischen, bezüglichen Charakter, bedeutet: werden, geschehen, sich ereignen, mit dem Effekt, dann *da* zu sein, wenn es von Gott gebraucht wird, ist also gerade kein beziehungsloses, metaphysisch-absolutes Sein in sich angesprochen – wie man in der abendländischen Tradition und auch im Bereich der Ostkirche auf dem Hintergrund griechischen Denkens gern ausgelegt hat. Hier geht es um eine Bezogenheit, um eine Bewegung auf den Hörenden hin.

Und dieses Verbum wird hier in der hebräischen Zeitform des Imperfekts gebraucht. Die Hebräer haben ja einen anderen Gebrauch der Tempora als wir. Im Perfekt stehen bei ihnen alle vollendeten Handlungen, im Imperfekt alle, die noch nicht abgeschlossen sind. Das Imperfekt ist also das Tempus, das Gegenwart und Zukunft einschließt. Buber übersetzt deshalb: »Ich werde da sein«[118]. Und wenn man die Bezüglichkeit,

117| Vgl. zu diesem Kapitel: *Martin Buber*, Moses, 47–67. *Gerhard von Rad*, Theologie, 181–188. *Alfons Deissler*, Meditationen Moses. *Hans Heinrich Schmid*, Beitrag Altes Testament, 403–412.

118 | *Martin Buber*, Moses, 65.

die Gerichtetheit des Verbs noch deutlicher ausdrücken will, müsste man sogar übersetzen: *Ich werde für euch da sein.* »So sollst du zu den Israeliten sprechen: Der *Ich werde für euch da sein* hat mich zu euch gesandt.« (Ex 3,14)

Der alte Ausruf Ja-hu war eine verhüllte Andeutung, die Vokalisation ergibt eine deutliche Aussage, eine eindeutige Kundgabe und Zusage. Ich werde für euch da sein heißt dann konkret: Ich rette euch aus der Knechtschaft Ägyptens, ich bin mit euch, ich mache euch stark, ich komme auf euch zu als der Befreier, da, wo ihr hinkommt, werde ich schon immer für euch da sein, ich bin der auf euch Zukommende, ich bin eure Zukunft, in die ihr hineinschreitet.

> »Die gebündeltste und dichteste Selbstoffenbarung Gottes im Namen Jahwe bleibt die zentrale Botschaft aller Verkündigung. Sie ist das ›Ur-Evangelium‹, die Frohbotschaft, daß der alle Vorstellungen übersteigende, in seinem Sein und Selbst unfaßliche und unverfügbare Gott sich unwiderruflich zum Gott für Welt und Mensch gemacht hat, macht und machen wird.«[119]

Dass diese Deutung des Jahwenamens im Gesamt der alttestamentlichen Gotteserfahrung richtig ist, erweisen solche Stellen, wie die zeichenhafte Namengebung bei den Kindern, die Hosea mit Gomer, der Hure, zeugte: sein zweites Kind, einen Sohn, soll Hosea stellvertretend für Israel nennen: Lo-Ammi, Nicht-mein-Volk. »[I]hr seid nicht mein Volk, und ich bin für euch der ›Nicht-Daseiende‹.« (Hos 1,9) Hier wird von der Negation noch einmal klargemacht, dass der Name ein Bundesname ist, Ausdruck seiner freien Zuwendung, nicht das sogenannte metaphysische Wesen wiedergibt, sondern sein Verhalten zu uns, seine Verfassung, die er in Freiheit uns kundtut und zuteilwerden lässt.

2.2.4 Bundesschluss und Bundesweisung: Mit Gott für die Menschen[120]

Hier genau ist nun der Punkt erreicht und angesprochen, an dem der Weg, den die Menschen zu gehen haben, und der Weg, den Gott zu den Menschen geht, einander treffen, der Punkt, an dem die Theorie, das Wissen, die Schau dessen, was Gott für uns ist und tut, zum Anstoß und Anlass, zur Begründung und zum Aufruf wird, auch unsererseits mit

119 | *Alfons Deissler*, Meditationen Moses, 16 f.
120 | Vgl. zu diesem Kapitel: *Alfons Deissler*, Bundespartnerschaft Menschen, 203–223.

ihm im Bunde zu sein, auf ihn hin ausgerichtet zu sein, unser Leben, unser Handeln in Einklang mit ihm zu bringen. Hier ist der Punkt, wo die Orthodoxie der Jahweoffenbarung die Bundescharta des Dekalogs hervorbringt, die Orthopraxie des altbundlichen Gottesvolkes aus sich entlässt.

Im 20. Kapitel des Buches Exodus und wiederholend im 5. Kapitel des Deuteronomium ist jene Bundescharta aufgezeichnet, jenes alttestamentliche Grundgesetz, das uns Christen ja ganz vertraut ist als die *Zehn Gebote*. Uns sind auch aus unserer Kindheit jene Bilder noch in Erinnerung, wo die Nummern der 10 Gebote auf zwei steinerne Tafeln gehauen waren, und zwar so, dass auf der einen Tafel – so wurde uns ja erklärt – die drei Gebote standen, die Gott selbst betreffen, nämlich: 1. Du wirst nicht andere Götter haben mir gegenüber, 2. du wirst den Namen Jahwes, deines Gottes, nicht zu Frevlem missbrauchen und 3. halte den Tag des Sabbats, um ihn zu heiligen.

Auf der zweiten Tafel standen die Gebote, die auf die Menschen bezogen sind, beginnend mit dem 4. ehre Vater und Mutter, wie Jahwe, dein Gott, dir geboten, und endend mit dem 10. du wirst nicht begehren nach deines Nächsten Haus, nach seinem Feld, seinem Knecht, seiner Magd, seinem Rind, seinem Esel, noch überhaupt nach irgendetwas, was deinem Nächsten gehört! (Vgl. Ex 20,1–17)

Wenn man diesen Dekalog, diese Bundescharta des Bundes Jahwes mit den Menschen vergleicht mit den Vasallenverträgen, die wir von hethitischen und assyrischen Großkönigen aus der Zeit nach 1500 vor Christus kennen, dann macht man die erstaunliche Entdeckung, dass er diesen im Aufbau weitgehend parallel läuft. Auch der Text des Dekalogs enthält folgende Formelemente: Präambel (das heißt Name und Titel des Lehnsherrn), Vorgeschichte des Vertrags, Grundsatzerklärung, Einzelbestimmungen. Darum ist der Einleitungssatz als Vereinigung von Präambel und Vorgeschichte für das Verständnis der folgenden Bestimmungen entscheidend wichtig und darf nicht wie in der üblichen katechetischen Verkündigung verkürzt werden in den kümmerlichen Satz: »Ich bin der Herr, dein Gott« (Ex 20,2), der dann noch so einseitig verstanden und erklärt wird: Ich habe zu befehlen und ihr habt zu gehorchen. Der Satz heißt vollständig: »Ich bin der Herr, dein Gott, der dich aus dem Lande Ägypten, dem Hause der Knechtschaft, geführt hat.« (Ex 20,2) Dann klingt die Überschrift plötzlich ganz anders. Jahwe bedeutet, wie wir eben zu zeigen versucht haben, eben nicht den Herrn im Sinne des Herrschens und Kommandierens, sondern den bundeswilligen, helfenden, zugewandten Gott, den Erlösergott. »*Dein* Gott« unterstreicht genau diese Zuwendung und schenkt dem Gottesvolk, dem Bundesvolk die Vollmacht, zu Gott *Mein* sagen zu dürfen. *Der ich dich aus der Knechtschaft geführt habe* nennt konkret die Tat, in der Gott sich als der Gott der Menschen, der Israeliten gezeigt hat, nennt die Erlösertat Jahwes an Israel, wobei Erlösung, Befreiung, Herausführen in der Folgezeit der Typus, die Chiffre für das Heilshandeln Gottes überhaupt wurde. Die Präambel und die Vorgeschichte der Bundescharta sind also so etwas wie eine Entfaltung des Jahwenamens und zeigen den Rahmen auf, in dem die folgenden Bestimmungen stehen und verstanden werden wollen. Gott hat den Raum der Freiheit eröffnet, hat einen offenen Raum des Heils geschenkt. Bevor die Israeliten zum Handeln aufgerufen werden, hat Jahwe sie in die Sphäre des Heils, des Lebens gestellt. Und in diesem Raum der Freiheit und des Heils gelten nun besondere Regeln des Miteinander. Die Werke, die von dem Menschen in der Erfüllung der Gebote geleistet werden, schaffen und bewirken nicht das Heil, sondern sie halten den Menschen in der bereits von *Gott* bewirkten und geschaffenen Heilssphäre. Das erste und das zweite *Gebot* regeln keinen religiösen Pflichtenkatalog – von Beten oder Opfern ist nicht die Rede –, sondern haben die persönliche, existentielle Entscheidung zum Thema, welche die einzig angemessene Antwort auf die volle Zuwendung Gottes zum Menschen ist. Ich bin ganz für euch da, ihr empfangt meine Zuwendung nur, wenn ihr ganz und ausschließlich für mich da seid, euch mir öffnet, auch und vor allem durch die Ruhe des Sabbat, indem ihr euch hütet, völlig dem Erwerb, der Produktion, den Sachen, dem Machen und dem Besitzen zu verfallen. Dieses Ja zu Jahwe, von dem auf der ersten Tafel die Rede ist, ist ein Ja des Gottesvolkes zum Bundesgott, also nicht zu einem welterhabenen *Gott an sich*, sondern gerade zu Jahwe, also zu dem Gott für Welt und Menschen. Die Bejahung Jahwes schließt also ein die Bejahung von Jahwes Zuwendung zu den Menschen, das Einschwingen in die Bejahung der Menschen von Seiten Jahwes. Gottes radikale Zuwendung zum Menschen wird also tätig mitverehrt. So schließen dann die folgenden Vorschriften nicht nur nahtlos an die vorigen an als die unmittelbare Konsequenz (Gott ist für die Menschen, wer für Gott ist, ist auch für die Menschen), die nun folgenden Gebote sind auch zahlenmäßig in der

Überzahl, ja sie sind, wenn man genau hinsieht, die eigentliche Konkretisierung jener Freiheit, jenes Heils, jenes Lebensraumes, den Jahwe uns geschenkt hat. Sie sind nicht einfach Forderung, sondern Ausdruck der Güte Gottes zu uns. Gott will ein rechtes Vertrauensverhältnis unter uns, Offenheit, Lauterkeit, Treue zwischen Mann und Frau, Ehrlichkeit im Umgang miteinander, denn genau dadurch wird wahres Menschsein ermöglicht. Wer in diesen Raum Gottes eintritt, wer sich von den Strukturen, die Gott uns schenkt, tragen und leiten lässt, der ist im Heil, der wirkt selbst mit am Heil, der sorgt, dass unser Miteinander heil bleibt. Das mitmenschliche Ethos, das rechte Verhalten zueinander, die Orthopraxie *gehört* nicht zur Offenbarungsreligion, sondern *ist* die *Religion* insofern, als in dieser Kundgabe Gottes, in seiner Selbstmitteilung als Jahwe, in dieser Orthodoxie die Rückbindung an Gott über den *Menschen* geht. Ja sagen zu Jahwe, Amen sagen zu Jahwe, Gottesoffenbarung annehmen, also glauben, heißt immer auch Ja sagen zu Gottes Heilswirken, Ja sagen dazu, dass Gott die Menschen liebt, dass Gott ein Bundesgott ist. Man kann den Gott, der Jahwe heißt, nur annehmen, indem man gleichzeitig die von ihm bejahten Menschen annimmt! Und umgekehrt: Man empfängt mit der Zusage Gottes, dass er uns Jahwe sein will, dass er ganz für uns da sein wird, immer zugleich auch den neugeordneten Raum des menschlichen Miteinanders, in dem man wahrhaft vertrauen und hoffen und lieben kann, im Raum der Gleichgesinnten, der Brüder und Schwestern, in der Gemeinschaft derer, die ebenfalls sagen *Mein Gott*. Wenn dieser Gesichtspunkt in modernen theologischen Auslegungen manchmal etwas überspitzt herausgestellt wird, ist das kein Grund, diesen Gedanken zu beargwöhnen: Wirklicher Bundespartner Gottes ist nur, wer in der Hinwendung zum Menschen Gottes Bundeswillen bezeugt, gegenwärtig und damit begreiflich macht!

2.2.5 »... dem wird man den Namen Emmanuel geben« (Mt 1,23)

Kurz vor der Zeit Jesu verschwand der Name Jahwe aus übergroßer Ehrfurcht ganz aus dem Wortschatz der Israeliten. Die LXX, die griechische Übersetzung des Alten Testamentes, lässt den Namen ebenfalls nicht stehen, sondern gebraucht statt Jahwe Κύριος. Da sich das Neue Testament an diesen Sprachgebrauch der LXX anschließt, erscheint dieser wichtige Name Gottes auch im Neuen Testament nicht mehr, auch nicht bei den vielen alttestamentlichen Zitaten. (Zum Beispiel: »So hat der

Herr gesprochen zu meinem Herrn: Setze dich nieder zu meiner Rechten« (Mt 22,44/ vgl. Ps 110,1). Das heißt: Es sprach *Jahwe* zu meinem Herrn, nämlich dem *Messias*.) Der Jahwename ist im Neuen Testament verschwunden. So sieht es jedenfalls zunächst aus. Und doch ist gerade diese zentrale Grunderfahrung, die Gotteserfahrung des Alten Bundes auch dem Wortlaut nach an zentraler Stelle ins Neue Testament eingebracht und dort aufgehoben: Der Name *Jesus* ist die griechische Umschreibung für das hebräische Jeschua oder Joschua, eine Kurzform von Jehoschua, das übersetzt nichts anderes heißt als: Jahwe ist Heil, Jahwe hilft. Dies ist nach Lk 1,31 der gottgegebene Name des endgültigen Heilbringers: »[D]em sollst du den Namen 'Jesus' geben, denn 'er wird retten' sein Volk von seinen Sünden.« (Mt 1,21) Dies nun ist der »Name [...] über alle Namen« (Phil 2,9), wie der alte Christushymnus sagt, den Paulus in seinen Philipperbrief aufgenommen hat. Im Namen Jesus ist die göttliche Selbstoffenbarung in ihre höchste Fülle gekommen![121] In ihr hat sich das Jesajazitat in einem letztgültigen Sinn erfüllt. »›Die Jungfrau wird empfangen und einen Sohn gebären, dem wird man den Namen Emmanuel geben‹ – das heißt übertragen: ›Gott mit uns‹« (Mt 1,23), so fügt Matthäus für die Nichthebraisten hinzu: Im = mit, Imanu = mit uns, El = Anfang von Elohim, Imanu-El = *Mit uns Gott*. Hier ist auch auf eine ungeahnte Weise auf die Spitze getrieben, was wir eben ausgeführt haben: Wer sich Gott zuwendet, wendet sich gleichzeitig den Menschen zu. *Ja* zu Gott sagen heißt *Ja* zum Menschen sagen. Auf die Spitze getrieben insofern, als man hier den Satz geradezu umkehren kann, wie wir in der übernächsten Stunde näher betrachten wollen, wenn wir über die Gottesgemeinschaft in der Menschengemeinschaft nachdenken. Denn nun kann es heißen, wer sich dem Menschen zuwendet, der wendet sich Gott zu, weil Gott sich so sehr mit dem Menschen verbunden und identifiziert hat, dass man Ihn bejaht, wenn man Jesus bejaht, dass man zu Jesus kommen muss, um zu Gott zu kommen, dass man der Hilfe Gottes teilhaftig wird, wenn man sich unter die Fittiche Jesu begibt. »Philippus! Wer *mich* gesehen hat, hat den Vater gesehen« (Joh 14,9), sagt Jesus im Johannesevangelium.

121 | Vgl. *Alfons Deissler*, Meditationen Moses, 18 f.

2.3 *Die Hure Israel und die Kritik der Propheten*

Immer erst bei Adam und Eva anfangen, ehe man eine moderne Fragestellung angeht, das ist ein beliebter und häufig auch begründeter Vorwurf gegen eine bestimmte Art von Wissenschaftlichkeit. Wenn man zum Beispiel praktische Hilfen für das Verhalten des Lehrers in der Schule erwartet oder wenigstens ein zusammenhängendes, plausibles pädagogisches Konzept, und man bekommt stattdessen eine Einführung in die Geschichte der Pädagogik, dann kann die Enttäuschung unter Umständen groß sein. Hoffentlich haben Sie nicht bei dem, was wir hier zurzeit tun, ein ähnliches Gefühl! Wir haben eine sehr aktuelle Thematik und kramen im Alten Testament herum. Ich möchte an dieser Stelle gar nicht in erster Linie die Bedeutung einer genauen Kenntnis der Geschichte herausstellen, obschon ich den Eindruck habe, dass seltsamerweise bei allem Gerede von Geschichtlichkeit des Menschen und der menschlichen Gesellschaftsformen, einschließlich der Kirche, die tatsächliche Kenntnis des Geschehens vor uns, der Zusammenhänge, in die wir hineingeboren wurden, der Voraussetzungen, auf denen wir aufbauen, und der Problematik, die auch schon früher durchdacht und durcherfahren wurde, dass die Kenntnis der Geschichte sehr abgenommen hat – nicht gerade zum Vorteil der augenblicklichen Debatte!

Ich halte eine Kenntnis der Geistesgeschichte und der Kirchengeschichte (vor allem, was ihre innere Seite angeht) schon für außerordentlich wichtig in unserer heutigen Lage. Denn nur durch eine genaue Kenntnis der Geschichte ist die Relativität gewisser hochbrisanter Fragestellungen zu erkennen und festzustellen, wie viel Wahres doch an dem Satz des alttestamentlichen Predigers ist: »[N]ichts Neues gibt es unter der Sonne« (Koh 1,9).

Die Menschen ändern sich nicht so grundlegend, dass nicht frappierende Ähnlichkeiten im Ablauf der Geschichte aufträten. Aber wie gesagt, das ist eigentlich gar nicht der Aspekt, unter dem wir ins Neue und Alte Testament zurückgeschaut haben. Dieser Blick zurück soll ja eigentlich etwas in den Blick nehmen, das eben nicht zurückliegt. Die besondere Rolle dieser Glaubenszeugnisse bringt es mit sich, dass das, wovon die Rede ist, dass der, von dem gesprochen wird, eben nicht hinter uns geblieben ist, sondern der ist, der uns jetzt beansprucht, der uns umgibt, der immer noch vor uns ist. Jahwe ist nicht einer, der da war, sondern Jahwe heißt: Ich *werde* da sein. Und sobald ich im Glauben annehme, dass diese Texte – in sehr zeitbedingter Form gewiss und in einer vergangenen Sprache und einem vergangenen Kolorit – doch berichten von dem, der lebt und wirkt und alles im Dasein hält und unsere Zukunft verbürgt, so ist ein Blick in die Heilige Schrift nie nur ein Suchen mit der Frage: Wie *war* es damals? (Das ist ein notwendiger Teilaspekt – wie dachte das Volk Israel damals, historisch gesehen, über den Messias etwa –, das ist immer ein erster notwendiger Schritt einer historisch-kritischen Textauslegung, den man nicht ungestraft überspringen kann.) Unsere eigentliche Frage aber ist immer: Was sagt das uns heute? Was bedeutet das für uns? Welche grundlegenden Strukturen werden erkennbar? Was lässt sich grundsätzlich über die Gotteserfahrung, die Gottesbeziehung, über das Volk Gottes sagen?

Und wir müssten uns bemühen, diesen Fragehorizont immer mit zu sehen. Angesichts unseres heutigen Themas *Die Hure Israel und die Kritik der Propheten* könnten Sie natürlich einwenden, dass die Verfassung und das Leitbild für die heutige Kirche eher aus dem Neuen Testament als aus der altbundlichen Gemeinde herzuleiten sei. So richtig das ist, würde ich doch zunächst zu bedenken geben, dass der Alte Bund nicht einfach nur beendet ist, sondern eben auch überführt wurde in die neue Gemeinde, aufgehoben, eingebracht in das endgültige eschatologische Gottesvolk, samt seiner ganzen Glaubenserfahrung, samt seiner heiligen Bücher. Auch im Alten Testament gibt es nichts, das für uns heute völlig und in jeder Hinsicht belanglos und uninteressant wäre. Hier kommt aber außerdem noch Folgendes ins Spiel. Wenn wir in unserer heutigen Situation, wo das Beharren und das Vorwärtsdrängen in der Kirche heftig aufeinander prallen, nach einem kritischen Maßstab schauen und nach der Art und Weise, wie im Volke Gottes das freie, kritische Wort praktiziert werden muss, dann ist es sehr angebracht über das Neue Testament hinaus zurückzufragen. Das Neue Testament zeigt uns die Gemeinde im Werden, die Situation der ersten Stunde gewissermaßen. *Wir* sind längst innerhalb verfestigter Institutionen. Und das Alte Testament kennt genau diese Situation, jene Epoche, in der die Gemeinde seit langem in festgefügten Institutionen lebt und darin nun das freie, kritische Wort erfährt, das die Propheten sprechen. Ihre Kritik an den Einrichtungen Israels ist uns deshalb mehr als ein vergangenes Beispiel kritischer Stellungnahme. Sie kann uns den Blick öffnen für Wesen und Hintergrund, Ziel und Bedeutung des offenen, kritischen, mahnenden, tadelnden, auch aggressiven Wortes in der Kirche, im heutigen Volk Gottes.

2.3.1 Der Abfall Israels vom Ehebund mit Gott[122]

Sie wissen, dass das Thema *Bund* eines der grundlegenden, ja das eigentliche Thema der Offenbarungsgeschichte ist. Wenn der Name dessen, der sich hier kundtut, *Jahwe* ist, der für uns da sein will, dann sagt der Name, dass er etwas mit uns zu tun haben will, dass ein Woraufhin, eine Verbindung, ein Miteinander gemeint ist. Das wäre auch eine Art Kurzformel, wenn man die Glaubensgeschichte seit Abraham bis heute darin zusammenfassen wollte: Gott ist nicht für sich, sondern Gott für uns, mit uns. Dass dieser Bund nur dadurch zustande kommt, dass er auf uns zukommt, sich uns zuspricht, sich uns erfassbar und verständlich macht, dass er der zuerst Handelnde ist, zeigt zugleich das Besondere an dieser Art Bund auf: Er kommt zwar erst zustande, wenn wir ihm in Freiheit zustimmen, aber er ist wesentlich gestiftet durch Ihn und nicht durch gegenseitiges Übereinkommen. Das Angebot, das erste Wort, die Liebeserklärung, der Hochzeitsantrag kommt von ihm. Die Hochzeit kommt zwar nur zustande, weil und insofern wir Ja sagen, in Freiwilligkeit in die Ehe mit ihm einwilligen, aber er ist der Werbende, die Geschichte dieser Liebe beginnt bei Ihm. Dieser zuletzt gezogene Vergleich stammt, wie Sie wissen, nicht von mir, sondern ist altes biblisches Gedankengut.

> »Sion zulieb darf ich nicht schweigen, Jerusalem wegen nicht stillhalten, bis hervorgeht wie Lichtglanz seine Gerechtigkeit und sein Heil wie eine Fackel entbrennt. [...] Du wirst mit einem neuen Namen genannt, der geprägt wird vom Munde des Herrn. [...] Nicht länger wird man dich ›Verlassene‹ nennen, noch dein Land ›Vereinsamte‹ heißen, sondern man nennt dich ›Meine Lust an ihr‹ und dein Land ›Vermählte‹. [...] [W]ie der Bräutigam sich freut über die Braut, so freut sich über dich dein Gott.« (Jes 62,1–5)

Dieses strahlende, fröhliche, ausgelassene, selbstvergessene, glückliche Miteinander, das in Jesaja 62 hier gezeichnet wird, war aber doch, wenn man die biblischen Texte verfolgt, mehr ein Idealbild, ein Wunschbild, dem die Wirklichkeit nicht annähernd entsprach. Das geliebte Weib, das

122| Vgl. zu diesem Kapitel: *Fridolin Stier*, Geschichte Gottes. *Hans Urs von Balthasar*, Sponsa Verbi, 203–305. Hos 1–3. Jer 2–3. Ez 16. Jes 62.

mit Glanz und Zuneigung überschüttet und verwöhnt wurde, legt schon ein seltsames Benehmen an den Tag. »Die Treue deiner Jugend habe ich im Sinn, die Minne, da du Braut warst, da du hinter mir hergingst in der Wüste« (Jer 2,2), schreibt Jeremia, aber dann:

> »Wie kannst du sagen: ›Nicht habe ich mich befleckt, den Baalen lief ich nicht nach‹? Schau doch dein Treiben im Tal [...], eine schnelle Kamelin, [...] in der Gier ihres Triebes schnappt sie nach Luft [...]. Alle die sie begehren, haben keine Mühe; sie finden sie in ihrer Brunstzeit. [...] Doch sprichst du: ›[...] Ich habe mich in die Fremden verliebt und muß ihnen nach!‹« (Jer 2,23–26)

118 Ezechiel malt die durch Israels Abfall von Jahwe, durch Jerusalems Untreue entstandene Situation fast bis ins Unerträgliche aus. »Deine Herkunft und deine Abstammung leiten sich vom Lande Kanaan ab« (Ez 16,3), sagt Ezechiel Kapitel 16. Ihr Vater Amoriter, ihre Mutter Hetiterin, am Tag ihrer Geburt nackt, ungewaschen, mitsamt der Nabelschnur aufs Feld geworfen, und so auf dem Boden in ihrem Blute zappelnd von Gott gefunden. Er zieht sie auf, sie wird mannbar, ist immer noch nackt.

> »Da kam ich wieder an dir vorüber und sah dich, und siehe, die Zeit der Minne war für dich gekommen. Ich breitete meine Gewandzipfel über dich und verhüllte deine Blöße. Ich leistete dir einen Eid und ging einen Bund mit dir ein. [...] Also wurdest du mein Eigentum. Dann wusch ich dich mit Wasser, spülte dein Blut von dir ab und salbte dich mit Öl. [...] So wurdest du überaus schön und zur Königswürde tauglich. Dein Ruhm drang zu den Völkern um deiner Schönheit willen; denn diese war vollkommen durch meinen Schmuck, den ich dir angelegt hatte« (Ez 16,8–14)

Die Braut aber, töricht vertrauend auf ihre Schönheit, benutzt ihren guten Ruf, um sich zu prostituieren: »[D]u [...] buhltest auf deinen Ruhm und überschüttest mit deiner Buhlkunst einen jeden, der vorüberging« (Ez 16,15), aus ihrem Gnadenschmuck macht sie sich Hügelheiligtümer (jene altheidnischen Kultstätten in Israel, die auch im wörtlichen Sinne Stätten kultischer Unzucht im Dienst der Fruchtbarkeitsgöttinnen waren). Und nicht nur mehrt Jerusalem ihre Hurerei ins Ungemessene, indem sie an jeder Straßenkreuzung die Beine spreizt, sie kehrt die gewohnte Ordnung um, statt Hurenlohn zu empfangen teilt sie selbst all

ihren Liebhabern Hurenlohn aus. »Wie fieberheiß war dein Herz [...] da du all dieses tatest, Werke einer unverschämten Dirne.« (Ez 16,30)
Gott aber nimmt Rache:

> »[S]iehe, darum will ich all deine Liebhaber versammeln [...]. Ich schare sie wider dich von allen Seiten zusammen und enthülle vor ihnen deine Scham, daß sie deine ganze Schande sehen. Ich werde dich richten nach den Gesetzen für Ehebrecherinnen und Mörderinnen [...]. Ich überliefere dich ihrer Gewalt; sie sollen [...] deine Kleider dir ausziehen, deine Schmucksachen wegnehmen und dich nackt und bloß liegen lassen. Sie werden gegen dich eine Volksmenge aufbieten, dich steinigen und mit ihren Schwertern in Stücke hauen.« (Ez 16,37–40)

Hier wird der Untergang Jerusalems geradezu als Lustmord der Buhlen an der Dirne geschildert. Diese Sätze über diejenigen, die von Jahwes Bund und seiner Bundescharta des Dekalogs abfallen, scheinen eindeutig und an Aussagekraft kaum überbietbar.
»Entläßt ein Mann seine Frau, geht sie von ihm weg und nimmt sich einen anderen Mann, wird er dann wieder zu ihr zurückkehren? Würde da dieses Land nicht völlig entweiht? Du aber hast mit vielen Freunden gebuhlt und solltest zu mir zurückkehren dürfen?« (Jer 3,1) Aber nun geschieht doch das Unfassliche, in Zeichen und in Worten: Die Hure ist nicht restlos verloren, sie hat eine Chance, er gibt ihr eine Chance. »Streitet mit eurer Mutter, ja, streitet! Denn sie ist nicht meine Frau, und ich bin nicht ihr Mann. Sie beseitige ihre Unzuchtsmale von ihrem Antlitz, ihre Ehebruchszeichen von ihrer Brust!« (Hos 2,4), heißt es bei Hosea, der hingehen muss und sich eine Hure zur Frau nehmen muss, zum Zeichen dessen, was Gott denkt über Israel. Sie ist es nicht wert und doch geht er wieder zu ihr. Sie ist eine Hure und doch bekennt er sich zu ihr. Sie gehört zu ihm, selbst wenn sie dies Lügen straft:

> »›Siehe, darum will ich sie verlocken, will sie in die Wüste führen und ihr zu Herzen reden. [...] Dorthin wird sie mir willig folgen wie in der Zeit ihrer Jugend [...]. An jenem Tage‹ – Spruch des Herrn – ›wirst du rufen: ›Mein Mann‹ und nicht mehr wirst du mich nennen: ›Mein Baal‹.«(Hos 2,16–18).

Und das wahnwitzig Wahnsinnige, das völlig Inkonsequente und Unvorhersehbare ist danach zu hören: »Auf ewig nehme ich dich mir zur Ehe

[...] mit dem Versprechen von Recht und Gerechtigkeit, von Huld und Erbarmen. Ich nehme dich mir zur Ehe um Treue, damit du den Herrn erkennest.« (Hos 2,21 f.) Spruch des Herrn: »Denn ich selbst errichte meinen Bund mit dir; dann wirst du erkennen, daß ich der Herr bin. So sollst du beschämt daran denken und deinen Mund angesichts deiner Beschämung nicht mehr aufreißen, wenn ich dir alles verzeihe, was du verübt hast« (Ez 16,62 f.). Wer sind diese Männer Jesaja, Hosea, Jeremia, Ezechiel, die so etwas zu sagen wagen, die sich zum *Mund Jahwes*, zum Sprecher solcher Worte machen, und was meinen sie mit ihrer aggressiven Rede?

120 *2.3.2 Die Propheten als der Mund Jahwes*[123]

In wenigen Sätzen etwas über die alttestamentliche Prophetie sagen zu wollen, grenzt eigentlich an Hybris. Aber ich darf wohl voraussetzen, dass Sie über diese Thematik schon ein Kolleg gehört haben oder im Verlaufe Ihres Studiums noch hören werden. In jedem Falle möchte ich Sie nachdrücklich auf den zweiten Band der *Theologie des Alten Testamentes* von Gerhard von Rad hinweisen, der in Auswahl auch als Siebenstern Taschenbuch erschienen ist. Das Ungewöhnliche an seiner Darstellungsweise ist für mein Empfinden, dass er bei aller Kenntnis und Anwendung der historisch-kritischen Methode doch immer bis zu den eigentlichen Sachfragen und den theologischen Zusammenhängen vorstößt. Wenn man die Träger der großen Namen, angefangen von Mose, über Elia, über Amos und Hosea, über Jesaja und Micha, über Jeremia und Ezechiel bis hin zu Daniel, vor sich aufreiht und aus den Erzählungen über sie (der *einen* Überlieferungsform prophetischer Tradition) und den verschiedenen Spruchsammlungen und Logiengruppen, (der *anderen* literarischen Form, die uns von ihnen überkommen ist) Zeitverhältnisse, Wirken, Persönlichkeit, Selbstverständnis und geschichtlichen Rang aus der Sicht des Volkes zu erschließen versucht, dann zeigt sich eine bunte Vielfalt und Farbigkeit, wie sie nur die tatsächliche Geschichte hervorbringt. Prophet, Prophetie ist keine einheitliche, genau umrissene Größe, erst recht nicht in dem eingewöhnten, landläufigen, aber einseitigen und verengenden Sinn eines visionären Vorhersagers und Verkünders künftiger Dinge. Propheten sind keine Vorhersager, sondern (wenn man schon

123 | Vgl. zu diesem Kapitel: *Johannes Heinrich Groß / Josef Schmid*, Propheten, 795–800. *Gerhard von Rad*, Theologie, bes.: 20–111. *Hans Walter Wolff*, Amos.

vom Wortsinn ausgehen will) Hervorsager, Verkünder, Ausrufer des Anspruchs Jahwes, der natürlich auch und wesentlich das kommende Schicksal des Volkes betrifft, aber zunächst einmal immer die Gegenwart, die tatsächliche Lage, das jetzige Verhalten des Volkes und der Einzelnen anspricht. Bei aller Verschiedenheit, die sich schon aus der jeweiligen geschichtlichen Situation ergibt, liegt doch eine Berechtigung vor, all diese großen Gestalten unter einem Oberbegriff zusammenzufassen und sie von anderen religiösen Institutionen und Ämtern in Israel abzugrenzen, etwa vom Priestertum. Die alten Priester Israels waren gewissermaßen die Vorläufer der heutigen Metzger. Sie schlachteten die Opfertiere und jedes Tier, das man verzehren wollte, musste ja geopfert werden! Ganz ist ihnen dieser Blutgeruch im Alten Testament nie abhanden gekommen, wenngleich der aristokratische Hohepriester der späteren Zeit, gebildet, liberal, an der Spitze der Gesellschaft stand. Die Priesterschaft holte ihre Legitimation aus der althergebrachten Ordnung, gewissermaßen aus der Vergangenheit, denn nur der Sohn eines Priesters konnte Priester werden. Der Priesteramtskandidat musste also einen Stammbaum vorweisen können. Wenn er den nicht hatte, halfen ihm weder gute Absicht noch der Anspruch, berufen zu sein, sondern höchstens eine Urkundenfälschung.

Anders der Prophet. Er kommt aus jedem Stand und jedem Beruf; selbst unter den Priestern kann jemand Prophet werden. Er beruft sich auf keine andere Legitimation als auf seine Gewissheit, dass Gott zu ihm gesprochen hat. Er ist seiner Überzeugung nach gottunmittelbar. Bisweilen setzt er sich mit seiner Botschaft sogar ausdrücklich in Gegensatz zur Vergangenheit: »Gedenket nicht mehr des Früheren, und die Vergangenheit kümmere euch nicht« (Jes 43,18), sagt Jesaja. Gott spricht verbindlich in die Gegenwart, und er spricht durch wen er will, durch einen, den er zum Hervorsager, zum Verkünder, zum Seher und Rufer, zu seinem *Mund*, zu einem Propheten macht. Der Typus des Priesters hat im Judentum eine Fortsetzung gefunden im Typ des Schriftgelehrten. Auch alles, was er sagt, gewinnt Autorität dadurch, dass er es aus der Vergangenheit der Schrift ableiten kann. Die Propheten verzichten auf diese Form von Beglaubigung. Die Macht ihrer Worte ist ihre Beglaubigung.
Allerdings ist auch bei ihnen die interessante Tendenz zu erkennen, ihre persönliche Berufung und Beauftragung und die damit gegebene Sonderstellung gegenüber der Öffentlichkeit zu legitimieren durch das Auf-

schreiben ihrer persönlichen Berufung. Gerhard von Rad meint, dass in der Epoche der Königszeit das Ereignis der prophetischen Einzelberufung geradezu eine neue literarische Gattung hervorgebracht habe, nämlich die Berufungserzählungen: »In der Berufung selbst wurde dem Propheten sein Auftrag übermittelt; die Niederschrift dagegen geschah im Hinblick auf eine gewisse Öffentlichkeit, der gegenüber der Prophet sich zu rechtfertigen hatte.«[124] Aber auch die Beobachtung dieses Sachverhalts ändert nichts am jeweiligen Anspruch: Priester und Schriftgelehrte berufen sich auf das, was Gott in der Vergangenheit erlassen oder gesprochen hat, der Prophet auf die Stimme Gottes in der Gegenwart. Damit ist zunächst Anspruch und Legitimation gemeint, nicht der Inhalt dessen, was gesagt wird. Denn die Prophetenworte können sehr wohl im völligen Einklang mit vergangener Gottesrede stehen, und die Interpretation der Schriftausleger kann sehr wohl den Inhalt der vergangenen Gottesrede völlig verfälschen. Uns interessieren hier jetzt natürlich weniger die eigenartigen, organisierten Prophetenvereine, von denen berichtet wird, sondern vor allem die großen sogenannten Schriftpropheten, deren Wirken und Sprechen in der jüdischen Tradition festgehalten und ergänzend und interpretierend weitergegeben wurde, ein Vorgang, der zum Teil in den Prophetenbüchern selbst beschrieben wird (etwa Jes 30,8–15 oder Jer 36). Die Propheten fühlten sich bei ihrer Beauftragung durch Gott regelrecht überfallen und in den Dienst gezwungen: »Du hast mich betört, o Herr, und ich ließ mich betören; du hast mich ergriffen und überwältigt!« (Jer 20,7), sagt Jeremia.

Er sei genötigt, ohne sich weigern zu können, das sagt auch Amos: »Der Löwe brüllt – wer fürchtet sich nicht? Gott, der Herr, redet – wer wird nicht Prophet?« (Am 3,8) Diese Nötigung machte natürlich aus dem Propheten kein willenloses, mechanisches Werkzeug, keine Redemaschine. Die Freiheit des Propheten, sein persönlicher Weg bis hin zu Ungehorsam und Verzweiflung wird dadurch nicht ausgelöscht. Aber wenn sie ihre Sprüche sagen, ihre Botensprüche, in denen die Prophetie ihren unmittelbarsten Ausdruck fand, dann waren sie Sprachrohr, *Mund Jahwes*. Sie übernehmen den im Altertum weitverbreiteten Brauch, dass der mit einer Meldung entsandte Bote sich des Auftrags im *Ichstil* entledigte, also so sprach, als spräche sein Herr aus ihm den Empfänger selbst an: So

124 | *Gerhard von Rad*, Theologie, 67.

spricht der Herr, Spruch des Herrn. »Bekehrt euch zu mir, laßt euch retten, all ihr Enden der Erde! Denn ich bin Gott und sonst keiner!« (Jes 45,22) Dieser Anspruch und Aufruf zur Umkehr und Bekehrung kann die verschiedensten Formen annehmen und sich teilweise in das Gewand einer beißenden, ätzenden Kritik kleiden, wie wir schon gehört haben. Der Prophet wird in seiner Rede der Ankläger, Ankläger in einem Gericht, das Gott hält über seine Erwählten. Die Erwählung war der Stolz Israels, seine eigentliche Auszeichnung. »Selig das Volk, dessen Gott der Herr ist«, sagt der Psalm 33,12. Es ist Gottes Augapfel, und wer es antastet, tastet Gott an. All das ist bekannt. Doch hatte diese glänzende Vorrangstellung Israels eine Kehrseite. Denn zu dem Bund gehört die Bundescharta, aus dem Bund ergab sich ein Gesetz des Handelns. »Heilig müßt ihr sein, weil ich, der Herr, euer Gott, heilig bin!« (Lev 19,2) Diese unmögliche Forderung konnte das Volk nicht einhalten. Deshalb wird Paulus später argumentieren: »So erwies sich mir das Gebot, wiewohl es ›zum Leben‹ gegeben war, als Werkzeug des Todes« (Röm 7,10). Der Grund der Erwählung wird zum Grund der Anklage. Weil Israel gegenüber dem Anspruch, der sich aus seiner Berufung ergab, versagte, deshalb führt Gott gegen es seinen Prozess mit einer institutionalisierten Anklage. Ihr Sprecher ist der Prophet. Diese Anklage und ihre Sprecher nehmen niemanden aus. Die Propheten messen alle Gruppen des Volkes am göttlichen Anspruch und die Schärfe ihrer Rede nimmt oft zu, je höher der Adressat gesellschaftlich steht. Amos und Jesaja schimpfen über die vornehmen Damen der Stadt, die hochmütig mit gerecktem Hals einhergehen, freche Blicke werfen, tänzelnde Schritte machen.

> »An jenem Tage entfernt der Herr den prächtigen Schmuck: die Fußspangen, Stirnbänder, [...] die Ohrgehänge, Armkettchen, [...] die Halsbänder und Amulette, die Fingerringe und Nasenringe, die Feierkleider, [...] Überwürfe und Täschchen, die Schleier und Untergewänder [...]. Und dann wird es geschehen: Statt des Balsams gibt es Moder, statt der Schärpe den Strick, statt des Lockengekräusels die Glatze, [...] Schande statt Schönheit.« (Jes 3,18–24)

Die Angesprochenen werden wohl kaum erbaut gewesen sein und vermutlich auch nicht einfach still gehalten haben! »Keine Treue, keine Liebe, keine Gotteserkenntnis gibt es im Land. Verfluchen, Lügen, Morden, Stehlen und Ehebrechen breiten sich aus« (Hos 4,1 f.), klagt Hosea.

»[D]ann ergeht an dich meine Anklage, Priester! […] Mein Volk kommt um, weil ihm Erkenntnis fehlt. Weil du selbst Erkenntnis abgelehnt hast, lehne ich dich als meinen Priester ab.« (Hos 4,4–6) Amos wird wegen ähnlicher Reden von Amazja, dem Priester von Bethel, des Landes verwiesen. Die Kritik der Propheten schont auch nicht die eigene Innung. Jeremia klagt über die falschen Propheten: »Lüge weissagen die Propheten in meinem Namen. Ich habe sie nicht gesandt und nicht beauftragt; zu ihnen habe ich nicht gesprochen. Falsche Schau, nichtige Wahrsagerei, selbstersonnenen Trug weissagen sie euch.« (Jer 14,14) Auch der König ist keineswegs sakrosankt:

> »So spricht denn der Herr über Jojakim, […] den König von Juda: […] Dagegen richten sich deine Augen und dein Herz ausschließlich auf deinen Gewinn und auf der Unschuldigen Blut, das du vergießest, auf Gewalt und Bedrückung, die du verübst. […] Ein Eselsbegräbnis wird er erhalten, man schleift ihn hinweg und wirft ihn hin außerhalb der Tore Jerusalems.« (Jer 22,18–19)

Die Anklage der Propheten nimmt keine Gestalt, kein Amt, keine Institution aus, die Kritik Gottes aus dem Munde der Propheten trifft alle. Aber es ist unschwer sich vorzustellen, in welche Situation sich die Propheten damit begaben und dass ihr Leben sich immer mehr oder weniger auf der Linie des Martyriums bewegt. Wenn man wie Elia, der große Prophet der Frühzeit, von der Königin Nachricht bekommt: Die Götter können mit mir machen, was sie wollen, wenn du morgen um diese Zeit noch am Leben bist (vgl. 1 Kön 19,2), dann ist es verständlich, dass Elia in die Wüste verschwindet und sich resigniert unter einen Busch legt, um zu sterben. Auch diese Seite des persönlichen Schicksals gehört zum vollen Bild des Propheten!

2.3.3 Israels Institutionen unter prophetischer Anklage[125]

Aus dem bisher Gesagten müsste eigentlich schon deutlich geworden sein, dass die Kritik der Propheten sich nicht nur auf alle Leute, sondern auch auf alle Lebensbereiche erstreckt. Wenn sie den Abfall von Gott, von Jahwe tadeln, dann reden sie nicht nur von mangelnder Frömmigkeit im engen Sinn, von fehlendem Gebet oder von heidnischen Formen der

125| Vgl. zu diesem Kapitel: *Odil Hannes Steck*, Gesellschaftskritik Propheten, 46–62. *Josef Schreiner*, Prophetische Kritik, 15–29. *Diego Arenhoevel*, Kritik Propheten, 22–26. *Frank-Lothar Hossfeld*, Prophet Politik, 39–43.

Gottesverehrung. Jahwe ist ein Gott für Welt und Mensch, sein Bund schließt die Bundescharta ein, wer Jahwe bejaht, muss seine Liebe zu den Menschen bejahen. Wer die Menschen unterdrückt, quält, verachtet, ausnützt, der verachtet Jahwe und sein Gesetz. Auch Abfall von der Bundescharta ist Abfall von Jahwe. Nicht nur die heidnischen Höhenheiligtümer sind Hurerei, sondern auch die Missachtung des Dekalogs ist ehelicher Treuebruch.

Wenn die Propheten vor allem auf die Einhaltung der Bundesverpflichtung achteten, auf die Einhaltung des rechten Gottesverhältnisses, das sich konkretisiert in der Realisierung der gottgesetzten zwischenmenschlichen Ordnung, dann geraten vor allem zwei Institutionen in die Schusslinie der prophetischen Kritik, die an den Brennpunkten des Bundesverhältnisses standen, gewissermaßen die Struktur des Volkes als Gottesvolk bestimmten, nämlich der *Kult* und das *Amt*.

> »Bei dieser Grundeinstellung der Propheten wird es verständlich, daß ihre Kritik vor allem zwei Reihen institutioneller Gefüge traf: das Amt und den Kult. Zur ersten gehört das Königtum, die Oberschicht, der ganze Apparat der Macht. Die zweite umfaßt die im Ritual geregelten heiligen Handlungen, insbesondere die Opfer, sowie das Gotteshaus und die heiligen Orte. Gegenüber dem Amt waren die Propheten scharf beobachtende Wächter, weil Jahwes alleinige Herrschaft über sein Volk und die unbedingte Geltung seines Willens die Grundlage für das Bestehen Israels bildete und darum nicht angetastet werden durften. Den Bereich des Kultes überwachten sie sorgfältig, da in ihm die Gemeinschaft mit Gott sichtbaren, zeichenhaften Ausdruck fand, und aus seinem Vollzug zu erfahren war, ob das Gottesverhältnis nicht verfälscht wurde.«[126]

Die scharfen prophetischen Äußerungen über den Kult sind bekannt, sie werden ja auch in der gegenwärtigen Debatte gern zitiert: »Ich hasse, verschmähe eure Feste. Eure Feiern mag ich nicht riechen.« Das verbrannte Tierfett und Tierfleisch muss ja erbärmlich gestunken haben. »Ja, wenn ihr mir Brandopfer darbringt, so gefallen mir eure Gaben nicht [...]. Hinweg von mir mit der lärmenden Menge deiner Lieder, das Spiel deiner Harfen will ich nicht hören!« (Am 5,21–23)

»Bringt sinnlose Gaben nicht länger mehr dar! Räucherwerk ist mir

126 | *Josef Schreiner*, Prophetische Kritik, 16 f.

> abscheulich! [...] [E]ure Feiertage haßt meine Seele. Sie sind mir zur Last geworden, die zu tragen ich müde bin! Breitet ihr eure Hände aus, so verhülle ich meine Augen vor euch, häuft ihr eure Gebete an, so höre ich nicht; denn eure Hände sind voll von Blutschuld!« (Jes 1,13–15)

Auf den ersten Blick erwecken solche und ähnliche Sprüche den Anschein, als verwerfe Jahwe durch den Mund der Propheten jegliches Kultgeschehen. Diese Prophetenworte sind tatsächlich in der Vergangenheit auch als bedingungslose Kultkritik gedeutet worden, als Ablehnung der Institution Kult. Unter der Überschrift *Die radikale Ablehnung der Kultreligion durch die alttestamentlichen Propheten* hat Paul Volz geschrieben, dass zu den prophetischen Grundgedanken die Absolutheit und Hoheit Gottes gehöre und deshalb die Forderung nach Anbetung Gottes in Geist und Wahrheit; dazu gehöre das allgemeine Priestertum und also die Freiheit des Menschen vom Priester und das Recht auf unmittelbaren Zugang zu Gott. Die prophetische Aufgabe sei gewesen, die Priesterreligion vollständig und grundsätzlich zu entwurzeln, aus dem Verkehr des Menschen mit Gott alle Werkerei abzutun.[127]

Es ist offensichtlich, dass solche Äußerungen Kriterien an die prophetischen Worte herantragen, die nicht aus ihnen selbst gewonnen sind, in diesem Fall die evangelisch-reformatorische Fragestellung von Gottesdienst und Gnadentheologie. Die gegenwärtige Forschung betrachtet das Problem differenzierter und ist vor allem bemüht, die scharfen Worte der Propheten aus der Situation ihrer Zeit heraus zu deuten. Wenn, wie sich zeigen lässt, die kult-kritischen Texte keine vollständige und radikale Abschaffung der Institution Kult fordern, sich aber doch mit Härte gegen ihn äußern, dann muss ihre Botschaft in eine andere Richtung weisen. Josef Schreiner, der dieser Frage in dem angegebenen Aufsatz nachgeht, macht darauf aufmerksam, dass Textgestalt und Wortfeld der kultkritischen Texte auf den gottesdienstlichen Bereich und auf kultische Terminologie zurückzuführen sind. Im Gottesdienst wurde nämlich die Gültigkeit und Anrechenbarkeit einer Gabe vom Priester mit bestimmter Terminologie ausgedrückt. Dem einzelnen Gläubigen wurde also die

127| Vgl. *Paul Volz*, Ablehnung Kultreligion, 63–85.

Gültigkeit seines Opfers vom Kultdiener mitgeteilt mit den Worten *wohlgefällig* und *angenommen*.

Angenommen wird das *rituelle* Opfer durch den *Priester*, angenommen soll der *Opfernde* dadurch sein von *Gott*. Und genau dieser Terminologie und Denkweise bedienen sich die Propheten, um ein falsches Verständnis der priesterlichen Anrechnungstheologie anzuprangern, nämlich das Verständnis, als sei ein *rite* vollzogenes Opfer aufgrund des priesterlichen Anrechnungsbescheides auch schon eine Garantie für ein einwandfreies Verhältnis zu Jahwe!

Im prophetischen Wort geht es genau um die Annahme dessen, der die Kulthandlung vollzieht. Aber angenommen ist der Opfernde eben nicht durch ein noch so üppiges rituelles Opfer, sondern dadurch, dass er sich Gott wohlgefällig verhält.

Die Opfernden aber werden abgelehnt und verworfen, warum?

> »Sechs Dinge sind dem Herrn verhaßt, und sieben sind für ihn ein Greuel: die stolzen Augen, eine falsche Zunge und Hände, die unschuldig Blut vergießen, ein Herz, das frevelhaft Ränke plant, und Füße, die zum Bösen eilig rennen, wer Lügen spricht als falscher Zeuge und Zwietracht ausstreut zwischen Brüdern.« (Spr 6,16–19)

Nicht gegen die Riten und Gebräuche als solche richtet sich der Zorn der Propheten, sondern gegen das menschliche Fehlverhalten der Feiernden, die sich hinter solchen Riten verschanzen. So wird die Redeform des Kultbescheides von den Propheten aus dem gottesdienstlichen Raum übernommen und umgeformt zu einem Wort sittlicher Kritik und Weisung: abgelehnt, nicht angenommen, nicht wohlgefällig. Ähnlich wird das frivole Vertrauen auf die Gegenwart Gottes im Tempel angeprangert: Nicht der Tempel als solcher wird in Frage gestellt, sondern das ungerechtfertigte Berufen auf diese Institution.

> »So spricht der Herr der Heerscharen, der Gott Israels: Bessert euren Wandel und eure Werke, dann lasse ich euch wohnen an dieser Stätte! [...] Stehlen, morden, ehebrechen, falsch schwören [...] und anderen Göttern nachlaufen [...]? Und dann kommt ihr und tretet in diesem Hause, das nach meinem Namen benannt ist, vor mein Angesicht und sprecht: ›Wir sind geborgen!‹, um dann alle diese Greuel weiter zu treiben! Seht ihr denn dieses Haus [...] als eine Räuberhöhle an?« (Jer 7,3–11)

An dieses kritische Wort des Jeremia wird Jesus später unmittelbar anknüpfen mit dem Zeichen der Tempelreinigung.

Wie sich die prophetische Kultkritik nicht gegen die Modalitäten des Opferwesens oder auf eine Neuordnung der Priesterhierarchie richtet, sondern die *sittliche Dimension* des kultischen Geschehens wieder an die Spitze rückt und als das eigentlich Gemeinte anspricht: »Frömmigkeit ist mir lieber als Schlachtopfer, Erkenntnis Gottes lieber als Brandopfer!« (Hos 6,6), so sind auch die kritischen Prophetensprüche gegen das *Amt* in Israel, vor allem gegen den König, nicht einfach Sprüche gegen das Königtum, gegen Amt und Verwaltung schlechthin. Die Propheten von Jesaja bis Zacharias äußern durchaus ihre, wenn auch verhaltene, Hoffnung auf den Fortbestand des davidischen Königtums (man mag das nun Messianismus nennen wollen oder nicht, weil man unausgesprochen mit einem Messianismusbegriff römischer Schultheologie operiert). Und was die Führungsschicht betrifft, so erwartet Jesaja ausdrücklich, dass Jerusalem wieder gerechte Richter und rechte Ratsherren erhält (vgl. Jes 1,26). Die Herrschergewalt der Könige auf Sion ist aber, das sagt der Natanspruch ganz deutlich (vgl. 2 Sam 7,8), eine abgeleitete, eine im Auftrag Gottes ausgeübte. Soweit und solange sie das ist, hat sie Berechtigung und Dauer. Verlässt ein König diese Grundlage der Institution, stellt er sie in Frage und spricht sich selbst das Urteil. Dies wird in zweifacher Hinsicht im kritischen Wort der Propheten greifbar. Der Sachwalter Jahwes aus Davids Haus hat die Pläne Gottes mit Israel zu achten und auszuführen und muss nach dem Gottesrecht handeln. Die erste Forderung, die besonders die Grundlinie der Außenpolitik bestimmt, wird vor allem bei Jesaja erhoben, die zweite, die vor allem der Innenpolitik das Gepräge gibt, mehr bei Jeremia. Da nun König und Beamte versagen, nehmen die Propheten kein Blatt vor den Mund. Jesaja vergleicht den Nachfolger des schlimmen Jojakim mit einem Pflock, der an einem festen Ort eingeschlagen wird.

> »Hängt man aber an ihn das ganze Gewicht seines Vaterhauses, die Sprösslinge und die Schößlinge, all das kleine Geschirr [...] bis zu den verschiedenen Kruggefäßen, dann wird an jenem Tage [...] der an fester Stelle eingeschlagene Pflock nachgeben; er wird brechen und herabfallen, so daß die Last, die daran hängt, in Stücke bricht.« (Jes 22,24f.)

»So spricht der Gebieter und Herr: Wehe den Hirten Israels, die sich selber weiden! [...] Die Milch genießt ihr, mit der Wolle bekleidet ihr euch [...]; aber die Schafe weidet ihr nicht. [...] [Ü]ber das ganze Land hin wurden meine Schafe versprengt; niemand war da, der nach ihnen fragte, niemand, der sie suchte. [...] So spricht der Gebieter und Herr: Siehe ich schreite ein gegen die Hirten, meine Schafe fordere ich von ihrer Hand [...]. Ich selbst will für meine Schafe sorgen und mich ihrer annehmen!« (Ez 34,2–11)

2.3.4 Die notwendige Funktion des Charismatikers im Gottesvolk[128]

Nicht nur Prophet zu *sein* war hart, sondern auch das prophetische Wort zu *hören* war nicht immer leicht. Man kann ein wenig verstehen, dass die arme, geplagte Gemeinde, die nach dem Exil aus dem vollständigen Ruin mühsam wieder einen Neuaufbau versuchte, endlich Ruhe haben wollte und den Prophetenstand abschaffte. Das geschah im späten Judentum faktisch dadurch, dass man erklärte, es gäbe keine Propheten mehr. Dennoch war es wohl ein Zeichen der Schwäche. Die alte Zeit der Propheten war stark und vertrauend genug gewesen, um diese Art der Unruhe zuzulassen und sich in Frage stellen zu lassen, Überraschungen einzukalkulieren, von einer unerwarteten Seite aus die Stimme Gottes zu hören und sich dieser Stimme Gottes zu beugen. Denn anders hätte es keinen Stand des Propheten geben können, der fest in Israel integriert war, und, wenn auch bisweilen mit Spott, Unwillen, Abwehr und Verfolgung, doch von allen zur Kenntnis genommen wurde. Ohne den Stachel seiner Propheten wäre Israel wohl im Heidentum versunken, im Gewöhnlichen stecken geblieben, es hätte keine Zukunft gehabt, hätte sich mit seinen Abwegen, seinem Abfall, seiner Hurerei abgefunden. Solange Israel die Kraft hatte, sich selbst in Frage zu stellen und stellen zu lassen, blieb es bestehen und überwand selbst die furchtbarsten Katastrophen.

In der Geschichte Israels hat sich die Auffassung vom Prophetenamt, soweit das die Texte erkennen lassen, durchaus gewandelt: Amos hat *einen* Auftrag, in seine Heimat zurückgekehrt, scheint sein Charisma erloschen. Die Prophetie des Jesaja verläuft in mehreren Schüben, aber auch jeweils temporär begrenzt. Bei Jeremia bedeutet Berufung ein Amt auf Lebenszeit. Er erscheint mit seinem ganzen Lebensstand in die Sache

128 | Vgl. zu diesem Kapitel: *Karl Rahner*, Bemerkungen, 415–431. *Hans Küng*, Kirche, 215–230.

Jahwes mit seinem Volke hineinverwickelt. Jeremia war Prophet, weil Jahwe sein ganzes Leben in Beschlag genommen hatte. Aber die Sache der Propheten, ihr kritisches, aufrüttelndes Wort ist von Israel als etwas betrachtet worden, das über den geschichtlichen Wandel des Prophetentums hinweg und über die jeweilige Situation hinaus (in die das Prophetenwort gesprochen wurde) überliefert und verkündet wurde. Dieser Traditionsprozess – darauf macht Gerhard von Rad aufmerksam – stellt uns vor ein hermeneutisches Problem, das hier nur kurz angedeutet werden kann: Wenn die Prophetenworte mit Israel durch die Geschichte gegangen sind und über ihre allererste Verkündung hinaus den Charakter einer Botschaft für alle erhielten oder behielten, dann erreichte dieses Prophetenwort die Späteren jeweils durch ausdeutende Adaptation, durch Anwendung seines Gehaltes auf die neue Situation. Unsere wissenschaftliche Exegese der Prophetenworte setzt alles daran, ihren Gehalt nach dem *Selbstverständnis der Propheten* zu ermitteln. Ohne davon abzulassen (das ist und bleibt der erste und wichtigste Schritt), müssten wir uns vielleicht doch noch deutlicher machen, dass dieses Selbstverständnis der Propheten doch nur eine Möglichkeit des Verständnisses ist. Durch den Bezug auf spätere Generationen und ihre konkrete Lage des Versagens und des Abfalls entstanden jeweils neue Möglichkeiten des Verstehens der prophetischen Worte, bis hin zu einer letzten Aktualisierung der prophetischen Botschaft im Neuen Testament. Und selbst dort ist ja kein Schlusspunkt!

Die Urkirche verstand das Vorhandensein von Propheten in ihr als Zeichen des von Joel verheißenen eschatologischen Geistbesitzes. Die Schriften des Neuen Testamentes nennen als wichtige Träger des kirchlichen Lebens die Propheten des öfteren zusammen mit den Aposteln und Lehrern. Nach Epheser 2,20 bilden die Propheten (die Charismatiker, die geistbegabten Verkünder) zusammen mit den Aposteln das Fundament der Kirche. Das klingt für die Ohren heutiger Christen alles ein bisschen theoretisch. Sie werden verfolgt haben, wie sich vor allem Karl Rahner seit Jahren darum bemüht hat, die unverzichtbare Funktion solcher unbequemen und unberechenbaren Propheten in der heutigen Kirche in Erinnerung zu rufen. Vielleicht kennen Sie sogar den einen oder anderen Aufsatz von ihm zu diesem Thema. Der angegebene letzte Aufsatz von Rahner zu dieser Thematik endet mit der Behauptung: »Es gibt das Charismatische in der Kirche, dieses ist nicht bloß dialektisch auf gleicher Ebene dem Institutionellen zugeordnet, sondern das Erste und Eigentümlichste unter den formalen Wesenszügen der Kirche überhaupt.«[129] Das so lange praktizierte Misstrauen gegen Pneumatiker, die sich mit nichts anderem legitimieren als mit dem Wissen um den gegenwärtigen Anspruch Gottes, hat tief zurückreichende geschichtliche Wurzeln im Kampf gegen die Gnosis und den Montanismus. So verständlich also eine Entwicklung ist, die mehr auf die sauber nachprüfbare Tradition, mehr auf die funktionierende Organisation gesetzt hat als auf die bissige Unberechenbarkeit von prophetischen Menschen, so sehr sollte uns doch zu denken geben, wo Israel landete, als es die Institution des Propheten für beendet erklärte. Als in der Fülle der Zeit *der Prophet* kam, Jesus, der Handwerker vom Lande, ohne Hochschulstudium, der sich nicht aus der Vergangenheit rechtfertigte, sondern sich in einmaliger Weise auf das Sprechen und Handeln Gottes berief, das in ihm selbst gegenwärtig sei, da erkannte man in ihm die Stimme Gottes nicht!

2.4 Gottesgemeinschaft in Menschengemeinschaft – Jesus Christus, der endgültige Bund Gottes mit dem Menschen

Bei der Vorbereitung der einzelnen Stunden dieser Vorlesung macht mir folgende Tatsache immer ganz erheblich zu schaffen: Jede Stunde bewegt sich in einem anderen Feld der Forschung, unser Thema, unsere Gesamtüberschrift *Orthodoxie und Orthopraxie* hat den Charakter eines formalen Aspektes und meint nicht eine inhaltliche Beschreibung eines genau abgegrenzten Bereiches. Formalaspekt heißt, wir betrachten Zustände, Verhältnisse, Dinge, Worte, Verhaltensweisen, Menschen, uns selbst unter einem bestimmten Gesichtspunkt, nämlich unter dem Gesichtspunkt, wie sich hier unsere Gläubigkeit versteht und vollzieht, wie wir als Christen uns und unsere Aufgabe verstehen, wie wir recht glauben und recht handeln müssen. Wenn man das einmal so allgemein formuliert, wird ganz deutlich, dass man alles, was mit Theologie, Glaube, christlicher Existenz zu tun hat, unter diesem Aspekt *Orthodoxie und Orthopraxie* betrachten kann, dass also nahezu nichts *nicht* unter unser Thema fällt.

Heißt das, dass wir unser Thema falsch gestellt haben? Falsch deshalb,

129 | *Karl Rahner*, Bemerkungen, 431.

weil die ganze Theologie darunter fällt, wir aber unmöglich ein Kompendium der Theologie liefern können, auch gar nicht kompetent dazu wären? Ich bin nicht der Meinung, dass man diese Folgerung ziehen müsste! Denn man muss eben *nicht* alles sagen (alles, was im Einzelfall zu den verschiedenen Themenbereichen gesagt werden kann), um das *Ganze* im Blick zu haben. Wenn das grundsätzlich gar nicht möglich wäre – einen Schritt zurückzutreten, viele Einzelheiten etwas verschwimmen zu lassen, aber dadurch einen größeren Radius des Blickes zu erhalten und die zusammenhängenden Linien zu erkennen –, wenn das grundsätzlich nicht möglich wäre, dann würden wir ein bestehendes faktisches Übel, nämlich die Auffächerung in die Spezialdisziplinen und Einzelforschung
132 hinein, die nicht nur die verschiedenen Wissenschaften einander fremd werden lässt, sondern sogar innerhalb der Theologie etwa das Gespräch über den Zaun der Exegeten, Systematiker, Historiker schon zu einer Ausnahme hat werden lassen, dann würden wir dieses faktische Übel zu einem a priori notwendigen erklären. Wir würden eine Zusammenschau, die Ganzheit, die Einheit der Theologie wenigen begnadeten Genies oder Alleswissern überlassen und *uns* mit einigen Spezialkrumen begnügen. Aber hätten wir uns damit nicht selbst aufgegeben?

So muss möglich sein, das Wesentliche des christlichen Glaubens knapp und kurz zu sagen, also das Ganze zu sagen, ohne alle Einzelheiten zu nennen. Es muss möglich sein, wenigstens grundsätzlich möglich sein, das Ganze christlicher Existenz, das auf den Glaubenszeugnissen der Heiligen Schrift fußt, uns aus der Geschichte überliefert ist, sich im heutigen kirchlichen Raum konkret in Bekenntnis und ethischem Verhalten realisieren will, dieses Ganze unter einem bestimmten Formalaspekt anzugehen. Vom Berggipfel aus kann man die Fassaden der kleinen Häuschen nicht mehr erkennen. Aber man sieht, wie die Häuser sich als Dorf ins Tal schmiegen und wie das Tal in der Landschaft liegt.

Meinen Sie jetzt bitte nicht, ich sei so vermessen zu glauben, dass dies *hier* in exemplarischer Weise geschähe. Aber ich halte es grundsätzlich für möglich und legitim, unter einem bestimmten Formalaspekt durch das *Ganze* der Theologie zu pflügen. Das ist gewiss keine *Einzelforschung*, die erwarten Sie hoffentlich auch nicht von mir an *dieser* Stelle (ich sage Ihnen in diesen Vorlesungen vermutlich gar nichts, was nicht andere auch schon gesehen und gesagt und geschrieben haben). Dennoch habe ich die stille Hoffnung, Ihnen damit eine kleine Hilfe zu geben, sich in dem Wust von theologischen Einzelfragen zu orientieren und auch vor dem Abschluss Ihres Studiums und vor dem Pauken fürs Examen schon den Zusammenhang der durchlaufenden Fäden hier und da zu entdecken. Aber – und davon war ich ausgegangen – dieser Versuch, das Ganze der Theologie unter einen bestimmten Formalaspekt auswählend und vergröbernd anzugehen, hat praktisch zur Folge, dass wir in jeder Stunde in einen neuen Themenbereich springen, mit all der Schwierigkeit einer hinreichenden Kenntnis dieser Einzelbereiche für mich und für Sie. Ich denke, dass Sie hin und wieder einen Blick auf die erste Seite unserer Arbeitspapiere, auf den Gesamtaufriss tun, um sich die Stellung der einzelnen Stunde im Gesamt unserer Frage zu verdeutlichen, sich das Tal vor Augen führen, in dem dies Häuschen liegt. Wir haben gestern, als von der prophetischen Kritik die Rede war, einen Faden zurückgesponnen, den wir schon in der letzten Woche in die Hand genommen hatten, als wir von Jesu Streit mit den Pharisäern und seiner Stellung zum Gesetz gesprochen haben. Man kann nämlich sagen, dass Jesus ganz auf der Linie der Propheten liegt, auf der grundsätzlichen Linie ihrer Kritik an Kult und Amt. Die alttestamentlichen Propheten sind gewissermaßen die Vorläufer Jesu in dem Bemühen um die rechte Einheit von Orthodoxie und Orthopraxie, im Bemühen um die Realisierung rechten Gottesverhältnisses, im Vollzug echter Menschlichkeit.

Heute knüpfen wir an die letzte Freitagstunde an, die wir weiterführen, vertiefen und auf die Spitze treiben, indem wir herauszuarbeiten versuchen, wie in Jesus die Jahweoffenbarung vollendet wird. Jahwe ist ein Gott für uns, ein Gott für Welt und Menschen. Jesus ist die pointierte Zusammenfassung dieser Zusage: Gott liebt euch, der Vater liebt euch.

Da Gottes Liebe aber keine Haltung, keine Eigenschaft Gottes ist, Gott nicht aufgeteilt gedacht werden kann in Wesen und Eigenschaften, ist seine liebende Hingabe Er *selbst*, seine *Selbst*mitteilung. Gott macht sich selbst zur Gabe, das wäre eine präzise Beschreibung dessen, was Heiliger Geist meint: Gott als Gabe. »Denn die Liebe Gottes ist ausgegossen in unsere Herzen durch den Heiligen Geist, der uns gegeben ward.« (Röm 5,5) Und sein Wort, das diese Tatsache bekanntmacht, uns mitteilt, sein unüberbietbares, letztes Wort ist Jesus, der Messias, der Christus. Das mag für predigtgewohnte Ohren sehr vage klingen, sehr fromm und sehr chiffriert zugleich. Ich hoffe, wir können das gleich noch ein wenig konkretisieren und inhaltlich füllen.

Diese letzte Selbstkundgabe Gottes im Schicksal Jesu Christi, in seinem Leben, Sterben und Auferstehen, das Christusereignis und seine Bezeugung durch die ersten Jünger gilt nach einer traditionellen Formel des Glaubens als der Abschluss der Offenbarung. Nach dem Tode des letzten Apostels sei die Offenbarung abgeschlossen. Ein solches in sich richtiges Wort kann man natürlich auch sehr falsch verstehen: Gemeint ist ja nicht, die Selbstmitteilung Gottes an uns heute, an die späteren Generationen sei keine Offenbarung seiner selbst im strengen Sinn des Wortes, gemeint sein kann auch nicht, das Verständnis dieser unwahrscheinlichsten aller Wahrheiten – Gott liebt mich, mich elende Figur – könne nicht wachsen und vertieft werden, gemeint ist aber doch, dass man über ein *solches* Wort hinaus nicht *mehr* sagen kann. Ich liebe dich, ich schenke mich dir, ist nicht überbietbar. Mehr geben als sich selbst kann man nicht. Mehr geben als sich selbst kann auch Gott nicht. Wenn er sich uns gegenüber so weit öffnet, eröffnet, offenbart, dass man diese Erfahrung so angemessen beschreiben kann: Gott schenkt sich uns selbst, Gott verbindet sich mit uns auf eine endgültige Weise, dann ist die Kundgabe Gottes an ihre inhaltliche Spitze gekommen, dann muss sich dies zwar noch ausfalten, in der Geschichte mühsam durchsetzen, beim Einzelnen sich vollziehen, am Ende der Geschichte für alle offenkundig werden, aber die Sache selbst ist das Letzte, die letzte Zeit hat begonnen, Eschaton, eschatologische Situation ist bereits da. Der neue und ewige Bund ist gestiftet. Und genau das, so glauben wir, ist geschehen, ist Wirklichkeit in Jesus Christus. Theologisch gesprochen sind wir mit den heutigen Überlegungen im Zentrum unserer Thematik. Wenn das Gottesverhältnis über den Menschen Jesus läuft und wenn wir andererseits in Wort und Schicksal Jesu von Gott selbst auf eine einzigartige Weise angesprochen werden, dann ist genau hier, in der Person und im Schicksal Jesu Christi, das Zentrum von Orthodoxie und Orthopraxie, die Einheit von rechtem Gottesverhältnis und rechter Mitmenschlichkeit, dann ist ein rechtes Verhältnis zu Jesus von Nazareth zugleich die rechte Beziehung zu Gott wie zu den Menschen.

Das Folgende müsste eigentlich eine Christologie in Kurzfassung sein. Wenn Sie schon ein christologisches Kolleg im Hinterkopf haben, umso besser. Denn wir tun gleich nur einen kurzen Blick auf den vorösterlichen Jesus; zweitens auf das urchristliche, nachösterliche Verständnis dieses Jesus als Christus Gottes; verfolgen dann im dritten Punkt die

Linie von Gott über Jesus auf uns, die Identifikation Jesu Christi mit den Christen, und schließlich die Linie von uns über den Menschen Jesus zu Gott.

2.4.1 »Ich aber sage euch« (Mt 5,28) – Über das Selbstverständnis Jesu von Nazareth[130]

Früher hatten es die Fundamentaltheologen und Dogmatiker scheinbar sehr leicht, die Frage, wie Jesus von Nazareth sich selbst sah, wie er sich verstand, eindeutig zu beantworten. Mit einigen klassischen Texten, wie der Himmelsstimme bei der Taufe und Verklärung, dem Messiasbekenntnis bei Caesarea Philippi, der Antwort Jesu auf die Frage des Hohepriesters im Synedrium und vor allem mit den ausdrücklichen Selbstbekenntnissen des Johannesevangeliums, konnte man schnell den Beweis führen, dass Jesus sich nicht nur als den Messias Israels, sondern sogar den eingeborenen, ewigen, wesensgleichen Gottessohn gewusst habe. Heute sind sich die Exegeten darin einig, dass alle diese Texte vom christologischen Bekenntnis der nachösterlichen Kirche geprägt wurden und daher für die Frage nach dem Selbstverständnis des historischen Jesus wenig oder gar nichts hergeben. Die Leben-Jesu-Forschung, also der Versuch, aus den Texten ein Bild des Jesus wie er wirklich war und lebte herauszuarbeiten und dies sogar als die eigentliche Aufgabe der neutestamentlichen Exegese anzusehen, diese Leben-Jesu-Forschung hat ja durch Albert Schweitzers zusammenfassende Untersuchung zunächst einmal einen Abschluss gefunden, vor allem dadurch, dass der methodische Fehlansatz deutlich bewusst gemacht worden war.

Man verfolgt ja eine seltsame, unzureichende Methode, wenn man (grob gesagt) aus Bekenntnistexten Protokolle macht. Man liest in sie hinein, was nicht drin steht, und das, was sie tatsächlich sagen, übersieht man, weil man ihr literarisches Genus nicht ernst nimmt. Berühmt berüchtigte Namen, wie Hermann Samuel Reimarus, David Friedrich Strauß, Bruno Bauer, Ernest Renan, Michael Wrede u.a., die jeweils eine bestimmte Epoche, eine bestimmte Sicht, ein liberales, historisierendes, psychologisierendes, rationalisierendes Programm vertreten, haben zwar

130| Vgl. zu diesem Kapitel: *Kazimierz Romaniuk*, Wegweiser, 77–90. *Albert Schweitzer*, Leben-Jesu-Forschung. *Anton Vögtle*, Exegetische Erwägungen, 608–667. *Rudolf Schnackenburg / Franz Joseph Schierse*, Jesus Christologie. *Franz Joseph Schierse*, Neutestamentliche Trinitätsoffenbarung, 85–131.

alle auf ihre Weise die historische Erforschung des Neuen Testamentes mit vorangetrieben, aber es entbehrt nicht einer geheimen Folgerichtigkeit, wenn am Ende ein Mann wie Rudolf Bultmann gerade aus dem Ernstnehmen der historischen Eigenart der neutestamentlichen Texte jedes Interesse an den Einzelzügen der historischen Gestalt Jesu verneinte und das Kerygma, die Botschaft von Jesus, in der Gott uns anspricht, als das im Neuen Testament eigentlich zu Untersuchende herausstellt. Es ist allerdings nicht zu übersehen, dass in der Exegese auf beiden Seiten nun wieder so etwas wie eine Entkerygmatisierung eingesetzt hat, ein erneutes Interesse an den Fäden, die sich über den Graben des Osterereignisses spannen, ein erneutes Interesse an dem Menschen

Jesus von Nazareth, weil nur die gewusste Identität des vor- und nachösterlichen Jesus dem Keryma seine geschichtliche Einwurzelung verbürgt. Das Kerygma in nuce, im Kern, ist die Botschaft von der Auferweckung Jesu. Diese Nachricht ist aber eine wirkliche Frohe Botschaft nur in Verbindung mit dem Leben und Sterben des Menschen Jesus, das heißt, nur wenn klar ist, dass es sich um dasselbe *Subjekt* der Aussage handelt.

Man muss gerechterweise aber sagen, dass auch Bultmann in seiner *Theologie des Neuen Testamentes* von einer *impliziten Christologie*[131] spricht, die in der Verkündigung Jesu enthalten gewesen sei, und die dann von der nachösterlichen Kirche auf verschiedene Weise expliziert wurde. Anton Vögtle, Franz Mußner vor allem, auch Franz Joseph Schierse haben auf katholischer Seite gerade diesen Gedanken einer impliziten Christologie im Denken, Reden und Handeln des Jesus von Nazareth weiterverfolgt: Wenn man nämlich die Worte, die mit hoher Wahrscheinlichkeit dem ›historischen Jesus‹ zuzuordnen sind (die sogenannten ipsissima verba) mit seinen auffälligen Taten (den sogenannten ipsissima facta) verbindet, ergibt sich ein Bild, das durchaus Rückschlüsse auf das Selbstbewusstsein des irdischen Jesus ermöglicht. Der sachliche Gehalt dieser impliziten Christologie entspricht weithin jenem der nachösterlichen sogenannten Hoheitstitel wie Menschensohn, Messias/Christus, Gottessohn, welche die apostolische Überlieferung Jesus beilegt.

Bei angelsächsischen und französischen Exegeten wird gern die Auffassung vertreten, Jesus habe in seiner Person das Hoheitsbewusstsein des

131| Vgl. *Rudolf Bultmann*, Theologie, 47

Danielischen Menschensohnes (vgl. Dan 7) mit dem demütigen Sühnedienst des leidenden Gottesknechtes von Jesaja 53 verschmolzen. In der deutschen Exegese zieht man es meist vor, den Anspruch Jesu von seiner Botschaft vom anbrechenden Gottesreich und seinem Heilswirken abzuleiten. Jesus sei sich bewusst gewesen, der Offenbarer absolut göttlicher Weisungen zu sein und in seinem Handeln an Sündern, Kranken und Besessenen Gottes gnädige Herrschaft gegenwärtig zu setzen. Vielleicht kommt man auf diesem Weg der geheimnisvollen Persönlichkeit Jesu tatsächlich noch am nächsten. In der neueren Exegese stellt man in der Antwort auf die Frage nach dem Selbstverständnis des historischen Jesus vor allem drei Gesichtspunkte heraus: 1. Jesus ist mit erstaunlicher Selbstsicherheit und Unabhängigkeit aufgetreten, er beruft sich nicht auf Lehrer oder Schulen, sondern verkündet aus eigener Autorität bis hin zu jener Unabhängigkeit gegenüber dem sakrosankten mosaischen Gesetz. Wenn Markus schreibt, gleich im ersten Kapitel: »Die Leute staunten über seine Lehre; denn er lehrte wie einer, der Macht hat, und nicht wie die Schriftgelehrten« (Mk 1,22), dann ist dieser Satz erst um 70 aufgeschrieben, aber der Eindruck, der hier wiedergegeben ist, ist schon der, den der vorösterliche Jesus auf die Leute gemacht hat. 2. Jesus war sich bewusst, dass seine Predigt den Menschen vor eine letzte Entscheidung stellte, eine Entscheidung, die unaufschiebbar und unausweichlich war und die gesamte Existenz des Menschen, sein Heil oder Unheil betraf. Wegen seiner Selbstständigkeit und Souveränität gegenüber der Tradition und den geltenden religiösen Vorschriften schloss der Gehorsam gegenüber seinem Wort, der Glaube an seine Botschaft immer auch den Glauben an seine Person ein. Das heißt, was er sagte und wie er es sagte, das konnte nur stimmen, wenn er selbst jemand war, der das Recht und die Vollmacht dazu besaß. Man musste ihm glauben, wenn man seine Weisungen für sinnvoll und realisierbar halten wollte. Und 3. Jesus verfügte religionsgeschichtlich betrachtet über ein unvergleichlich hohes Gottesbewusstsein. Die ungewöhnliche, sehr vertrauliche Vateranrede *Abba* als ipsissimum verbum ist bekannt. Jesu hohes Gottesbewusstsein spiegelt sich aber vor allem in der Zusage der Liebe Gottes an alle, gerade auch an die Ausgestoßenen und Sünder. Und gerade an dieser Stelle greifen sein Gottesbewusstsein und sein Selbstbewusstsein auf geheimnisvolle Weise ineinander: Denn Jesus hat in seinem Handeln Gottes vergebendes und heilendes Handeln repräsentiert. Weil Gott die Sünder liebt, deshalb liegt Jesus mit ihnen zusammen am Tisch, und indem er sich ihnen zuwendet, wendet er ihnen die Liebe Gottes zu.

Man kann sagen, dass auch die höchste christologische Spekulation im Wesentlichen nicht mehr leistet als das, was sich aus diesem grob skizzierten Selbstbewusstsein des historischen Jesus ergibt: Er verkündet die jetzt geschehende Ankunft des endgültigen Heils Gottes und damit ist er derjenige, der die Menschen in eine letzte, verbindliche Entscheidung ruft.

Es wäre voreilig zu sagen, diese Fragen sollte man doch getrost der Neugier des Historikers überlassen, uns genüge die geisterfüllte Predigt der Urgemeinde. So sehr die Kirche ihre Berichte vom Wirken und Leiden

Jesu mit ihrer theologischen Interpretation verbindet, so sehr hat sie sich doch von Anfang an leidenschaftlich dagegen gewehrt, den *pneumatischen* Christus vom historischen Jesus zu lösen. Wenn in Jesus von Nazareth – wie der Glaube bekennt – wirklich Gott Mensch geworden ist, dann muss Jesus *auch*, oder besser *gerade* in seiner historischen Erscheinung ganz ernst genommen werden. Angesichts unserer Überschrift aber ist vor allem noch folgender Gesichtspunkt wichtig: Die Kirche hat die Ausgangssituation des Lebens Jesu als für alle Zeiten unüberholbar und in gewissem Sinne normativ erklärt. Wenn Jesus seinem israelitischen Volk kritisch gegenübertrat, dem Gesetz, dem Kult, der Frömmigkeit, der Hierarchie und den Schriftgelehrten, dann muss sich auch das neue Gottesvolk der Kirche unter sein Wort stellen und von ihm richten lassen. So bleibt Jesus in seiner historischen Gestalt das innere revolutionäre Prinzip der Kirche, ihre heilsame Unruhe. Ohne den ständigen kritischen Rückgang auf das, was Jesus wirklich gesagt und getan hat, würde, wie die Kirchengeschichte beweist, der christliche Glaube in abstrakten Formeln erstarren. Darum bleibt eine wissenschaftliche Erforschung des Lebens Jesu eine für die Kirche im wahrsten Wortsinn notwendige theologische Aufgabe!

2.4.2 »Wer mich gesehen hat, hat den Vater gesehen« (Joh 14,9) – Die Unmittelbarkeit und Direktheit des Anspruchs Gottes in Jesus[132]

Wenn man die einschlägigen Untersuchungen darüber zur Hand nimmt, wie die frühe Kirche, die Verkünder der ersten Stunde im juden-christli-

132 | Vgl. zu diesem Kapitel: *Heinrich Schlier*, Anfänge Credo, 13–58. *Franz Joseph Schierse*, Jesus Christusglaube, 48–73. *Joachim Gnilka*, Jesus Christus. *Wilhelm Thüsing*, Herrlichkeit Einheit.

chen und dann im heiden-christlichen Bereich das Evangelium formuliert haben, also die Nachricht über die Predigt Jesu, über sein Wirken, über sein Sterben, über seine Auferweckung, über Geisterfahrung und Jesu des Erhöhten Gegenwart in der Mahlfeier, in der Taufe, in der Sündenvergebung, dann ist man doch angesichts unserer eingefahrenen Katechismusformeln überrascht über die Vielfalt der Möglichkeiten. Man kann grob gesprochen zunächst zwei unterschiedliche, grundsätzliche Wege erkennen, auf denen im Neuen Testament versucht wird, das Geschehen mit, an und durch Jesus Christus in Worte zu fassen: Der eine Weg sind die unterschiedlichen Titel, die Jesus zugesprochen werden, der andere sind die knappen Sätze mit denen das Geschehen selbst benannt wird, aus dem Tode auferweckt, gestorben für uns, erhöht zur Rechten Gottes.

Alle diese Worte haben ihren Ursprung nicht im Hörsaal, am Katheder, sondern im Gottesdienst, am Taufbrunnen, auf der Kanzel, im gemeinsamen Gebet. Die Wurzel des christologischen Credo ist die Homologie, der gottesdienstliche Lobpreis. Unter den Titeln steht an erster Stelle wohl der Messiasbegriff. Jesus ist der Christus, der vom Geist gesalbte König der endzeitlichen Gottesherrschaft. Jeder Jude zur Zeit Jesu wusste bei aller Verschiedenheit der Erwartung so ungefähr, was mit Messias und Gottesreich gemeint sein konnte, jedenfalls waren dies Begriffe aus seinem religiösen Erfahrungsschatz. Als das Evangelium zu den Heiden ging, verlor der Messiasbegriff seine missionarische Wirksamkeit und wurde bald ein Teil des Namens. Auch die jüdischen Titel Gottesknecht und Menschensohn verschwanden mehr und mehr aus der Predigt an die Heiden. An ihre Stelle traten andere Prädikate, wie *Herr* und *Sohn Gottes*, die auch die hellenistischen Christen aus ihrer religiösen Umwelt kannten. Und eigentlich nur diese drei Titel haben sich in der Folgezeit durchgehalten: Χριστός, Κύριος, υἱός τοῦ Θεοῦ. Interessant sind die Verschiebungen im inhaltlichen Verständnis solcher Titel, im jeweiligen kulturellen Milieu. Nach altorientalischer Hoftheologie galt der jüdische Messias als Adoptivsohn Gottes (und noch Paulus wendet ja den Psalmvers »Mein Sohn bist du, ich habe dich heute gezeugt« (Apg 13,33/Ps 2,7) nicht auf Weihnachten an, wie wir das vermutlich gefühlsmäßig tun würden, sondern auf die Erhöhung, auf die Inthronisation durch die Auferweckung). Im griechischen Denken waren Göttersöhne wirklich von Gott gezeugt und göttlichen, unsterblichen Wesens. Wenn man diesen

Sachverhalt sieht, muss man achtgeben, dass man nicht einer schnellen, primitiven, evolvistischen Deutung erliegt, in dem Sinne: Es habe eine Entwicklung vom bloß messianischen Jesus, dem Adoptivsohn, hin zum hellenistischen Gottessohnglauben und Kyrioskult gegeben. Man würde dabei nämlich außer Acht lassen, dass alle diese Würdenamen ihr Maß und ihre inhaltliche Füllung von Jesus her erhalten. Vereinfachend gesagt: Ein bestimmter bereits geglaubter Sachverhalt soll mit Titeln nahegebracht und verständlich gemacht werden. Gewiss ist das ein wechselseitiger Vorgang, gewiss haben die gebrauchten Würdenamen auch Rückwirkungen auf das spätere Verständnis Jesu, aber sie empfangen ihr Maß und Kriterien ihres Verständnisses dadurch, dass sie eingebunden sind und bleiben in die ganze Verkündigungsbreite der Evangelien. Jesus ist der Κύριος, der υἱός τοῦ Θεοῦ, was das heißt und was damit gemeint ist, wird ja nicht aus dem Titel abgeleitet, sondern lang und breit beschrieben und sehr früh auch schon in feste Formulierungen gebracht durch eben jene zweite Art frühchristlichen Jesusbekenntnisses, durch heilsgeschichtliche, verbale Aussagen: In Römer 10,9 sagt Paulus: »Wenn du also in deinem 'Munde' Jesus als Herrn bekennst, wenn du in deinem 'Herzen' glaubst, daß Gott ihn vom Tode auferweckt hat, so wirst du Heil empfangen.« Was man glaubt und bekennt, sind nicht verschiedene Sachverhalte, sondern der eine und selbe Bezugspunkt: Jesus ist der Herr, weil und insofern ihn Gott erhöht hat aus dem Tode. Der Inhalt des akklamatorischen Rufs Κύριος Ἰησοῦς ist: Gott hat Jesus von den Toten auferweckt. Mit Akribie und unheimlicher Eindringlichkeit geht Heinrich Schlier in dem erwähnten Aufsatz diesen Anfängen des christologischen Credo nach[133]: Neben diese frühchristlichen Auferweckungsformeln trat schon bald die Bekenntnisformel: Jesus Christus, gestorben für uns, beide verbanden sich zu der zweigliedrigen Formel: gestorben für uns, auferstanden für uns, die das Grundschema der apostolischen Predigt, der Katechese, der Hymnen abgab. In Thessalonicher 4,14 kommt sie ganz knapp und scharf heraus: πιστεύομεν ὅτι Ἰησοῦς ἀπέθανεν καὶ ἀνέστη. Das ist die »summarische Zusammenfassung dessen, ›was wir glauben.‹«[134] Diese christologischen verbalen Glaubensformeln, die ähnlich wie die Hoheitstitel die Bedeutung Jesu Christi zum Ausdruck bringen wollen, die aus verschiedenen Zeiten und Gegenden stammen und in

133 | Vgl. *Heinrich Schlier*, Anfänge Credo, 23.
134 | *Heinrich Schlier*, Anfänge Credo, 23.

ihrer jeweiligen Wortwahl auch noch einmal variieren, bringen doch die Geschehnisse um Jesus Christus in erstaunlicher inhaltlicher Übereinstimmung zu Sprache. Mitte und Kern sind stets die Sätze über Tod und Auferweckung. Von da aus greifen diese Formeln nach rückwärts, sprechen von Sendung und Entäußerung, Geburt und Präexistenz und nach vorwärts: Erhöhung, Parusie und Epiphanie. So kann man angesichts des frühkirchlichen christologischen Bekenntnisses sagen *erstens*, dass die Doppelformel von Tod und Auferstehung der Sache nach das Ganze des Heilsgeschehens meint und implizit enthält, *zweitens*, dass von dieser Mitte her auch die nominalen Glaubensformeln, also die Hoheitstitel ihren Ausgang genommen haben und *drittens* (und für unseren Zusammenhang vor allem wichtig), dass man in allem von Gottes Handeln spricht und sich damit immer zu Gott bekennt. Diesen letzten Hinweis wollen wir zum Anlass nehmen, noch einmal einen Blick zu tun auf die scheinbare Diskrepanz, die darin liegt, dass Jesus die Ankunft des Gottesreiches verkündet und dass die Apostel Jesus Christus verkünden, dass also aus dem Subjekt, aus dem Prediger gewissermaßen ein Objekt, der Gepredigte wurde. Jener Übergang wird schlagwortartig ja gern als der Übergang vom verkündigenden Jesus zum verkündigten Christus beschrieben. Lässt sich der innere Duktus dieses Geschehens ansichtig machen, lässt sich so etwas wie eine Folgerichtigkeit dieses Vorgangs erkennen, oder ist tatsächlich hier eine unzulässige Verschiebung eingetreten? Nun, zunächst ist hier doch wohl an das zu erinnern, was wir eben über den historischen Jesus angedeutet haben. In dem Maße, wie Jesus in seinem Anspruch, seiner Souveränität, seinem Heilen und Vergeben als Repräsentant der ankommenden Gottesherrschaft auftritt, in dem Maße lenkt er den Blick ja nicht einfach von sich weg auf den Vater, sondern auf sich und über sich und so auf den Vater. Die Wurzeln der nachösterlichen Verkündigung liegen also auch hier im Verhalten des irdischen Jesus. Und doch geschieht natürlich die entscheidende Verdichtung durch das Ostererlebnis. Der Übergang vom Evangelium Jesu Christi zum Evangelium von Jesus Christus ist letztlich genau die Ostererfahrung. Denn jetzt sind nicht nur die Worte Jesu Christi, sondern sein ganzes Schicksal das eigentlich Sprechende, die eigentliche Botschaft. Dass Gott uns liebt, dass er Heil wirkt, dass er rettet, aus der Erniedrigung herausreißt und über den Todesgraben hinausführt, für all das stehen jetzt nicht nur die Worte Jesu, sondern sein eigenes Schicksal, seine ganze Gestalt. Jesus hat nun nicht nur gesagt: Gott ist Heil, Gott rettet, sondern jetzt ist er selbst das Zeichen, der Beweis dafür, dass Gott Heil ist, dass Gott rettet. Von Jesus kann man nicht nur ein frohmachendes Wort hören, sondern er selbst, der Gekreuzigte und Erhöhte, Vollendete ist das frohmachende Wort. Er ist nun die deutlichste Kundgabe dessen, was ein Mensch sein soll: ein liebender Mensch, ein Mensch ganz für die anderen, ein vertrauender Mensch, ganz in den Willen des Vaters geborgen und die deutlichste Kundgabe dessen, was Gott mit uns Menschen tut, dessen, wie Gott sich den Menschen zuwendet, einen Menschen im Heiligen Geist ergreift, ihn alle Anfechtungen unbeirrt durchtragen lässt, ihn in die letzte Dunkelheit und Qual des Todes hineinbegleitet und ihn auffängt und vollendet in seinem Lebensstrom, in seiner mächtigen Liebe. Wenn die Apostel all das wiedergeben wollen, dann reichte es einfach nicht, einige Aussprüche Jesu zu sammeln und zu interpretieren, obschon man das ja von Anfang an auch getan hat (Sie wissen von der frühen Redenquelle, die Matthäus und Lukas benutzten). Aber Logiensammeln trifft noch nicht das Ganze, dazu gehören wesentlich die Passionsgeschichten und dazu gehören wesentlich die eucharistischen Mahlfeiern, in denen von Anfang an seine Gegenwart erfahren wird. Um diese volle Botschaft Gottes durch Jesus Christus zum Klingen zu bringen, musste er selbst, der Christus Gottes, seine Gestalt, sein Schicksal zum Thema werden, zu einem Thema, das gerade nicht von Gott ablenkt, sondern immer von Gott redet, wenn es von und über Jesus redet. Denn alles, was von und über Jesus verkündigt wird, redet vom Wirken und Handeln Gottes an und in Jesus, tut kund, dass Jesus, der ganz Mensch ist und bleibt wie wir, doch auf einzigartige Weise zum Träger einer göttlichen Kunde an uns, zum Wort Gottes an uns, zum Logos Gottes in der Welt, zum inkarnierten Logos Gottes wird.

Nun überliefert Jesus keine Botensprüche mehr, wie die Propheten, sondern er selbst ist zum Botenspruch geworden. Gerade weil er nicht mehr sagt, *so spricht der Herr Jahwe* (vgl. u. a. Jes 28,16), sondern »Ich aber sage euch« (Mt 5,22), gerade deshalb spricht uns in ihm Gott an, direkt und unmittelbar. Alles an Jesus und in Jesus wird so zur Funktion Gottes auf uns hin. Christologie ist Soteriologie, die Lehre von Jesus Christus ist die Lehre von Gottes Handeln in Jesus Christus. Es geht nicht an, zunächst herausfinden zu wollen, was Jesus für ein eigenartiges Wesen war, um dann von daher abzuleiten, was er für uns hat tun können, getan hat und bedeutet. Sondern aus seiner Bedeutung für uns, aus seiner Funktion auf uns hin und an uns erschließt sich die Person Jesu Christi, seine eigenartige Mittlerstellung, seine Zugehörigkeit ganz zu uns und doch auch ganz zu Gott.

2.4.3 »Wie mich der Vater gesandt hat, so sende ich euch« (Joh 20,21) – Über die Funktion der Christen[135]

Von Jesus als der Funktion Gottes auf uns hin haben wir gerade gesprochen, die *Funktion der Christen* heißt es in unserer nächsten Teilüberschrift. Das ist kein analoger Sprachgebrauch, sondern meint Funktion durchaus im gleichen Sinne. Die Sache Jesu geht ja weiter, schlägt Wellen, zieht Kreise. Die Funktion Jesu geht auf uns über, bezieht uns mit ein. *Uns* meint diejenigen, die sich Jesus anschließen, ihn als das Wort des Vaters bekennen, ihm nachfolgen und sich in die Gemeinschaft seiner Jünger aufnehmen lassen durch jenes sakramentale Zeichen, das das zentrale Datum, nämlich Tod und Auferweckung, abbildet. Untertauchen, den alten, sündhaften Menschen ertränken, auftauchen als ein neuer Mensch in einem neuen Geiste, genau so interpretiert Paulus ja das Sakrament der Taufe. So beginnt eine ganz überraschende Identifizierung von Jesus und uns, von Christus und Christen.

»Wie mich der Vater gesandt hat, so sende ich euch« (Joh 20,22) lässt das Johannesevangelium Jesus sagen, also Sendung zum Zeugnis in der Kraft des Heiligen Geistes. Zeugnis meint Bezeugung Jesu Christi, also dessen, was in Jesus geschehen ist und geschieht, immer also auch Zeugnis vom Wirken des Vaters in Jesus. »Empfanget Heiligen Geist: denen ihr die Sünden nachlaßt, denen sind sie nachgelassen« (Joh 20,22f.), und dazu gibt es eine solche Vollmacht des richterlichen Urteils, dass sogar der Fall denkbar ist, dass man die Sünden behält und sie sind tatsächlich auch vor Gott behalten. Denn aus den Jüngern Jesu spricht Jesus selbst, aus Jesus aber spricht Gott. »Wer euch hört, hört mich, und wer euch zurückweist, weist mich zurück; wer aber mich zurückweist, weist *den* zurück, der mich gesandt hat.« (Lk 10,16) Das klingt sehr hoheitsvoll und ehrenhaft. Aber diese Identifikation ist nicht nur eine solche des Glanzes, sondern auch des Elends, nicht nur eine der Ehre, sondern auch der Verachtung. »Denkt an das Wort, das ich euch gesagt habe: 'Der

135| Vgl. zu diesem Kapitel: 1 Joh 1,1–3. Joh 15,26f. Mt 28,18–20. Lk 10,16. Joh 15,20. Joh 20,23. 2 Kor 5,18–20.

Knecht ist nicht größer als sein Herr'. Haben sie mich verfolgt, so werden sie auch euch verfolgen.« (Joh 15,20) Das Matthäusevangelium gipfelt in dem bekannten Missionsauftrag und Taufbefehl: »So geht hin und werbet Jünger für mich bei allen Völkern, indem ihr sie taufet auf den Namen des Vaters und des Sohnes und des Heiligen Geistes [hier hat sich schon die Taufpraxis und Taufformel der frühen Kirche niedergeschlagen; T.S.] und sie alles halten lehret, was ich euch geboten habe.« (Mt 28,19 f.) Gottes Sprachrohr ist Jesus Christus, Jesu Christi Sprachrohr sind die Christen. »Das alles verdanken wir Gott«, schreibt Paulus,

> »der uns durch Christus mit sich versöhnt und uns den Dienst an der Versöhnung verliehen hat. Gott hat ja die Welt in Christus mit sich versöhnt [...] und in uns das Wort der Versöhnung gelegt. Für Christus denn lassen wir den Aufruf ergehen als seine Gesandten, und es ist, wie wenn Gott durch uns aufriefe. Wir bitten an Christi Statt: versöhnt euch mit Gott!« (2 Kor 5,18–20)

Gottes Wort und Zusage an die Menschen bleibt in der Welt gegenwärtig, das Evangelium, das Jesus Christus selbst ist, lebt weiter in der Gemeinschaft der Christen. So ist es keine Hybris, sondern der genaue Ausdruck dieses eben kurz beschriebenen Selbstverständnisses der frühen Christenheit, wenn der Anfang des ersten Johannesbriefes sagt:

> »Was wir gehört und mit unseren Augen gesehen, was wir geschaut und mit unseren Händen berührt haben vom 'Worte des Lebens' [...] verkünden wir auch euch, damit ihr so Gemeinschaft mit uns habt; und mit uns Gemeinschaft haben, bedeutet, sie mit dem Vater und seinem Sohne Jesus Christus zu haben.« (1 Joh 1,1–3)

Die menschliche Gemeinschaft der Kirche vermittelt die Gemeinschaft mit Jesus und dem Vater. Durch die menschliche Kirche redet Gott, durch die menschliche Kirche wirkt und handelt Gott. Weil die Kirche die Schar derer ist, die sich um Jesus Christus sammeln, deshalb übernimmt die Kirche die Funktion Jesu Christi, deshalb ist die Kirche der leibhaftige Bund Gottes mit den Menschen. (Man scheut sich fast, diese anspruchsvollen Worte zu sagen und ist geneigt, stattdessen immer zu formulieren: sollte sein, müsste sein, aber auf diesen Aspekt des Ineinanders von Indikativ und Imperativ, von Sein und Sollen, von Gabe und Aufgabe wollen wir an dieser Stelle jetzt nicht näher eingehen.) Hier wollte ich vor allem deutlich machen, dass die endgültige Zusage Gottes an die Menschen, wie sie in der Gestalt und im Schicksal Jesu Christi offenkundig geworden ist, sich ausweitet auf alle, sich wendet an alle, die hören wollen. Durch Jesus Christus ist Gott bei uns angekommen. Gott und Mensch sind nun nicht mehr zu trennen. Gott ist ganz und endgültig ein Gott für Welt und Mensch. Das ist die Aussage über die rechte Sicht von Gott, gewissermaßen der Aspekt der Orthodoxie! Aber die Aussage Gott und Mensch sind nicht mehr zu trennen gilt ja nun auch in Gegenrichtung unter dem Aspekt unseres Verhaltens und unseres Reagierens, unter dem Aspekt der Orthopraxie.

2.4.4 *»Was ihr auch nur einem von meinen geringsten Brüdern getan habt, habt ihr mir getan« (Mt 25,40) – Der Maßstab des göttlichen Gerichts*[136]

Werfen wir darauf abschließend wenigstens noch einen ganz kurzen Blick. Wenn sich in Jesus Gott so sehr mit dem Menschen identifiziert, dass Menschsein und Gottsein nicht mehr getrennt verhandelt werden können, dann heißt das ja, dass ich immer auch mit Gott zu tun habe, wenn ich mit Menschen zu tun habe, wenn ich scheinbar nur mit Menschen zu tun habe. Nur mit Menschen zu tun haben gibt es eigentlich nun nicht mehr. Das heißt, mein Verhalten gegenüber Menschen ist immer relevant für mein Gottesverhältnis. In meinem Verhalten zu Menschen zeigt sich und realisiert sich mein Verhältnis zum göttlichen Vater. Das kommt auf eine interessante Weise im Schlussteil jenes Gleichnisses zur Sprache, das wir meist das Gleichnis vom verlorenen Sohn nennen, das aber wohl treffender das Gleichnis vom barmherzigen Vater heißen würde. Ähnlich wie die Gleichnisse von der verlorenen Drachme und dem verlorenen Schaf, sagt ja auch diese Bilderzählung, dass Gott sich dem Verlorenen zuwendet, den Sünder voll rehabilitiert und in seine Gemeinschaft wieder aufnimmt. Daraus ergibt sich nun für den älteren, murrenden Bruder, der nicht hereinkommen will, die Konsequenz, als Sohn des Vaters zum Bruder des Bruders zu werden. Entzieht er sich der Bruderschaft mit dem Verlorenen, der zurückgekehrt ist, so entfremdet er sich damit jetzt dem Vater, dem er so lange treu gedient hat. Es gibt das Reich Gottes als Rettung der Verlorenen nicht anders als so, dass die Liebe zum Verlorenen zum Maßstab der Zugehörigkeit wird. Es gibt

136| Vgl. zu diesem Kapitel: *Rudolf Schnackenburg*, Mitmenschlichkeit, 70–92. Mt 25,31–46. Lk 10,25–37. Lk 15,25–32.

Gott, den Vater, nicht mehr allein, sondern nur mit seinen Söhnen und Töchtern. Gerechtigkeit der Gerechten gibt es nun nur noch in der Bruderschaft mit den umkehrenden Sündern. Das ist die entscheidende Mitte des Evangeliums Jesu Christi. So realisiert sich die Erfüllung des Hauptgebotes der Gottesliebe, des israelitischen Grunddogmas, des *Schema Jisrael* in der Erfüllung der Liebe zum Nächsten. Das illustriert Jesus auf die ausweichende Frage des Gesetzeslehrers hier an dem provozierenden Beispiel des Samariters. Was Priester und Levit versäumen und was der Fremde tut, das ist, so seltsam das klingt, Liebe zu Gott. Dieses rechte Verhalten, diese von Jesus erwartete Orthopraxie, braucht, so scheint es, keine großen Etikette, nicht einmal der richtige Name ist

wichtig, auf die Sache kommt es an. Die Gerichtsrede bei Matthäus ist da völlig eindeutig. Wer Kranke pflegt, Gefangene besucht, Hungrige versorgt und Bedürftige kleidet, der muss gar nicht einmal wissen, dass er sich damit auf Jesus bezieht und den Auftrag Gottes erfüllt, es genügt, dass er es tut.

Denn wer mit Menschen zu tun hat, hat mit Gott zu tun! Wer sich recht auf Menschen hin verhält, verhält sich recht auf Gott hin. Seine Orthopraxie umschließt Orthodoxie. So jedenfalls ergibt es sich aus der Urkunde des Christentums, aus dem Zeugnis des Neuen Testamentes.

2.5 Wer ist ein Christ?

Der hochbegabte Dietrich Bonhoeffer, mit 21 Jahren promoviert, mit 24 Jahren habilitiert, mit 39 von den Nationalsozialisten umgebracht, hat einmal aus seiner Situation heraus gemahnt: Nur wer aktiv und unter Risiko verfolgten Juden beigestanden habe, habe das Recht, gregorianischen Choral zu singen.

Auch diese sehr bildhafte und griffige Formulierung ist eine Umschreibung jener Frage, die uns in dieser Vorlesung treibt: Wie steht Glaubensdenken zu Glaubenstun, wie steht Gottesbeziehung zu Menschenbeziehung, wie steht Gottesdienst zu Menschendienst, was ist Orthodoxie und Orthopraxie.

Es fällt auf, dass Bonhoeffer nicht sagt, man solle statt Choral zu singen den Juden helfen, dass er nicht eins gegen das andere ausspielt, sondern doch gerade gegen eine Alternative sich wendet, nämlich gegen die gefährliche und doch immer so beliebte Tendenz, religiöses Tun als Alibi für versäumtes menschliches Tun zu benutzen, sich hinter sogenanntem

Gottesdienst zu verschanzen, um nicht den unangenehmen, fordernden Dienst am Bruder ausüben zu müssen, gewissermaßen den unter die Räuber Gefallenen liegen zu lassen, weil in Jerusalem ein pharisäischer Bildungskreis wartet, dem man einen Vortrag halten will über die Liebesforderung Jahwes.

Wenn Bonhoeffer Choralsingen noch für sinnvoll hält bei denen, die sich nicht schonen im Dienst am Nächsten, ist das auch noch so eine Art magischer Rest bei ihm, von dem er sich, hätte er nur lange genug gelebt, schon noch gelöst hätte? Haben diejenigen recht, die meinen, es sei an der Zeit, den Ballast des Gottesdienstes langsam abzuwerfen, die sagen, das, was sich in der Eucharistiefeier in steifer Stilisierung ausspreche, könne viel besser und sinnvoller bei einem Käsefondue realisiert werden, der ganze ideologische Überbau müsse endlich als das erkannt werden, was er sei, nämlich eine überholte Weltanschauung? Christsein bedeute im vollen Sinne Mensch sein und menschlich sein, alles andere sei Selbstentfremdung und Mythologie?

Liebe ist kein Gefühl, sondern Tat, Tat aber kann sich nur auf den konkreten Menschen richten. Ist die Behauptung tragfähig, dass in unserem fortgeschrittenen Standort in der Geschichte alle Formen der Äußerung des Christlichen, die einem vor-aufgeklärten Zeitalter angemessen gewesen sein mögen (wie Glauben, Beten, Gottesdienst), spätestens jetzt als überflüssig erkannt werden müssen, weil nur noch eines gelte (und das im Grunde ja auch von Jesus und der Bibel gemeint sei), nämlich der konkrete Einsatz für den notleidenden Menschen, im Einzelnen und im Ganzen? Christ sei nur, wer diesen Anspruch ganz ernst nehme, nur wer liebe, sei ein Christ und jeder, der wirklich liebe, der sei ein Christ? Mehr brauche es nicht? Wer ist also ein Christ?

2.5.1 Die biblische Antwort: Lieben-Glauben-Hoffen[137]

Diese Frage müsste sich doch eigentlich beantworten lassen dadurch, dass man die Zeugnisse über Jesus Christus und das Selbstverständnis der ersten Christen befragt. Damit müsste doch zumindest herauskommen, wie die ersten Anhänger Jesu ihn und sich verstanden haben.

Nun bewegen wir uns ja auch in dieser Hinsicht nicht auf dem grünen Rasen, wir haben über genau diese Frage schon eine ganze Stunde nach-

137| Vgl. zu diesem Kapitel: *Rudolf Schnackenburg*, Christliche Existenz, 87–108. *Heinrich Schlier*, Besinnung, 126–145. *Joseph Ratzinger*, Sinn Christsein.

gedacht in der letzten Vorlesung: Wie versteht sich Jesus, wie verstehen und deuten ihn die ersten Glaubensboten? Wir wollen an dieser Stelle eine methodische Vorfrage, die hier zu klären wäre, zunächst noch beiseitelassen, noch etwas zurückstellen, die Frage nämlich, in welcher Hinsicht wir uns mit Jesus vergleichen, uns an ihn anschließen, seinem Vorbild folgen, welcher Art also genauer hin die Beziehung sei, die sich dahinter verbirgt, wenn wir uns als Christen bezeichnen, wenn wir also von seinem Titel, seiner Funktionsbezeichnung Messias, Christus, Gesalbter einen Namen für uns ableiten. Diese Überlegung wird sich gleich, einfach von der Sache her, schon wieder einmischen und zur Geltung bringen.

148 Wenn wir von einem ganz allgemeinen Vorverständnis von *Christ-sein* her eine möglichst knappe und eindeutige Aussage von den Schriften des Neuen Testamentes erfragen: Worauf kommt es für die Nachfolger Jesu an, wie müssen seine Jünger sein, die Jesus anspricht und um sich sammelt, wie müssen seine Jünger sein, wie müssen sie sich verhalten, was müssen sie tun?, dann wird jene eben genannte Formulierung: Wer liebt, ist ein Christ, und nur wer liebt, ist ein Christ, auch vom Neuen Testament voll gedeckt. Nur auf wenige Texte sei beispielhaft hingewiesen: Als der Gesetzeslehrer Jesus fragt nach dem größten Gebot im Gesetz (was ist zentral, was ist deiner Meinung nach unabdingbar), antwortet Jesus mit dem *Schema Jisrael*, dem jüdischen Grunddogma gewissermaßen: Du sollst Gott lieben aus all deinen Kräften, fügt dem aber als gleich sofort an: Und deinen Nächsten wie dich selbst! (Vgl. Mt 22,35–39) Diejenigen von Ihnen, die Herbert Braun vorige Woche über diese Stelle gehört haben, werden diese Aussage inhaltlich massiv füllen können. Nicht Gott lieben und *auch noch* den Nächsten lieben, sondern Gott lieben, *indem* man den Nächsten liebt.

Dass dies keine willkürliche Interpretation ist, zeigt die Qualifikation, die Jesus dieser Aussage hinzufügt: Der Text bei Matthäus schließt: »An diesen beiden Geboten hängt das ganze Gesetz und die Propheten.« (Mt 22,40) Genau diese Qualifikation aber erhält in Mt 7,12 auch der Satz: »Alles, wovon ihr möchtet, daß es euch die Menschen tun, sollt auch ihr ihnen tun. Darin besteht das Gesetz und die Propheten.« Hier ist nur noch vom Nächsten die Rede. In diesem Sinn hat auch Paulus Jesus interpretiert: »[W]as es sonst noch an Geboten gibt, so ist alles in diesem einen Wort zusammengefasst: 'Du sollst deinen Nächsten lieben wie dich selbst.' Die Liebe tut dem Nächsten nichts Böses. So ist die Liebe die Erfüllung des Gesetzes.« (Röm 13,9f.) Vor allem die hier schon öfter erwähnte Gerichtsrede, Mt 25, macht in kühner Zuspitzung klar, woran wir gemessen werden, am Richtmaß der Agape. »Nicht jeder, der zu mir *sagt*: ›Herr, Herr‹, wird in das Himmelreich eingehen, sondern wer den Willen meines Vaters im Himmel *tut*« (Mt 7,21), wer dem Ärmsten menschlich begegnet, wer sich für die Geringsten einsetzt, der wird von Jesus anerkannt. Wir können also durchaus als eine erste und scheinbar eindeutige Antwort aus dem Neuen Testament festhalten: Wer die Liebe hat, hat alles, er entspricht dem Willen Gottes, er ist gerettet.

Dieser scheinbaren Eindeutigkeit kommen aber nun, wenn man näher hinschaut, einige andere Sätze ganz erheblich in die Quere: »Wer glaubt und sich taufen läßt, wird gerettet werden – wer nicht glaubt, wird verdammt werden.« (Mk 16,16) »Wenn jemand nicht von oben geboren wird [wer also das Sakrament des Glaubens, die Taufe, nicht empfängt; T.S.], kann er das Reich Gottes nicht sehen.« (Joh 3,5) Und im Johannesevangelium antwortet Jesus präzise auf die Frage der Juden: »Was sollen wir tun, um gottgemäße Werke zu tun?« (Joh 6,28): »Das ist das gottgemäße Werk, daß ihr glaubet an den, den er gesandt hat.« (Joh 6,29) Überflüssig an dieser Stelle an die ausgedehnte Argumentation des Paulus zu erinnern, dass wir aus Glauben allein gerettet werden!

Müssen wir nun einen mühsam verwässernden Ausgleich suchen, mit theologischen Tricks umdeuten, das berühmte katholische et – et, sowohl als auch bemühen, um diese zweite Antwort, ein Christ ist, wer glaubt, mit der ersten, Christ ist, wer liebt, in Einklang zu bringen? Johannes setzt uns auf eine andere, redlichere, sachlichere Fährte. Im ersten Johannesbrief heißt es: »Darauf beruht die Liebe«, und dann scheint der Verfasser zu stocken, und dieses Stocken ist erhellend, er fährt nämlich fort: »nicht als hätten *wir* Gott geliebt, sondern er hat uns geliebt und hat seinen Sohn gesandt als Sühneopfer für unsere Sünden. [...] [W]enn Gott uns so geliebt hat, so sind auch wir es schuldig, einander zu lieben.« (1 Joh 4,10f.) Was ist hier gesagt? Gewiss, dass unser Tun immer schon Antwort ist, dass unser Agieren immer schon ein Reagieren ist, dass unsere Liebe Ausfluss empfangener Liebe ist. Dieser Gedanke ist grundlegend und wir haben ihn schon mehrfach angesprochen. Aber für unseren unmittelbaren Zusammenhang ist hier auf einen Sachverhalt aufmerksam gemacht, der viel mehr umschließt, als eine Nachahmung, der so etwas ist wie ein Grund-Folge-Verhältnis, wie Ursache und Wirkung. Ich meine Folgendes: Die erfreulich klare Auskunft: Wer liebt, ist ein Christ, gilt von Gott her ohne jedes Wenn und Aber, ohne jede Einschränkung. Ein Aber steht nur von unserer Seite entgegen. Dieses menschliche Aber ist aber von so grundsätzlicher Natur, dass der ganze Ansatz in Frage gestellt ist. Dieses Aber lautet nämlich: Aber niemand liebt ja wirklich. All unser sogenanntes Lieben ist immer von Egoismus angefressen und entstellt. Wer das nicht zugibt, ist entweder eingebildet oder unehrlich. Von daher rührt ja die eigentümliche Doppeldeutigkeit des Wortes *menschlich*, die sich in den verschiedenen Sprachen belegen lässt: *Menschsein* bedeutet einerseits *human* im guten Sinne, aufgeschlossen, gerecht, helfend, es bedeutet aber zugleich jenes Allzumenschliche (das ist menschlich), das uns daran erinnert, wie der Egoismus zu unserer zweiten Natur geworden ist. Jeder ist ein Egoist, keiner liebt wirklich! Denn Liebe im vollen Sinn kostet immer das Eigene, zehrt am Eigenen, bedeutet Eigenes lassen um des Anderen willen, bedeutet Hingabe, Drangabe, Selbstaufgeben, Erleiden, Lassen, Verzichten, damit einem Anderen zugute kommt, was ihm nottut. Für-den-Anderen-sein, Hingabe schmeckt immer in irgendeiner Form auch nach Aufgabe. Nicht von ungefähr ist der Zusammenhang von Liebe und Tod ein Thema der Literatur. Genau an dieser Stelle setzt nun die zweite Antwort des Neuen Testamentes ein, die die erste eigentlich erst ermöglicht und begründet: Unser dauerndes Zu-kurz-springen, unser Versagen, unser Egoismus in vielen Formen ist umfangen, abgefangen, umgriffen und überboten durch die Versicherung Gottes, dass er uns auch als Sünder annimmt, dass er uns liebt, obschon wir dessen nicht würdig sind, dass die Hure – denken Sie an die prophetische Rede –, dass die Hure nicht endgültig verstoßen ist. Trotz all unserer Erbärmlichkeit und unserer mangelnden Versuche zu lieben, liebt uns Gott. Wir brauchen diese seine Zusage nur anzunehmen, mit offenen Händen uns beschenken zu lassen. Und dieses Sichöffnen und Beschenkenlassen heißt biblisch: glauben, annehmen dessen, was Gott in Jesus für uns tut. Nur dieses Wissen, diese Annahme, dieses Glauben, dass Gott uns liebt, zuerst geliebt hat, kann verhindern, dass die befreiende Botschaft: Wer liebt, ist ein Christ, nicht zu einer Qual und zur Verzweiflung wird, die spätestens dann uns überfällt, wenn wir ehrlicherweise zugeben müssen, dass wir dem Aufruf: *Liebe deinen Nächsten wie dich selbst* nicht entsprechen. In seiner einfachsten und innersten Form ist der Glaube jener Punkt in unserer Liebe, an dem wir erkennen, dass auch wir selbst nötig haben, beschenkt zu werden, nicht nach Leistung bewertet, sondern verzeihend, großmütig, zuvorkommend behandelt zu werden. Alles, was wir glauben, als Christen glauben, ist letztlich Ausfaltung und Auslegung dieses Satzes: Gott liebt uns. Genau das hat Johannes in dem anfangs zitierten Satz gesagt. Wenn von Liebe geredet wird, ist zuerst dies zu sagen: Gott liebt, bejaht uns, nimmt uns an, handelt für uns, rettend, befreiend, versöhnend, und unsere Antwort ist der Versuch, diese Güte, diesen Sinn, diese Bejahung, die wir empfangen haben, nicht in uns einzuschließen, nicht für uns allein zu gebrauchen, sondern ausstrahlen zu lassen. Oder noch einmal anders gesagt: Früher oder später landet jeder von uns, der hochgemut und voller Zuversicht aufbricht, die Welt, soweit es in seiner Macht und Reichweite steht, zu verbessern, an dem Punkt, wo er sich entweder einrichtet, sich den bestehenden Strukturen einfach anpasst, um selbst zurechtzukommen, um seinen eigenen Weg nicht zu gefährden, oder in irgendeine Form der Verneinung, des Trotzes, der Absage, der Sinnlosigkeit, der Skepsis, der Aggression sinkt, irgendwo zwischen Resignation und Verzweiflung landet. Die Annahme der Liebe Gottes, unser Glaube ermutigt uns, selbst im Bemühen um die Liebe nicht aufzustecken. Christ ist, wer liebt und Christ ist, wer glaubt, sind also nicht zwei verschiedene Auskünfte, handeln nicht von verschiedenen Sachverhalten. Christ ist, wer sich lieben lässt und liebt, wer den versteckten Egoismus und die trotzige Selbstbehauptung (ich brauche niemanden) aufgibt, sich ganz öffnet und damit in all seiner Schwäche dennoch weit wird und groß und liebesfähig.

Trotz aller Knappheit und Kürze der vorausgehenden Darlegung leiten wir hier über zu einer dritten Art Antwort, die wir im Neuen Testament erhalten auf die Frage: Wer ist ein Christ? Die Heiden sind solche, die keine Hoffnung haben, so heißt es zweimal bei Paulus (vgl. Eph 2,12; 1 Thess 4,13). Dagegen sind Christen solche, die Hoffnung haben, die wiedergeboren sind zu »lebendiger Hoffnung« (1 Petr 1,3), wie auch der erste Petrusbrief sagt. Diese Hoffnung, die uns kennzeichnet, gründet wesentlich auf dem, was Gott getan hat und tut, auf der Auferweckung Jesu, auf der damit auch uns verheißenen Vollendung der Welt und unseres Lebens. Hoffnung ist so gewissermaßen die Übertragung des eben Gesagten in die Dimension der Zeit, der Erstreckung, der Zukunft. Seine Liebe (die wir glauben) und unsere Liebe (die wir versuchen) sind der Grund der Hoffnung auf Herrlichkeit. »Christus in euch, der Grund eurer Hoffnung auf die Herrlichkeit« (Kol 1,27) formuliert der Kolosserbrief. Und das Nachdenken und Sprechen über diese Zusammenhänge des Christseins, des Evangeliums, der Frohbotschaft von der Liebe Gottes und der Liebe unter den Menschen, das Erklären dieser Zusammenhänge, also die Antwort auf die Frage: Warum bin ich ein Christ (versuche ich einer zu sein!)?, kann im Neuen Testament auch mit dem Begriff Hoffnung überschrieben werden. So formuliert der erste Petrusbrief einen Satz, den Professor Johann Baptist Metz immer sehr gerne zitiert: Seid »stets bereit, einem jeden Rechenschaft zu geben, der euch nach dem Grunde

eurer Hoffnung fragt.« (1 Petr 3,15) Was ist der Grund unserer Hoffnung? Vielleicht könnte man nach dem bisher Gesagten einmal so formulieren: Das Vertrauen auf die Macht der Liebe!

Wir werden in einer späteren Stunde das Thema Hoffnung noch einmal ausführlicher angehen und dabei auch versuchen, den zeitgenössischen Bezug durch einen Blick auf Ernst Bloch und Gabriel Marcel herzustellen. Hier sollten wir nun doch jene verschobene Frage aufnehmen, wie denn jene Gemeinsamkeit zu beschreiben ist, die mit den Worten lieben-glauben-hoffen ausgedrückt wird, Gemeinsamkeit zwischen Jesus und uns. Die Antwort darauf kann noch einmal so etwas wie eine Zusammenfassung des Vorigen sein, eine Zusammenfassung der biblischen Antwort auf die Frage: Wer ist ein Christ?

Mit einem zentralen biblischen Terminus könnte man nämlich darauf antworten. Christ ist der, der Jesus Christus nachfolgt. Anfangs war *folge mir* ein ganz wörtlicher Aufruf, sich mit Jesus auf den Weg durch das Land zu machen, die berufliche und häusliche Bindung aufzugeben, die Unsicherheit einer Tagelöhner-Existenz auf sich zu nehmen und mit Jesus zu predigen, zu heilen. Dieser Weg Jesu ist aber nicht nur eine Landstraße, sondern ein Schicksal, denn diese Landstraße führt schließlich nach Jerusalem. (»Wir ziehen jetzt nach Jerusalem hinauf« (Mt 20,18), dort wird der Menschensohn ans Kreuz gehängt werden (vgl. Mt 20,19).) Der Weg Jesu ist schließlich nicht mehr durch Ortsnamen bestimmbar, sondern durch Geschehen. Golgatha heißt jetzt Sterben, Sichlassen, Sichselbstpreisgeben, um so in die Vollendung einzugehen, in die Erhöhung durch Gott. Der Weg ist jetzt Abstieg und Aufstieg, Pascha, Durchgang durch Leid in die Herrlichkeit. Wenn das Johannesevangelium schließlich formuliert »*Ich* bin der Weg« (Joh 14,6), dann ist genau jener Vorgang zu beobachten, den wir in der letzten Stunde in anderem Zusammenhang als Übergang vom verkündigenden Jesus zum verkündigten Christus beschrieben haben. Das Schicksal Jesu wird zum Wort an uns, das Schicksal Jesu wird der Weg für uns.

Zum Thema Nachfolge Christi lässt sich vom Biblischen her gewiss noch manches sagen, mir kommt es hier auf den Gesichtspunkt an, dass unsere Beziehung zu Jesus nicht einfach die von Gebot und Befolgung, von Befehl und Gehorsam, von Anspruch und Annahme ist, sondern geschichtlich konkret wird durch Nachfolge, durch Mitsein mit Jesus, Übernahme seines Schicksals durch Eintreten in seine Lebensform. Sich für die Anderen verbrauchen und aufzehren lassen und darin die Erfüllung finden, sein Leben lassen, um es zu gewinnen, für die Brüder sterben und dadurch leben. Das ist Leben in Christus Jesus.

Das richtige aber recht allgemeine Vorverständnis: Christ ist der, der sich zu Recht auf Christus berufen kann, ist durch unsere knappen Darlegungen inhaltlich doch schon erheblich gefüllt: Christ ist, wer Jesus Christus nachfolgt, seine Existenz zu einer wahrhaft liebenden Existenz machen lässt!

2.5.2 Was meint christlich?[138]

Auf dem Hintergrund dieser biblischen Antwort auf unsere Frage: Wer ist ein Christ?, fragen wir nun, um das Gemeinte noch ein wenig besser in den Blick zu bekommen, zwar in derselben Absicht und Richtung, aber nun stärker mit dem Blick auf die Geschichte und uns selbst: Was meint eigentlich *christlich*? Im Anschluss an den angegebenen Aufsatz von Walter Kasper möchte ich Sie vor allem auf zwei Gesichtspunkte aufmerksam machen. Den ersten könnte man überschreiben: christlich heißt geschichtlich, Christentum ist eine geschichtliche Religion. Ohne jetzt auf den schillernden Begriff *Geschichtlichkeit* näher eingehen zu können, ist damit zunächst gemeint: christlich, auf Jesus Christus bezogen, an ihm orientiert bedeutet die Abkehr vom Mythos. Im Mythos, im Mythologischen geht es um die Erscheinung und Benennung eines immer und überall gegenwärtigen und erfahrbaren Tiefengrundes unseres Lebens und des Menschseins. Mythen sind eine Art bildlicher Ausdruck für

138| Vgl. zu diesem Kapitel: *Hans Küng*, Christliche Botschaft, 23. *ders.*, Zukunft Kirche, 78–85. *Walter Kasper*, Christlich?, 243–257. *Karl Lehmann*, Kurzformel Glauben, 274–295.

eine immer vorhandene Tiefendimension. Christliche Existenz bezieht sich nicht auf einen geheimnisvollen, mythischen Hintergrund. Die Geschichte Israels, die Geschichte Jesu von Nazareth sind keine Chiffren, sondern sind ein einmaliges, unwiederholbares, im Koordinatensystem von Raum und Zeit lokalisierbares, geschichtliches Geschehen.
Durch diese Betonung des einmaligen Ereignisses, des geschichtlich Konkreten hat die christliche Botschaft im abendländischen Raum entscheidend dazu beigetragen, die Einmaligkeit, Endgültigkeit, Unwiederholbarkeit von geschichtlichen Entscheidungen, der besonderen Stellung, Würde und Eigenverantwortung der menschlichen Person zu erkennen. (Dass diese Impulse vielfach ihre eigentliche Stoßkraft erst im außerkirchlichen Rahmen entfalten und von da her auf ihre Stiefmutter Kirche zurückwirkten, ist ein trauriges Kapitel der Geschichte, das einmal eine eigene Betrachtung lohnt.) Jedenfalls ergibt sich aus diesem konkret geschichtlichen Ansatz des Christentums, aus der Überzeugung, dass in diesem Jesus von Nazareth Menschsein exemplarisch verwirklicht ist, menschliches Schicksal wegweisend gelebt worden ist, menschliche Freiheitsgeschichte entscheidend aufgebrochen ist, aus diesem Ansatz ergibt sich die notwendige Konsequenz – immer dort, wo der Mensch nur noch als Mittel zum Zweck gebraucht wird, wo er manipuliert und unter den Zwängen einer Konsum-und Leistungsgesellschaft wiederum anonymen Mächten und Kräften, des Systems der Produktion und der Politik geopfert wird –, Christsein als Störfunktion einzusetzen, als kritisches Moment, gerade auch im Verhältnis zur Kirchengesellschaft. Denn die konkrete Geschichtlichkeit des Christentums bedeutet, dass wir Christen nicht ausweichen können und dürfen auf ein System, auf ein Lehrgebäude, auf einen Kodex ethischer Prinzipien, auf noch so orthodoxe Formeln. Christliche Botschaft, Evangelium geht aus von einem konkreten geschichtlichen Ereignis, von einem konkreten menschlichen, gottergriffenen Schicksal, deshalb muss christliche Botschaft, Evangelium auch konkret angesagt und verkündigt werden. Das hermeneutische Prinzip, also der Punkt, wo die Umsetzung auf heute geschieht, sind, wenn man an die Gerichtsrede denkt, die konkreten Nöte und Anliegen der Menschen. Das bedeutet natürlich, dass man nicht eine biblische Aussage einfach als Norm, als Vorschrift auf eine heutige Not stülpen kann, sondern das heißt doch wohl, dass eine Analyse der heutigen Konflikte und des mit ihnen gegebenen Leids immer eine not-

wendige Voraussetzung ist für eine konkrete christliche Antwort, für ein tatsächliches Eingehen auf die Not. Nur so bewahren wir uns davor, einfach Prinzipien, Normen auf Fälle anzuwenden, nur so wird unser Tun zu einem Weg, nur so wird das Schicksal Christi in unserem Leben geschichtlich inkarniert.

Der zweite Gesichtspunkt zur Bestimmung dessen, was christlich meint, ließe sich paradoxerweise so nennen: Das Christentum ist eine übergeschichtliche Religion. Damit soll nicht das vorher Gesagte zurückgenommen werden, sondern die Aufmerksamkeit gelenkt sein auf das, was wir die Transzendenz nennen, die Tatsache, dass Gott lebt und wirkt in der Welt, an der Welt. Wenn das schillernde Wort vom Tode Gottes in einem genauen theologischen Sinn wahr wäre, dann gäbe es kein Christentum mehr, jedenfalls keine Religion, die sich noch zu Recht als auf dem Wege in der Nachfolge Jesu Christi betrachten könnte. Die Gotteserfahrung, Gottesbeziehung und Gottesaussage ist der entscheidende, nicht ablösbare Faktor in der Gestalt und im Schicksal Jesu von Nazareth.

Der Bereich der Transzendenz kommt immer dann ins Spiel, wenn die Erfahrung der menschlichen Endlichkeit bedacht wird, sei es von der Krankheit, vom Altwerden, von der Todesgrenze her, sei es von der Erfahrung der letzten unaufhebbaren Schranke zwischen Ich und Du, zwischen Mann und Frau, zwischen Mensch und Mensch her oder sei es von der Erfahrung des mangelnden Selbstbesitzes her, der unsere Vergangenheit und unsere Zukunft unserer Verfügung weithin entzieht, ja selbst unsere unmittelbare Gegenwart nie völlig durchschaubar und völlig bestimmbar sein lässt. Überall dort tut sich nämlich genau jene Dimension auf in unserem Leben, in der Welt, in der Geschichte, die das Ganze, das Größere, das Umfassende meint, nicht eine weite Bühne über uns, sondern eine Offenheit für das Ganze, Letzte, Vollkommene, Vollendete, die uns einerseits unser Elend, unsere Kleinheit, unser Sterben bewusst macht, die uns andererseits gerade dadurch groß macht, dass wir über das bloß Bestehende, über das Etablierte, das schon Gewachsene, über das von uns Gemachte hinausfragen und hinausstreben.

Dass wir, unser Leben, unsere Gesellschaft mit Gott, dem Transzendenten, Übergeschichtlichen zu tun haben, ist also ein wesentliches Moment an diesem geschichtlichen Ereignis Jesus von Nazareth. Das Entscheidende, das entscheidend Christliche dabei aber ist wiederum das Konkrete. Nicht von einem allgemeinen Transzendenten, Numinosen, Hintergründigen, Tiefgründigen, Unfassbaren ist die Rede, sondern von einem Jemand, den man anrufen und benennen kann, weil er selbst seinen Namen, sein Wesen, seine Nähe, seine Zuneigung kundgemacht hat. In dieser Bestätigung unserer Existenz hat er die Absurdität von uns genommen und uns damit zugemutet, wirklich Menschen zu sein, Mut gemacht, Hoffnung geschenkt, von Skepsis und Hoffnungslosigkeit befreit, uns zum Leben ermutigt gegen alle Anfechtung durch Zerfall und Tod.

Das Wachhalten der Botschaft von Gott und Gottes Nähe, die unserer Manipulierbarkeit entzogen, die einfach geschenkt ist und angenommen wird, der dauernde Hinweis auf einen Raum der Freiheit (Gott selbst,

seine Liebe), in den wir eintreten dürfen, in den wir hineingezogen werden, diese Kunde von Gott ist gerade heute immer auch ein besonderer Dienst am Menschen. Dienst am Menschen insofern, als hier ein Unberechenbares, Unplanbares und doch Beseligendes unsere fertigen Systeme und unsere Verplanung immer wieder neu in Frage stellt.

Wenn man diese beiden Gedanken als konstitutiv für das Christliche bezeichnet: das geschichtliche und einmalig konkrete Ereignis, in dem das Übergeschichtliche, Umfassende, Unendliche sich als Güte, als Liebe, namentlich als Liebender kundtut, dann haben wir, das ist Ihnen vermutlich aufgefallen, eigentlich nichts anderes getan als wiederum Jesus Christus als den Weg ausgelegt, das heißt das, was sich in dem *Doppelnamen* Jesus Christus ausdrückt (ein Mensch wird zur Funktion und zum Einbruch Gottes), auf die Geschichte, in die Dimension der Zeit übertragen. Wenn Hans Küng in dem Versuch seiner Kurzformel für unsere Zeit deshalb sagt, die eine christliche Botschaft sei der Name Jesus Christus, dann meint er genau dies: Jesus der Christus ist nicht nur ein Name, sondern ein Schicksal, ein Weg, ein Geschehen. Jesus Christus heißt nämlich, ein Mensch Jesus von Nazareth hat gelebt und ist gekreuzigt worden, aber er ist vollendet und erhöht, er lebt nun endgültig durch und in Gott, in ihm sind Gott und Schöpfung, Gott und Mensch ganz neu gebunden, durch ihn und in ihm ist die menschliche Endlichkeit für alle geöffnet. Eine solch konkrete Programmatik, die nicht nur über etwas redet, sondern mit ihrer ganzen konkreten Geschichtlichkeit redet, ist nur er, nicht Sokrates, nicht Buddha, nicht Mose und nicht Mohammed, nicht Marx und nicht Freud. Und der Versuch Küngs, diese Formel, diesen Weg Jesus Christus noch einmal zu übersetzen und zu verdolmetschen, lautet so: »*Im Licht und in der Kraft Jesu können wir in der Welt von heute wahrhaft menschlich leben, handeln, leiden und sterben: weil durch und durch gehalten von Gott, bis zum letzten engagiert für den Menschen.*«[139] (Dieser Aufsatz von Küng in *Publik* ist jetzt auch abgedruckt in dem Berichtband vom Concilium-Kongress in Brüssel. Die Zukunft der Kirche, Einsiedeln 1971)

2.5.3 Strukturen des Christlichen[140]

Versuchen wir einen dritten Anlauf, eine klärende Antwort auf die Frage zu erhalten: Wer ist ein Christ?, indem wir uns überlegen, ob es so etwas wie Strukturen des Christlichen gibt, Sachverhalte, Fakten, Beziehungen, Verhältnisse, die kennzeichnend sind für das christliche Existenzverständnis, für unser Selbstverständnis als Christen! Wenn das Voraufgehende richtig war, dann sagen wir im Folgenden nicht etwas Neues, Anderes, sondern das bereits mehr biblisch oder mehr geschichtlich Beschriebene mit anderen Worten, auf eine andere Weise, unter anderem Aspekt.

An erster Stelle würde ich hier nennen den Vorrang des Empfangens vor dem Tun, des Geschenks vor der Leistung, der erfahrenen Liebe vor der zu leistenden Liebe, Gnadenhaftigkeit, Gnadencharakter könnte man auch sagen. Hier liegt vielleicht der tiefste Graben zwischen dem christlichen Prinzip Hoffnung und seiner marxistischen Abart und Umwandlung. Nicht wir machen uns, nicht wir vollenden uns, nicht wir schaffen Heil, nicht an unserer Liebe hängen das Heil und das Schicksal der Welt. Ich weiß, das klingt furchtbar passiv und defätistisch, kann zu einer feigen Bequemlichkeit missbraucht werden und wird es auch immer wieder. Und natürlich liegt in einer solchen Aussage: Gott hat die Welt gerettet, in Jesus Christus ist der Mensch bereits am Ziel, das Ende hat schon begonnen, wir können durch keine Bosheit und Sünde und durch keine Katastrophe mehr erreichen, dass die Vollendung der Welt misslingt, natürlich liegt in einer solchen Aussage eine Relativierung unseres Tuns. Und doch, wenn man genau hinsieht, ergibt sich erst aus dieser Relativierung eine Sicherheit vor Selbstüberschätzung, Verkrampfung und Überforderung. Die Enttäuschung ist ja nirgendwo größer, als wenn

139 | *Hans Küng*, Zukunft Kirche, 78.

140 | Vgl. zu diesem Kapitel: *Joseph Ratzinger*, Einführung Christentum, 197–221. *ders.*, Stellvertretung, 566–575. *Hans Urs von Balthasar*, Christ. *ders.*, Liebe.

man in Selbstüberschätzung mit allen Fasern anstrebt, was man effektiv nicht schafft. Die Verkrampfung stellt sich notwendig ein, wenn man auf der Zielgeraden von Stärkeren eingeholt und überholt wird, wenn man also begründete Angst bekommt, doch nicht zu gewinnen. Es führt notwendig zur Überforderung mit all ihren negativen Folgen, wenn ich dauernd zu irgendetwas angespornt werde, wovon ich ständig erfahre, dass ich es nicht schaffe. Ich will sagen: In dieser Einordnung unseres Tuns als Zweites, Abgeleitetes, als Antwort, als Weitergabe, als Anwendung, als Folge, als Ausfaltung oder wie man das benennen will, liegt zugleich die Befreiung. Denn erst jetzt kann sich unser Tun in Gelassenheit, Gelöstheit und Freiheit vollziehen.

158 Ich brauche eben nicht mehr ängstlich für mich zu sorgen. Für mich ist gesorgt, für mich sorgt ein anderer. Ich kann, da ich all meine Sorgen (die mich betreffen) auf den Herrn geworfen habe, meine Kraft der Sorge ganz der Not der anderen zuwenden! Von meiner Liebeskraft brauche ich nichts für mich selbst zurückzubehalten, denn ich bin überschwänglich geliebt, bin versorgt. Von uns aus gesehen ist das Empfangen das Erste und das Weitergeben das Zweite.

In den Erzählungen der Chassidim, die Martin Buber gesammelt und herausgegeben hat – der Chassidismus war eine sehr sympathische, weltzugewandte Frömmigkeitsbewegung im Judentum Osteuropas im 18. und 19. Jahrhundert, deren literarische Zeugnisse reich sind an kostbaren Einsichten und theologischen Aussagen – in diesen Erzählungen der Chassidim wird auch folgendes berichtet:

> »Man fragte Rabbi Bunam: ›Es steht geschrieben: ›Ich bin der Herr dein Gott, der dich aus Ägypten führte.‹ Warum heißt es nicht: ›Ich bin der Herr, dein Gott, der ich Himmel und Erde schuf‹?‹ Rabbi Bunam erklärte: ›Himmel und Erde – dann hätte der Mensch gesagt: ›Das ist mir zu groß, da traue ich mich nicht hin!‹ Gott aber sprach zu ihm: Ich bin's, der ich dich aus dem Dreck geholt habe, nun komm heran und hör!‹«[141]

Nicht, dass Gott der Schöpfer des Himmels und der Erde ist, ist das Besondere und eigentlich Erregende an der Gotteserfahrung und Gottesoffenbarung, sondern dass er Jahwe ist, ein Gott für Welt und Menschen, ein Gott,

141 | *Martin Buber*, Erzählungen Chassidim, 761.

der rettet, ein Gott, der aus der Knechtschaft herausführt, Lebensmöglichkeit schafft, den Raum schafft, in welchem nun wir am Werk sind: Nun komm heran und hör und tu, was du gehört hast, könnten wir in Gedanken ergänzen, denn genau das ist ja auch hier gemeint, es geht ja um die Einleitungsformel der Bundescharta, um die Einleitung zum Dekalog.
Gott ist der zuerst Handelnde, der uns durch sein Wirken und Anrufen zu solchen macht, die antworten müssen. Als wir in der letzten Stunde nach dem fragten, was den Christen kennzeichnet, was ihn eigentlich zum Christen macht, erschien uns genau diese Aussage plötzlich als Angelpunkt: Gott liebt uns, obwohl wir Sünder sind, er trägt unsere Schwäche, er umhüllt unsere Blöße. Denn die erste Auskunft: Christ ist, wer liebt, die ja auch eine eindeutige Auskunft des Neuen Testamentes ist
(und keineswegs nur eine modische Idee von heutigen sogenannten Horizontalisten), diese scheinbar erste Auskunft: Christ ist, wer liebt, nur wer liebt, ist Christ, und jeder, der wirklich liebt, ist ein Christ, ist schon abkünftig, abhängig, abgeleitet (und in diesem Sinne also sekundär, zweitrangig im heilsgeschichtlichen Gesamtkonzept!). Die allererste Auskunft muss lauten: Christ ist, wer sich lieben lässt, wer annimmt, voller Vertrauen annimmt, im Glauben annimmt, dass unser ständiges Versagen gegenüber der Liebe kein Grund ist zur Resignation oder zum Ausbrechen in Gewalttätigkeit und revolutionäre Aggression. Nur der Glaube an die Liebe Gottes trägt letztlich unsere mangelhaften Versuche zu lieben. Und im Blick auf die Gegenwart und Zukunft, im Blick auf die zu bestehende und zu gestaltende Zeit, die uns aufgegeben ist, erwächst aus der Annahme der verzeihenden und vollendenden Liebe Gottes und aus der Bereitschaft, sich auf das Wagnis der Liebe einzulassen (die ja immer unser Eigenes als Preis fordert, die immer ein Drangeben und Hingeben einschließt, die immer an unserem Leben zehrt, mit sich selbst, mit dem eigenen Leben liebt; eine größere Liebe hat niemand als wer sein Leben hingibt für seine Freunde!), aus diesem Wagnis der Liebe erwächst jene Haltung, die die Heilige Schrift mit dem Wort Hoffnung beschreibt. Zuversichtliches Auslangen auf das noch Ausstehende und auf uns Zukommende trotz aller Todesanfechtung, weil jener auf uns Zukommende, der für uns da sein wird, sich als der Rettende, als die Liebe kundgemacht hat. So ist die Antwort des Neuen Testamentes: Ein Christ ist, wer liebt, glaubt und hofft, keine dreifache Antwort auf eine einfache Frage, sondern der Aufweis jener personal-geschichtlichen Di-

mension, die sich auftut, wenn wir das Wort Liebe sagen, der Aufweis des Innenraumes, der inneren Räumlichkeit, Dreidimensionalität, der inneren Struktur der Liebe. Liebe ist nicht ein Punkt, eine Linie, eine Fläche, sondern ein Raum, der Raum des Wir. [Ein Raum hat Breite, Höhe, Länge. Breite = Mitsein (Liebe); Höhe = Liebe Gottes zu uns (Glaube); Länge = Verwirklichung in der Zeit (Hoffnung).] Als wir versuchten, diese Antwort noch einmal unter anderem Gesichtspunkt zu formulieren, nämlich unter der Überschrift: *Strukturen des Christlichen*, hatte ich an erster Stelle diese Priorität des Handelns Gottes genannt: Aus unserer Sicht bedeutet das den Vorrang des Empfangens vor dem Tun, des Geschenks vor der Leistung, der erfahrenen Liebe vor der zu leistenden Liebe, die Gnadenhaftigkeit, den Gnadencharakter des Christseins. Dieses Strukturelement, das gewissermaßen die Verankerung unseres Seins und Tuns im Gesamt des Weltablaufs bedeutet, weil es angesichts des Abgrunds des Absoluten und unserer täglich erfahrenen Begrenztheit und Beschränktheit diesen Abgrund nicht beschreibt als das bodenlose, alles verschlingende Nichts, als Bedrohung und Absturz, sondern als den bergenden Schoß des Vaters, als Geborgenheit und Heimkehr, dieses Strukturelement des Christlichen entspricht dem Glauben. Sich den Sinn und die Rettung zusprechen lassen, annehmen, dass wir bejaht sind, gewollt sind und vollendet werden, sich lieben lassen heißt: glauben.

Als Struktur des Christlichen würde ich an zweiter Stelle nennen: das Miteinandersein, das Für-sein, die Pro-existenz. Eine vielfältige biologisch-soziologische, leiblich-geistige Verflechtung kennzeichnet schon im natürlichen Bereich unser Leben als ein Sein-von-her und ein Sein-auf-zu, und unsere große Versuchung ist ja stets, diese Tatsache zu ignorieren, aus ihrem Zusammenhang auszubrechen, uns auf Kosten anderer zu bereichern, uns einen zusätzlichen Spielraum zu verschaffen durch Unterdrückung anderer. Das bewusste Annehmen und die intensive Verwirklichung dieser Grundgegebenheit *Menschsein heißt Mitsein!* ist gleichbedeutend mit dem Versuch, Jesus Christus nachzufolgen in seiner Proexistenz. Der Einzelne wirkt für das Ganze und das Ganze trägt den Einzelnen. Hier scheint der einzig mögliche Weg zu liegen, der Grat, der zwischen den Abgründen des Individualismus und des Kollektivismus hindurchführt. Wenn Christsein den gewollten und bewussten und stets neu mühsam versuchten Übergang vom Sein für-sich-selbst zum Sein für-einander bedeutet, dann kann man und muss man zunächst deutlich sagen, wie Joseph Ratzinger geschrieben hat:

»Christsein ist seiner ersten Zielrichtung nach nicht ein individuelles, sondern ein soziales Charisma. Man ist nicht Christ, weil nur Christen ins Heil kommen, sondern man ist Christ, weil für die Geschichte die christliche Diakonie Sinn hat und vonnöten ist.«[142] Dieses Füreinander bedeutet nichts weniger, als dass man das Eigene für die anderen braucht und verbraucht, also das, was im Anschluss an das Schriftwort das Gesetz des Weizenkorns genannt werden kann: »[W]enn das Weizenkorn nicht in die Erde fällt und stirbt, bleibt es für sich allein; stirbt es hingegen, so bringt es reiche Frucht.« (Joh 12,24f.) Dieses Wachstumgesetz, mit dem Jesus seinen Tod für uns interpretiert, will sagen: Selbstbewahrung, der Versuch der Selbstbehauptung führt zur Vereinzelung, zum Ausdorren und Vertrocknen und zum fruchtlosen Aussterben. Aber genau so deutlich muss nun gegen alles kollektive Denken betont werden: Das Verströmen und Verschenken der eigenen Kraft und Substanz in den Dienst der Gesamtheit schenkt Fruchtbarkeit in den Gesamtprozess hinein und vollendet den, der sich scheinbar völlig preisgibt, gerade in seiner Hingabe. Wenn die Liebe höchste Erfüllung und Seligkeit bedeutet, dann wird diese Vollendung erreicht gerade durch diese schmerzhafte Umwandlung der völligen Selbsthingabe hindurch. Der Einzelne geht nicht in der Gemeinschaft unter, sondern findet als Einzelner seine Vollendung und Erfüllung, als Teil, als Glied, als Moment, als Funktion im Ganzen! Wenn dem ersten Strukturmoment: *Gott ist der Erste, er rettet uns, er liebt uns* der annehmende Glaube entsprach, dann entspricht dieses Strukturmoment: *das Füreinander* der Liebe. Wer die zuvorkommende Tat Gottes annimmt, wer glaubt, ist Christ. Wer in das Beziehungsgefüge des *Einer-für-den-andern* eintritt, wer liebt, ist ein Christ.

Schauen wir unter der Überschrift *Strukturen des Christlichen* noch kurz auf ein drittes Moment, auf jenes eigenartige Ineinander von schon jetzt und noch nicht, von Endgültigkeit und Vorläufigkeit, von Sein und Werden, auf die Dialektik von präsentischer und futurischer Eschatologie.

Die entscheidende Tat Gottes eröffnet uns die Zukunft. Die entscheidende Tat Gottes in Jesus ist schon geschehen, ist nicht mehr überbietbar, denn die endgültige und unauflösbare Verbindung Gottes mit dem

142 | *Joseph Ratzinger*, Einführung Christentum, 203. Auch zu den folgenden Gedanken vgl. *Joseph Ratzinger*, Einführung Christentum, 205–207.

Menschen ist nicht zu steigern. In Jesus ist die Menschheit bereits am Ziel, in Jesus hat der Himmel bereits begonnen als die Gemeinschaft des vollendeten Menschen mit Gott. Und doch muss sich genau dieses Geschehen in die Völker und Zeiten und Jahrhunderte und Einzelleben hinein ausfalten und einbürgern, inkarnieren. Es wächst, was schon verborgen anwesend und wirksam ist, die Vereinigung von Gott und Menschheit, aber die Endgestalt, die Vollreife, die Offenbarkeit dieses Vorganges steht noch aus, in der Gesamtgeschichte wie im Einzelleben. Was am Ende sein wird, ist schon verborgen anwesend und wirksam.

Im äußeren, sichtbaren irdischen Geschehen ist das Göttliche selbst am Werk, im Geschichtlichen das Übergeschichtliche anwesend und wirksam. Und das in allem gegenwärtigen Tun der Liebe anwesende Auslangen nach vorn, in die Zukunft, ist eine Kraft der Veränderung, die starre, gewachsene Systeme überwindet durch das Wissen, dass das Gegenwärtige nicht das Ende, nicht das Gemeinte ist, sondern allenfalls ein Weg dazu. Genau dies haben wir eben als Hoffnung beschrieben, Hoffnung als auslangende Kraft des Vertrauens auf die vollendende Liebe Gottes.

Drei Punkte haben wir jetzt knapp als *Strukturen* des Christlichen angesprochen. *Erstens* den Vorrang des Empfangens, die Gnadenhaftigkeit; *zweitens* das Gesetz des Füreinander, die Proexistenz, und *drittens* die Kennzeichnung des *Schon jetzt und Noch nicht*, und diese drei Momente entsprachen dem, was in der biblischen Beschreibung Glauben, Lieben und Hoffen hieß.

2.5.4 Die Rede vom anonymen Christen[143]

Nun wäre entsprechend unserem letzten Arbeitspapier noch ein vierter Punkt zu behandeln, die Rede vom *anonymen Christen*. Ich hoffe, es ist in Ihrem Sinne, wenn wir für den Rest dieser Stunde unsere Aufmerksamkeit diesem Thema zuwenden, und heute nicht noch ein ganz neues Kapitel beginnen, das der systematischen Entfaltung und der Frage nach dem Verhältnis von Wahrheit und Geschichte, das nach unserem Plan ja als nächstes zu behandeln wäre. Wir müssen dann zwar im Verlauf der zweiten Semesterhälfte noch straffen und am Ende vielleicht das eine oder andere streichen. Aber ich halte es doch für gerechtfertigt, wenn

143 | Vgl. zu diesem Kapitel: *Karl Rahner*, Anonyme Christen, 545–554. *Anita Röper*, Anonyme Christen. *Klaus Riesenhuber*, Anonymer Christ, 286–303. *Joseph Ratzinger*, Volk Gottes, 339–375. *Heinrich Schlier*, Christ Welt, 416–428. *Hans Küng*, Christenheit Minderheit.

wir an dieser Stelle noch ein wenig näher zuschauen, weil hier ja wieder die ganz grundsätzliche Frage ins Spiel kommt, die Frage nach der Notwendigkeit und der Effizienz des Christentums, die wir anfangs schon einmal angesprochen hatten, als wir den alten, sehr missverständlichen und oft auch missverstandenen Satz besprachen: *Außerhalb der Kirche kein Heil*. Wenn wir nämlich als Christen fragen: Wer ist ein Christ?, dann ist das zunächst eine Beschreibung unseres Selbstverständnisses, des Unverzichtbaren, des Minimums, der eisernen Ration gewissermaßen, ohne die man sich nicht auf den Weg machen kann hinter Jesus her. Die gleiche Frage aber bekommt einen völlig anderen Klang und über eine akademisch-scheinende Definition hinaus auch eine mächtige Brisanz, wenn man sich umschaut in die gegenwärtige Lage der Christenheit, in die Vergangenheit und in die Zukunft und dann fragt: Wer ist denn ein Christ? Im selben Augenblick ist nämlich der quasi private-innerkirchliche, innerchristliche Kreis gesprengt und die Rolle der *Christenheit als Minderheit* steht im Blick (so hat Hans Küng sein lesenswertes Büchlein in den Theologischen Meditationen genannt).

Denn unweigerlich steht die Frage auf nach dem Schicksal und dem Heil all derjenigen, die sich nicht zu der Heilstat Gottes in Jesus bekennen, die ihren Versuch, sinnvoll zu leben, nicht auf ein so verstandenes Glauben, Lieben, Hoffen beziehen. Ein Blick in die Gegenwart zeigt: Von den etwa 2,5 Milliarden Menschen auf der Erde sind nur rund 850 Millionen Christen (dem Etikett nach, der Registrierung nach, hinter der immerhin eine Taufe steht).[144] Etwas mehr als die Hälfte davon sind Römische Katholiken. In Indien sind 2,4 Prozent getauft, in China und Japan sind es nur 0,5 Prozent. Und wie es in unseren westlichen Großstädten aussieht, wo nach der Statistik fast 100 Prozent Christen wohnen, wissen wir ja. Wenn die Paläontologie uns sagt, dass statt der biblisch-stilisierten Zeitangabe von 5200 Jahren seit Erschaffung der Welt, ein Zeitraum von etwa 600000 Jahren oder mehr anzusetzen sei, in dem es Menschen gibt, dann fragt man sich erschrocken, warum kommt Christus dann so spät? Was sind 2000 Jahre gegen 600000 Jahre? Und auf die Zukunft gesehen wird zwar die absolute Zahl der Christen weiter zunehmen wie bisher, aber die Relation zu der schneller wachsenden Gesamtbevölkerung wird sich zusehends verschlechtern, so dass der Anteil der Christen

144 | Zahlen von 1970!

an der Gesamtbevölkerung abnehmen wird! Wenn man von der reinen Zahl ausgeht, kommt man plötzlich in eine ganz eigenartige Umkehrung der Sicht: Wir sind gewohnt, die christliche Existenz als den normalen Weg zum Heil zu sehen, neben dem Gott gewiss auch noch manche andere ungewöhnliche Möglichkeiten bleiben, Nichtgetaufte zu retten und zu vollenden. Aber ist nicht aufs Ganze gesehen dieser außergewöhnliche Weg der normale, und geht nicht die kleine Zahl der Christen den ungewöhnlichen Weg? Wenn man nicht nur auf den Einzelnen schaut, sondern darauf, dass ja nahezu jeder Einzelne sich in irgendeiner Form von Religion oder Ersatzreligion bewegt, muss man dann nicht tatsächlich fragen, wie Küng das tut, ob nicht die Weltreligionen gegenüber dem

hohen außerordentlichen Heilsweg in der Kirche als ordentlicher Heilsweg der nichtchristlichen Menschheit bezeichnet werden müssten?
Wir wollen hier noch keine Antworten anbieten, sondern durch diese kurzen Hinweise nur das Feld ansichtig machen, in dem der Begriff des *anonymen Christen* sich bewegt. Karl Rahner hat, wie in vielen anderen Fragen so auch hier, das Problem nicht nur angesprochen, sondern auch einer Lösung nähergeführt und versucht, einen Begriff oder ein Schlagwort, wenn man so will, dafür zu prägen:

> »Ich meine, daß nur zwei Dinge nötig sind, um recht zu verstehen, was mit diesem Stichwort gemeint ist: Ein wirkliches Durch*denken* verschiedener, oft nur steril nebeneinander liegender Grunddaten traditioneller Schultheologie *und* ein *unvoreingenommenes* Betrachten der *wirklichen* Situation der Menschheit, des Christentums und der Kirche von heute.«[145]

Die wirkliche Situation der Christenheit als Minderheit haben wir eben kurz zu umreißen versucht. Die oft nur steril verpackt weitergegebenen Grunddaten sind – sehr verfremdet – etwa: Votum ecclesiae oder Begierdetaufe, deutlicher: *Der allgemeine Heilswille Gottes* oder *Sühnetod Jesu für alle Menschen*, in der biblischen Formulierung des ersten Timotheusbriefes: »Er [Gott; T.S.] will, daß alle Menschen gerettet werden und zur Erkenntnis der Wahrheit gelangen. Denn es ist *ein* Gott und *ein* Mittler zwischen Gott und den Menschen: Christus Jesus, der Mensch, der sich selbst zum Lösegeld für alle dahingegeben hat.« (1 Tim 2,4–6)

145 | *Karl Rahner*, Anonyme Christen, 553.

Die Frage ist also: Werden auch die vielen Nichtchristen gerettet, wie werden sie gerettet, und wie verhalten sich ihr Lebensvollzug und ihre Vollendung zu der bewusst christlichen Existenz? Auf diese Frage bietet Rahner seine Überlegungen von den anonymen Christen als Antwort an. Das Wort ist unter Umständen (Heinrich Schlier hat das eingewandt) eine Contradictio in Adjecto – wenn nämlich unter Christ jemand verstanden wird, der sich zu Jesus Christus bekennt und ausdrücklich auf ihn bezieht. Auf das Wort komme es ihm gar nicht an, hat Rahner geantwortet, aber die im Blick stehende Sache sei unleugbar zentral für das Verhältnis eines heutigen Christen zu seiner Umwelt. Mit Verhältnis zur Umwelt meint er nun aber nicht (er wehrt sich ausdrücklich dagegen, dass man ihm eine solche Absicht unterschieben will), hier werde nur ein letzter verzweifelter Versuch unternommen, in einer Welt schwindenden christlichen Glaubens alles Gute und Menschliche im letzten Sinn – gegen den Willen der Betroffenen – doch noch für die Kirche zu retten. Es gehe zunächst gar nicht um eine Argumentation gegenüber dem Betroffenen, dem sogenannten anonymen Christen, sondern um eine notwendige Besinnung der Christen selbst. Denn weder mit einem unchristlichen Optimismus noch mit einem unchristlichen Pessimismus können wir Christen hier weiter kommen. Unchristlicher Optimismus wäre es, wenn man in großmütiger Toleranz und einem hochherzigen Indifferentismus allen das Heil zusprechen wollte, auch ohne eine Beziehung zu Jesus Christus. (Das Neue Testament spricht anders, ganz abgesehen davon, dass das einem christlichen Harakiri gleichkäme.) Unchristlicher Pessimismus wäre es, wollte man argwöhnen und mutmaßen, dass die überwiegende Mehrheit dieser seltsamen Gattung zweibeiniger Säuger in die Abfallgrube wandert.

Ließe sich Rahners Argumentation wenigstens knapp, als Gerippe gewissermaßen aufzeichnen? Was ist nötig zum Heil? Die Nähe Gottes in Jesus Christus anzunehmen. »Gott hat sich dem Menschen zu unmittelbarer Nähe gegeben«[146], auf diese Formel lässt sich etwa (nach Rahner) das Wesen des Christentums bringen. Rahners Bemühen geht nun dahin, zu zeigen, dass es denkbar und möglich ist, dass der Mensch auch ohne ausdrückliche Artikulation und ohne besondere Reflexion Gott und seine menschliche Nähe im Tun, im Lebensvollzug bejaht und annimmt.

146 | *Karl Rahner*, Anonyme Christen, 550.

Drei Voraussetzungen müssen erfüllt sein, wenn dieser Gedanke schlüssig sein soll, wenn hier Gott durch Jesus Heil wirken und vollenden soll und wenn deshalb der so qualifizierte Mensch sich in einer Vorform, Ersatzform oder verhüllten Gestalt christlicher Existenz befinden soll, also ein *anonymer Christ* genannt werden kann: *einmal* die Bejahung Gottes als des absoluten transzendenten Grundes unseres Lebens; zum *Zweiten* die einschlussweise Bejahung des absoluten Anspruchs im Menschen, also jener eigenartigen Konstellation, die wir mit *Menschwerdung, Inkarnation* meinen, die wenigstens implizite Bejahung der Tatsache, dass sich an meiner Stellung gegenüber dem Menschen mein endgültiges Schicksal entscheidet, weil ich in ihm Gott selbst begegne; *drittens* ist nötig zu zeigen, dass ein solches Verhalten eines Nichtchristen, der dem Gesetz seines Gewissens folgt, nicht eine Entfaltung seiner eigenen naturalen Möglichkeiten darstellt, sondern Gnadenwirklichkeit ist, Annahme jenes übernatürlichen Existentials, jener vorgängig zu unserem Tun bereits gegebenen Wirklichkeit, der Zuneigung Gottes zu jedem Einzelnen. In seiner knappsten, fast rudimentären und schon beinahe unverständlichen Form hieße ein anonymer Christ derjenige, der sich selbst wirklich ganz annimmt. (Es ist von meiner Seite her fast sträflich, hier den Eindruck einer Primitivität zu erwecken, die natürlich ganz zu meinen Lasten geht.) Die Rahnersche Formulierung *der sich selbst wirklich ganz annimmt* stimmt natürlich nur im Kontext der Rahnerschen Überlegungen. Da ist zunächst von seinem transzendentaltheologischen Ansatz her der immer wiederkehrende Gedanke, dass jeder Selbstvollzug des menschlichen Geistes, jeder Akt des Erkennens und Wollens, jenes Auslangen auf den grenzenlosen Horizont mit einschließt, vor dem alles definierende, abgrenzende Erkennen geschieht. Unsere grundsätzliche Offenheit, unsere Transzendenz auf das grenzenlos uns umgebende, absolute Geheimnis bejaht dieses uns Umfassende, aber von uns nicht zu Umfassende als den Sinn, als das Tragende in jedem Versuch einer Aussage, einer formulierten Erkenntnis, einer wahren Aussage, eines bejahten Sinnes, eines angestrebten Zieles. Sich selbst vollziehender »Geist meint jene Offenheit, die immer schon eröffnet ist durch den schöpferischen Anruf des unendlichen Geheimnisses.«[147] In diesem Sinne könnte man also jeden Menschen, der nicht in der völligen Negation der Wahrheit, der Negation

147 | *Karl Rahner*, Anonyme Christen, 547.

des Sinnes und der Zukunft lebt, einen anonymen *Theisten* nennen (ganz gleich, wie er selbst seine Einstellung zum Absoluten reflex beschreiben würde). Aber es geht beim Christsein um mehr als um Theismus. Christsein meint Gottes Nähe im Menschen, in Jesus Christus, seine Ankunft im Bereich des Menschlichen. Von seinem christologischen Ausgangspunkt her, den Rahner in seinem grundlegenden Aufsatz *Zur Theologie der Menschwerdung* entwickelt hat (auch im Artikel *Jesus Christus* in *Sacramentum Mundi*, auch in seinem Bändchen: *Ich glaube an Jesus Christus* in den Theologischen Meditationen, Band 21), von diesem Ansatz her lässt sich auch hier die sachlich-inhaltliche Verbindung ziehen: Menschsein ist gewissermaßen die Spiegelung Gottes nach außen, die Selbstaussage Gottes in das Nichtgöttliche, Geschaffene hinein, Menschsein ist die geschaffene Frage Gottes nach sich selbst, die letztlich nur mit sich selbst, mit Gott endgültig und vollständig beantwortet wird. Der Mensch ist die existentielle Frage nach Gott, Gott ist die Antwort, beide sind eins im Gottmenschen Jesus Christus. Aber dieses Gottmenschentum Jesu ist deshalb nicht etwas schlechterdings und in jeder Hinsicht Unerwartbares, Unvorstellbares, sondern die exemplarische Verwirklichung von Menschsein überhaupt, gewiss einmalig, aber doch nicht das Fremde, sondern der Höhepunkt dessen, was bei Menschsein immer gemeint ist. Menschsein ist immer in gewissem Sinne *Gottmenschentum*. Volle Annahme des Menschseins ist deshalb immer auch Annahme des Gottmenschentums, Annahme der Tatsache, dass unser Fragen, unser Erleiden, unsere Begrenztheit, unser Zerfall Antwort, Heil, Sinn nicht in sich selbst findet, sondern im Auslangen nach dem, was weit über uns hinausgeht. Wenn ich meine zerschundene, bruchstückhafte, nicht bewältigte, nicht umgreifbare, vor allem vom Tod bedrohte Existenz dennoch als sinnvolle tapfer auf mich nehme und gegen alle anschleichende Verzweiflung auch meine Aufgabe im Ganzen auf mich nehme, dann habe ich damit implizit die Wirklichkeit bejaht und angenommen, die wir Jesus Christus nennen.

Bedenken Sie bitte, wenn Sie diese Sätze hören, dass ich vorhin von dem Gerippe eines Gedankens sprach. Ich kann Ihnen in dieser Kürze höchstens das Was und nicht das Wie vor Augen führen. Der dritte in diesem Zusammenhang wichtige Gedanke ist der, dass es bei solchem Bemühen und Verhalten nicht einfach um die Ausübung der geschöpflichen Fähigkeiten gehe, nicht um den Vollzug der geschaffenen menschlichen Natur, die einfach so sein muss und nicht anders sein könnte, sondern dass sowohl auf der Seite des Menschen freie Zustimmung und freie Verweigerung möglich ist, als auch auf Seiten Gottes nicht einfach eine grundlegende Schöpferbeziehung allein im Spiel ist, sondern das freie gnadenhafte Angebot seiner Liebe. Die Zusage, dass er uns retten und vollenden will, ist nicht nur dort vorhanden, wo sie durch Christen ausdrücklich verkündigt wird, sondern tritt jedem menschlichen Selbstvollzug insofern gegenüber (der Sache nach, der Tatsächlichkeit nach, nicht in ausdrücklicher Bewusstheit beim einzelnen Menschen!) als endgültiges Heil, Vollendung über den Tod hinaus, unzerstörbares Glück und nie endende Seligkeit, welche zwar dem geschaffenen Menschen angemessen, von ihm auch ersehnt und erstrebt werden können, aber eben nur Wirklichkeit werden in der gnadenhaft freien Zuwendung Gottes an den Einzelnen, als Geschenk seinerseits. Die Gnadenhaftigkeit liegt also in der von Gott gesetzten Beziehung, in der besonderen Qualifikation seines Verhältnisses zu uns, in dem von ihm gesetzten Sachverhalt und nicht in dem menschlichen Bewusstsein von diesem so gesetzten Sachverhalt. Gottes gnadenhafte Zuwendung ist nicht nur dort tatsächlich gegeben, wo sie dem Menschen reflex bewusst wird, und die Annahme dieser gnadenhaften Zuwendung kann nicht nur dort geschehen, wo eine bewusste christlich-gläubige Antwort gegeben wird, sondern auch dort ist sie möglich, wo man sich gegen die Verzweiflung – für die Hoffnung, gegen die Rücksichtlosigkeit – für die Selbstlosigkeit, gegen die Unterdrückung – für die Hilfe, wo man sich gegen die Repression und Knechtung – und für die Freiheit, wo man sich gegen den Hass – und für die Liebe, wo man sich gegen die Trauer – und für die Freude, wo man sich gegen die Skepsis – und für die Zuversicht entscheidet. Mag ein Mensch, der liebt, nun wissen warum er das tut oder nicht, er hat faktisch das Gnadenangebot Gottes, seine Nähe in sein Leben eingelassen. »Begnadigung und Inkarnation als die beiden Grundweisen der Selbstmitteilung Gottes lassen sich so als die radikalsten, vom Menschen unerzwingbaren, aber eben so das Wesen seiner Transzendenz eminent erfüllenden Weisen seines Geistwesens erfassen.«[148]

Man kann Gott bejahen im Tun, ohne es zu wissen, man kann die Nähe Gottes im Menschlichen ergreifen, ohne an Jesus Christus zu denken,

148 | *Karl Rahner*, Anonyme Christen, 548 f.

man ist von der Zuneigung Gottes getroffen, ohne das in Worte fassen zu können. Die Wirklichkeit, die einen Christen bestimmt und ausmacht, das eben bemüht sich Rahner zu zeigen, *kann* in Verborgenheit, Verhülltheit und Anonymität da sein, die Sache *kann* da sein ohne den Namen, der Vollzug *kann* da sein ohne die reflexe Artikulation.

> »Das heißt dann aber, daß es Grade der Kirchengliedschaft geben muß, nicht nur aufsteigend vom Getauftsein [...] bis zur verwirklichten Heiligkeit, sondern auch absteigend von der Ausdrücklichkeit des Getauftseins in eine nicht-offizielle, eben anonyme Christlichkeit hinab, die trotzdem noch in einem gültigen Sinn als Christlichkeit benannt werden darf oder gar sollte, wenn auch sie selbst sich nicht so nennen kann und will.«[149]

Rahner beruft sich für diese seine Auffassung auf das Kapitel 16 der Kirchenkonstitution des letzten Konzils (an der er selbst ja intensiv mitgearbeitet hat). Dort heißt es auch: »Diejenigen endlich, die das Evangelium noch nicht empfangen haben, sind auf das Gottesvolk auf verschiedene Weise hingeordnet.« (LG 16) (Juden und Moslems werden besonders hervorgehoben.)

> »Aber auch den anderen, die in Schatten und Bildern den unbekannten Gott suchen, auch solchen ist Gott nicht ferne, da er allen Leben und Atem und alles gibt (vgl. Apg 17,25–28) und als Erlöser will, daß alle Menschen gerettet werden (vgl. 1 Tim 2,4). Wer nämlich das Evangelium Christi und seine Kirche ohne Schuld nicht kennt, Gott aber aus ehrlichem Herzen sucht, seinen im Anruf des Gewissens erkannten Willen unter dem Einfluß der Gnade in der Tat zu erfüllen trachtet, kann das ewige Heil erlangen.« (LG 16)

Diesen Gedanken führt der Konzilstext dann weiter aus und weist noch ausdrücklich darauf hin, wie ein solches Bemühen, bei Nichtchristen zumindest nicht weniger als bei ausdrücklichen Christen, immer auch unter der schweren Anfechtung des Bösen stehe.
An diesem Punkte könnte sich tatsächlich ein entscheidendes Missverständnis der Rede vom *anonymen Christen* ergeben, dann nämlich, wenn man diesen komplizierten Gedankengang so vereinfachend konkretisie-

149 | *Karl Rahner*, Anonyme Christen, 546.

ren wollte: Jemand müsse nur fest nach seiner Überzeugung leben und werde auf seine darin bewiesene Gewissenhaftigkeit hin gerettet.

An dieser Stelle muss man genau achtgeben, dass man nicht die Aussage auf den Kopf stellt. Dann wäre also auch die Gewissenhaftigkeit des SS-Mannes, die grausame Genauigkeit seines pervertierten Gehorsams im KZ eine Art Zustimmung zu Christus, eine Art votum ecclesiae, eine Art anonymen Christentums? Hier zeigt sich, dass man den Ruf des Gewissens nicht einfach mit den jeweiligen Überzeugungen gleichsetzen kann, die ein bestimmtes soziales und geschichtliches System hervorbringt. Dann würde nämlich die gewissenhafte Bejahung des vorgegebenen Systems zum Heilsweg, Gewissen würde zu Gewissenhaftigkeit degenerieren. Joseph Ratzinger macht darauf aufmerksam, dass es zwar human und weitherzig klinge, wenn man sage, ein Moslem müsse, um gerettet zu werden, eben ein guter Moslem sein, ein Hindu eben ein guter Hindu, aber dann stimmt natürlich ebenso: ein Kannibale muss, um gerettet zu werden, ein *guter Kannibale* sein (was immer man darunter verstehen mag) und ein SS-Mann in Auschwitz müsse ein guter SS-Mann sein. Hier stimmt etwas nicht. Von hier aus eine Theologie der Religionen zu entwickeln, führt auf den Holzweg. Denn hier werden Systeme, Partikularismen vergötzt, verselbstständigt, verabsolutiert. Solche Thesen: Mission hat dafür zu sorgen, dass ein Moslem ein besserer Moslem, ein Hindu ein besserer Hindu werde (bei Halbfas klingen diese Gedanken an) scheinen zunächst progressiv, erheben aber den Konservativismus zur Weltanschauung. Das Bestehende wird zementiert. Aber nicht das System oder das Einhalten des Systems rettet den Menschen, sondern ihn rettet genau das, was die Öffnung aller selbstgenügsamen und in sich ruhenden Systeme darstellt, die Liebe, das Aussichherausgehen, das Mitsein des Menschen zum Programm machen.

Nichtchristliche Religionen helfen soweit zum Heil (als Institution!), soweit sie in diese Haltung hineinführen und diese Offenheit ermöglichen, sie werden zu ausgesprochenen Heilshindernissen, wenn sie die Einzelnen an genau dieser Haltung hindern. Der Glaube an Christus bedeutet die Überzeugung, dass es einen Ruf zur Überschreitung des Partikularismus gibt, und dass nur so, im Zugehen auf die Einheit des Geistes und der Gesinnung, die Geschichte zu ihrer Erfüllung kommt. Beim Christsein geht es keineswegs bloß um ein formales Prinzip und seine Beachtung, sondern um eine zentrale, inhaltliche Bestimmung – die Liebe.

Aus diesen Andeutungen ist Ihnen wohl schon bewusst geworden, dass es bei der Rede vom *anonymen Christen* oder dem, was damit gemeint ist, nicht um ein neues theologisches System, um eine theoretische Absicherung einer neu bewusst gewordenen Minderheitenrolle, sondern um eminent praktische Fragen geht: Von hier her ist nämlich erst die stellvertretende Funktion der Christen in der Menschheitsfamilie und vor allem der Gedanke der Mission neu in den Blick zu nehmen. Wir wären einerseits töricht, wollten wir uns auf die Haltung zurückziehen, wir hätten als Christen den anderen Weltreligionen nicht noch Entscheidendes zu bieten. (Ich meine jetzt nicht den Kirchenapparat und das tatsächliche europäische Christentum, sondern den Anruf Jesu Christi, Christus als den Weg, die Wahrheit und das Leben!) Andererseits sollten wir erkennen, dass die Effizienz der Kirche und des Christentums nicht an der Zahl der Mitglieder hängt. Um die Rettung aller sein zu können, muss sich die Kirche nicht auch äußerlich mit allen decken.

Denn uns muss neu bewusst werden, um unsere Rolle recht zu erkennen und wirksam übernehmen zu können, dass die Kirche wie schon Israel *pars pro toto* ist, die Minderheit im Dienste der Mehrheit, der Vortrupp der Menschheit, Zeichen für die Völker, unvollkommenes und verdunkeltes, aber in der Kraft Gottes doch auch immer wieder erkennbares und erhellendes Gleichnis der schon angebrochenen Vollendung.

Von daher kann unsere Frage als Christen nie sein: Warum muss ich mich anstrengen, während andere so viel leichter zum Heil finden? Denn zum einen: Wer sagt mir, dass jemand der nicht Christ ist, sich wirklich leichter tut, und zum anderen sind wir nicht Christen, um *uns* zu erretten, sondern um *die Welt* zu retten, um die Nähe Gottes weiterzusagen und weiterzugeben. Christsein macht nicht deshalb froh, weil wir gerettet, die anderen aber verdammt werden, das wäre eine äußerst schäbige und schadenfrohe Haltung, die genau dem neidischen Bruder im Gleichnis vom verlorenen Sohne und den Arbeitern der ersten Stunde entspräche, die auch nur fragten, ob die anderen genau so viel oder weniger gearbeitet haben.

Christsein mag tatsächlich manchmal (menschlich gesprochen) schwerer sein als ein Leben außerhalb der Kirche, ganz einfach weil wir in Dienst genommen sind. Wenn Christsein Sein für die anderen ist, für die übrigen Menschen, für das Heil der Welt, dann hat diese Funktion gewiss immer die Züge des Simon von Kyrene, an dem weltgeschichtlichen Kreuz Jesu mitzuschleppen, an der Last der Geschichte zu tragen.

Christsein heißt lieben. Lieben heißt sich verschenken. Und nur die Liebe führt die Menschheit ans Ziel.

§ 3 Systematische Entfaltung

3.1 Wahrheit – Geschichte – Existenz. Über den theologischen Wahrheitsbegriff

3.1.1 Der Ort dieser Stunde im Gesamtzusammenhang

Da zwischen unserer heutigen und der letzten Stunde auch schon wieder vierzehn Tage liegen, ist es Ihnen hoffentlich recht, wenn ich rückschau-
172 end ganz kurz versuche, den Zusammenhang wiederherzustellen. Es geht uns darum, zu erkennen, wie im Bereich des Glaubens Lehre und Leben, Denken und Tun zusammenhängen. An kurzen geschichtlichen Beispielen haben wir gesehen, wie sehr bei manchen Gelegenheiten das, was man tat, und das, was man theoretisch vertrat, auseinanderklafften in der Christenheit. Und eine der geistesgeschichtlichen Wurzeln der modernen Religionskritik, vor allem marxistischer Prägung (an Feuerbach sich anschließend), war die bedrückende Unfähigkeit der Christen, aus dem gewohnten bürgerlich-aristokratischen System auszubrechen, die Notwendigkeit der Stunde (etwa in der Arbeiterfrage) zu erkennen und als Christenheit den Kampf gegen Unfreiheit und Unterdrückung aufzunehmen. Andererseits fiel uns auf, von welch einem verschrobenen theoretischen Bild von Christentum Feuerbach etwa ausging, als er sein System entwarf, wie sehr also auch der theoretische Aspekt, die Lehre, die Selbstdarstellung der Christenheit im Argen lagen. Wo sind die Maßstäbe zu gewinnen, wenn wir das Zueinander und Ineinander von Theorie und Praxis im Bereich des Christlichen, wenn wir das Verhältnis von Orthodoxie und Orthopraxie richtig erkennen und beschreiben wollen? Jesus Christus ist das Maß für die Christen und das Christentum. Deshalb war unser Blick auf Jesu Stellung zum politisch-religiösen Establishment seiner Zeit mehr als eine historische Reminiszenz! Denn hier wurde grundlegend, wurzelhaft erkennbar, dass Nachfolge Jesu nicht heißt, sich zu fügen, sich dem herrschenden System anzupassen, sondern den Menschen über das Gesetz zu stellen, sich dem Menschen voll zuzuwenden. *Recht leben heißt, ganz für die Menschen da sein,* das war nun keine Erfindung Jesu von Nazareth, sondern war der Kern der alttesta-

mentlichen Gotteserfahrung, auf die Jesus sich bezog und die er neu zum Leuchten brachte. Denn die Jahwe-Gottesoffenbarung hatte genau diese Gewissheit zum Inhalt: Gott, der Absolute, der Mächtige ist ein Gott für die Welt und die Menschen, wer ihn bejaht, muss auch seine Bejahung der Menschen mitbejahen. Wer sich Jahwe zuwendet, wendet sich damit immer auch den Menschen zu. Weil Jahwe bei den Menschen ist, trifft man Gott nie ohne Menschen an. Das altbundliche Grundgesetz, der Dekalog, der die Beziehung zwischen Gott Jahwe und Israel regelt, spricht deshalb fast ausschließlich von den Beziehungen der Menschen untereinander: Wir leben in dem von Gott eröffneten Raum der Freiheit, der Gerechtigkeit und des Vertrauens. Jesus ist durchaus nicht der Erste, der gegen Verzerrungen und Verhärtungen in diesem Beziehungsgefüge ankämpft, die Propheten haben auf unterschiedlichste, oft bizarre und äußerst anstößige Weise die politischen und religiösen Einrichtungen Israels kritisiert, wenn sie zum Selbstzweck zu werden drohten, wenn menschliche Berechnung an die Stelle des Gottesvertrauens trat, wenn menschliche Überlieferung das Wort Gottes verdeckte. In Jesus erfährt dieses prophetische Mahnen aber eine bisher nicht gekannte innere Radikalität und Zuspitzung, weil es hier nun nicht mehr heißt: »So spricht Gott, der Herr« (Jes 42,5), sondern: »Ich aber sage euch« (Mt 5,22), weil hier nicht einfach von Jesus weg auf Gott verwiesen wird, sondern Jesus auf den Vater verweist, indem er auf sich bezieht. Er predigt das anbrechende Gottesreich, aber es bricht an in Ihm!

Das Beieinander von Gott und Menschen ist nun so, dass jemand Gott ablehnt, wenn er sich dem Anruf Jesu verschließt, dass andererseits jemand Jesus missachtet und übersieht, wenn er die Ausgestoßenen und Geringen missachtet und übersieht. Wer ist demnach ein Christ, haben wir uns gefragt? Ein Christ ist, wer liebt, sagt das Neue Testament, wer zu lieben versucht und sich selbst lieben lässt, die gnädige Bejahung von Seiten Gottes annimmt, an die Liebe Gottes zu uns glaubt. Unsere Liebe hängt an der Liebe Gottes zu uns, die wir im Glauben empfangen. Daraus erwächst Hoffnung, Zuversicht auf die ungewisse Zukunft hin, vor allem Hoffnung auf die dunkle Stunde des Todes und des Zerfalls hin. Die Liebe (Gottes zu uns) ist stärker als der Tod. Er wird seine Heiligen, die Nachfolger Jesu Christi, nicht im Totenreiche lassen. Dass ein solcher Versuch, die Liebe selbstlos zu leben, die Zukunft und den Sinn des Ganzen zu bejahen, denkbar und möglich ist, auch ohne dass man ausdrücklich von Jesus Christus weiß oder nur so verzerrt von ihm erfahren hat, dass man nicht ausdrücklich Christ geworden ist, dass es also so etwas wie verborgenes, anonymes Christentum gibt bei sogenannten Nichtchristen, das haben wir schließlich im Anschluss an Gedanken von Karl Rahner nachzuvollziehen versucht. Anonymes Christentum meint keineswegs einfach formale Gewissenhaftigkeit, das wäre die Zementierung der bestehenden Systeme. Beim Christsein geht es nicht bloß um ein formales Prinzip und seine Beachtung, sondern um eine zentrale inhaltliche Bestimmung – die Liebe –, das heißt: für den Anderen da sein auf Kosten des Eigenen.

174 *3.1.2 Zum Begriff Wahrheit*[150]

An diesem Punkte waren wir angelangt bei unserem Blick auf die Heilige Schrift. Im Paragraphen 3 müssten wir nun, wenigstens an einigen Stellen, versuchen, noch etwas tiefer zu bohren, ein wenig den inneren Zusammenhang vor unsere Augen zu bekommen. Die erste Frage, die wir hier stellen, wäre deshalb die: Kommt in dieser Konzeption, die sehr plausibel, aber auch sehr pragmatisch erscheint, nicht der Geist, das Erkennen, das Wissen, die Ratio, die Vernunft, das menschliche Fragen und Suchen nach Erkenntnis, nach Einsicht, nach Verstehen, nach Sinn zu kurz? Tun ohne Verstehen wird zur Qual. Gibt es in dieser Sicht noch Wahrheit im eigentlichen Sinn?

Auf eine solche Frage in aller Kürze eine halbwegs zureichende Antwort zu versuchen, ist nicht zuletzt deshalb schwierig, weil man das Gefühl hat, nun müsste eigentlich vorher geklärt werden, was denn mit Wahrheit und Wahrheitserkenntnis gemeint sei.[151]

Das, was ist, das Wirkliche, kann ja, das sagt unsere tägliche Erfahrung, eben nicht einfachhin und schlechterdings als das Wahre bezeichnet werden. *Das ist auch noch nicht das Wahre*, sagen wir oft und meinen, dass etwas, was ist, noch nicht zureicht, noch verbesserungswürdig ist, verzerrt, verfremdet und verstellt ist. Es gibt also so etwas wie eine Idee der Sache, mit der ich zu tun habe, ein Bild dessen, wie es eigentlich sein soll, das Eigentliche, das durch das Tatsächliche immer mehr oder

150| Vgl. zu diesem Kapitel: *Hermann Krings*, Wahrheit, 786–794. *Joseph Möller*, Wahrheit, 1223–1232. *Joseph Ratzinger*, Einführung Christentum, 33–48. *Eugen Biser*, Theologische Sprachtheorie, 253–264.

151 | Zu den folgenden Überlegungen vgl. *Joseph Möller*, Wahrheit, 1223–1232.

weniger verborgen wird. Entbergung, ἀ-λήθεια, als ursprüngliches Sichoffenbaren des wahren Seins, Entbergung der Ideen, das war schon ein unwahrscheinlich treffender Gedanke Platons. Wahrheit als Unverborgenheit, als Entbergung des Seins der Dinge und des Seienden. Die eigentliche Dimension der Wirklichkeit kommt ans Licht. Wahrheit als Ereignis lichtenden Sichgewährens, so hat Martin Heidegger diesen ursprünglichen Sinn von ἀ-λήθεια wieder angesprochen. Aristoteles hat stärker als sein Lehrer Plato auf unser Umgehen mit diesem Zusammenhang, auf das Funktionieren dieser Entbergung geschaut und die Wahrheit vor allem als Urteilswahrheit beschrieben: »Schon bei Platon wird der Zusammenhang von Logos, Seiendem und Wahrheit ausgesprochen: Der Logos, der das Seiende sagt, wie es ist, ist wahr«[152], Wahrheit als die Verknüpfung der Wirklichkeit und der Begriffszusammenfügung des Urteils, »Adaequatio intellectus et rei«[153], wird Thomas von Aquin später diesen aristotelischen Gedanken formulieren, der die Wahrheit recht stark formalisiert, der die Richtigkeit einer Beziehung meint. Aber das Mittelalter und vor allem Thomas von Aquin in seinen umfangreichen Quaestiones disputatae de Veritate hat aus der Tradition durchaus auch jenen ersten platonischen Gedanken übernommen und eingebracht: *Verum est id quod est* (wie Augustinus schrieb): *Ens et verum convertuntur*[154]. Ursprüngliche Eröffnung des Wahren geschehe vom Grund der Wirklichkeit, vom Sein selbst her. Interessant ist, dass schon Thomas die innere Verknüpfung beider Aspekte versucht über das Wort und die Sprache, über das Wort, das Gott schöpferisch spricht und über das innere Wort im Menschen, das gleichbedeutend ist mit dem Sich-Offenbaren des Erkannten im Erkennenden.

Hier wird deutlich, wie alt im Grunde die beiden Problemstellungen sind, die auch die heutige Debatte bestimmen und damit erheblichen (oft gar nicht wahrgenommenen) Einfluss auf unser Reden von Wahrheit nehmen: nämlich einmal die Richtung, welche die Wahrheitsfrage vor allem hermeneutisch aufgreift, von der Funktion der Sprache her existentielle Wirklichkeitserfahrung zu erschließen versucht, und die andere Richtung, die (gewiss über verschiedene Glieder einer Überlieferungskette hin) eine Art positivistische Einstellung zur Wahrheit propagiert:

152 | *Joseph Möller,* Wahrheit, 1224.
153 | Zitiert nach: *Max Müller / Alois Halder* (Hg.), Wörterbuch, 298 f.
154 | Vgl. Sth. I qu. I. art. I.2.

Wahr ist, was sich verifizieren lässt, das heißt in diesem Denken: Wahr ist, was durch die experimentellen Tatsachen nicht widerlegt wird, was sich reproduzieren, was sich von uns machen, wenigstens nachmachen lässt. Die naturwissenschaftliche Auflösung in viele einzelne Richtigkeiten, die nicht nach dem Dahinter, sondern nach dem Funktionieren fragen, spart damit die Frage nach dem Grund und nach dem Ganzen allerdings auch bewusst und methodisch aus. Müssten wir uns jetzt, ehe wir weitergehen, vor allem im Blick auf die neuzeitliche Philosophie erst einen genauen Begriff von Wahrheit erarbeiten, auf den wir uns einigen können? Ich möchte einen anderen Weg vorschlagen, dessen Berechtigung ich hier jetzt nicht im Einzelnen begründen, sondern nur kurz umreißen kann. Es scheint nur so, dass unser denkerisches Bemühen um Wahrheit in einem heillosen Zirkel gefangen ist, als ob wir Wahrheit immer nur wieder im Medium von Wahrheit, zumindest von logischer Wahrheit und Urteilswahrheit denken und untersuchen könnten. Hier gibt Heideggers spätere Philosophie einen wertvollen Hinweis, indem sie aufzeigt, dass Denken gar nicht das Erste ist, sondern dass die Sprache dem Denken vorausgeht. In der uns vorgegebenen und überkommenen Sprache ist vorgängig zu unserem Denken Sein und Seiendes immer schon in gewisser Weise erschlossen. Denn die vorgegebene Sprache ist nicht einfach ein neutrales Instrument, sondern hat dem in ihr Redenden immer schon ein bestimmtes Verständnis von Wirklichkeit und ein bestimmtes Verständnis von Wahrheit überliefert. Das Medium Sprache, in dem sich unser Suchen nach Wahrheit des Glaubens, nach Gotteserkenntnis, nach der Wahrheit Gottes sinnvollerweise bewegt, ist die prophetische Rede des Alten und Neuen Testamentes. Denn in der biblischen Sprache wird ja in einem engen Zusammenklang vom Einwirken Gottes, historischem Geschehen und menschlicher Deutung eine Wirklichkeit konstituiert, die unsere vernehmende Vernunft, unser Denken und Hören sucht, um zu einer ganz spezifisch-biblischen *Adaequatio intellectus et rei* zu führen. Die in diesen Worten sich entbergende Wirklichkeit ist die Wahrheit, um die es uns hier geht, die theologische Wahrheit, die Glaubenswahrheit.

Ich halte es deshalb für einen legitimen Weg, den biblischen Sprachgebrauch von Wahrheit näher zu untersuchen, um eine Basis zu finden für das, was Orthodoxie meint!

3.1.3 Wahrheit in Geschichte[155]

Ehe wir das tun, mache ich zunächst unter 3.13 noch einige wenige unsystematische Bemerkungen zum geschichtlichen Charakter unseres Erkennens überhaupt, weil sich im Bereich des Glaubens und der Theologie an dieser Stelle vielfach Auffassungen festgebissen haben, die vielleicht platonisch, aber gerade nicht biblisch sind. Aus dem Glauben an den übergeschichtlichen, ewigen, alles durchschauenden Begründer der Wirklichkeit hatte sich die Auffassung eines auch dem Menschen zugänglichen und zuhandenen Systems ewiger Wahrheiten herausgebildet. Die Bezeichnung einer christlichen Philosophie (was immer man auch darunter verstand) als philosophia perennis, ewige Weisheit, war einem solchen Verständnis entsprungen und wurde oft (vor allem im Bereich der Neuscholastik) auf eine peinliche Weise konkretisiert gesehen in bestimmten Lehrformeln, kirchenamtlichen Sätzen. Ein Katalog von Dogmen als die Sammlung von unentbehrlichen, unveränderlichen, ewigwahren Sätzen, eine solche Sicht der christlichen Wahrheit ließ meist völlig außer Acht, was wir seit dem letzten Konzil wieder in voller Breite im Blick haben, dass jeder menschliche Versuch, einen Sachverhalt und seine Erkenntnis ins Wort zu bringen, bedingt ist durch vielerlei Voraussetzungen, vor allem durch den epochalen geistesgeschichtlichen Standort und die gesellschaftlichen Einflüsse. An sich war das bekannte Axiom scholastischer Erkenntnistheorie: »cognita sunt in cognoscente secundum modum cognoscentis«[156] (das Erkannte ist im Erkennenden, nach Maßgabe des Erkennenden) durchaus offen für diesen Aspekt. Nur war man in der Vergangenheit im kirchlichen Raum wohl zu schnell überzeugt, dass das cognoscendum bereits ein cognitum sei, dass man schon wisse, was erkannt werden müsse, und von daher sogar beurteilen könne, ob ein anderer richtig oder nur unvollständig erkenne. Dass aber auch der Maßstab selbst, also der Satz, an dem gemessen wurde, dass die schon formulierte Glaubenswahrheit noch einmal unter dem eben genannten Gesetz zustande gekommen war, das war weithin übersehen. Dass ein Satz gilt, heißt noch lange nicht, dass er zeitlos und über der Geschichte stehend für alle Zeiten nur so, in diesem Wortlaut und unter

155 | Vgl. zu diesem Kapitel: *Vincent Berning*, Geschichtlichkeit Erkenntnis, 17–35. *Joseph Möller*, Geschichtlichkeit Ungeschichtlichkeit, 15–40. *Karl Rahner*, Findung Wahrheit, 104–110. *Raymund Schwager*, Wahrheit Gesellschaft, 173–177. *Bernard Halaczek*, Sätze, 115–117.

156 | *Thomas von Aquin*, Expositio, 2.4. – Vgl. Summa contra gentiles LXX.

diesem Aspekt behandelt werden dürfe. Alle menschliche Wahrheitserkenntnis bleibt einseitig. »Denn jede sprachliche Formulierung von Wahrheit geschieht in bestimmten Horizonten, die wohl das Ganze, um das es geht, meinen können, es jedoch nie vollständig zur Sprache bringen. Es kann darum keine menschliche Formulierung geben, die nicht überholbar wäre.«[157] Und je mehr die tatsächlichen gesellschaftlichen Bedingtheiten einer bestimmten Problemstellung und ihrer Lösung erkannt und in Rechnung gestellt werden, umso eher wird eine übergroße Einseitigkeit vermieden. Und je mehr die verschiedensten Gesichtspunkte, Blickwinkel und Ansichten zusammenwirken und zusammengefügt werden, je mehr man gerade auch im Bereich der Kirche und des

Glaubens sich um eine allseitige, *kollektive* Wahrheitsfindung bemüht, desto eher ist zu erwarten, dass die Sache, die *res*, deren rechte Wiedergabe versucht wird, die man entbergen und ansichtig machen möchte, einigermaßen zutreffend vor die Augen kommt.

Aber auch bei der Reflexion der Bedingungen und der Einseitigkeiten unseres Erkennens bedienen wir uns unseres bedingten und einseitigen Denkens und Sprechens, so dass wir aus diesem Zusammenhang, der gleichbedeutend ist mit unserer geschichtlichen Existenz, nie herausspringen können. Der Satz des Archimedes: »Gib mir einen Platz, wo ich stehen kann, und ich werde die Erde bewegen«[158], gilt in abgewandelter Form auch hier: Wir möchten sehr, aber nie stehen wir außerhalb, auch nicht, wenn wir über das Innerhalb reden. All unser Reden und Bemühen um Wahrheit ist ein im Geschehen selbst stehendes Bemühen, geschieht in Geschichte. Menschliche Wahrheit ist immer geschichtlich, was nicht einfach heißt, sie sei unverbindlich, relativistisch, beliebig. Denn es gilt die staunenswerte Beobachtung des Aristoteles, dass der Mensch gewissermaßen das Ganze sei (*quodammodo omnia*, sagt Thomas), dass unsere Geistigkeit tatsächlich die Kraft hat, die riesigen Zeiten und Räume in sich zu einem Gesamtbild zu vereinen. Aber es bleibt dennoch gültig, was Paulus sagt: »Stückwerk ist unser Erkennen. [...] Jetzt sehen wir durch einen Spiegel« (1 Kor 13,9–12), denn wir ergreifen die Wirk-

157 | *Joseph Möller*, Wahrheit, 1231.
158 | »Archimedes 285–212 v. Chr. [...] gilt als der größte Mathematiker und Physiker des Altertums. [...] *Archimedischer Punkt*, gedachter, fester Punkt außerhalb der Erde.« (Brockhaus Lexikon, Bd. 1)

lichkeit immer nur durch die Gebrochenheit unseres eigenen mangelhaften Selbstbesitzes.

3.1.4 Wahrheit und Glaubenserfahrung[159]

Wenn wir nun die Art und Weise betrachten, wie das Alte und das Neue Testament von Wahrheit reden, kommen wir gegenüber dem griechischen Verständnis von Wahrheit in eine ganz andere Welt. Das hebräische Wort, das dann in der LXX oft mit ἀ-λήθεια, Wahrheit wiedergegeben wird, heißt *emeth*. Es fällt aber auf, dass dieses selbe Wort im Griechischen dann auch mit πίστις (Treue, Glaube) und mit δικαιοσύνη (Gerechtigkeit) übersetzt werden kann. Wir stehen also plötzlich in einem ganz anderen Begriffsfeld: Treue, Gerechtigkeit haben viel stärker mit Verhalten zu tun als mit Erkennen. Es ist nicht leicht, das vielschichtige Wort emeth adäquat zu übersetzen. Gewöhnlich übersetzt man emeth mit Festigkeit, Beständigkeit, Zuverlässigkeit, Gewissheit, Sicherheit. Als moralische Eigenschaft bedeutet es Zuverlässigkeit, Ehrlichkeit, Treue, in späten jüdischen Texten, die schon eine Berührung mit griechischem Denken verraten, kann es auch das Wahrsein eines Tatbestandes umschreiben. Aber gerade durch diese Bedeutungsverschiebung (die aus dem Zusammenhang erkennbar wird) kommt umso mehr heraus, dass die Wurzel dieses Begriffs nicht so sehr ein sehendes Erkennen als ein erfahrendes Innewerden ist. Es geht in erster Linie nicht um das, was ist und nun freigelegt wird, sondern um das, was geschieht, was man erfahren kann.

Das Wahrheits- und Wirklichkeitsverständnis, das diesem Sprachgebrauch zugrunde liegt, kommt deutlicher heraus, wenn man auf die sprachliche Wurzel von emeth zurückgeht, sie lautet *aman*. Das Verbum *aman*, das ungefähr mit *sicher sein, zuverlässig sein* umschrieben werden kann, ist so weit formalisiert, dass es entscheidend erst durch das Subjekt inhaltlich gefüllt ist. Aman sagt also gewissermaßen, dass eine Sache so ist, wie sie sein müsse, dass die Merkmale einer Sache so sind, dass die Sache sich selbst als die erweist, die sie zu sein vorgibt. Dinge und Personen sind dann fest (und also wahr!), wenn sie sich bewähren (!), wenn sie die in sie gesetzten Erwartungen erfüllen, das ihnen entge-

159| Vgl. zu diesem Kapitel: *Bernhard Casper*, Bedeutung Lehre, 9–53. *Joachim Gnilka*, Wahrheit, 794–800. *Meinrad Limbeck*, Wahrheit, 1864–1866. *Walter Kasper*, Dogma, 58–109. *Heinrich Schlier*, Besinnung, 319–339. *Georg Muschalek*, Theoretische Wahrheit, 129–147.

gengebrachte Vertrauen rechtfertigen. Dadurch kommt in den hebräischen Wahrheitsbegriff eine ganz eigenartige Erstreckung, ein ausgesprochen geschichtlicher Charakter. Es handelt sich nicht um etwas, was von Natur aus so sein muss, sondern um etwas, das sich ereignet oder ereignen wird. Wahrheit ist nicht etwas, was hinter den Dingen verborgen läge, sondern was sich im Laufe der Zeit als wirklich, als tatsächlich, als sicher herausstellt. Der Gegensatz zur Wahrheit wäre demnach nicht die Täuschung, sondern die Ent-täuschung (in dem Sinn, wie wir das Wort heute gebrauchen!). Was nicht enttäuscht, was Dauer, Bestand und Zukunft hat, das steht fest, das ist treu, das ist wahr, vor allem natürlich der mächtige, treue, ewige Gott.

180 Er erweist seine Zuverlässigkeit vor allem in seinen verheißenden Worten und den erfüllenden Taten. Das verheißende Wort, das in die Zukunft weisende Wort, das in die geschichtliche Erstreckung ausgesetzte Wort wird so in der Bibel zum eigentlichen Träger der göttlichen Wahrheit. Denn die eintretende Erfüllung, die jeweils wieder neu über sich hinausweist, macht diese unverbrüchliche Treue Gottes zum Kennzeichen seiner eigentlichen Wirklichkeit, *emeth we chesed*, Treue-Wahrheit und Gnade werden oft in einem Atemzug genannt, denn diese Treue-Wahrheit Gottes ist und bleibt immer freies Geschenk. Unser Amen als Bestätigung dieser Zuverlässigkeit und Treue Gottes meint ebenfalls nicht einfach eine Bestätigung des Abgeschlossenen und Perfekten, sondern meint: *ja, so sei es, so soll es sein*, hebt also immer den Blick auf die noch ausstehende Erfüllung der schon angebrochenen Verheißung. Denn auch die Erfüllung aller voraufgehenden Verheißung in Jesus Christus, die Paulus im 2. Korintherbrief das *Ja und Amen Gottes* (vgl. 2 Kor 1,20) zu uns nennt, auch dieses Amen Gottes ist Erfüllung und erneute Verheißung. Dieses eigenartige »Wahrlich, wahrlich, ich sage euch« (u.a. Joh 5,19) scheint für den Sprachgebrauch des historischen Jesus charakteristisch zu sein, und Heinrich Schlier hat geschrieben, dass dieses Amen die *»ganze Christologie in nuce«*[160] enthält und das Gleiche meint, was das Johannes-Evangelium nennt: Jesus ist die Wahrheit (vgl. Joh 14,6). Er ist die Treue Gottes, die Zusage Gottes, das Wort Gottes an uns, das einerseits vergangene Verheißungen bestätigt und bewährt, andererseits neue

160 | *Heinrich Schlier*, ἀμήν, 341 f.

Verheißung aufrichtet und damit auf eine noch größere Zukunft verweist, die sich noch herrlicher bewähren wird.

Wahr im Sprachgebrauch der Bibel ist also, was sich in der Geschichte als wahr erweist, sich als das erweist, was es zu sein beansprucht, was sich in der Praxis, im Geschehen, in Wort und Werk für die Erfahrung als zuverlässig herausstellt, wahr ist, was sich bewährt!

Insofern diese Treue und Verheißung Gottes immer auch einen Anspruch an den Menschen richten, den des Vertrauens, den, sich darauf einzulassen, deshalb hat Wahrheit eine innere Nähe zu Satzung, zu Recht. Von uns her gesehen ist nämlich Wahrheit das, was vollzogen werden soll. Das verheißende Wort Gottes ist also immer auch die Aufrichtung eines Anspruchs an uns, die Proklamation von Gottes Herrschaft, der Aufruf, uns auf den Weg dieser Wahrheit zu machen.

Dass wir an dieser Stelle so stark die Wahrheit Gottes als Verheißung beschreiben, als Evangelium, als Zuspruch und Zumutung sollte uns allerdings nicht vergessen machen, dass all dies (die in der Geschichte sich erweisende Treue Gottes und die für die Zukunft erwartete Zuverlässigkeit) sich in der Bibel, vor allem in den späteren Schriften des Neuen Testamentes auch als Überlieferung, als Lehre, als gesunde Lehre, als gesundes Wort, im Sinn von rechter Lehre, von satzhafter Wahrheit und Inhaltlichkeit findet, die sorgfältig bewahrt und ausgelegt und weitergegeben werden muss. Der Traditionsprozess als Überlieferung der wahren Lehre beginnt sich also bereits im Neuen Testament selbst abzuzeichnen, öffnet sich dann über den Zeitraum des Kanons hinaus in die nachapostolische Kirche hinein! Die satzhafte Lehre (das Dogma, wenn man so will) ist also bereits im Neuen Testament – als Glaubensformel von den ersten Paulusbriefen an, ausdrücklich als Lehre dann auch bedacht und beschrieben in den Pastoralbriefen – nicht ein Gegensatz zu der geschichtlichen Erstreckung der Wahrheit, sondern ein wesentliches Moment an ihr. Denn genau dies sind ja die Worte, die einerseits die Vergangenheit bestätigen, als wahr erweisen und andererseits die Zukunft verheißend eröffnen.

An dieser Stelle kommt heraus, dass wir uns hüten müssen, den griechischen und den hebräischen Sprachgebrauch gegeneinander auszuspielen. Es ist zu grob und trifft nicht genau, wollte man das griechisch-philosophische Wahrheitsdenken als kosmologisch, essentiell und ungeschichtlich deklarieren und dem anthropozentrischen, existentiellen, geschichtlichen Denken der Bibel gegenüberstellen. Auch die griechische Entbergung der Seinswahrheit im Urteil, das Zusichselbstkommen der Seinswahrheit in der Urteilswahrheit enthält ein Moment des Vollzuges, der Erstreckung, der Geschichtlichkeit. Vielleicht ist der Unterschied, auf den es hier ankommt, besser mit den Worten Vergangenheit und Zukunft zu umschreiben. Dem abendländisch-philosophischen Denken geht es um das Zu-sich-selbst-kommen dessen, was immer schon ist und war. Wahrheit ist die Epiphanie des ewigen Wesens der Dinge, die Erkenntnis des einen Wesens, das Hegel auf eine geniale Weise definiert hat als *Ge-wesen-sein*. Das innerste Wesen der Dinge ist ihr *Ge-wesen-sein*, ist kein wirkliches Fortschreiten, sondern ein erinnerndes Zusichselbstkommen, Sich-innerlichwerden. Ein Grundwort des Biblischen ist dagegen das Wort *neu*. Der neue Bund, das neue Herz, der neue Geist, die neue Stadt, das neue Lied, der neue Name. Dieses Neue ist deshalb möglich, weil Gott selbst auf uns zukommt, sich verheißt mit all dem Überraschenden, Unplanbaren, Unberechenbaren, mit all dem, das man nicht erinnern kann, weil es das noch nie Dagewesene ist. Biblische Wahrheit-Treue ist also wesentlich bestimmt durch die Verheißung dessen, was noch nicht ist, was andererseits doch nicht das schlechthin Unbekannte ist, sondern schon gewusst ist als das Kommende, und zwar unverbrüchlich Kommende. Theologische Wahrheit ereignet sich also in dem eigenartigen Ineinander von Schon und Noch-nicht, von Verheißung und Erfüllung, von gegenwärtiger Heilszusage und von eschatologischer Vollendung. Überspitzt gesagt: Theologische Wahrheit ist die *inadaequatio intellectus ad rem* (sie weiß und sieht immer schon mehr als ist)!

Die Behauptung dieser eigenartigen Differenz, die Walter Kasper die »theologische Differenz«[161] nennt (in Analogie zu der sogenannten ontologischen Differenz zwischen Sein und Seienden!), diese Differenz ist für das rechte Verständnis von theologischer Lehre und von Dogma wesentlich. Es geht weder um bloße Verheißung, die vage und unbeschreibbar bliebe, noch geht es um vollen Besitz, den man ein für allemal in Worten einschließen könnte. Dogma bleibt immer offen auf die noch größere Zukunft Gottes hin! Die Satzwahrheit hat ihr Recht also nur im Rahmen der geschichtlichen Erstreckung und als ein Moment in diesem geschichtlichen Prozess, nämlich als Beschreibung des bereits Erfahrenen,

161 | *Walter Kasper*, Dogma, 101.

als Ermutigung, sich jetzt darauf zu stellen und zu stützen, und als Umschreibung der Verheißung, die die Treue Gottes in der Zukunft auf eine noch unfassbare Weise offenkundig machen wird. Interessant ist, dass schon Thomas von Aquin, der wirklich ein ganz ungewöhnlich begabter Denker war, diesen Gesichtspunkt deutlich herausstellt in seiner Definition des Articulus fidei. (Glaubensartikel, articulus fidei meint in etwa das – nicht genau –, was wir heute Dogma nennen würden.) Thomas definiert ihn in seiner Summa: *Articulus fidei est perceptio divinae veritatis tendens in ipsam*[162]. Der Glaubensartikel ist einerseits wirkliche Erfassung der Wahrheit, perceptio, aber diese gegenwärtige Erfassung weist über sich hinaus auf die sich kundtuende Sache selbst hin, auf das immer noch größere göttliche Geheimnis. Der theologische Wahrheitsbegriff ist geprägt durch die stete Dialektik von Hoffnung und Erfüllung, Antizipation und Verifikation, getätigter Erfahrung und hoffendem Auslangen. Theologische Wahrheit ist also geschichtliche Wahrheit in einem doppelten Sinn: einmal, was ihren Gegenstand angeht – das Übergeschichtliche, Göttliche tut sich in geschichtlichen Zusammenhängen kund –, zum anderen aber auch was ihren Vollzug betrifft. Die Annahme der Wahrheit ist nie einfach abgeschlossen, sondern muss sich offenhalten für das noch Ausstehende. Von daher gesehen sind theologische Sätze, Bekenntnisformeln, Dogmen eine Art dynamische Funktionsbezeichnung. Denn sie geben einerseits die bisherige Erfahrung der Kirche im Umgang mit Gott wieder, andererseits verweisen sie gerade dadurch auf die noch ausständige Erfahrung mit Gott, die zwar anders sein wird, aber eben doch keine leere Offenheit, sondern eine durch die Treue-Wahrheit Gottes bereits mit positivem Vorzeichen versehene Zukunft.

3.1.5 Die Wahrheit tun (Joh 3,21; 1 Joh 1,6)[163]

Von daher kommt, dass man im Sinne der Schrift eine Wahrheit, eine theologische Wahrheit, eine Wahrheit von Gott und über Gott nicht einfach nur wissen kann, enthüllt hat, angenommen hat und damit erledigt hat, sondern dass man eine solche Wahrheit immer noch tun muss, vollziehen muss, leben muss, auf die Zukunft hin verifizieren muss.

162| Vgl. S. th. I qu. I art. 2

163| Vgl. zu diesem Kapitel: *Heinrich Schlier*, Besinnung, 272–278. *Klaus Hemmerle*, Wahrheit Zeugnis, 54–72. *Joseph Ratzinger*, Glaube Zukunft, 39–64. *Johann Baptist Metz*, Theologie Welt, 46–50.

»Wollten wir sagen, wir hätten Gemeinschaft mit ihm, und würden dabei in der Finsternis wandeln, so würden wir lügen und nicht nach der Wahrheit handeln. Wandeln wir aber im Lichte, wie er selbst im Lichte ist, so haben wir Gemeinschaft miteinander, und das Blut Jesu, seines Sohnes, reinigt uns von jeder Sünde.« (1 Joh 1,6f.)

Die Wahrheit über Gott lässt sich nicht einfach haben. Auch die Gewissheit, dass er die rettende Zukunft ist, dass all seine Verheißungen sich am Ende erfüllen werden, dass er alles neu machen wird, auch diese Gewissheit ist eine solche des hoffenden Glaubens, muss also täglich neu anerkannt und praktiziert werden in geduldigem Weitermachen. Denn auch diese Gewissheit lässt sich nicht einfach in Evidenz übertragen wie etwas immer schon Gewesenes und Vergangenes. Auch die theologischen Wahrheiten, die Glaubenswahrheiten ermöglichen uns nicht, uns aus dem Fluss der Geschichte herauszuheben, uns theologiesierend schon an das Ende der Geschichte zu begeben. Glaube und Glaubenserkenntnis werden immer wieder neu an die Geschichte verwiesen, an das Stück Geschichte, das vor uns liegt, das unser Leben ist, das seine Zuversicht gewinnt aus der Erfahrung der schon geschehenen Treue Gottes, das sich also stützt auf die Vergangenheit, das aber die Wahrheit immer neu tun muss in der Gegenwart, um endgültig ans Licht zu kommen in der Zukunft.
Christliches Wahrheitsverständnis müsste also gewissermaßen eine Zusammenschau sein von Hegel, Kierkegaard und Marx. Von *Hegel*, der gesagt hat, *das Wahre sei das Ganze, der absolute Begriff, die absolute Idee*; von *Kierkegaard*, der gesagt hat, *die Aneignung sei die Wahrheit, die Wahrheit sei die Innerlichkeit*; von *Marx*, der geschrieben hat, *Wahrheit vollziehe sich durch die Ausrichtung unseres Denkens an der Praxis.*[164] Übernahme des uns entgegentretenden Anspruchs in die eigene Existenz, wie Kierkegaard wollte, aber gerade um den gesellschaftlichen Prozess der Freiheit und Gerechtigkeit näherzuführen, wie Marx sagt, und all das auf dem Fundament der erfahrenen Treue der absoluten Wahrheit, die den Sinn des Ganzen garantiert, weil sie der Sinn des Ganzen selbst ist.
Die Heilige Schrift sagt auch das alles sehr viel schlichter: Die Emeth, die Wahrheit tun heißt im Alten Bund: gelebte Treue gegen Gottes Gesetz.

164| Vgl. *Joseph Möller*, Wahrheit, 1229.

Die Wahrheit tun besagt im Neuen Testament: das Gesetz Christi erfüllen, den Weg Jesu Christi gehen, das Leben in Jesus Christus versuchen. Denn Jesus Christus ist der Weg, die Wahrheit und das Leben (vgl. Joh 14,6).

3.2 Was heißt Glauben?

Wir bewegen uns im § 3 unserer Vorlesung, der überschrieben ist: *Systematische Entfaltung.*

Im ersten Paragraphen ging es darum, die Fragestellung zu erkennen, wie sie sich angesichts der Lage der Kirche und der Religionskritik ergeben hat: Hat die christliche Theorie, hat die offizielle Lehre der Kirche noch einen Bezug zur Praxis? Hat sich die sogenannte Orthodoxie, die weithin mit einem Lehrsystem, mit einem System scheinbar zeitloser Sätze gleichgesetzt wurde, hat dieses christliche Lehrsystem sich auf einem bestimmten, geschichtlichen Stand verfestigt, versteinert, verhärtet, oder ist es gar von seinem Ansatz her eine Flucht aus der tatsächlichen Geschichte, eine unzulässige, aber hartnäckig sich haltende Projektion menschlicher Wünsche ins vermeintliche Jenseits? Im zweiten Paragraphen, den wir überschrieben haben: *Der biblische Aspekt*, haben wir an verschiedenen Beispielen aus dem Alten und Neuen Testament erkennen können, dass es zwar einer Geschichtsfälschung gleichkäme, die Propheten oder Jesus von Nazareth als Revolutionäre im heutigen Verständnis des Wortes zu bezeichnen, dass aber dennoch ihr Auftreten und ihre Verkündigung so viele kritische, die damalige gesellschaftliche und religiöse Praxis kritisierende Momente enthielt, dass man sich eigentlich wundern muss, wieso die geschichtliche Entwicklung des Christentums bis an den Punkt geführt hat, an dem die Kirche als die Hüterin des Bestehenden, als der Garant eines herrschenden politischen und gesellschaftlichen Systems erscheinen oder sich betätigen konnte. Vor allem die Zuspitzung in der Lehre und Existenz Jesu, die darin besteht, dass sich an der Haltung gegenüber Ihm, dem Menschen und allen Geringen, mit denen er sich identifiziert, dass sich an diesem zwischenmenschlichen Verhalten eine Grundentscheidung vollzieht, die über unser Heil und Unheil entscheidet, dass sich in der Menschenbegegnung Gottesbegegnung vollzieht, weil menschliche Begegnung immer die Dimension aufreißt, die wir meinen, wenn wir vom Grund und Sinn der Welt und unseres Lebens sprechen – vor allem dieses mit Inkarnation umschriebene Phänomen zeigt, dass es hier um eine Lehre geht (wenn man sie schon so nennen will), die unmittelbar auf Verhalten hin tendiert. Ein Christ ist also nicht einer, der bestimmte Sätze bejaht – oder besser gesagt: Ein Christ bejaht bestimmte Sätze, die man nur bejahen, annehmen, als gültig anerkennen kann, wenn man sie tut, wenn man sich ihnen stellt, wenn man auf den Anspruch zu antworten versucht, den sie erheben! Denn auch die Wahrheit, um deren Anerkennung es hier geht, auch die Wahrheit, wie sie die Bibel beschreibt und vorstellt, ist eine Beständigkeit, eine Treue und Zuverlässigkeit Gottes, die sich in geschichtlichen Erfahrungen kundtut, die man erfährt als eine, die sich bewährt, die sich als tragfähig erweist. Das waren die Überlegungen der letzten Stunde vor 14 Tagen: Die Art und Weise, wie die biblischen Bücher von Wahrheit reden, spiegelt eine Erfahrung wider, die von der Geschichte, von dem Lebensweg des Volkes, von dem konkreten Schicksal Jesu und der Gläubigen nicht zu trennen ist, die in einem unmittelbaren Zusammenhang steht mit dem Leben derer, die sie suchen und finden und ihr folgen. Es geht nicht um eine reine Urteilswahrheit, gar nicht um eine experimentell jederzeit nachvollziehbare, machbare Konstellation, die man messen könnte, es geht bei der Wahrheit über Gott, über sein Verhalten zu uns und über die für uns sich daraus ergebende Lage, um etwas, das man erfahren hat in der Vergangenheit, das man als Verheißung auch für die Zukunft wahrnimmt, um etwas, das sich nie im gedanklichen Experiment, sondern im konkreten Lebensvollzug *verifizieren* lässt, als wahr erweisen, auf seine Tragfähigkeit hin erproben lässt. Ob zum Beispiel der Satz: Gott lässt seinen Heiligen nicht im Totenreich, und lässt ihn nicht die Verwesung schauen (vgl. Apg 2,27), ob ein solcher Satz: mit dem Tod ist *nicht* alles aus, *wahr* ist, darüber lässt sich gescheit räsonieren, aber wirklich verifizieren, in seiner Zuverlässigkeit erproben lässt er sich nur, wenn man sich tatsächlich darauf einlässt, wenn man so zu leben und zu sterben versucht, als wäre er absolut sicher, wenn man vertrauend in Gott hineinstirbt. Die Wahrheiten Gottes kann man nur mit sich selbst experimentell verifizieren. Der Versuchsstoff ist unser eigenes Leben, das aufgebaute, weithin von Ihm selbst schon vorbereitete Experiment ist unsere Existenz. Die Wahrheit, die wir annehmen, die Treue und Zuverlässigkeit Gottes lässt sich verifizieren, als wahr erweisen nur in einem Prozess der Bewährung, auf den man sich einlässt.

Nun sind wir eigentlich schon mitten in die Frage hineingesprungen, die wir heute angehen und kurz umreißen wollen, die Frage: Was heißt eigentlich Glauben?

3.2.1 Der irreführende Sprachgebrauch: Glauben = Nichtwissen[165]

Ich denke es ist nützlich, wenn wir an dieser Stelle nicht von einem abstrakten Begriff ausgehen, sondern zunächst auf den alltäglichen Sprachgebrauch zurückgreifen, weil dieser normale Sprachgebrauch unser Denken und Reden doch meist erheblich stärker prägt als uns bewusst ist. Die unausgesprochenen Voraussetzungen und Bedingungen unseres Denkens bewusst zu machen, ist aber immer eine Hilfe. *Ich glaube, das ist so und so,* bedeutet im alltäglichen Sprechgebrauch fast immer: Ich meine, es ist so, ich weiß es aber nicht ganz genau. Glauben erscheint als eine Vorform, eine Ersatzform von Wissen, beruht auf Vermutungen, hat einige Anhaltspunkte, aber keine volle Sicherheit. Das Wort Glauben wird fast immer dort gebraucht, wo wir etwas nicht richtig wissen, nur halb wissen, nur oberflächlich wissen. Diesen allgemeinen Sprachgebrauch hat ein in Ostberlin erschienenes Buch, aus dem Heinrich Fries zitiert, in eine grundsätzliche (allerdings etwas simplifizierende) Form gebracht:

> »Auf der einen Seite des dialektischen Materialismus stehen Tatsachen, auf der Seite der Religion steht ein wissenschaftliches Nichts, steht der Glaube. Aber glauben kann man alles, ohne daß es damit zur Wirklichkeit würde. [...] Die Wissenschaft stützt sich auf Tatsachen der Natur, deren Verallgemeinerung und auf Experimente, sie geht in ihren streng logischen Induktionen und Reduktionen von realen Dingen und Vorgängen aus. Die Religion stützt sich nicht auf Tatsachen. Sie kennt kein Experimentieren und Beweisen, ihre logischen Schlüsse gehen von glaubensmäßig festgelegten Dogmen aus, sie hängen aber damit völlig in der Luft, ihnen fehlt das breite Fundament der Tatsachen, wie sie uns in den Naturwissenschaften vorliegen.«[166]

Ich glaube nicht – und hier gebrauche ich schon wieder das Wort in dem landläufigen, irreführenden Sinn –, ich glaube nicht, dass man dieser Argumentation begegnen kann mit dem Hinweis auf die historischen

165| Vgl. zu diesem Kapitel: *Heinrich Fries*, Glaubensverständnis Welt. *ders.*, Glauben Wissen.
166 | *Otto Klohr*, Naturwissenschaft Religion, 61; 131. Zitiert nach: *Heinrich Fries*, Glauben Wissen, 17.

Tatsachen, auf die historisch-kritische Untersuchung der Zeugnisse des Alten und Neuen Testamentes. Denn historische Dokumente sind ja, wie oftmals gezeigt, auf verschiedenste Weise interpretierbar, niemals absolut eindeutig und gerade auch nicht in einem wiederholbaren Experiment nachzuprüfen. Wir sollten uns an dieser Stelle erst einmal klarwerden über die eigenartige Engführung, die sich in der jüngeren Vergangenheit ergeben hat in Bezug auf Wissen, Erkennen und Wahrnehmen. In der letzten Stunde wies ich Sie schon darauf hin, dass es sich lohne, einmal dem Faktum nachzugehen, wie in der abendländischen Geistesgeschichte die Bemühung um die Seinswahrheit, um die Aufhellung dessen, was ist, immer mehr überlagert wurde durch die Bemühung
188 um die Urteilswahrheit, um die rechte und richtige Beschreibung unserer Wahrnehmung. Aus der zunehmenden Erkenntnis, wie stark unsere Subjektivität beteiligt ist bei der Erhellung eines bestimmten Sachverhaltes, ergab sich mehr und mehr das Bemühen, Erkenntnis im strengen Sinne dort zu suchen, wo möglichst viele Voraussetzungen vom erkennenden Subjekt selbst beeinflusst werden können. Vom Kosmos und den Strukturen des Seins im Ganzen geriet der Blick auf die von Menschen gemachte Geschichte. Die historische Wissenschaft nahm einen ungeheuren Aufschwung. Die naturwissenschaftliche Methode engte den historisierenden Blick noch einmal entscheidend ein auf den Bereich, der nicht nur gemacht ist, sondern jederzeit wieder machbar ist, auf den experimentellen Bereich. Hatte es im altertümlich-mittelalterlichen Denken heißen können *Verum est ens*, hieß es bei dem italienischen Philosophen Giambattista Vico zu Beginn des 18. Jahrhunderts *Verum quia factum*, so müsste man heute sagen *Verum quia faciendum*. Joseph Ratzinger ist in seinem Buch *Einführung in das Christentum* diesem Umbruch in einer interessanten Zusammenfassung nachgegangen.[167] Das Ergebnis dieses geistesgeschichtlichen Umdenkens ist eine Einengung der Begriffe Wissen, Wissenschaft, Erkenntnis auf einen bestimmten naturwissenschaftlichen Bereich. In diesem Bereich und vor allem in seiner Methode, in dieser Art mit der Welt und den Fakten umzugehen, kommt Glauben wirklich nicht vor. Und wir tun gut daran, auch hier nicht mit Glauben zu operieren, er wäre doch nur ein schlechter Lückenbüßer. Die bewusste methodische Beschränkung des Erkenntnisstrebens auf das

167| Vgl. *Joseph Ratzinger*, Einführung Christentum, 36–39.

Sichtbare, Machbare, Untersuchbare, Experimentierbare führt, wie wir wissen, zu ganz erstaunlichen Erfolgen. Solange man sich der bewussten methodischen Beschränkung dieses Ansatzes bewusst ist, solange man weiß: Ich frage nicht nach dem Sein an sich, nicht nach dem Sinn dieser Gesetzmäßigkeit oder gar nach dem Sinn des Ganzen, das mir entgegentritt, sondern nur danach: wie funktioniert es, welchen Wert hat es für mich, wie kann ich diese Entdeckung einsetzen – solange man sich dessen bewusst ist, entstehen auch keine besonderen Probleme. Sobald aber diese Methode für die einzig mögliche Weise der Erkenntnis ausgegeben wird, mit der alle Phänomene angegangen werden, wird diese Beschränkung zu einer Engführung mit peinlichen Ergebnissen und mit einer seltsamen Blindheit, mit ganz unerwarteten Illusionen und unkritischen und ganz unwissenschaftlichen Behauptungen. Der ganze Bereich dessen, was wir normalerweise Erfahrung nennen, Lebenserfahrung, geschichtliche Erfahrung, persönliche Erfahrung, ist nämlich durch diesen engen Begriff des experimentierbaren Wissens nicht abgedeckt und nicht zu erfassen. Es gibt ja außer dieser Art von Wissen in unserem Leben, und zwar bei jedem Menschen, Erkenntnis, Gewissheit, die vom Wesen her eine andere Form geistigen Verhaltens ist, mit der wir dauernd umgehen und hantieren, und zwar alle, auch die nicht-religiösen Menschen. Ich meine jene Einstellung, die wir auch im vortheologischen Sinn Glauben nennen können. *Einstellung* gibt schon ziemlich genau das Gemeinte wieder. Die Einstellung, die Grundeinstellung, die Grundentscheidung, die ich treffe in Bezug auf mein Leben, meine Arbeit, meinen Einsatz im Beruf, im Staat, in der Kirche, in der menschlichen Gesellschaft. Ob ich mein Leben oder das Leben der Menschheit als Ganzes als sinnvoll ansehe, das kann ich aus keinem Wissen im naturwissenschaftlichen Sinn, aus keiner exakten Forschung ableiten. Dieser zu treffenden Grundentscheidung kann niemand ausweichen, obgleich die hier eingenommene Einstellung meistens unbewusst bleibt, selten scharf durchreflektiert wird oder offen zutage tritt wie bei denen, die sich negativ entscheiden, indem sie ihrer Verzweiflung im Selbstmord Ausdruck verleihen. In diesem Bezirk der grundsätzlichen Einstellung zum Leben, zum Sinn der Welt, muss jeder Mensch eine Entscheidung fällen, die allem Machen und Agieren vorauf liegt und zugrunde liegt, die selbst auch nicht gemacht oder konstruiert, sondern eine Bejahung der Wirklichkeit ganz eigener Art ist, eine Bejahung nach vorne hin, eine Bejahung mit

der Struktur der Hoffnung. Diese grundsätzliche Bejahung des Ganzen, die Einnahme eines grundsätzlich positiven Standpunkts gegenüber dem Ganzen, die bejahende Einstellung zum Sinn meiner Aktivitäten geschieht als Glauben. An diesem Punkt muss jeder glauben!
Das wird dort noch einmal ganz besonders deutlich, wo diese Behauptung ausdrücklich bestritten wird, im Marxismus: Der Marxismus erscheint ja wohl vor allem deshalb so geschlossen und konsequent und anziehend, weil hier der Versuch unternommen wird, die gemachte Vergangenheit und die machbare Gegenwart in die Zukunft zu projizieren, das Untersuchbare, Machbare nach vorne hin so zu verlängern, dass auch das Auslangen nach der Zukunft und dem künftigen Ziel, nach dem

angestrebten Sinn abgesichert erscheint durch eine experimentell bereits verifizierte Wissensgrundlage. Aber wenn man genau hinsieht, dann scheint plötzlich durch, dass sich die Mythologisierungen, derer sich der Marxismus schon in der Frage nach dem Ursprung, in der Lösung des Kausalitätsproblems etwa bedient, mit der Chiffre der ewigen Materie (welche in entscheidenden Punkten eben *nicht* der nachprüfbaren Materie entspricht), dass sich ähnliche Mystifizierungen beim Griff in die Zukunft ergeben. Denn die Zielvorstellung der klassenlosen Gesellschaft und des neuen Menschen ist eine erhoffte, angestrebte, gewünschte, die aber nicht einfach wissbar und aus dem Bisherigen logisch ableitbar, deren Gewissheit auch durch die verschiedenen Sozialismen durchaus nicht plausibler geworden ist. Auch hier geht es letztlich um eine Zielvorstellung, die nicht mit strenger Notwendigkeit sich aus dem jetzigen Zustand herausentwickelt, nicht um einen Endzustand, den man im wissenschaftlichen Sinne wissen kann, sondern um eine Verheißung, die man dem Glauben zur Entscheidung anbietet. Ernst Blochs *Prinzip Hoffnung* ist ziemlich genau das, was hier im vortheologischen Sinn *Glaube* genannt wird. Und es ist kennzeichnend, dass Bloch von Seiten des Marxismus, also seiner eigenen ›Glaubensbrüder‹, der Vorwurf der Religion gemacht wird! Jeder Mensch hat mit Glauben zu tun! Was ist damit gemeint? Gemeint ist eine nicht auf das Wissen reduzierbare, dem Wissen inkommensurable Form des Standfassens im Ganzen der Wirklichkeit, die Sinngebung, ohne die die Einzelheiten unzusammenhängend und ortlos bleiben, die Grundeinstellung zum Leben, die dem Rechnen und Handeln und Forschen des Menschen vorausliegt. Wissen ist die wahrnehmende Bejahung der einzelnen untersuchten und untersuchbaren

Fakten, Glauben ist die Bejahung des Ganzen, des Sinnes, der Zukunft und vor allem des anderen Menschen. Denn im zwischenmenschlichen Bereich lässt sich diese zweite Form der bejahenden Einstellung zur Wirklichkeit besonders deutlich machen.

3.2.2 Die Grundstruktur des Glaubens als Du-Glaube (personale Stellungnahme)[168]

Ich habe an dieser Stelle ein wenig ausgeholt (wenngleich ja auch diese Andeutungen nur ein Hinweis für Sie sein können, dieser Frage einmal nachzugehen), weil ich in manchen Gesprächen die Gewissheit gewonnen habe, dass hier erhebliche Schwierigkeiten für ein rechtes Glaubensverständnis sich ergeben und schließlich sogar der Zugang zum Glauben total verbaut wird, wenn man es als das Ziel ansieht, Glauben auf eine solche Weise rational abzusichern und zu unterfangen, dass man ihn in Wissen überführen will. Glaube ist Gewissheit, Vergewisserung anderer Art. Diese Stellungnahme zur Wirklichkeit, dieses auslangende, hoffende Ja zum Sinn des Ganzen lässt sich im personalen Bereich besonders verdeutlichen. Schlagwortartig könnte man sogar sagen, Glaube sei eine Personbeziehung, sei personaler Struktur, sei nicht auf die Bejahung von Sachverhalten, sondern auf die Bejahung von Personen gerichtet. Die Grundaussage des Glaubens – darauf weist Heinrich Fries immer wieder hin – ist nämlich nicht: Ich glaube *etwas* (im Gegensatz zu: ich weiß etwas), sondern: Ich glaube *an dich*. Die Beziehung zur Wirklichkeit, die wir eben mit Einstellung beschrieben, meint nicht ein Subjekt-Objekt Verhältnis, nicht eine Ich-Es Beziehung (die es ja auch im zwischenmenschlichen Bereich gibt, wenn ich mit einem Menschen vorwiegend oder ausschließlich als Objekt, unter sachlichem Aspekt zu tun habe), hier ist gemeint eine Ich-Du Beziehung. Diese Behauptung ergibt sich aus der Art und Weise, wie sich Personen zueinander verhalten und sich eröffnen. Menschen können verschlossen sein, Äußerungen verweigern, sogar täuschen. Der alttestamentliche Satz: »Der Mensch schaut ja auf den Augenschein, der Herr aber schaut auf das Herz« (1 Sam 16,7), drückt genau diese Erfahrung aus: Obgleich man am Gehabe eines Menschen eine Menge erschließen kann, das Eigentliche lässt sich nicht sehen. »Das Wesentliche ist für die Augen unsichtbar«, sagt der Kleine

168| Vgl. zu diesem Kapitel: *Max Seckler*, Glaube, 528–548. *Heinrich Fries*, Glaube Erkenntnis, 17–31. *Eugen Biser*, Glaubensvollzug.

Prinz bei Saint-Exupéry, denn: »Man sieht nur mit dem Herzen gut«[169], und gibt damit eine vereinfachende, treffende, aber bildhafte Umschreibung für das hier Gemeinte. Dass eine Person sich kundtut, dass das Äußere mit dem Inneren übereinstimmt, dass die Worte die Person selbst aussagen, das setzt voraus, dass sie sich freiwillig öffnet, dass sie sich auf mich hin verhält, dass sie sich selbst hinneigt zu mir. Und die Antwort darauf, die einzig angemessene Stellungnahme gegenüber einer solchen Selbstöffnung heißt: Ich glaube an Dich!

Ich bejahe Dich, ich nehme Dich an, ich bin überzeugt, dass Du so bist, dass das Dein wahres Wesen ist. Je stärker und intensiver diese Selbstkundgabe der Person, desto grundsätzlicher ist auch die Antwort. Die

Höchstform dieses *Ich glaube an Dich* ist: Ich liebe Dich, Du sprichst mich an als Du selbst, ich antworte Dir mit mir selbst. Meine Einstellung zu Dir ist eine grundsätzlich und restlos bejahende. Hier gewinnt der *Glaube* eine ganz eigenartige Festigkeit und Sicherheit, die nicht eine Schlussfolgerung aus bestimmten erkannten Vorzügen ist, sondern stets der Ausfaltung in konkrete bejahte Vorzüge voraufliegt. Dieser Du-Glaube, diese Bejahung, die eine bestimmte Form von Personerkenntnis und Personanerkenntnis bedeutet, entfaltet sich und konkretisiert sich aus dem *ich glaube an Dich* hinein in das *ich glaube Dir.* Denn *ich bestätige und schätze Dich, ich bejahe Dich* heißt dann konkret: Ich nehme teil an Dir, an deinem Leben, an deinem Erleben, an deinem Denken, an deinem Empfinden, an deinem Wollen. Das, was der Mensch, an den ich glaube, äußert, ist Teil seines Lebens, seines Wissens, seines Erfahrungsbereiches. Und diese Äußerungen nehme ich an, weil ich diesen Menschen bejahe, ich sehe mit seinen Augen, fasse Stand in dem anderen. Der Du-Glaube entfaltet sich in dem Aussage-Glauben. Aus dem *ich glaube an Dich* ergibt sich zwangsläufig *ich glaube Dir.* Weil ich an Dich glaube, glaube ich auch das Deinige, das, was du sagst, was Du mir vermittelst.

Aber die Aussage hängt an dem Träger! Das Vertrauen auf den Träger eröffnet mir seine Weise zu sehen. Was er sagt, übernehme ich, nicht aufgrund eigener Prüfung oder eigener Erfahrung, sondern aufgrund der Bejahung: Ich glaube an Dich! Das klassische Sprichwort *Trau, schau, wem* wirft an dieser Stelle allerdings einige Fragen auf: Geht es in unserer Beschreibung um ein irrationales Tun, um ein mehr oder weniger blindes

169 | *Antoine de Saint-Exupéry*, Kleine Prinz, 556.

Gefühl? Muss nicht dieses *ich glaube an Dich* doch auch begründet sein, vertretbar sein, abgesichert sein!

Gründet Glaube nur in der Sympathie, in der nicht näher zu begründenden menschlichen Freiheit? Kann man jedem glauben? Die Frage, warum ich glaube, wenn ich glaube, zielt also auf die Glaubwürdigkeit dessen, dem ich glaube, fragt nach den Glaubwürdigkeitskriterien. Dieser Einwand, den wir uns hier machen, soll an dieser Stelle nicht thematisch behandelt werden. Ich möchte Sie vielmehr damit darauf aufmerksam machen, dass auch die zu Recht geforderten Glaubwürdigkeitskriterien den vollzogenen Glauben nicht als eine logische Schlussfolgerung aus sich entlassen, sondern allenfalls vorausgehen als eine *Vorerkenntnis* der Person, als eine Art Intuition. Ich kann die Gründe für meinen Glauben in Worte fassen, aber damit meine Glaubensentscheidung einer Person gegenüber niemals schlüssig rational absichern. Glaube ist Entscheidung, nicht logische Schlussfolgerung. Denn es geht um Verhalten und nicht um Konstatieren. Es geht um Personanerkenntnis und nicht um Faktenerkenntnis. Glauben ist kein Faktenwissen, sondern Personbejahung, Einstellung zu Jemandem. Dieser Jemand aber ist keine Sache, die ein für alle Mal feststeht, Person ist Vollzug, Verhalten. Die Tragfähigkeit meiner Bejahung lässt sich nicht skeptisch experimentell verifizieren! Die Glaubwürdigkeit einer Person testen, auf die Probe stellen, würde das Vertrauensverhältnis, das, was ich testen will, zerstören, wäre das Gegenteil von Glauben, wäre beleidigend, wäre empörend. Malen Sie sich aus, wie ein Mann die Treue seiner Frau erprobt, und sie merkt das. Hier zeigt sich eine ganz eigenartige Wechselbeziehung: Vertrauen weckt Vertrauenswürdigkeit, Misstrauen wird bestätigt. Person und Personbeziehung ist keine mit kühlem Abstand experimentierbare Größe, sie ist nur im Vollzug verifizierbar: Ich vertraue, glaube, verlasse mich ganz auf den Anderen, das heißt ich verlege meinen Standort aus mir heraus auf den Anderen hin, und ich erfahre die Verlässlichkeit des Anderen. Ich erprobe sie nur, indem ich mich darauf verlasse. Ich glaube schon das, was sich nachher als tragfähig herausstellt!

Man kann den personalen Aspekt des Glaubens kaum überbetonen angesichts der Tatsache, dass Glauben einseitig im Sprachgebrauch als schlechter Konkurrent des Wissens erscheint und andererseits in der Vergangenheit auch in der Theologie und der Katechese sehr einseitig beschrieben worden ist. Ehe wir nun darauf einen kurzen Blick tun, sollten wir die voraufgehenden Überlegungen zum Charakter und zur Struktur des Glaubens wenigstens in einem Satz auf unseren eignen Beziehungspunkt zusammenbündeln. Wir glauben als Christen hieße dann: Wir bejahen als Christen den Sinn des Ganzen als Person. Unsere Stellungnahme zum Ganzen der Welt und zu unserem ganzen Leben geschieht als Bejahung eines Jemand. Der Sinn tritt uns nicht als abstrakter Entwurf entgegen, sondern als Liebe. Vollendung ist die uns umfangende Liebe Gottes, die alle Erwartungen übersteigende Vereinigung mit ihm. Unser Glaube als Personbeziehung geschieht tatsächlich und geschichtlich konkret in der Bejahung dessen, den wir den Sohn Gottes nennen, indem wir uns verlassen auf ihn hin. Der Sinn des Ganzen tritt uns entgegen als eine menschliche Person, Glaube an einen Menschen und Glaube an Gott fallen ineinander.

3.2.3 Die Darstellung des Glaubens in der bisherigen christlichen Geschichte[170]

Die Beschreibung des christlichen Glaubens in der Geschichte hat die Akzente nicht immer so gesetzt, wie wir das gerade getan haben. Schon in den späteren Schriften des Neuen Testamentes ist ja zu beobachten, wie gegen gewisse gnostische Tendenzen, die aus besonderen Erleuchtungen auch besondere Rechte und Auffassungen abzuleiten versuchten, die Überlieferung, das überkommene *Wort* des Glaubens, die *wahre,* die *gesunde Lehre,* das getreue Wort, also die formulierten Bekenntnisinhalte den Predigern und Amtsträgern besonders ans Herz gelegt wurden, wie also das personale Element des Glaubens aus der Situation heraus etwas zurücktrat gegenüber der Betonung der Glaubenssätze. Allerdings muss man sehen, dass hier nur ein Moment hervorgehoben wird, das von Anfang an untrennbar mit dem personalen Charakter des Glaubens verbunden ist, wenn etwa Paulus im Römerbrief schreibt: »Denn im 'Herzen' glaubt man und empfängt dadurch Gerechtigkeit, und mit dem 'Munde' bekennt man den Glauben und empfängt dadurch Heil.« (Röm 10,10) Die Worte, die man als Bekenntnis spricht, kann man Pistis, Glauben nennen. Auch in Gal 3,2 heißt es: »Habt ihr den Geist durch Gesetzeswerke empfangen oder durch das Hören des Glaubens?« Schon bei Paulus kann mit Glauben der satzhafte Inhalt der Verkündigung gemeint sein. Dieser

170| Vgl. zu diesem Kapitel: *Josef Trütsch*, Glaube, 917–925. *Juan Alfaro*, Glaube, 390–409. *Erstes Vatikanisches Konzil*, Dei Filius, DS 3008–3020, 3031–3043.

Aspekt wurde im Mittelalter mit Hilfe der aristotelischen Erkenntnislehre systematisiert, in Abwehr der reformatorischen Betonung der Fiducia, des Vertrauens, besonders herausgestellt, bis schließlich die wohldurchdachte Definition des Ersten Vatikanischen Konzils 1870 fast nur noch von dieser Seite des Glaubens redet: Ein auf rechte Weise Glaubender, ein Rechtgläubiger ist demnach, wer sich durch die Gnade Gottes antreiben lässt, auf die Autorität des sich offenbarenden Gottes hin (der weder getäuscht werden kann noch täuscht) anzunehmen, zu glauben, dass das von ihm Geoffenbarte wahr ist. (Vgl. DS 3008) Nur wenige Jahre nach dieser Definition schrieb Mathias Joseph Scheeben, Dogmatikprofessor in Köln, der wohl bedeutendste deutschsprachige Neuscholastiker, kommentierend: »Unter Glauben im *eigentlichen und strengen Sinne des Wortes* versteht man ein festes *Fürwahrhalten* oder ein *entschiedenes Urteil* des Geistes, welches sich [...] *auf die uns kundgetane Einsicht* [...] *anderer intelligenter Wesen stützt*.«[171] Und »um das Wesen des Glaubens im eigentlichen Sinne ungetrübt und in seiner ganzen Tiefe zu erfassen«, muss nach seiner Meinung vor allem auch »das Verhältnis desselben zu seinem Gegensatze, dem Wissen, näher bestimmt werden.«[172]

Die zeitgenössische Auseinandersetzung mit dem Rationalismus prägt also in auffälliger Weise die damalige Beschreibung des rechten Glaubens und des Phänomens Offenbarung. Und diese sehr einseitig akzentuierte Beschreibung des Glaubens prägt unser Reden vom Glauben bis in die jüngste Gegenwart. »Ea omnia credenda sunt, quae in verbo Dei scripto vel tradito [...] tamquam divinitus revelata [...] proponuntur.« (DS 3011) (»All das [ist] zu glauben, was im geschriebenen oder überlieferten Wort Gottes [...] als von Gott geoffenbart [...] vorgelegt wird.« (NR 34)) Das klingt nicht nur sehr sachhaft, sondern ist tatsächlich so gemeint: »Materialobjekt [des Glaubens; T.S.] sind die geoffenbarten Wahrheiten [...], alles das, wofür die Autorität des offenbarenden Gottes eintritt«[173], so schrieb Josef Trütsch, Dogmatiker in Chur, noch 1960 im LThK, allerdings mit dem ergänzenden Hinweis: »Wenn der Glaube von der personalen Antwort auf den mich anrufenden Gott her definiert würde, so würde die ›Annahme von Wahrheiten‹ zwar nicht eliminiert,

171 | *Matthias Joseph Scheeben*, Handbuch Dogmatik, 617.
172 | *Matthias Joseph Scheeben*, Handbuch Dogmatik, 618.
173 | *Josef Trütsch*, Glaube III, 920.

aber anders akzentuiert.«[174] Wie sähe eine solche andere Akzentuierung aus? Ein anderer Konzilstext sagt: »In dieser Offenbarung redet der unsichtbare Gott (vgl. Kol 1,15; 1 Tim 1,17) aus überströmender Liebe die Menschen an wie Freunde (vgl. Ex 33,11; Jo 15,14–15) und verkehrt mit ihnen (vgl. Bar 3,38), um sie in seine Gemeinschaft einzuladen und aufzunehmen.« (DV 2) Im »›Gehorsam des Glaubens‹ [...] überantwortet sich der Mensch Gott als ganzer in Freiheit« (DV 5). Das sind Sätze der Konstitution *Dei Verbum* des Zweiten Vatikanum, das eine breite Neubestimmung auf den personalen Aspekt des Glaubens in seine Formulierung einbezieht. Der Aussage-Glauben gründet im Du-Glauben, der Du-Glauben artikuliert und bewährt sich im Aussage-Glauben. Diese beiden Aspekte durchdringen sich in unserem Ja zum inkarnierten Wort Gottes; denn unsere Annahme der Botschaft Jesu meint nicht nur die Annahme seiner Worte, sondern seiner Selbst als Wort, nicht nur die Annahme dessen, was er sagt und tut, sondern dessen, was Gott mit ihm sagt und tut, Annahme seines Schicksals der Erhöhung durch die Erniedrigung hindurch als die eigentliche Kundgabe der Zuneigung Gottes zu uns Menschen. Glaube an Jesus als die Nähe des Vaters, aber dann doch immer wieder als gläubige Annahme des gepredigten Wortes und der zeichenhaften, sakramentalen Vollzüge.

Angesichts der Korrekturen durch die jüngere Theologie und das Zweite Vatikanische Konzil an den Einseitigkeiten des vergangenen Jahrhunderts könnte man den Eindruck haben, die *fides qua creditur,* der Glaubensakt, der Glaubensvollzug, das personale Moment sei gegenüber der extremen Betonung der *fides quae creditur,* des Glaubensinhalts, der Glaubenssätze wieder voll zur Geltung gebracht, die Ergänzung des stark intellektualistischen Akzentes in der Beschreibung des Glaubens durch den Gedanken der personalen Beziehung habe das Gleichgewicht wieder hergestellt.

Ich möchte Sie allerdings darauf aufmerksam machen, dass auch das Ineinander von fides qua und fides quae (die Unterscheidung, vielmehr diese Worte stammen schon von Augustinus) noch einmal sehr einseitig verstanden und gedeutet werden kann, subjektiv, verinnerlicht, klösterlich individualisiert, gewissermaßen pietistisch. Denken Sie etwa an Sätze aus der *Nachfolge Christi* des Thomas von Kempen, die durchaus den

174 | *Josef Trütsch*, Glaube II, 919

Glaubensakt intensiv betonen, aber über die Klosterzelle nicht hinaussehen, nur Gott und die Seele im Blick haben.

3.2.4 Die geschichtlich-gesellschaftliche Signatur des christlichen Glaubens[175]

Wenn wir aber heute nach der praktischen Relevanz unseres Glaubens fragen und nach der konkreten Gestalt seiner Verwirklichung, dann steht doch immer ganz entscheidend auch der Gemeinschaftsbezug im Blick, vielleicht besser gesagt der gesellschaftlich-geschichtliche Charakter. Deshalb halte ich es für wichtig, dass wir auch diesen Zug in der Beschreibung des Glaubens ins Spiel bringen, und zwar von den theologischen Grundlagen selbst her, das heißt von der Art und Weise, wie die Heilige Schrift den Glauben sieht und benennt. Im 11./12. Kapitel des Hebräerbriefes zieht eine mächtige Phalanx von Glaubensbildern auf aus dem Alten Testament, eine »Wolke von Zeugen« (Hebr 12,1), wie es dort heißt. Dort wird an konkreten Schicksalen Glauben, das »Feststehen im Erhofften« (Hebr 11,1), durchgängig beschrieben als Verhalten, als Tun, als Bestehen ausweglos erscheinender Situationen, als Sich-auf-den-Weg-machen, als Durchhalten, als beharrliche Suche nach der endgültigen Heimat, nach der Stadt, die Gott selbst bereitet. Dort wird im Glauben empfangen, geboren, gekämpft, geopfert, blutig gestorben, und das klingt alles ungeheuer konkret, weil es die Gestalt des Glaubens ist, der auf die konkreten geschichtlichen Taten Gottes antwortet. Glauben ist das Eingehen mit dem eigenen Leben auf jenes Angebot, das Gott uns in der Geschichte macht. Auch das große Vorbild der Gläubigen – Abraham – glaubt, indem er sich auf das konkrete Angebot Gottes einlässt: Gen 15,1–6 berichtet, wie Abraham, dem Vermögenden aber Kinderlosen, ein Sohn verheißen wird. »Er aber glaubte dem Herrn, und dieser rechnete es ihm als Gerechtigkeit an.« (Gen 15,6) *Heemin be Jahwe*. Auch glauben, *heemin*, ist wie *emeth*, die Wahrheit, die geglaubt wird, abgeleitet vom Stamm *aman*, sicher sein, zuverlässig sein. Das Hiphil *heemin* meint: sich festmachen, Stand fassen, sich Halt verschaffen. So wird Abraham

175| Vgl. zu diesem Kapitel: *Joseph Ratzinger*, Einführung Christentum, 54–69. *Rudolf Schnackenburg*, Glauben Bibel, 36–58. *Vincent Berning*, Geschichtlichkeit Erkenntnis, 117–35. *Joseph Möller*, Geschichtlichkeit Ungeschichtlichkeit, 15–40. *Karl Rahner*, Findung Wahrheit, 104–110. *Raymund Schwager*, Wahrheit Gesellschaft, 173–177. *Bernard Halaczek*, Sätze, 115–117. *Bernhard Casper*, Bedeutung Lehre, 9–53. *Joachim Gnilka*, Wahrheit, 794–800. *Meinrad Limbeck*, Wahrheit, 1864–1866. *Walter Kasper*, Dogma, 58–109. *Heinrich Schlier*, Besinnung, 319–339. *Georg Muschalek*, Theoretische Wahrheit, 129–147.

Gerechtigkeit zuteil (vgl. Gen 15,6), heißt es. Gerechtigkeit ist ein Verhältnisbegriff, die Personbeziehung kommt deutlich ins Spiel, zwischen ihm und Gott war es so recht, richtig, ihre Beziehung stimmte. Es geht also nicht einfach um ein Fürwahrhalten des Gesagten. Ein *Sohn* wird ihm ja verheißen, sein Leben hat nun einen Sinn, es geht weiter, er stirbt nicht aus, Gott eröffnet ihm Leben.

3.3 Über das Verhältnis von Glauben und Liebe

3.3.1 Die Frage im Zentrum unserer Gesamtthematik

Mit einer Art Quiz möchte ich heute beginnen. Ich frage Sie nicht: Kennen Sie Kino? Da bin ich Ihnen so wenig ebenbürtig, dass ich gar nicht

so viele Fragen fände, wie Sie gescheite Antworten geben könnten. Ich lese Ihnen drei kurze Aussagen über die Wahrheit vor von drei verschiedenen Autoren, die in diesen kurzen (natürlich aus dem Zusammenhang gerissenen) Sätzen doch etwas von ihrem spezifischen Denken zu erkennen geben. Die Reihenfolge der Texte entspricht auch der Reihenfolge der Lebensdaten.

Text Nr. 1:

> »Die Idee als Einheit der subjektiven und der objektiven Idee ist der Begriff der Idee, dem die Idee als solche der Gegenstand [...] ist; – ein Objekt, in welches alle Bestimmungen zusammengegangen sind. Diese Einheit ist hiermit die absolute [...] Wahrheit, die sich selbst denkende Idee«[176].

Text Nr. 2:

> »Hätte Pilatus nicht objektiv danach gefragt, was Wahrheit sei, so hätte er Christus niemals kreuzigen lassen. Hätte er subjektiv gefragt, so hätte ihn die Leidenschaft der Innerlichkeit mit Rücksicht darauf, was er in der ihm anheimgestellte Entscheidung *in Wahrheit zu tun habe*, daran gehindert, unrecht zu tun; [...] die Entscheidung [liegt] gerade in der Subjektivität [...]. [D]ie Subjektivität [ist] die Wahrheit«[177].

176 | *Georg W. F. Hegel*, Encyklopädie, § 236.
177 | *Sören Kierkegaard*, Unwissenschaftliche Nachschrift, 221 f.

Text Nr. 3:

»Die Frage, ob dem Menschen gegenständlich Wahrheit zukomme, ist keine Frage der Theorie, sondern eine *praktische* Frage. In der Praxis muß der Mensch die *Wahrheit*, i. e. Wirklichkeit und Macht, Diesseitigkeit seines Denkens beweisen.«[178]

Hegel (1770–1831) sagt, das eigentlich Wahre sei das Ganze, der absolute Begriff, die sich selbst denkende Idee, der Ineinsfall von Denken und Gegenstand des Denkens, von Objektivität und Subjektivität, die Wahrheit ist das allumfassende, absolute Sein.

Kierkegaard (1813–1855) sagt, nicht der Sachverhalt, sondern die Aneignung, die Innerlichkeit, die subjektive Leidenschaft des Unendlichen ist die Wahrheit.

Marx (1818–1883) sagt, Wahrheit entsteht erst in der Ausrichtung des Denkens auf die Praxis. Biblisch-christliches Wahrheitsverständnis ist eine Zusammenschau dieser drei Aspekte des Absoluten, des Subjektiven und des Praktischen. Übernahme des uns entgegentretenden Anspruchs in die eigene Existenz, wie Kierkegaard wollte, aber gerade um den geschichtlich-gesellschaftlichen Prozess der Freiheit und Gerechtigkeit näherzuführen, wie Marx wollte und all das auf dem Fundament der erfahrenen Treue der absoluten Wahrheit, die den Sinn des Ganzen garantiert, weil sie der Sinn des Ganzen selbst ist. Um das zu verdeutlichen, sollten wir einen vierten, einen biblischen Text anfügen. »Wer sagt: ›Ich habe ihn erkannt‹«, schreibt der erste Johannesbrief, »aber seine Gebote nicht hält, ist ein Lügner, und in diesem ist die Wahrheit nicht. Wer aber sein Wort hält, in dem ist die Liebe Gottes vollkommen.« (1 Joh 2,4 f.) Es geht um das Annehmen und Aufnehmen der Wahrheit, die Wahrheit muss in uns hinein, in uns sein, sie darf nicht nur Wahrheit an sich sein, sondern muss Wahrheit in uns sein. Sie ist aber nur in uns, wenn wir seine Gebote halten. Seine Gebote, der Dekalog, das wissen wir, sind keine Anweisungen zu individueller Selbstheiligung, sondern das Grundgesetz des Volkes Gottes, regeln das Verhalten in dem Freiheitsraum, den er selbst uns eröffnet hat. Und überall da, wo diese Gebote Gottes, die sich in dem Gebot der Liebe zusammenfassen lassen, wie Jesus sagt (vgl. Mt 22,40), überall, wo diese Gebote bewahrt, getan,

178 | *Karl Marx*, Frühschriften, 339.

vollzogen sind, wahrhaftig da ist die Liebe Gottes getan. Da ist nicht nur subjektive Wahrheit ins Praktische gewendet und an der Praxis verifiziert, sondern da bricht die volle Wahrheit durch, das Ganze, das Tragende, das Absolute, das gerade nicht das Losgelöste und Verselbständigte ist, sondern das Verbindende, Umfassende, Beseligende, Vollendende, die Liebe selbst. Der Einzelne als Glied der Gemeinschaft auf dem Weg durch die Geschichte, geführt, getragen, begleitet und erfüllt von Gott. Das ist der Raum, in dem die Begegnung von göttlicher Wahrheit und menschlichem Erkennen, von göttlicher Offenbarung und menschlichem Glauben geschieht.

Am Ende der gestrigen Stunde hatten wir die Konkretheit des Glaubens
200 ansichtig zu machen versucht am Beispiel des Abraham. Ein Sohn, ein
leiblicher Nachkomme wird ihm, dem schon Hochbetagten, verheißen, er macht sich fest in dieser Verheißung, er gründet seine Zuversicht auf dieses Wort, das ihm Zukunft eröffnet, sein Leben fortpflanzt zu einer unzählbaren Nachkommenschaft. Genau diesen Gedanken: Gott eröffnet Zukunft, Gott schenkt den Fortgang des Lebens, erörtert Paulus im Römerbrief, 4,16 ff., wo er diesen Glauben Abrahams bedenkt und zu unserem Glauben an den eingeborenen Sohn, an Jesus, an seine Auferweckung und unsere Auferweckung in Beziehung setzt:

> »Aber nicht nur seinetwegen [Abraham; T.S.] steht da ›Es ward ihm angerechnet‹, sondern auch unsertwegen; denn auch uns soll es angerechnet werden, indem wir glauben an *den*, der Jesus, unsern Herrn, vom Tode auferweckt hat – denn ›um unserer Übertretungen willen ward er dahingegeben‹, um unserer Rechtfertigung willen ward er auferweckt.« (Röm 4,23–25)

3.3.2 Glaube als Annahme der Liebe Gottes (des Sinnes, der Zukunft, der Vollendung, der Unsterblichkeit)[179]

Gott eröffnet Zukunft, Gott verheißt Leben und Lebensraum. Diese gläubige Erfahrung Abrahams und vieler Gläubigen des alten Bundes kulminiert für Paulus im Osterglauben. Die Zusage Gottes: die Liebe ist stärker als der Tod, wird weitergetragen und weitervermittelt als Botschaft, als frohe Botschaft in der gläubigen Gemeinschaft der Kirche durch Glaubensboten und Verkünder. Und wie einerseits die Offenba-

179| Vgl. zu diesem Kapitel: *Hans Urs von Balthasar*, Spiritus creator, 51–75. *Hermann Volk*, Glaube Gläubigkeit. *Karl Rahner*, Liebe, 234–252. *Rudolf Schnackenburg*, Glauben, 508–524.

rung, die Wahrheit, die Botschaft von Gott her eingebunden ist in diesen geschichtlichen Erfahrungsprozess, an bestimmten Erlebnissen aufleuchtet, bewahrt wird durch die Worte, die die Großtaten Gottes verkünden, als Verheißung über uns steht bis zur endgültigen Gewährung in der Zukunft, am Ende aller Zeit, so ist andererseits auch die menschliche Antwort, der Glaube, das Eingehen auf dieses Angebot der Wahrheit ein Weg, ein in die geschichtliche Erstreckung gedehnter Vollzug, ein Lebensweg des Einzelnen, ein Lebensweg der Gemeinschaft, ein Lebensweg der Menschheit. Sich auf Gott einstellen, Einstellung nehmen zu Gott, seine Grundentscheidung treffen angesichts seiner Geschichte mit uns, gibt Boden unter die Füße, gibt ein Fundament, gibt Halt, verleiht einen tragfähigen Standpunkt. Standfassen in ihm meint aber gerade nicht verharren, stehenbleiben, sondern den Prozess der Menschheit und der Welt mit ihm gehen, seinen Weg gehen, auf ihn zuschreiten. Der Sinn des Ganzen, den wir damit bejahen und annehmen, liegt in der Zukunft, ist eröffnete Zukunft, ist verheißene Endgültigkeit sowohl des Einzelnen wie der menschlichen Gemeinschaft. Wenn Menschsein heißt in der Gemeinschaft leben, dann kann auch vollendetes Menschsein nur heißen vollendete Gemeinschaft; vollendete Gemeinschaft aber so, dass jeder Einzelne auch als Einzelner sein Ziel erreicht gerade dadurch, dass seine Funktion am Gelingen des Ganzen offenkundig wird. Vollendung der Zeit und der Geschichte heißt immer auch Vollendung der Menschheit als einer gesellschaftlichen Größe. Vollendung des einzelnen, leibseelisch verfassten Menschen, also Auferstehung des Fleisches, sagt immer auch Vollendung der Kommunikationsebene Leib, auf der sich menschlich-gesellschaftliche Beziehung realisiert.

Diese Botschaft der verheißenen Vollendung, diese Wahrheit kann nicht – um es noch einmal zu betonen – sezierend, abwartend, rational gedanklich verifiziert werden, sondern eröffnet sich nur im Vollzug, im vertrauenden Hinschreiten auf ihn. Nur indem man den Weg geht, merkt man, dass er trägt. Die klassische Stelle, die diesen konkret-geschichtlichen Aspekt des Glaubens ins Wort bringt, ist die bekannte Jesajastelle 7,9: In der Angst vor den heranrückenden fremden Königen soll Achaz, der König von Juda, sich ganz auf den Beistand Jahwes verlassen. Das Trost- und Mahnwort Jesajas gipfelt in dem Satz: »Wenn ihr nicht glaubt, so habt ihr keinen Bestand.« (Jes 7,9) Luther hat diese Stelle übersetzt: »Gläubt ihr nicht, so bleibt ihr nicht.« Er versucht das Wortspiel nachzuahmen, das dort im Hebräischen steht, insofern beide Verben, glauben und bleiben, vom Stamm aman, fest sein, sich fest machen, sich herleiten: Wenn ihr nicht Stand fasset, so werdet ihr keinen Bestand haben. Wenn ihr euch nicht Halt verschafft, werdet ihr haltlos sein. Wer nicht glaubt, ist nicht von Dauer. Wer nicht glaubt, hat kein Morgen. »Der Unglaube aber bricht die Geschichte mit der Gegenwart ab; [...] er [der Glaube; T.S.] glaubt an die Möglichkeit des (bisher) Unmöglichen.«[180] Das letzte war nun nicht die Heilige Schrift und auch nicht mehr Luther, sondern Ludwig Feuerbach in seinem Buch *Das Wesen des Glaubens im Sinne Luthers.*

Göttliche Wahrheit erfährt man in der Geschichte, glauben muss man im Lebensvollzug, Wahrheit Gottes ist geschichtlich konkret, Glaube des Menschen muss dem entsprechen. Damit haben wir unsere Gedankenschritte eigentlich vorgetragen, vorangeschoben bis in das Zentrum unserer Gesamtthematik hinein. Die Frage, wie verhalten sich Orthodoxie und Orthopraxie, ließe sich ja auch so formulieren: Wie wird christlicher Glaube konkret? Wie verleiblicht sich die innere Zustimmung zur Wahrheit Gottes? Wie wird konkret die Zuneigung Gottes beantwortet? Diese Frage, die ja schon mehrfach gestreift wurde in den letzten Stunden, wollen wir noch einmal wenden und betrachten unter der heutigen Überschrift, über das Verhältnis von Glaube und Liebe.

3.3.3 Liebe als die Vollgestalt des christlichen Glaubens[181]

Ich denke, uns allen hier ist klar, wie unangemessen und seltsam die Frage ist, die man hin und wieder hört: Wie viele Dogmen gibt es? Eine solche verzerrte Frage nach dem Glauben wird auch wohl so formuliert: Was muss ich glauben? Zum Inhalt unseres Glaubens gehört nicht nur, was als Lehrsatz feierlich verkündet worden ist, wir glauben also nicht nur Dogmen, so kann man keine Zahl zu glaubender Sätze angeben. Andererseits sind Sätze nicht der Bezugspunkt, wie wir nun schon öfter gesagt haben, sondern sind die Benennung, die Beschreibung des personalen Bezugspunktes und der von dort eröffneten personalen Beziehung. Die fides quae creditur (Glaube, der geglaubt wird) ist die Artikulation und Ausfaltung der fides qua creditur (Glaube, mit dem geglaubt wird),

180 | *Ludwig Feuerbach*, Wesen Glauben, 54f.
181 | Vgl. zu diesem Kapitel: *Joseph Ratzinger*, Sinn Christsein. *Henri de Lubac*, Glauben Liebe. *Victor Warnach*, Liebe, 54–75.

und dieser Du-Glaube ist schwerlich getroffen, wenn man fragt: Was muss ich glauben? Wenn jemand sich mir so zuwendet, dass ich sagen kann, ich glaube an Dich, dann sind alle seine Worte, seine Darlegungen, sein Berichten, alle Zeichen, etwa die Briefe, die er mir zukommen lässt, dann sind auch alle Äußerungen dritter über ihn für mich interessant, anziehend, verbindend, mich auf ihn verweisend, an ihn erinnernd. Alle Äußerungen von ihm und über ihn verweisen schließlich auf den einen Bezugspunkt, mein Vertrauen zu ihm. So lassen sich auch die Ausfaltungen unseres christlichen Glaubens zusammenbündeln, auf wenige Grundaussagen zusammenfassen, in denen alles andere enthalten, implizit mitgesagt ist.

Karl Rahner hat einmal gesagt, es gebe im Grunde nur drei Mysterien, die wir glauben: Dass Gott lebt, dass er in Jesus Christus zu uns spricht und dass er in seinem Geist uns ergreift. Gott lebt und spricht und liebt. Und diese trinitarisch schimmernde (und auch so gemeinte) Aufzählung lässt sich noch einmal zusammenfassen: Gott ist nicht ein Gott in sich, sondern ein Gott für uns. Gott verharrt nicht in sich als der schlechthin Beziehungslose, sondern er verströmt sich selbst als die wesenhafte Liebe, darin nicht sich selbst aufgebend, sondern uns in sich aufnehmend und vollendend.

Also auch vom Inhaltlichen, vom Bekenntnis her, vom Satzhaften her lässt sich der Glaube so beschreiben, dass ganz deutlich herauskommt, Glaube sagt: Ich glaube an Dich. Glauben heißt: Ja sagen zur Liebe Gottes. Glaube ist die Annahme der Zuwendung Gottes. Glauben heißt, die Hände annehmen, die uns entgegengestreckt werden, glauben heißt, bildlich gesprochen, sich nicht sträuben, wenn uns Gott in seine Arme reißt.

Das wäre der erste Satz, der auszusprechen ist, wenn von der Kohärenz von Glauben und Lieben die Rede ist: Glauben, im christlichen Sinne glauben, heißt: glauben an die Liebe Gottes zu uns. Das ist eine grundsätzliche theologische Aussage und noch nicht eine ohne weiteres verständliche Verkündigungsformel. Ich weiß, dass es für viele Menschen heute in doppelter Hinsicht schwer ist, mit diesem Satz einen Sinn zu verbinden. Einmal wegen einer gewissen Gottesferne, einer Stummheit und scheinbaren Unerfahrbarkeit Gottes in unserer hominisierten Welt, zum anderen wegen der Härte und Grausamkeit im geschichtlichen Ablauf. Das Theodizeeproblem, also die Problematik des Leids und die

Problematik des Schlagworts *Gott ist tot*, kommen hier massiv ins Spiel. Andererseits ist nicht zu verkennen, wie die eigentliche Frage lebendig bleibt, wenn auch chiffriert unter anderem Namen, als Frage nach dem Sinn, als Rede von der Utopie, als Prinzip Hoffnung, als *Sehnsucht nach dem ganz Anderen* (Max Horkheimer), als Hoffnung aus der Veränderung heraus. »Nur wenn, was ist, sich ändern lässt, ist das was ist nicht alles«[182], hat Theodor W. Adorno gesagt. Die Frage, wie man diesen Satz – christlicher Glaube heißt glauben an die Liebe Gottes – konkret ins Heute übersetzt, hat viele Aspekte, auf die wir an dieser Stelle nicht eingehen wollen. Hier ist der eigentliche Fixpunkt christlicher Existenz, hier ist das Fundament, auf das man das Haus seines Lebens bauen kann, wie es in Mt 7,24 heißt. Und Paulus schreibt nach Rom:

> »Ja, ich bin gewiß, weder Tod noch Leben, weder Engel noch Gewalten und Mächte, weder Gegenwärtiges noch Kommendes, weder Hohes noch Tiefes, noch überhaupt etwas in der Welt wird uns zu trennen vermögen von der Liebe Gottes, die ist in Jesus Christus, unserem Herrn.« (Röm 8,38 f.)

An der Liebe Gottes hängt alles. Mit diesem ersten Satz haben wir den Bezugspunkt deutlich gemacht, den liebenden Gott, die Liebe Gottes. Nun der Blick auf die Beziehung selbst, auf unser Bezugnehmen, auf die Weise, wie unser Annehmen, unser Jasagen konkret sich darstellt. Sie kennen das Wort aus dem 6. Kapitel des Johannesevangeliums: Jesus spricht zu ihnen: »Ich bin das Brot des Lebens. Wer zu *mir* kommt, wird nicht mehr 'hungern', und wer *an mich glaubt*, wird nicht mehr 'dürsten'.« (Joh 6,35) Jesus spielt in diesem Text auf die alttestamentliche Gesetzesweisheit an, von der Heil erwartet wurde, der aber im Buche Jesus Sirach die Worte in den Mund gelegt werden: »Die mich genießen, hungern noch, und die mich trinken, dürsten noch.« (Sir 24,21) Hier ist also eine Antwort, die alle Fragen überbietet, eine Nahrung, die alles Sehnen stillen kann. Für uns ist interessant, wie diese Aussage aufgebaut ist. Der gleiche Gedanke wird zweimal gesagt mit unterschiedlichem Wortlaut, in einem Parallelismus der Satzglieder, der ja ein Stilmittel semitischer Poesie war. Hungern und dürsten entsprechen einander, vielmehr *nichtmehr* hungern und *nichtmehr* dürsten – und auf der anderen Seite liegen

182 | *Theodor W. Adorno*, Negative Dialektik, 391.

parallel an ihn glauben und zu ihm kommen. Der Ausdruck wirkt zunächst ganz unscheinbar, und doch spricht er von dem Glauben als einer Hinbewegung auf Jesus. Wer glaubt, richtet nicht etwas auf Jesus, den Boten der Liebe Gottes, sondern sich selbst. Wer glaubt, antwortet mit sich selbst, bringt sich selbst in Bewegung, wendet sich um vom Bisherigen, vom Finstern, kehrt sich, wendet sich ihm zu, geht auf ihn zu. Das sprechendste Bild für diese Bewegung auf Jesus zu, für diese Standortverlagerung in Richtung auf Jesus, ist der eigenartige biblische Bericht, der bei Matthäus im 14. Kapitel erzählt wird: Nach der ersten Brotvermehrung schickt Jesus seine Jünger mit einem Boot über den See nach Hause, er selbst bleibt zurück und ist schließlich betend allein. Der Evangelist berichtet, wie das Boot, schon viele Stadien vom Lande entfernt, von Gegenwind und Wellen sehr bedrängt wird. Um die vierte Nachtwache kommt Jesus über den See gewandelt. Die Jünger schreien: ein Gespenst! Er aber sagt: »Mut!, [...] ich bin es, fürchtet euch nicht!« (Mt 14,27) Da kommt nun Petrus und sagt: »Herr, bist du es, so heiße mich zu dir über das Wasser kommen!« (Mt 14,28) Und Jesus sagt: »So komm!« (Mt 14,29) Petrus steigt aus und kann laufen. (Vgl. Mt 14,22–31) Sie wissen, wie die Erzählung weitergeht, dass es doch nur ein kleiner Glaube war, ein furchtsamer, der Petrus sinken ließ. »Kleingläubiger warum hast du gezweifelt?« (Mt 14,31)

Diese Schilderung ist aufschlussreich für das, was der Evangelist und die Überlieferung, auf die er sich stützt, unter Glauben verstehen: Für Petrus erschöpft sich der Glaube nicht in der Feststellung, dass sie hier Christus sehen. Für ihn ist Glaube Hinbewegung auf Christus, nicht Feststellung aus der Ferne, sondern Begegnung in der Nähe. Auf das *Komm* des Herrn steigt Petrus tatsächlich aus dem Boot auf das Wasser. Um auf den Herrn zuzugehen, wagt er den Schritt ins Bodenlose. Das ist atemberaubend, weil hier ein Mensch sich für sich selbst ganz auf das Wort des Herrn verlässt, und so mit sich glaubend tut, was man aus keinem anderen Grunde tun würde. Glauben ist wie über das Wasser wandeln wegen Christus und auf Christus hin. Nicht nur etwas tun, sondern so etwas tun, dass der Mensch darin sich selbst auf Christus hinbewegt. Die Offenbarung Gottes, so hatten wir gesagt, heißt: Gott sagt nicht etwas, sondern er sagt sich selbst, Gott gibt nicht Wahrheiten über sich kund, sondern gibt sich selbst. Selbstmitteilung Gottes, nur so ist Gottes, des Vaters, Tun in Jesu Schicksal und im Wirken seines Heiligen Geistes recht beschrieben! Die dieser Selbstmitteilung entsprechende Antwort von unserer Seite ist nun ebenfalls, das kommt in dieser Perikope von Petrus auf dem Wasser deutlich heraus, ein Einsatz unserer Selbst, ein Kommen mit uns selbst, ein Verfügen über uns selbst, ein Einsetzen unseres Lebens, eine Hinbewegung mit uns selbst. Diesen Vorgang, dass jemand mit sich selbst, bejahend, vertrauend, zustimmend auf einen Anderen zugeht, sich ganz ins Spiel bringt, die Zustimmung zum Anderen mit sich selbst ausdrückt, nennen wir gewöhnlich Liebe. Glaube in seiner vollen Gestalt ist: kommen mit sich selbst, geben seiner selbst. Glauben in seiner Vollgestalt ist Selbsthingabe, ist Liebe. Der Glaube ist der Versuch, auf die erfahrene Zuneigung Gottes mit sich selbst liebend

zu antworten. Das kommt in der biblischen Beschreibung heraus auch durch ein ganz eigenartiges terminologisches Hin und Her: Was ist das größte Gebot? Gott lieben und den Nächsten wie sich selbst. (Vgl. Mt 22,36–39) »Daran haben wir die Liebe erkannt, daß Er für uns ›sein Leben eingesetzt hat‹ – auch wir sind es schuldig, für die Brüder ›das Leben einzusetzen‹.« (1 Joh 3,16) Als die Juden Jesus fragen (im 6. Kapitel bei Johannes), »Was sollen wir tun, um gottgemäße Werke zu tun?« (Joh 6,28), möchte man nach dem Voraufgehenden antworten: Gott lieben, den Nächsten lieben. Was antwortet Jesus? »Das ist das gottgemäße Werk« – zunächst also spricht er vom Werk in der Einzahl, es geht nicht um Vielerlei, das zu tun wäre, letztlich kommt es nur auf eins an, eines nur ist notwendig – »daß ihr glaubet an den, den er gesandt hat.« (Joh 6,29) Das ist das gottgemäße Werk: den Gesandten annehmen, den Überbringer der Liebe glaubend, bejahend annehmen. Das ἔργον des Tuns des Glaubens ist die Annahme des Angebots Gottes, die Annahme seiner Liebe und das Eingehen in den Bereich des so eröffneten Lebensraumes. Die Bundescharta, der Dekalog, der die glaubende Antwort des Volkes kodifiziert, hat aber wiederum die Gestalt sozialen, mitmenschlichen Verhaltens. An Gott als den Sinn, an Gott als die Liebe glauben bedeutet, die Liebe als Sinn auch des eigenen Lebens, die Liebe als die Gestalt des eigenen Selbstvollzuges anzusehen und zu verwirklichen trachten. »Die Liebe Gottes ist ausgegossen in unsere Herzen durch den Heiligen Geist, der uns gegeben ward.« (Röm 5,5) Diese paulinische Formulierung bringt genau dieses Ineinander von Offenbarung und Glaube zum Ausdruck. Gottes Nähe trifft uns, dringt in uns ein, aber sie weckt uns so auf, sie verlockt uns so zur Antwort, dass die Agape, die sich in

unserem Herzen ereignet, zugleich alle unsere eigenen Kräfte zusammenfasst, unsere eigene Liebe ist.
Der Glaube an die Liebe Gottes hat die Struktur der Hingabe. Glaube in seiner Vollgestalt ist Liebe.

3.3.4 Rechtfertigung allein aus Glauben[183]

Wie steht auf dem Hintergrund dieser Feststellung die von den Reformatoren so leidenschaftlich verteidigte These, dass wir gerechtfertigt werden aus Glauben allein, aus Glauben an die zuvorkommende, gnädige Barmherzigkeit Gottes und nicht aus Werken der Liebe, die wir tun? Zunächst einmal ist es angebracht, darauf hinzuweisen, dass im Kern dieser Aussage kein Gegensatz zwischen reformatorischer und katholischer Auffassung besteht. Die Aussagen des Paulus im Römerbrief sind da eindeutig:

> »Denn Werke des Gesetzes 'machen niemand gerecht vor ihm'; [...] haben doch alle gesündigt und sind der 'Herrlichkeit Gottes' verlustig gegangen – und ohne eigenes Zutun, durch seine Gnade, werden sie gerecht dank der Erlösung in Christus Jesus. Denn ihn hat Gott zum Erweise *seiner* Gerechtigkeit [...] hingestellt: [...]: wie er selbst gerecht ist, so will er auch jeden gerecht machen, der an Jesus glaubt. Wo bleibt also das Rühmen? Es ist ausgeschlossen! [...] Denn wir sind überzeugt, dass der Mensch nur durch den Glauben, unabhängig von Werken des Gesetzes, gerecht wird.« (Röm 3,20–28)

Otto Karrer merkt in seiner Übersetzung an dieser Stelle an: »Die korrekte Übersetzung verlangt das Wörtchen »nur«; in der hebr.-griech. Satzform ist es entbehrlich.«[184] Dort steht es nicht. Der Gegensatz: Nicht aus Werken, sondern nur aus Glauben geschieht uns das Heil, meint also dasselbe wie: nicht aus eigener Leistung, sondern aus Gottes Gnade. Die Huld Gottes, die Liebe Gottes, das Geschenk der Errettung aus dem Todeskäfig des menschlichen Lebens ist nicht verdient, nicht erarbeitet, nicht der Lohn für eine Leistung, sondern ist freies, völlig ungeschuldetes Geschenk Gottes. Die ganze Ursächlichkeit für dieses Heil, für diese Rettung aus dem Untergang liegt auf Seiten Gottes. Unser Glaube ist das

183 | Vgl. zu diesem Kapitel: *Karl Rahner*, Rechtfertigung, 42–50. *Hans Küng*, Besinnung Rechtfertigungslehre, 449–468. *Konzil von Trient*, Decretum de justificatione, DS 1520–1583.

184 | *Otto Karrer*, Neues Testament, München 1954, 428.

Aufhalten der Hände, das Annehmen, die Bereitschaft, sich retten zu lassen, die Zuwendung zu dem Rettenden, das Ergreifen seiner rettenden Hand. Der Glaube ist nicht in sich selbst noch einmal ein verdienstliches Werk, so als würde der Glaube belohnt mit dem Heil, sondern auch die Bereitschaft zu glauben ist noch einmal von Gott selbst geweckt, ist gnadenhaft bewirkt. Das Konzil von Trient, das ein sehr ausführliches Dekret über die Rechtfertigung des Menschen verfasst hat, versucht empfundene Schiefheiten und Einseitigkeiten in der Lehre der Reformatoren, vor allem Martin Luthers, aufzuzeigen und abzuwehren, es ist aber auch selbst in seiner Darstellung mit bestimmten zeitgebundenen Theologumena verknüpft, nicht frei von Einseitigkeiten. Bei einer genauen Inter-

pretation der beiden gegnerischen Positionen, der Luthers und der des Tridentinums, wird man also keineswegs einfach richtig und falsch auf je eine Seite verteilen können. Der Aufsatz von Hans Küng (und vor allem seine Dissertation!) zeigen den Weg auf, wie eine heutige Theologie auch in dieser wichtigen Frage wieder zu einer gemeinsamen Aussage finden kann. Nur eins müsste bei allen Divergenzen im Detail eindeutig und klar und uns allen bewusst sein: Auch das Konzil von Trient, auch die offizielle katholische Lehre vertritt eindeutig den Satz: Der Mensch wird gerettet allein durch den Glauben, das heißt indem er die geschenkte Rettung annimmt!

Der erste von 33 kurzen Kanones, die dem Rechtfertigungsdekret angefügt sind und die Lehre in knappe Thesen mit dem ablehnenden Anathema am Ende zusammenfassen, Kanon Nr. 1 heißt: »Wer behauptet, daß der Mensch durch seine Werke, die durch die Kräfte der menschlichen Natur oder in der Lehre des Gesetzes vollbracht werden ohne die göttliche Gnade, die da ist durch Jesus Christus, vor Gott gerechtfertigt werden könne, der sei ausgeschlossen.« (NR 819) Und Kanon 3 sagt ausdrücklich, dass auch die Umkehr, die Abwendung von der Sünde, die Zuwendung zu Gott, als die der Glaube auch beschrieben wird, nicht möglich ist ohne die gnadenhafte, zuvorkommende Beeinflussung von Seiten des göttlichen Geistes.

In unserem Zusammenhang sagen diese uns zeitlich schon relativ fernliegenden theologischen Dokumente der reformatorischen Auseinandersetzung: Der Sinn, das Heil, die Rettung und Vollendung wird von uns empfangen und nicht selbst gemacht. Nicht aus Eigenem entwerfen wir die neue Welt, nicht aus unseren Kräften wird das Friedensreich erblühen. Wir ziehen uns nicht selbst an den Haaren aus dem Sumpf. Wir haben in uns keine Kräfte gegen den endgültigen Verfall. Ja kurioserweise: In dem Maß, wie wir die Krankheiten zurückdrängen, umgeben wir uns mit selbstgemachten künstlichen Giften. Und abgesehen davon, die natürliche Abnutzung unserer Kräfte halten wir nicht auf. Auf uns selbst gestellt ist der Tod uns todsicher, nicht nur uns Einzelnen, sondern auch allen, die jetzt auf der Erde leben, auch allen, die in Zukunft leben werden. Auch die neue, auch die hoffentlich bessere Menschheit wird sterben. Ich finde es ist wichtig, dass wir uns das einhämmern, um nicht aus bestem Willen, aus echter Einsatzbereitschaft heraus in ein neues Gesetzesdenken zurückzufallen, eine neue Vorgesetzlichung unseres Glaubens vorzunehmen, ein neues Leistungsdenken, das Annahme im lebendigen Vollzug mit Selbstmachen verwechselt. Wenn das Heil dieser Welt und unseres Lebens nur durch unsere Leistung, unsere Liebe, unseren Einsatz gebracht und gewährleistet würde, dann säßen wir über kurz oder lang in der Sackgasse der totalen Verderblichkeit. Heil, Gerechtigkeit, Heiligkeit kommt von Gott, von der Transzendenz, von der absoluten Zukunft, vom Grund und Sinn des Ganzen auf uns zu. Das ist und bleibt das Erste. Das ist keine Passivität, sondern befreit erst wahrhaft zu einem wirklich aktiven Handeln!

3.3.5 Der Glaube ohne Werke ist tot (vgl. Jak 2,26)[185]

Damit lenken wir den Blick auf das scheinbar widersprechende Wort des Jakobus. Der rechtfertigende Glaube, von dem Paulus spricht, meint dieses Erste, die Priorität Gottes. Der Glaube, von dem Jakobus redet, meint das Zweite, die Art und Weise, wie wir die neue Wirklichkeit, das Geschenk der Liebe in uns einlassen. Luther hat sich größtenteils zu Unrecht an der strohernen Epistel des Jakobus gerieben. Denn die ausführliche Argumentation des Jakobus zeigt, wie er den Zusammenhang von Glaube und Werk versteht. Die Werke sind nicht Leistung vor Gott, die das Heil verdienen, sondern sind der konkrete Vollzug des Glaubens als liebende Offenheit auf Gott und die Menschen hin: Nicht nur Herr, Herr sagen, sondern den Willen des Vaters tun (vgl. Mt 7,21), nicht nur Hörer des Wortes sein, sondern Befolger. Das beschreiben ja auch die Evangelien, nicht Werke neben dem Glauben, sondern den Glauben als tätigen

185| Vgl. zu diesem Kapitel: *Franz Mußner*, Jakobusbrief, bes.: 127–157.

Vollzug. Auch Paulus kennt diesen Aspekt, er drückt ihn in den verschiedensten Zusammenhängen aus, der Indikativ ist ein Imperativ, das donum ist ein mandatum, die Gabe ist immer auch Aufgabe, das Geschenk muss vollzogen werden. In Gal 5,6 bringt er ausdrücklich auch beide Termini, Glaube und Liebe, in Relation zueinander: πίστις δἰ ἀγάπης ἐνεργουμένη, der Glaube der sich in der Liebe konkretisiert, der in der Liebe seine volle Gestalt hat.

Natürlich ist es zunächst ärgerlich – und man kann sich vorstellen, wie das dem reformatorischen Pathos in die Quere kam –, wenn es in Jakobus 2,24 heißt: »Ihr seht also, daß der Mensch auf Grund von Werken gerecht wird, nicht aus Glauben allein.«

210 Ich möchte auch die Unterschiede nicht bagatellisieren. Gewiss sitzt der Akzent bei Jakobus anders. Und der Gebrauch des Wortes Glauben ist ein anderer als bei Paulus. Bei Paulus wäre es undenkbar, die bloße Zustimmung zur Existenz Gottes, der auch die Dämonen fähig sind, Glauben zu nennen: »Auch die bösen Geister glauben und zittern.« (Jak 2,19) Es ist also ein ›enger‹ Wortgebrauch von Glauben, der teilweise nichts anderes ist als ein bloßes konsequenzloses Fürwahrhalten.

»Was nützt es, meine Brüder, wenn jemand sagt, er habe Glauben, wenn er ohne Werke ist? Kann denn der Glaube ihn retten?« (Jak 2,14) Wenn du das Glauben nennst, muss ich dir sagen, das reicht nicht! So ist doch der Gedanke des Jakobus. *Zeige mir doch den Glauben, der ohne Werke wäre! Ich will dir den Glauben aus meinen Werken zeigen.*

Der Wortgebrauch von Glauben ist ein anderer als bei Paulus, aber in der Sache trifft er sich durchaus mit diesem. Glaube muss konkret sein, sonst ist er kein wirklicher Glaube. Bloßes Reden, bloßes Herr, Herr sagen ist kein lebendiger Glaube, bloße Lehre, bloße Worte, bloße Richtigkeit von Sätzen ist kein rechter Glaube.

Ich finde, wir dürften glücklich sein, dass in der heftigen Argumentation des Judenchristen Jakobus die wesentlichen Momente des jüdischen Glaubensverständnisses als kostbares Erbe der Kirche der Christenheit übergeben worden sind: das feste Vertrauen, aber auch die Verwirklichung im Tun, die Heiligung des konkreten Lebens. Es geht um den inneren Zusammenhang von glauben und lieben.

Vergegenwärtigen wir uns schnell noch einmal die Schritte, die wir jetzt gemacht haben: 1. Die Liebe Gottes kommt auf uns zu und wird angenommen im Glauben. 2. Dieser Glaube hat selbst die Gestalt der Hingabe, ist in seiner Vollgestalt Liebe. 3. Der Satz: Unsere Rechtfertigung geschieht allein aus Glauben ist Lehre der Kirche und will den ersten Aspekt deutlich herausheben: Gott schenkt Heil. 4. Die Formulierung des Jakobus: Der Glaube ohne Werke ist in sich selbst tot (vgl. Jak 2,26), schaut wieder auf die konkrete Gestalt des Glaubens, der sich verwirklichen, verleiblichen, konkretisieren muss, wenn er nicht bloßes, nutzloses Gerede sein will.

3.3.6 Orthodoxie als Orthopraxie[186]

An dieser Stelle haben wir nun doch die Möglichkeit gewonnen, auf unser Gesamtthema blickend das Zueinander von Orthodoxie und Orthopraxie genauer zu erfassen. Die Bedeutung des Wörtchens *und* anzugeben. Es geht darum, ich denke das ist jetzt klar geworden, eine gefährliche Aufspaltung im unserem Denken und Reden abzufangen. Es geht nicht um zwei verschiedene Bereiche, es geht nicht um zwei deutlich unterschiedene selbstständige Größen, sondern um zwei Seiten ein und desselben spannungsreichen Sachverhalts, in dem das *und* erscheint wie die Copula, wie das *ist* in einem analytischen Urteil. Vereinfachend gesagt: Das *und* vertritt die Stelle eines spannungsgeladenen Gleichheitszeichens, ist Ausdruck einer ständigen wechselseitigen Bewegung, eines im Hin und Zurück sich vollziehenden Prozesses.

Lehre ist nicht gleich Leben, Wissen ist nicht schon Handeln, aber Gläubigkeit, Rechtgläubigkeit kann nie nur Lehre sein, ist nie nur in Sätzen anwesend. Sie ist recht erst dadurch, dass sie vollzogen wird, dass sie konkret wird.

Andererseits gibt es Handeln, Handlung, Aktion in vielfacher Ausprägung, aber rechtes Handeln, Rechttun, Orthopraxie setzt die Richtung des Weges voraus, schließt die bewusste Ausrichtung ein, ist ohne das Geschenk der Wahrheit blind und auf dem Irrweg. So könnte man auch sagen, das beiderseitige ὀρθός bewirke die eigentliche Verklammerung. Orthodoxie allein mag gute Lehre sein und heißen, ist aber nie Rechtgläubigkeit. Orthopraxie allein mag ein zweckentsprechendes Verhalten benennen, ist aber ohne die Annahme des Evangeliums der Liebe, der

186| Vgl. zu diesem Kapitel: *Heinrich Schlier*, Besinnung, 272–278. *Klaus Hemmerle*, Wahrheit Zeugnis, 54–72. *Joseph Ratzinger*, Glaube Zukunft, 39–64. *Johann Baptist Metz*, Theologie Welt, 46–50. *Hans Urs von Balthasar*, Liebe. *Ladislaus Boros*, Hoffnung. *Josef Sudbrack*, Glaubwürdigkeit Glauben.

gottgeschenkten Verheißung eine zur Unkenntlichkeit verstümmelte Religion. Orthodoxie als Orthopraxie, Glauben im Tun, Glauben als Liebe – lebendig glauben –, das ist gemeint.

3.4 Über die Einheit von Gottes- und Nächstenliebe

Wenn Sie einen Holzschnitt zum Thema Kreuzigung Christi von Albrecht Dürer und ein Gemälde von Georges Rouault vergleichen – ich vermute, dass Sie alle eine gewisse Vorstellung davon haben –, dann lassen sich kaum größere Gegensätze denken in der Wahrnehmung und Wiedergabe eines gleichen Vorwurfs, einer gleichen Thematik, und doch kann man kaum die eine Art gegen die andere ausspielen. Man kann

bewundern, wie Dürer die Einzelheiten herausarbeitet, minutiös schneidet, erzählt, dem Betrachter einen Zug nach dem andern breit vor die Augen bringt, aber die groben umrisshaften Pinselstriche bei Rouault, die seine Bilder fast immer wie Entwürfe zu Glasgemälden erscheinen lassen, sind durchaus nicht weniger sprechend, sind also nicht schon deshalb eine unangemessene Wiedergabe des Themas, weil sie skizzenhaft, großflächig arbeiten. Ja, manch einer wird sagen, dass ihm gerade bei diesem Thema der Gesamteindruck wichtiger sei als die genaue Aufzählung von an sich zweitrangigen Einzelheiten. Und es ist gewiss für den außenstehenden Normalverbraucher von großer Kunst kein leichtes Unterfangen, Kriterien zu finden, die eine abwägende Würdigung dieser strukturell so heterogenen Bilder zulassen.

Dieser Hinweis soll einen Vergleich ermöglichen. Und Vergleiche zwischen dem Bemühen des Künstlers und des Theologen sind ja durchaus keine einfachhin willkürliche Sache. Denn ich bin überzeugt, dass sich strukturell die Tätigkeiten beider sehr ähnlich sind. Vereinfachend gesagt, beide bemühen sich, etwas auszudrücken, was nicht einfach zutage liegt, also durch bloße Reproduktion schon gefasst würde. Beide versuchen zu fassen, was sich zwischen einer bestimmten Sache, zwischen Sagendem und Hörendem, zwischen Wiedergebendem und Aufnehmendem abspielt. Nun möchte ich mich aber nicht dilettantisch auf ein fremdes Gebiet begeben, sondern den Vergleich ziehen: Mir scheint es wichtig, noch einmal zu betonen, wie das, was wir hier tun, nicht der Methode Dürers, sondern allenfalls der Rouaults entspricht. Wir ziehen skizzenhaft Umrisse, arbeiten großflächig, ich hoffe, dass die Linien nirgendwo zu schief werden, dass wir den Entwurf verantwortlich machen, dass der Pinsel zwar hastig gezogen ist, aber nicht verrutscht. Und mein Wunsch wäre natürlich, dass eine Art Gesamtbild entsteht, ein Gesamteindruck. Und wenn die hingeworfenen Farben hier und da zu leuchten anfangen, Ihnen Lust machen, noch einmal genauer hinzuschauen, ein Thema näher anzusehen, einer Frage selbst auf den Grund zu gehen, ein Bild genauer zu untersuchen, dann wäre ich froh und zufrieden, dann hätte ich genau das erreicht, was ich wollte. Diese Vorlesung will unter einem bestimmten Aspekt einen Überblick geben über unser Bemühen als Christen und als Theologen, Ihnen ein bisschen Material in die Hand geben zum eigenen Weiterarbeiten und den einen oder anderen Anstoß dazu geben, Ihnen Lust machen.

3.4.1 Was heißt Gottesliebe?[187]

Wir können also nur mit groben Pinselstrichen malen. Es bleibt uns gar nichts anderes übrig angesichts der Notwendigkeit, in einer knappen Dreiviertelstunde das Thema abzuhandeln: Über die Einheit von Gottesliebe und Nächstenliebe.

»Wenn jemand sagt: ›Ich liebe Gott!‹, und seinen Bruder haßt, so ist er ein Lügner; denn wer seinen Bruder nicht liebt, den er gesehen hat, kann Gott nicht lieben, den er nicht gesehen hat.« (1 Joh 4,20) Das ist die Argumentation des ersten Johannesbriefes, die unsere heutige Thematik umreißt. Genau um diesen Zusammenhang geht es uns und zwar nicht nur in dieser Stunde. Wenn wir über die Jahwe-Gottesoffenbarung sprachen: Jahwe ist ein Gott der Menschen, wer Jahwe bejaht, bejaht auch seine Bejahung der Menschen mit, wenn wir die Besonderheit Jesu Christi beschrieben: Er vermittelt in menschlicher Gemeinschaft Gottesgemeinschaft, oder wenn wir in der letzten Stunde die unauflösbare Wechselbeziehung zwischen Glauben und Liebe, zwischen rechtem Verhalten gegenüber Gott und rechtem Verhalten gegenüber Menschen, zwischen Orthodoxie und Orthopraxie behandelten, dann stellen wir die gleiche Frage heute noch einmal und wieder mit anderen Worten und in etwas anderer Beleuchtung.

Welches sind die anderen Worte, die wir heute gebrauchen? Was heißt Gottesliebe? Welcher Inhalt lässt sich mit diesem Wort verbinden? Die

187| Vgl. zu diesem Kapitel: *Gerhard von Rad*, Deuteronomium, bes.: 44–67, Kap. 6–12.

zentrale Stelle des Alten Testamentes zu diesem Thema, die auch Jesus zitiert, als er nach dem größten Gebot gefragt wird, ist das *Schema Jisrael,* das israelitische Grundgesetz des Glaubens an den einen Gott, an Jahwe. Im vorexilischen Buch Deuteronomium heißt es:

> »Höre, Israel! Der Herr ist unser Gott, der Herr allein! Du sollst den Herrn, deinen Gott, aus ganzem Herzen, aus ganzer Seele und mit all deiner Kraft lieben. Diese Worte, die ich dir heute befehle, seien in deinem Herzen! Auch sollst du sie deinen Kindern einschärfen [...]. Du sollst sie als Denkzeichen an deine Hand binden. [...] Und du sollst sie auf die Pfosten deines Hauses und auf deine Tore schreiben.« (Dtn 6,4–9)

Jahwe allein ist Gott, Jahwe, der das Volk – wie im Folgenden dann ausführlich dargelegt und in Erinnerung gerufen –, der das Volk aus der Knechtschaft befreit und in ein Land geführt hat, in dem sich leben lässt. Dies gilt nicht nur für die lebende Generation, sondern auch für die kommenden Söhne. Und dieses grundlegende Gottesverhältnis und die Verpflichtung aller auf Jahwe soll im Haus innen und außen Geltung haben, soll auf die Pfosten und Tore geheftet sein. Wir wissen, wir haben bereits ausführlich darüber gesprochen, wie der Vertragsabschluss, der Bundesschluss und die Bundessatzung des Dekalogs, des Zehngebots, diese direkte Verbindung von Gott und Volk, von Gottesbeziehung und mitmenschlichem Verhalten, von gottgeschenktem, eröffnetem Lebensraum und vom Menschen anerkannten, gottverbürgten Gesetzmäßigkeiten in diesem Lebensraum ein Kennzeichen des israelitischen Selbstverständnisses war.

Uns interessiert aber hier vor allem der Terminus: Du sollst Gott *lieben* aus all deinen Kräften. In der Sicht des Deuteronomiums ist das, was als Bundesschluss, als Verpflichtung aufeinander, als gegenseitiger Treueschwur bisher beschrieben wurde, nun Liebe genannt! Das gilt zunächst natürlich für Gottes Zuwendung zu Israel. Im Kapitel 7 heißt es:

> »[D]ich hat der Herr, dein Gott, erwählt, damit du von allen Völkern auf dem Erdboden zu seinem Eigentum werdest. Nicht weil ihr gegenüber anderen Völkern größer seid, hing der Herr an euch und hat euch erwählt – seid ihr doch das kleinste von allen Völkern –, nein, aus Liebe zu euch und weil er den Eid halten mußte, den er euren Vätern zugeschworen hat, führte euch der Herr mit starker Hand

> hinweg und erlöste dich aus dem Sklavenhaus, aus der Gewalt des Pharao« (Dtn 7,6–8).

Gott liebt Israel und ist sein Begleiter und Retter auf seinem geschichtlichen Weg. Gott liebt Israel, Israel muss Gott lieben, davon hängt sein Bestand ab:

> »Du solltest es erkennen, daß der Herr, dein Gott, der wirkliche Gott ist, der zuverlässige Gott, der den Bund und die Huld denen bewahrt bis ins tausendste Glied, die ihn lieben und seine Gebote halten [...]. Darum halte den Befehl, die Satzungen und Vorschriften, die ich dir heute anordne.« (Dtn 7,9–11)

Die Antwort der Israeliten auf Gottes Liebe ist das Stehen in Gottes Satzung. In Israels eigenen Interesse liegt diese Liebe zu Gott. Denn Gott braucht nicht Israel, aber Israel braucht Gott.

> »Den gesamten Auftrag, den ich dir heute anbefehle, haltet, damit ihr am Leben bleibt, euch vermehrt und in das Land, das der Herr euren Vätern eidlich versprochen hat, hineinkommt und es innehabt! Beherzige, daß der Herr, dein Gott, dich züchtigen will, wie jemand seinen Sohn züchtigt.« (Dtn 8,1)

Die Strenge und Härte Gottes darf also nicht missverstanden werden, sie ist Ausdruck seiner liebenden Fürsorge! »Bewahre die Befehle des Herrn, deines Gottes, indem du auf seinen Wegen wandelst« (Dtn 8,6). Es geht also nicht um eine Erhebung des Gemütes, sondern um ein tatkräftiges Wandeln in der Satzung Jahwes. Und wie um jedem Missverständnis vorzubeugen und den Wortgebrauch von Liebe Gottes in diesem Zusammenhang endgültig zu klären, sagt das Kapitel 10 »Und nun Israel, was fordert der Herr von dir? Daß du ihn fürchtest, auf allen seinen Wegen wandelst, ihn liebst und dem Herrn, deinem Gott, aus ganzem Herzen und ganzer Seele dienst! So mußt du die Gebote und Satzungen des Herrn beobachten, die ich dir heute anbefehle« (Dtn 10,12 f.). Gott lieben und seine Gebote bewahren sind nicht zwei Dinge. Die Satzungen halten ist keine Anwendung der davon unabhängigen Gottesliebe, sondern man liebt Jahwe mit allen Kräften, *indem* man in seinen Satzungen steht. Diese Satzungen umfassen auch die Sicherung des Ausschließlichkeitsverhältnisses zwischen Jahwe und Israel, also gewissermaßen die breite

Entfaltung der ersten Tafel des Dekalogs. Das wird mehrfach deutlich und breit gesagt, etwa im Kapitel 12:

»Ihr sollt all die Stätten gründlich zerstören, an denen die Völker, in deren Erbe ihr getreten seid, ihren Göttern gedient haben, auf den hohen Bergen, auf den Hügeln und unter jedem grünen Baum. Reißt ihre Altäre nieder, zertrümmert ihre Weihesteine, verbrennt ihre heiligen Pfähle, hauet ihre Götzenbilder um und vertilgt ihre Namen von jener Stätte! [...] Vielmehr sollt ihr die Stätte, die der Herr, euer Gott, aus all euren Stämmen erwählen wird, um seinem Namen dort eine Wohnstatt zu bereiten, besuchen und dorthin kommen!« (Dtn 12,2–5)

216

Auch das ist Satzung Gottes, ihm allein treu zu sein, ihn als den Einzigen zu haben. Denn das entspricht der einzigartigen Erwählung! »Doch nur zu deinen Vätern neigte er sich in Liebe und erwählte euch als ihre Nachkommen aus allen Völkern, wie es heute der Fall ist.« (Dtn 10,15) Aber diese grundlegende Satzung Gottes, des Einzigen, des Liebenden, konkretisiert sich unmittelbar, geht nahtlos über in konkrete mitmenschliche Satzung: Deuteronomium 10,17–20 sagt:

»Denn der Herr, euer Gott, ist der Gott der Götter und der Herr der Herren, die große, starke und furchterregende Gottheit, die unparteiisch ist und keinerlei Bestechung annimmt. Er ist es, der Recht schafft den Waisen und Witwen, der auch die Fremdlinge liebt und ihnen Brot und Kleidung gibt. Ihr sollt also auch den Fremdling lieben; denn Fremdlinge seid ihr im Ägypterland gewesen! Den Herrn, deinen Gott, sollst du fürchten, ihm dienen«.

Gott lieben heißt nach diesen grundlegenden Texten des Deuteronomium, auf die sich auch Jesus bezieht: Jahwes geschichtlich erfahrene Liebe annehmen als Grundlage der eigenen völkischen und privaten Existenz, Jahwes Güte gegenüber den Schwachen und Fremden praktizieren. Gott lieben heißt, seine Satzungen leben.

3.4.2 *Was heißt Nächstenliebe?*[188]

Die Formulierung: »Ihr sollt also auch den Fremdling lieben« (Dtn 10,19) lässt erkennen, dass dieser Gedanke der besonderen Beziehung zum Mitmenschen schon eine gewisse Entwicklung durchgemacht hat. Zunächst hieß es nämlich: »Sei nicht rachsüchtig, und trage den Söhnen deines Volkes nichts nach, sondern liebe deinen Nächsten wie dich selbst: Ich bin der Herr!« (Lev 19,18) Auch hier die unmittelbare Ableitung der Beziehung zum Volksgenossen aus dem Herrsein Gottes. Es geht aber hier zunächst um den Angehörigen desselben erwählten israelitischen Volkes! In diese Nächstenliebe wird aber dann der Fremde, der im Lande wohnt, bald ausdrücklich einbezogen: »Wie ein Einheimischer von euch selbst soll euch der Fremdling gelten, der bei euch weilt; du sollst ihn lieben wie dich selbst; denn ihr seid ja auch Fremdlinge gewesen im Ägypterland: Ich, der Herr, bin euer Gott!« (Lev 19,34) Das hellenistische Diasporajudentum hat den Begriff des Nächsten erweitert, vermutlich auch unter dem Einfluss hellenistischer Humanitätsideen und aus einem gewissen Missionseifer heraus. Es fällt auf, dass schon die LXX, die Übersetzung des Alten Testamentes ins Griechische, das engere Wort *Volksgenosse* an den entscheidenden Stellen mit dem allgemeinen, umfassenden Wort πλησιόν, *Nächster*, wiedergibt. Die Nächstenliebe wird gemessen an der Selbstliebe (wie dich selbst). Dieses gegenseitige Bedingungsverhältnis, das man seit dem 18. Jahrhundert die Goldene Regel nennt, ist im alttestamentlichen Buch Tobias so formuliert: »Was du selber nicht liebst, das tue auch keinem andern an!« (Tob 4,15) Die Bergpredigt formuliert den gleichen Gedanken positiv: Jesus sagt: »Alles, wovon ihr möchtet, daß es euch die Menschen tun, sollt auch ihr ihnen tun. Darin besteht das Gesetz und die Propheten.« (Mt 7,12) Mit dieser Goldenen Regel ist eine Grunderkenntnis der Lebenserfahrung und des sittlichen Denkens ausgesprochen, die in allgemeinster Form dennoch jeweils zu einem ganz konkreten Maßstab gemacht werden kann. Neben dieser vor allem im Diasporajudentum sich anbahnenden Universalisierung der Begriffe *Nächster* und *Nächstenliebe* ist aber die Einengung nicht zu übersehen, die vor allem in palästinensischen Kreisen gleichzeitig geschah: In spätjüdischen Schriften werden Ausländer und Samariter ausdrücklich vom Gebot der Nächstenliebe

188| Vgl. zu diesem Kapitel: *Waldemar Molinski*, Nächstenliebe, 669–675. *Josef Schmid*, Goldene Regel, 1040–1041. *Rudolf Schnackenburg*, Bruderliebe, 117–121.

ausgenommen. Es gibt pharisäische Äußerungen, die die Nächstenliebe auf den eigenen Kreis beschränken wollen. In Qumran – was angesichts der esoterischen Gesamteinstellung nicht verwundert – ist Nächstenliebe eingeschränkt auf die Glieder der Gemeinde, weil angeblich die eschatologische Entscheidungsstunde jegliche Gemeinschaft mit Gottlosen verbiete.

Auf diesem ganz kurz skizzierten Hintergrund ist, meine ich, deutlich zu erkennen, wie die besondere Einstellung Jesu zu diesen alttestamentlichen Geboten in der Geschichte steht, gewissermaßen aus dem Voraufgehenden herauswächst. Auch hier ist das Neue nicht das schlechterdings Unerwartete und Fremde, sondern die Entdeckung des

Ursprünglichen, die Aufdeckung des eigentlich Gemeinten, die Konzentration und Verdeutlichung des vorher schon Angeklungenen und Angezielten. In der deuteronomistischen Beschreibung der Gottesliebe war die Nächstenliebe eindeutig gemeint, ja ausdrücklich mitgenannt, und zwar nicht als ein Anhängsel, sondern als die konkrete Form der Treue zu Gott und als tatsächliche Antwort auf seine Liebe zum Volke Israel. Das Verhältnis zum Mitmenschen wurde in mancherlei Einzelbestimmung und Einzelvorschrift hinein ausgefaltet, ebenso wie die grundsätzliche Abwehr fremder Götter und die rechte Verehrung des einen Gottes. Damit entstand die Gefahr, den Zusammenhang, die Einheit beider Momente nicht mehr zu sehen. Die Verritualisierung und Verkultisierung der Gottesverehrung und die Vergesetzlichung der menschlichen Beziehungen baute jeweils eine Mauer um den Bereich der Gottesliebe und um den Bereich der Nächstenliebe.

3.4.3 Die Kombination durch Jesus: Addition oder Explikation?[189]

Der offene Bruch, der entstandene Graben wurde spätestens dort erkennbar, wo die Bejahung Gottes, die Berufung auf die Satzung Gottes zum Gegenteil des Gemeinten führen, nämlich dazu, den Menschen beiseite zu schieben und zu unterdrücken. Das war nicht nur bei den sich abkapselnden Qumran-Leuten, das war auf ähnliche Weise der Fall bei den revolutionären Zeloten, die den politischen Mord in ihr Konzept aufnahmen, das war auf Ärgernis erregende Weise bei den frommen Pharisäern der Fall, die Minderheiten, bestimmte Menschengruppen ver-

189 | Vgl. zu diesem Kapitel: Kommentare zu: Mt 12,28–34 parr. *Karl Hermann Schelkle / Eugen Biser*, Nächstenliebe, 765–770.

achteten, ausstießen und ausschlossen unter Berufung auf den Willen Gottes. Dort, wo die Satzung nicht mehr das Bindeglied zwischen Gott und Mensch, zwischen der Liebe Gottes und der Liebe der Menschen war, dort, wo angeblich heilige Gesetze zum Selbstzweck gemacht wurden oder zum Deckmantel des heimlichen oder umso brutaleren Egoismus, spätestens dort musste deutlich gesagt werden, dass man Gott nicht lieben kann, indem man den Menschen missachtet und unterdrückt, dass Gott lieben in Israel schon immer hieß, Witwen, Waisen und Fremden Gerechtigkeit und Hilfe widerfahren zu lassen. Eigentlich hätte es genügt, das Schema Jisrael zu zitieren, wenn nach dem zentralen Willen und Gebot Gottes gefragt war. Aber angesichts der Verzerrungen und Verdunkelungen seines vollen Umfangs, der Verstellung seines ursprünglichen, auf die Menschen bezogenen Sinnes antwortet Jesus auf die Frage des Schriftgelehrten: »Welches ist das erste von allen Geboten?« (Mk 12,28) »Das erste ist: 'Höre Israel, der Herr, unser Gott, ist allein Herr; den Herrn, deinen Gott, sollst du lieben aus deinem ganzen Herzen, aus deiner ganzen Seele, aus all deinem Sinnen und Denken und all deiner Kraft.'« (Mk 12,29f.) Hier hört er nicht auf, sondern fährt fort. »'Du sollst deinen Nächsten lieben wie dich selbst.' Ein anderes Gebot, größer als dies, gibt es nicht.« (Mk 12,31). Dass es hier um eine Ausfaltung des ursprünglichen Sinnes geht, dass das Zweite keine Addition zum Ersten ist, sondern eine Explikation des Ersten, das lässt sich nicht nur aus dem alttestamentlichen Hintergrund erheben, sondern wird im Neuen Testament selbst ja im Einzelnen entfaltet. Zunächst klingt die Formulierung bei Markus ausgesprochen additiv. Das ist das Erste und dies ist das Zweite! Das eingangs zitierte Wort aus dem Johannesbrief lässt erkennen, dass hier das sogenannte Doppelgebot ausdrücklich als ein wechselseitiges Beziehungsverhältnis verstanden, ausgelegt und eingeschärft wurde. Aber wir brauchen gar nicht bis zu den Spätschriften des Neuen Testamentes zu gehen, um das zu erfahren! Wenn nämlich Paulus in seiner Argumentation in Römer 13,8–10 die Liebe als die Erfüllung des Gesetzes beschreibt, einfach vom Gesetz spricht, ist selbstverständlich das Gesetz Gottes gemeint, das mannigfaltige Ausgestaltungen erfahren hatte und hier konzentriert erscheint in der Forderung der Nächstenliebe.

Paulus kann die ausdrückliche Nennung der Gottesliebe weglassen und doch sagen, hier sei das ganze Gesetz zusammengefasst. In Mt 22,40 ist diese abschließende Bemerkung: »An diesen beiden Geboten hängt das ganze Gesetz und die Propheten« noch an die Nennung des Doppelgebotes angehängt. Man erfüllt das ganze Gesetz Gottes, wenn man den Nächsten liebt. Die Nächstenliebe schließt die Gottesliebe nicht aus, sondern ist ihr Ausdruck.

3.4.4 Nächstenliebe als Gottesliebe[190]

Wie im Alten Testament die Gottesliebe für beide stehen konnte und stand, wie wir gesehen haben an den Texten des Deuteronomium, so kann im Neuen Testament die Nächstenliebe stehen für beide.

Paulus redet hier nicht willkürlich oder nachlässig, sondern befindet sich

in bester Gesellschaft angesichts des Gleichnisses von den Böcken und Schafen, das Jesus selbst gebraucht bei der Beschreibung des Endgerichts. Auch dort ist nur vom mitmenschlichen Verhalten ausdrücklich die Rede, aber genau das entscheidet über das endgültige Heil, ist also auch die entscheidende Stellungnahme gegenüber Gott. Das neutestamentliche Doppelgebot der Gottes- und Nächstenliebe handelt nicht von zwei sittlichen Teilbereichen, die beide jeweils durch eine entsprechende Haltung abgedeckt sein müssen. Es geht nicht um einen sogenannten Bereich des Übernatürlichen, die Gottesliebe, und um einen Bereich des Natürlichen, die Nächstenliebe. Jesus geht es um die ausdrückliche Bewusstmachung der ursprünglichen Dimension der Gotteserfahrung und Gottesbegegnung: Gott lieben heißt seine Gebote bewahren, in seinen Geboten wandeln. Seine Gebote halten aber heißt die Menschen sehen und behandeln wie er selbst. Jahwe bejahen heißt die Liebe zu den Menschen bejahen. Nächstenliebe als Gottesliebe, diese verdeutlichende Zuspitzung durch Jesus Christus, die man zugleich als die zentrale sittliche Weisung der neutestamentlichen Predigt bezeichnen kann, müssen wir nun vielleicht doch gegen zwei *Missverständnisse* schützen, die sich gerade deshalb ergeben können, weil wir nur sehr kurz und notgedrungen hastig dieses Thema behandeln: Zur Abwehr eines ersten Missverständnisses kann uns Jesu Gleichnis vom barmherzigen Samariter und von dem unter die Räuber gefallenen Mann behilflich sein, das ja ausdrücklich auf die rechthaberische Frage antworten will: Wer ist denn mein Nächster?

190| Vgl. zu diesem Kapitel: *Joseph Ratzinger*, Sinn Christsein. *ders.*, Christliche Brüderlichkeit. *Henri de Lubac*, Glauben Liebe. *Victor Warnach*, Liebe, 54–75. *Franz Mußner*, Jakobusbrief, bes.: 127–157. *Heinrich Schlier*, Zeit Kirche, 186–193.

Bei der christlichen Nächstenliebe geht es nicht in erster Linie um die grundsätzliche Herausarbeitung eines Moralprinzips, um die theoretische, a priori aus dem Menschsein und Personsein abzuleitende Einstellung gegenüber allen Menschen. Natürlich ist die einzigartige Würde jeder menschlichen Person immer mit im Spiel, aber es geht hier gerade nicht um zeitlos und abstrakt gültige Wahrheiten und Prinzipien, sondern es geht um die Bewältigung der konkreten geschichtlichen Situation. Nächster, auf den ich antworten muss, und zwar jetzt und hier, ist eben nicht jeder beliebige Mensch, sondern der von der Situation, von der konkreten Begegnung von Gott her jeweils Zugewiesene. Nächstenliebe meint nicht ein philanthropisches Gefühl, einen reflektierten und theoretisch begründbaren Humanismus, sondern die Zuwendung zu dem, der jetzt auf mich und meine Zuwendung angewiesen ist. In diese Situation kann allerdings mancher kommen, den ich von den natürlichen Voraussetzungen her nicht als mir sehr nahe empfinde, auch ein bis dahin völlig Fremder, auch ein sehr Unsympathischer, auch einer, der sich oder den ich als meinen Feind betrachte.

Auch die Frage: Wer ist denn mein Nächster?, kann nur konkret geschichtlich beantwortet werden. Nicht: Sei gut zu allen Menschen, sondern: Geh hin und tu desgleichen! Das ist die Außenseite des inneren Geschehens, das man kurz so umreißen könnte: Stellungnahme zu Gott, Bejahung Gottes geschieht nicht im Fürwahrhalten, im Unterschreiben von Prinzipien und Sätzen, sondern im Lebensvollzug, im Verhalten. In der Geschichte meines Lebens begegnet mir Gott, im Vollzug meines Lebens antworte ich auf Gott.

Ein zweites, viel gefährlicheres Missverständnis dieser biblischen Texte ist die häufiger gehörte Interpretation, es gehe hier bei dem Satz: Gottesliebe als Nächstenliebe, Nächstenliebe als Gottesliebe um die ideologische Überhöhung einer als notwendig erfahrenen menschlichen Verhaltensweise: Nur nach der Goldenen Regel könne man einigermaßen auskommen. Um den Anspruch dieser als richtig erkannten Regel zu bekräftigen, werde das Prinzip ins Unendliche hinein verlängert. Gott sei gewissermaßen die Chiffre für die Absolutheit des Menschen und seiner Liebe. Wer so denkt und argumentiert, muss sich auseinandersetzen mit dem genau entgegengesetzten Ansatz des Neuen Testamentes (und auch schon des Alten Testamentes!). Den Nächsten lieben wie sich selbst darf gerade nicht missverstanden werden als eine am menschlichen Wünschen, am menschlichen Selbstvollzug und Weltverhältnis aufgehängte Verhaltensnorm. Wenn von Liebe die Rede ist, dann ist zunächst gar nicht von uns, sondern von Gott die Rede, das Primäre ist nicht handeln, sondern behandelt werden, nicht lieben, sondern geliebt werden. Dieser uns hoffentlich inzwischen vertraute Gedanke (Gott ist der zuerst Handelnde, wir sind immer schon die Antwortenden) kommt paradigmatisch in einem Text des ersten Johannesbriefes heraus:

> »[L]aßt uns einander lieben: denn die Liebe ist aus Gott, und wer liebt, ist aus Gott geboren und erkennt Gott. Wer nicht liebt, hat Gott nicht erkannt; denn Gott ist Liebe. Darin hat sich die Liebe Gottes an uns erwiesen, daß Gott seinen Einzigen Sohn in die Welt gesandt hat,
> damit wir durch ihn leben. Darauf beruht die Liebe: nicht als hätten *wir* Gott geliebt, sondern er hat uns geliebt und seinen Sohn gesandt als Sühneopfer für unsere Sünden.« (1 Joh 4,7–12)

Soweit der erste Johannesbrief. Die Überwindung des Todes, die Erschließung des Lebensraumes, das Lösen der Ichverkrampfung und die Verheißung der seligen Endgültigkeit, das ist die Kraft, die stärker ist als der Tod. Diese Zuwendung Gottes konkretisiert sich in dem Leben und Sterben Jesu, seines Sohnes. »Denn so sehr hat Gott die Welt geliebt, daß er seinen Einzigen Sohn hingab, damit jeder, der an ihn glaubt, nicht verlorengehe, sondern das ewige Leben habe.« (Joh 3,16) Diese Liebe geht bis zum Äußersten der Hingabe, denn mehr als sich selbst kann man nicht geben. Jesus im Johannesevangelium: »Das ist mein Gebot, daß ihr einander liebt, wie ich euch geliebt habe. Eine größere Liebe hat niemand, als wer sein Leben hingibt für seine Freunde. Ihr seid meine Freunde, wenn ihr tut, was ich euch gebiete« (Joh 15,12–14). Sein Auftrag ist also genau darauf gerichtet, dass die Liebe Gottes, die in die Welt eingebrochen ist als die Kraft, die rettet, die den Tod überwindet, die das Leben vollendet, dass diese Kraft Gottes sich durch uns in der Welt ausbreitet: Wenn wir einander lieben, ist Gott in uns, ist er zwischen uns, unter uns am Werk, ist die Liebe Gottes wirksam, wo die Güte und die Liebe, da ist Gott, sagt die Liturgie. Christliche Liebe heißt also nicht: den Wunsch nach Wohlergehen zum Maßstab des gegenseitigen Verhaltens zu machen, sondern die empfangene Liebe Gottes (die als Rettung, als Auferstehung am knappsten beschrieben wird) auszubreiten auf die mir begegnenden Nächsten hin, gottgeschenktes Heil weiterzuvermitteln. Wenn wir einander lieben, ist seine Liebe an ihr Ziel gekommen (vgl. 1 Joh 4,12), sagt der erste Johannesbrief, dann ist die Menschheit gerettet, dann wird die menschliche Gemeinschaft und ihre Geschichte vollendet, an ihr Ziel gebracht. Den Nächsten lieben heißt Gottes Wirken an der Welt und in der Welt dadurch bejahen, dass wir uns ihm als Werkzeug zur Verfügung stellen, Gott durch uns hindurch an der Welt wirken lassen. Überspitzt gesagt: In neutestamentlicher Sicht hängt die Nächstenliebe an der Tat Gottes, an Jesus, an der Auferstehung, am ewigen Leben, und zwar so sehr, dass Nächstenliebe als die Gestalt der Liebe Gottes zu uns erscheint, dass die liebende Gemeinschaft die konkrete Gestalt der Güte Gottes ist, dass die Liebe des anderen Menschen die konkrete Gestalt ist, wie mir die Liebe Gottes begegnet, dass meine Liebe die konkrete Gestalt ist, in der dem anderen Gottes Liebe begegnet.

Wir müssen uns mit diesen unzureichenden Andeutungen begnügen, hier abbrechen mit der flüchtigen Betrachtung biblischer Texte, um kurz noch einen Blick darauf tun zu können, wie Karl Rahner das Ineinander von Gottes- und Nächstenliebe systematisch zu fassen versucht.

3.4.5 Die Einheit von Gottes- und Nächstenliebe in der Sicht Karl Rahners[191]

Karl Rahner soll hier eigens erwähnt werden, nicht weil er der allein Maßgebliche in unserer augenblicklichen Theologie wäre – obschon man ruhig zugeben darf, wie nachhaltig er die Theologie nicht nur Deutschlands in den letzten zwanzig Jahren beeinflusst hat –, auch nicht deshalb, weil er genau über diese Frage einen Aufsatz geschrieben hat, sondern weil sein ganzer denkerischer Ansatz, die sogenannte transzendentaltheologische Methode, sich geradezu aufdrängt zur Behandlung unseres heutigen Themas.

Rahner hat an den verschiedensten Stellen in unterschiedlicher Klarheit und Ausführlichkeit Gedanken geäußert, die ich im Folgenden in fünf Punkte hintereinander ordnen möchte, um so wenigstens umrisshaft seine Darstellung vorzuführen. Der folgende Gedankengang will natürlich auch in der Absicht Rahners keine philosophisch-logische Deduktion sein, sondern er geschieht auf dem Hintergrund der geglaubten

191| Vgl. zu diesem Kapitel: *Karl Rahner*, Einheit, 277–298. *ders.*, »Gebot« Liebe, 494–517. *ders.*, Liebe, 234–252, bes.: 247–250. *ders.*, Jesus Christus.

gnadenhaften Selbstmitteilung Gottes, wie wir sie eben in den Worten des ersten Johannesbriefes eindringlich vorgeführt bekamen.

1. Als erstes wäre die Unterscheidung bewusst zu machen zwischen einer Bejahung explizit-thematischer Art, die sich in Begriffen, in bewusster ausdrücklicher Anerkenntnis, in einem genau beschreibbaren und gewollten, intendierten und artikulierten Sinn vollzieht, und einer Bejahung einer Wirklichkeit ganz unthematischer, faktischer Art, die etwas faktisch anerkennt, ohne sich darüber ausdrücklich Rechenschaft zu geben, ohne sich der bejahten Wirklichkeit und ohne sich der Bejahung dieser Wirklichkeit bewusst zu sein. In unserem Leben haben wir dauernd mit diesem Sachverhalt zu tun, dass wir mehr vollziehen als wir reflex aufgearbeitet, durchleuchtet haben und eigens beschlossen haben. (Wenn jemand intensiv an einem Examen büffelt, hat er, auch ohne dass er sich darüber ausdrücklich klar wird, allein durch seine Anstrengung dieses Examen als für sich selbst sinnvoll, erstrebenswert und für den weiteren Lebensweg in irgendeiner Hinsicht förderlich anerkannt!) Ja, man kann grundsätzlicher sagen: Jeder, der sich intensiv und mit wirklicher Kraft für eine Aufgabe einsetzt, um einen Erwerb bemüht, der eine menschliche Verbindung anstrebt, erkennt damit implizit seinem Tun, seinem Leben einen Sinn zu, auch ohne sich jemals die Frage nach dem Sinn seines Lebens bewusst gestellt zu haben. Dieser Unterschied zwischen expliziter Bejahung und unthematischer Stellungnahme kann im Extremfall sogar zu einem Gegensatz werden, dass die ausdrückliche Verweigerung einer Stellungnahme noch einmal eine Form des Stellungnehmens ist. Wenn jemand etwa agnostizistisch behauptet, es lasse sich keinerlei wahre und gewisse Aussage treffen, dann stößt er das Prinzip, das er aufstellt, im Aufstellen wieder um, denn er ist überzeugt, dass zumindest diese eine Aussage wahr und gewiss ist, es gebe keine wahre und gewisse Aussage.

2. Ein zweiter vorbereitender Gedankenschritt wäre die Feststellung, dass alle unsere sogenannte metaphysische Erkenntnis, also unsere Wahrnehmung der Transzendenz, des Göttlichen, der Offenbarung Gottes – theologisch gesprochen – vermittelt ist durch innerweltliche, geschichtliche Erfahrung, die sich in Sprache Ausdruck verleiht, nur in diesem menschlichen Erfahrungsbereich lassen sich überhaupt Äußerungen, unsere menschlichen Äußerungen tun über Gott und über unser Verhältnis zu ihm. Vereinfachend gesagt: Nur in menschlichen Katego-

rien können wir unser Verhalten gegenüber dem geschichtlich erfahrenen Gott äußern.

3. Mit dem dritten Schritt beginnt der eigentlich wichtige Gedanke, insofern der menschliche Selbstvollzug direkt angesprochen wird. Der Mensch erfährt sich, kommt zu sich am Gegenstand der Welt, in der er sich vorfindet, konkret in seiner eigenen Materialität, seiner Leiblichkeit, er erfährt sich als Geist in Welt. Diese Welt ist aber wesentlich geprägt durch das Gegenüber der anderen Menschen, durch das Mit-sein. Wir vollziehen uns als personale Wesen am Gegenüber anderer Personen. Dieser Vollzug unseres Selbst geschieht nun eigenartigerweise so, dass wir aus uns selbst heraustreten, dass wir uns einen endgültigen Ort im Anderen suchen, uns verlassen auf den Anderen, besser: in den Anderen hinein. Diese Selbstfindung und Selbstvollendung durch ἔκ-στασις, Aussichheraustreten und Sich-einlassen auf den Anderen, diesen Sachverhalt nennen wir gewöhnlich Liebe. Aus der Verschlossenheit, aus der Einsamkeit, aus der Hölle der Abgeschiedenheit sich herausbegeben, sich verlassen auf ein personales Gegenüber und genau darin sich selbst bestätigt finden und wiederfinden, das ist der eigentlich personale, das Ganze der innerweltlichen Erfahrung in sich integrierende Vollzug des Menschseins.

4. Hier wäre nun viertens darauf aufmerksam zu machen, dass dieses sich ganz auf einen Anderen verlassen immer schon mehr bejaht als ein nur menschliches Gegenüber. Auch der geliebte Andere ist ja nur ein endlicher, fehlerhafter, unvollkommener Mensch. Wenn ich aber überzeugt bin, dass ich mit meiner Verlagerung in ihn hinein nicht in eine neue Hölle der Enge, der Verschlossenheit komme, gewissermaßen nur eine Einsamkeit zu zweit konstruiere, wenn ich überzeugt bin, dass diese Ekstase mich und den Anderen zu echter Offenheit befreit, dann schließt das die implizite Anerkenntnis ein, dass es einen Sinn hat und einen Grund gibt, einem endlichen, begrenzten Menschen so umgrenzend zu vertrauen. Ich bejahe damit, dass es so etwas wie ein heiles, vollendetes Menschsein gibt, ein ganz befreites, völlig geöffnetes Menschsein, ich bejahe damit genau das, was wir meinen, wenn wir Jesus Christus als den Gottmenschen beschreiben. In jedem Akt echter Liebe, die sich radikal und vorbehaltlos an den Anderen wagt, geschieht also inwendig und namenlos, aber wirklich Anerkennung der Vollendbarkeit und Vollendung des Menschseins.

5. Von daher ist der letzte Schritt dann nur noch die ausdrückliche Bezeichnung und Benennung dieser Vollendung durch das Absolute als *Gott*, der befreiende, vollendende Gemeinsamkeit zwischen Ich und Du ermöglicht: Jene Liebe, die den Anderen absolut ernst nimmt und sich total anvertraut, erfährt, *wenn* und *indem* sie geschieht, was Gott ist, insofern sie ihn nämlich als Grund und Ermächtigung dieser Liebe erfährt und als gegeben annimmt. Echte Nächstenliebe ist Bejahung Gottes und seiner Liebe zu uns. Die Feststellung, dass diese Wirklichkeit dort gegeben ist, wo sie nicht thematisiert ist oder sogar abgewiesen wird, schließt nicht aus, sondern ein, dass es in der Richtung des menschlichen Transzendierens, der Ekstase liegt, den absoluten Grund, Gott und die Gottesliebe, auch kategorial, also bewusst, ausdrücklich, in Worten, im Willen thematisch werden zu lassen.

Ich merke selbst, dass diese knappe Wiedergabe des Rahnerschen Gedankens nicht mehr sein kann als eine Ermunterung, diese Darlegung bei ihm selbst einmal nachzulesen.

Als eine Art Zusammenfassung bietet sich die zweite Kurzformel an, die Rahner im neunten Band, im letzten Band seiner Schriften anführt. Diese Kurzformel, die Rahner die anthropologische nennt, lautet:

> »Der Mensch kommt nur wirklich in echtem Selbstvollzug zu sich, wenn er sich radikal an den anderen wegwagt. Tut er dies, ergreift er (unthematisch oder explizit) das, was mit Gott als Horizont, Garant und Radikalität solcher Liebe gemeint ist, der sich in Selbstmitteilung (existentiell und geschichtlich) zum Raum der Möglichkeiten solcher Liebe macht. Diese Liebe ist intim und gesellschaftlich gemeint und ist in der radikalen Einheit dieser beiden Momente Grund und Wesen der Kirche.«[192]

§ 4 Die konkrete Gestalt

4.1 Gläubige Gemeinde als Ort der Gotteserfahrung

Karl Rahners anthropologische Kurzformel des Glaubens empfehle ich Ihnen, nicht weil sie sprachlich besonders gut gelungen und ein so einzigartiger Text wäre, dass er unser neues Credo werden könnte, sondern

192 | *Karl Rahner*, Problematik Kurzformel, 252.

weil sie sehr knapp und direkt unser gestriges Thema in unser heutiges überleitet.
Der *erste* Satz dieser Kurzformel, die erheblich mehr sagen will, als ihrem Wortlaut zunächst anzusehen ist, die ja das Ganze der im Glauben bejahten Wirklichkeit umfassen will, dieser erste Satz umschreibt die Tatsache, dass in der existentiellen Selbsttranszendenz, die wir die Liebe nennen, mindestens implizit eine Gotteserfahrung gemacht wird und ein faktisches Bekenntnis zum Theismus in dem Sinne abgelegt wird, dass Gott als das umfassende Woraufhin unserer Existenz im Vollzug bejaht wird. Der *zweite* Satz meint die Tatsache, dass es neben der personalen Erfahrung des Du und des Ich die Kategorie des Wir gibt, und dass dieser Raum des Wir eröffnet sei durch das Band des Friedens, den Kuss der Liebe, durch den Heiligen Geist Gottes selbst, in dem Gott sich selbst zur Gabe macht. Die Selbstmitteilung Gottes eröffnet den Raum zu solch radikaler Zwischenmenschlichkeit. Den *dritten* Satz dieser Kurzformel erläutert Rahner selbst so:

> »[…] eine solche Liebe, in der im Nächsten Gott und der Nächste in Gott geliebt wird, hat selbst eine Dimension existentieller Intimität und eine Dimension geschichtlicher Gesellschaftlichkeit, die gerade darin dem doppelten Aspekt der Selbstmitteilung Gottes (in Jesus Christus!) entspricht. Wo diese Liebe, und zwar in der Einheit dieser beiden Aspekte, zu ihrem Höhepunkt kommt, ist tatsächlich das gegeben, was wir Kirche nennen. Denn das Eigentümliche der Kirche im Unterschied zu anderen gesellschaftlichen Gruppen besteht gerade in der eschatologisch unlöslichen Verbindung von Wahrheit-Geist-Liebe einerseits und geschichtlich institutioneller Erscheinung dieser Geistmitteilung als Wahrheit und Liebe andererseits.«[193]

Ließe sich das Ganze etwas einfacher sagen?: Nächstenliebe meint zwischenmenschliches Verhalten, meint Interpersonalität. Nächstenliebe meint Beantwortung einer konkreten geschichtlichen Situation, meint Annahme des Nächsten, dessen, der jetzt auf mich angewiesen ist und auf den ich angewiesen, hingewiesen, zugewiesen bin. Dieses Verhältnis und Verhalten, dieser Sachverhalt, besser müsste man sagen *Mensch-verhalt*, geschieht im Raum, der Gott selbst ist, geschieht im Umgriffensein

193 | *Karl Rahner*, Problematik Kurzformel, 254.

von Gott selbst, ist nicht eine Leistung, für welche Belohnung erwartet wird, sondern ist der Vollzug der Nähe Gottes, der Anwesenheit Gottes, des In-Gottseins, ist Erfahrung der Liebe Gottes, ist Wirklichkeit und Wirksamkeit der Liebe Gottes zu uns, gerade in der Wirklichkeit unserer Liebe zueinander. Und genau dieses personal-geschichtliche Miteinander von Menschen, die von Gott ergriffen und umgriffen sind, genau das meinen wir, wenn wir Kirche sagen.

4.1.1 Die kirchliche (= geschichtlich-gesellschaftliche) Gestalt des christlichen Glaubens[194]

Man kann diesen Gesichtspunkt, dass unser christlicher Glaube, wenn damit das Ganze unserer gläubigen Existenz gemeint ist, geschichtlich-konkrete, also *kirchliche* Gestalt hat, man kann diesen Gesichtspunkt auch viel weniger grundsätzlich, sondern historischer, von der tatsächlichen Vermittlung des Glaubens, von unserer faktischen Annahme des Glaubens her deutlich machen. Denn für jeden von uns gilt, dass der Glaube nicht das von uns Erdachte, aus uns selbst Entworfene ist, sondern in der Gestalt des Wortes auf uns zukam, uns vorgegeben, unserem Hören vorgegeben wurde und zwar konkret von anderen Glaubenden, von unseren Eltern und Erziehern. Der Ruf zum Glauben war also konkret ein Ruf zur Gemeinsamkeit mit den uns umgebenden Menschen auch in diesem Punkte, ein Ruf in die Gemeinsamkeit, nicht nur der äußeren, sondern auch der inneren Lebensbedingungen, in die Gemeinsamkeit der innersten Überzeugung und der endgültigen Hoffnung. Durch die Annahme des Wortes über Gott, das uns aus der konkreten Kirche entgegentrat, werden wir selbst Teil dieser gläubigen Gemeinschaft. Und dieses dialogische Geschehen – Hören des Wortes, Annehmen des Gehörten und daraus resultierende Gemeinsamkeit mit denen, die schon vor uns geglaubt haben – entspricht einerseits der menschlichen Daseinsweise, dem Eingebundensein und Eingefügtsein in die uns vorgegebene Menschheit. Andererseits geschieht nun genau auf diese Weise auch die Begegnung mit den geschichtlichen Zeugnissen über Gottes Äußerungen, mit der geschichtlichen Gestalt der Offenbarung. Indem wir mit anderen Menschen zu tun bekommen, bekommen wir mit Gott zu tun. Unser Glaube ist wesentlich auf das Du und auf das Wir

194| Vgl. zu diesem Kapitel: *Hans Jürgen Schultz* (Hg.), Gott.

hingeordnet und von ihm getragen, und nur auf dem Weg über diese doppelte Verklammerung verbindet er uns mit Gott. Kirchlichkeit ist die konkrete Gestalt in der uns der Glaube mit Gott verbindet. »Das bedeutet umgekehrt«, und das haben wir ja nun schon von den verschiedensten Seiten her in den Blick genommen,

> »daß Gottesverhältnis und Mitmenschlichkeit von der inneren Bauform des Glaubens her nicht voneinander trennbar sind; das Verhältnis zu Gott, zum Du, zum Wir greifen ineinander und stehen nicht nebeneinander. [...] Gott will zum Menschen nur durch Menschen kommen; er sucht den Menschen nicht anders als in seiner Mitmenschlichkeit.«[195]

Dieser Sachverhalt ist gemeint mit der Überschrift *Die kirchliche Gestalt des christlichen Glaubens*. Wir treffen auf Gott, indem wir auf die gläubige Gemeinschaft, die Kirche treffen.

Diesen faktischen Weg wird niemand von uns leugnen wollen. Die Frage ist allerdings, inwieweit dieses Faktum eine Äußerlichkeit bleibt oder auch das Glaubensverständnis selbst und den konkreten Glaubensvollzug prägt!

4.1.2 Die philosophische Gotteslehre (theologia naturalis) als Ausgangspunkt der traditionellen Theologie und ihre gegenwärtige Aporie[196]

War nicht der herkömmliche Weg im Aufbau der Theologie, in der Abfolge der theologischen Traktate, war nicht der systematische Aufbau ein ganz anderer? Die Reihenfolge der dogmatischen Traktate ist doch immer noch, wie Sie wissen:

1. Gotteslehre, 2. Schöpfungslehre, 3. Christologie und Erlösungslehre, 4. Die Lehre von der Gnade, 5. Die Lehre von der Kirche und den Sakramenten und 6. Die Lehre von den letzten Dingen, die Eschatologie. In diesem Aufbau erscheint Gott, von dem man anscheinend wie selbstverständlich weiß, ganz am Anfang, er setzt die Welt ins Dasein und offenbart sich zuletzt und entscheidend in Jesus, seinem Sohn. Dessen Werk, das Werk der Gnade, setzt die Kirche fort, ihr kostbarer Schatz sind die Sakramente, und am Ende steht der Eintritt in die endgültige Herrlichkeit bei Gott. Sie merken, wenn man es so darstellt, dass nicht

195 | *Joseph Ratzinger*, Einführung Christentum, 64.
196 | Vgl. zu diesem Kapitel: *Heribert Mühlen*, Abendländische Seinsfrage.

einfach nur eine wertende, systemimmanente Rangordnung diese traditionelle Abfolge der theologischen Traktate bestimmt, sondern schon ein Nachzeichnen des heilsgeschichtlichen Ablaufs damit gegeben werden sollte. Dennoch ist die Frage, inwieweit diese heilsgeschichtliche Abfolge gewissermaßen von außen, von einem geschichtsenthobenen Standort angeschaut wird, und ob nicht eine andere Ordnung, die mehr den konkreten Weg des Einzelnen abschreitet, wie wir ihn zu Beginn kurz andeuteten, ob nicht eine solche Systematisierung der konkreten Glaubensverwirklichung angemessener und förderlicher wäre. Unabhängig aber von dieser auch noch theoretischen Frage nach der Darstellung der Glaubenslehre, kommt heute eine ganz grundsätzliche Schwie-

rigkeit ins Spiel, die man in früheren Jahrhunderten keineswegs so empfunden hat, die Frage von Kurt Tucholsky, die zum Titel der bekannten Sendereihe wurde: *Wer ist das eigentlich – Gott?* Der Ausgangspunkt unserer systematisch-heilsgeschichtlichen Abfolge ist auf eine bisher ungekannte Weise fraglich geworden. Dass es dazu kam, dass der Weg des abendländischen Denkens in einen ausdrücklichen und thematisierten Atheismus mündete, daran ist nun wieder die Art und Weise mit Schuld, wie in der abendländischen Denkbemühung die Frage nach Gott, nach dem Grund und Ziel allen Seins konkret gestellt wurde. Der Titel des Büchleins von Heribert Mühlen, dem Paderborner Dogmatiker, *Die abendländische Seinsfrage als der Tod Gottes,* will diesen ursächlichen Zusammenhang schon andeuten. Man kann nicht einwenden, hier werde jetzt Philosophie und Theologie auf unzulässige Weise von mir ineinandergespiegelt. Die Frage nach dem Sein des Seienden, nach dem ὄντως ὄν des Platon oder nach dem ὄν ᾗ ὄν des Aristoteles, sei eine andere als die Botschaft vom Gott der biblischen Offenbarung. Das ist sachlich zwar richtig, aber diese Verknüpfung und Vermischung war im Laufe der Jahrhunderte in der abendländischen Tradition eben doch so eng und so selbstverständlich, dass ein herkömmliches Lehrbuch der Dogmatik (denken Sie an den Leitfaden von Ludwig Ott) mit einer quasi-philosophischen Lehre über Gott den Einen beginnt, von der natürlichen Erkennbarkeit des Daseins Gottes handelt, dann über das Wesen Gottes reflektiert, dann die Eigenschaften Gottes beschreibt, etwas weiß über die physischen und moralischen Eigenschaften des göttlichen Willens, bei all dem natürlich auch zur Garnierung gewisse Bibelzitate mitverwertet, aber eben doch nahezu ausschließlich eine *theologia naturalis*, eine sogenannte *natürliche Theologie*, also eine philosophische Gotteslehre an den Anfang setzt. Diese philosophische Gotteslehre muss nicht schlecht sein, aber sie ist doch ganz etwas anderes als die Predigt über Jahwe und den Vater Jesu Christi. Ich möchte nicht die Legitimität solcher Überlegungen bestreiten, ganz im Gegenteil, ich habe den Eindruck, dass in der heutigen geistigen Auseinandersetzung Religionsphilosophie und Fundamentaltheologie zusehends an Bedeutung gewinnen. Das, worauf ich hinweisen wollte, ist dies: Wenn als selbstverständlich vorausgesetzt wurde, dass am Grunde unseres theologischen Gedankengebäudes, in dem irgendwo am Ende dann auch unsere konkrete christliche Existenz ihren Ort hat, wenn am Grunde dieses Baues eine philosophische Argumentation liegt, dann gerät natürlich das ganze Gebäude ins Wanken in dem Maße, wie diese Grundlage philosophisch in Frage gestellt wird, aus welchen Gründen im Einzelnen auch immer nicht mehr das leistet, was sie früher einmal geleistet hat. Die traditionelle abendländische Metaphysik fragte auf eine Weise nach dem Sein des Seienden, dass die Frage nach Wesen und Ursache des Seienden immer zu einer Frage nach Gott, nach dem höchsten, dem ersten, dem ursprünglichsten und ursprunggebenden Seienden wurde. Die eigenartige *vor*personale Weise, wie das Seiende als ein gegenständiges Objekt von der griechischen Philosophie und dem von ihr entscheidend geprägten abendländischen Denken bedacht wurde, bemächtigte sich damit auch des Fragens nach Gott. Die Frage: Was ist das Seiende als Seiendes?, fragte auf eine Weise nach Gott, die auch Gott nicht als den absoluten Gegenüber, sondern mehr als das absolute Gegenständliche, Gegenständige betrachtete und benannte: *Summum bonum, ens a se, causa prima*. Die Theologie blieb bis in die Gegenwart unwahrscheinlich stark geprägt durch diese Denk- und Redeweise, nicht zuletzt deshalb, weil an einer entscheidenden Stelle im Hochmittelalter der unwahrscheinlich begabte Thomas von Aquin die Theologie in das Denksystem und die Terminologie des Aristoteles übersetzte, und dieser anfänglich deshalb so sehr angegriffene und beargwöhnte Thomas einige Jahrhunderte später zum Doctor Universalis, zum Divus Thomas hochstilisiert wurde, zum eigentlichen theologischen Lehrmeister erklärt wurde. Was Thomas damals tat, war erregend, war ausgesprochen modern und zeitgemäß: Eine neue, dem Biblischen scheinbar ganz fremde Philosophie dringt ins Abendland und gerät in Konflikt mit dem

Glauben und der Theologie. Und Thomas zeigt in immenser Geisteskraft, dass man das Geglaubte auch in diesen Horizont übertragen kann, dass man auch ganz *modern* glauben kann. Aber damit, oder vielmehr mit der folgenden Generalisierung dieses zeitbedingten Gedankengebäudes, mit seiner Verallgemeinerung, war die Gottesfrage in Gefahr, eine ausgesprochene Sachfrage zu werden. Es ist interessant zu lesen, wie eine entscheidende Kategorie, mit der Thomas in seinem System die Beziehung Gottes zur Welt beschreibt, die *Allursächlichkeit* ist. Damit lässt sich die Geschöpflichkeit einigermaßen gut umschreiben. Aber versuchen Sie einmal das, was Liebe meint, mit der Kategorie der Allursächlichkeit zu beschreiben, dann landen Sie todsicher auch

da, wo eine sachhafte Gnadenlehre schließlich vertrocknete: Gnade, Gottes Huld und liebende Zuneigung sei eine qualitas inhaerens, ein Etwas, das uns anhafte, uns umqualifiziere, uns ontologisch, seinshaft in eine andere Zuständlichkeit versetze. In die christliche Theologie ist aber damals genau jenes Subjekt-Objekt-Denken eingegangen, das die Welt als eine gegenständliche, auch die anderen Menschen (und sich selbst) und schließlich Gott als Teil, wenn auch höchsten, dieser Sammlung von Dingen sah. Selbst die Kantsche Bewusstwerdung der Subjektivität des Betrachters springt nicht aus diesem Denkansatz heraus, kann ihn nicht überwinden, sondern treibt ihn eigentlich auf die Spitze:

> »Während vor Kant die Betrachtung des Seienden durch den endlichen, nicht-absoluten Menschen dadurch als möglich erfahren wird, daß in seinem Geist das göttliche ›Licht‹ aufscheint, so daß der Mensch gleichsam mit ›göttlichem‹ Blick das Ganze des Seienden umfaßt, kann für Kant selbst das Geschöpf nur einen geschöpflichen, endlichen Blick haben, und wenn es dennoch das Sein alles Seienden von vornherein (a priori) umfassen soll, dann muß das alles Seiende umfassende Sein das *Bewußtsein* bzw. seine ihm eigene Subjektivität sein, und zwar als die Bedingung der Möglichkeit von Gegenständlichkeit überhaupt. Da nun aber Kant seine Frage [...] von vornherein ausarbeitet als Frage nach dem Verhältnis dieser Subjektivität zu dem ›Ding an sich‹, ist zunächst noch mehr als in der vorkantischen Philosophie der Blick auf personale Phänomene und den Vollzug personaler Erfahrung überhaupt verstellt. Person ist ja niemals ›Gegenstand‹ unter anderen ›Gegenständen‹, sondern immer nur Gegenüberstand.

> Das Subjekt-Objekt-Schema verdeckt radikal die Erfahrung des Subjekt-Subjekt-Verhältnisses bzw. die Intersubjektivität.«[197]

Inzwischen ist die grundlegende Bedeutung der Ich-Du-Beziehung für die Welterfahrung und das Selbstverständnis des Menschen in der Philosophie und auch in der Theologie ausdrücklich wieder eingeholt. Aber inzwischen ist auf der anderen Seite auch die Welt der Dinge soweit von der gestaltenden, technischen Kraft des Menschen geformt und ergriffen, so sehr der Machbarkeit unterworfen, dass an dieser Stelle die Frage nur noch die nach den Gestaltungsmöglichkeiten und Verwendungsmöglichkeiten der Welt ist, aber nicht mehr die nach einem verursachenden, absoluten Hintergrund. In dem Maße, wie die Gottesfrage ein Moment an der Welt geworden ist, in dem Maße, wie die abendländische Metaphysik Gott (im deistischen Sinne) als den großen Weltverursacher beschrieb, in dem Maße musste die Gottesfrage ihren Sinn verlieren, sinnlos werden, wenn die Welt der Dinge nur noch als die zu gestaltende, verplanbare Werkstatt des Menschen erscheint. »Die Du-losigkeit dieser Seinsfrage treibt fast mit Notwendigkeit den ›Tod Gottes‹ aus sich heraus«[198], schreibt Heribert Mühlen. Und ich meine, dass er hier auf einen wichtigen und interessanten Aspekt verweist. In der Ich-Es, in der Subjekt-Objekt-Beziehung lässt sich letztlich keine Gotteserfahrung machen, jedenfalls nicht die Erfahrung dessen, der sagt: »Ich [...] rufe dich beim Namen, mein bist du!« (Jes 43,1) »Auch wird man Martin Heidegger zustimmen können, wenn er sagt, daß der sachgerechte Name für den Gott in der Philosophie ›causa sui‹ sei.«[199]

> »Zu diesem Gott kann der Mensch weder beten, noch kann er ihm opfern. Vor der Causa sui kann der Mensch weder aus Scheu ins Knie fallen, noch kann er vor diesem Gott musizieren und tanzen. Demgemäß ist das gottlose Denken, das den Gott der Philosophie, den Gott als Causa sui preisgeben muss, dem göttlichen Gott vielleicht näher.«[200]

197 | *Heribert Mühlen*, Abendländische Seinsfrage, 17.
198 | *Heribert Mühlen*, Abendländische Seinsfrage, 18.
199 | *Heribert Mühlen*, Abendländische Seinsfrage, 26.
200 | *Hartin Heidegger*, Identität Differenz, 70 f.

Fassen wir noch einmal vereinfachend zusammen: Am Anfang stand die Frage nach Gott wie nach einer Sache, nach der höchsten Sache, nach der Spitze der Seinspyramide. Am Ende steht die Feststellung, dass alle Sachen uns zuhanden und verfügbar werden, und dass man etwas, das uns als Sache dienstbar ist, wohl nicht mehr Gott nennen kann.

> »Wir fragen heute nicht mehr: Wer hat das gemacht? sondern: Was können wir daraus machen? […] Die Tragik der abendländischen Seinsfrage besteht darin, daß sie durch die Freisetzung von ›profaner‹ Wissenschaft und Technik die Humanisierung des gesamten Lebens grundsätzlich ermöglicht, infolge ihrer apriorischen Du-losigkeit zugleich aber auch die biblische Gotteserfahrung verstellt hat.«[201]

4.1.3 Die Dimension des Personalen und des Geschichtlichen und ihre Bedeutung für eine Erfahrung Gottes[202]

So sehr die heutige zeitgenössische Rede vom *Tode Gottes* dieser biblischen Gotteserfahrung entgegenzustehen scheint, so sehr ist doch andererseits zu sehen, wie in unserem heutigen Bewusstsein jene Momente eine bestimmende Rolle spielen, die einen neuen Zugang zu der eigentlichen Gottesfrage ermöglichen. Nämlich einerseits das Bewusstsein von der einmaligen Bedeutung der menschlichen Person, ihrer Würde, aber auch ihrer Verflochtenheit in die Gemeinsamkeit mit den anderen Menschen, und andererseits die Erfahrung der Welt als einer Werdewelt, einer Geschichte, die einen Prozess darstellt, in welchem wir jeweils einen Moment darstellen, und zwar so, dass unsere eigene Bedingtheit durch den geschichtlichen Prozess doch nicht ausschließt, dass wir selbst wiederum Bedingungen setzen für diese Geschichte, sie also aktiv mitgestalten. Denn genau in diesen beiden Bereichen kommt die Frage ins Spiel, die gewissermaßen an die Stelle der früheren Frage nach dem Grund und nach der Ursache getreten ist, die Frage nach dem Sinn! Einer sachhaften Betrachtung entsprach die Frage nach der Verursachung. Dem Bereich der menschlichen Begegnung und dem Ganzen des geschichtlichen Prozesses entspricht die Frage nach dem Sinn. Wir berührten diesen Gedanken bereits kurz, als wir vom Glauben sprachen, davon, dass (wenigstens in *dem* Sinne) jeder glauben muss, auch der Atheist, als vorgängig zu al-

201 | *Heribert Mühlen*, Abendländische Seinsfrage, 36f.

202 | Vgl. zu diesem Kapitel: *Jörg Splett*, Sinn, 546–557. *Walter Kasper*, Möglichkeit Gotteserfahrung, 329–349. *ders.*, Glaube Geschichte, 120–143.

lem Einzelwissen und aller Einzelunternehmung eine grundsätzliche Bejahung des Sinnes meiner Existenz und der Existenz der Menschheit geleistet werden muss. Diese Sinnfrage ist eine wirkliche Frage, der Sinn liegt nicht einfach zutage, ihm stehen wichtige Erfahrungen zunächst sogar direkt im Wege. Vor allem die Erfahrungen von Leid, Schmerz und Unglück, die Erfahrung von spannungsloser und glückloser Langeweile des Lebens, der jedem von uns todsicher irgendwann auferlegte Tod. Und wenn junge Eltern sich angesichts der tatsächlichen Weltlage scheuen, ein Kind zu zeugen, weil sie einfach Angst haben, ein junges Wesen diesem erdrückenden Treiben auszusetzen, dafür verantwortlich zu werden, dann ist dort über den Bereich der eigenen Existenz auch gleich das Ganze angesprochen, fragend angeschaut, die Verbindung von personalem Bereich und Gesamtgeschichte hergestellt in der Frage nach dem Sinn.

> »Die Frage nach dem Sinn des Ganzen stellt sich uns heute darum als Frage nach dem Sinn der Geschichte. Die Frage nach der Möglichkeit, Gott zu erfahren, wird zur Frage, wie wir Gott als Sinn der Geschichte, biblisch gesprochen: als Herrn der Geschichte, erfahren können. Die Frage nach dem Sinn der Geschichte scheint zunächst unbeantwortbar zu sein. Die Geschichte läuft ja nicht nach ehernen Gesetzen der Notwendigkeit ab. Die Geschichte wird von Menschen gemacht; sie ist entscheidend von menschlicher Freiheit mitbestimmt. Deshalb gibt es in ihr keinen geradlinigen Fortschritt zum immer Besseren und Vollkommeneren. Immer wieder werden wir enttäuscht [...]. Dummheit und Bosheit, Ungerechtigkeit und Haß waren schon immer die stärksten erfahrungsmäßigen Einwände gegen die Annahme eines übergreifenden Sinns der Geschichte. [...] Wer will schon in dem schrecklichen Geschehen, das sich in dem Namen Auschwitz ausdrückt, einen Sinn finden? [...] Hat also die Erfahrung der Sinnlosigkeit das letzte Wort? Man wird diesen Gedanken immer wieder erwägen, aber man wird ihn dann doch entschieden verneinen müssen. Wenn alles sinnlos wäre, dann könnten wir im Grund keinen Augenblick mehr leben, denn in jedem Akt des Lebens bejahen wir zugleich, daß dieses Leben einen Sinn hat, daß Sein besser ist als Nichtsein.«[203]

203 | *Walter Kasper*, Glaube Geschichte, 135.

Diese Frage nach dem Sinn des Ganzen unseres Lebens und der Geschichte und unsere Antwort auf diese Frage sind auf eine eigenartige Weise verkoppelt mit der mitmenschlichen Begegnung. Denn bei allen Enttäuschungen, die wir durch unsere Mitmenschen erleben, erfahren wir doch auch die Besonderheit und Eigenständigkeit der Anderen. Wir können den anderen Menschen nicht einfach verplanen und als Mittel missbrauchen. Sein Leben hat einen Sinn in sich, über den wir nicht einfach verfügen können. Wir stoßen hier an eine entscheidende Grenze unserer Freiheit.

Denn hier begegnet uns ein Phänomen, das seinen Sinn nicht durch mich empfängt, sondern ihn in sich trägt, unabhängig von mir. Angesichts des Glücks oder Leids eines geliebten Menschen drängt sich uns Sinn auf, wird nicht von uns Sinn gestiftet. Im Gegenteil, mir selbst wird Sinn zuteil durch diese Begegnung. Mein Tun wird plötzlich sinnvoll, weil es dazu beiträgt, dem geliebten Gegenüber das zukommen zu lassen, was nottut, was es trägt, was es beglückt, was es erfüllt.[204]

Ich denke, wir verstehen uns richtig: Ich möchte in diesen Bemerkungen nicht so etwas führen wie eine Art Gottesaufweis aus der personalen Begegnung und aus dem Sinn des geschichtlichen Prozesses heraus. Ich möchte Sie nur darauf aufmerksam machen, dass an dieser Stelle ein neuer Ort der Gotteserfahrung, oder vorsichtiger gesagt, ein neuer Ort der Gottesfrage sich auftut, nachdem der alte kosmologische Ansatz in der Machbarkeit der technischen Dingwelt verschwunden ist.

Man könnte das hier Gemeinte auch mit Johann Baptist Metz so benennen: Zukunft als neuer Ort der Gottesfrage und Gotteserfahrung. Denn letztlich spitzt sich ja sowohl die Frage nach dem Sinn meiner kleinen Existenz wie auch der gesamten Menschheit zu in der Frage nach dem Tod und einer möglichen Überwindung des Todes: Haben wir als Einzelne und als Gesamtheit, die ja immer nur aus vielen Einzelnen besteht und bestehen wird, eine wirkliche Zukunft?

Auf diese Frage ist der Marxismus, trotz des Blochschen Prinzips Hoffnung, bisher eine wirkliche Antwort schuldig geblieben. Auch das Heraufziehen des neuen Menschen und der klassenlosen Gesellschaft bleibt ein bedrückendes Bild angesichts des sicheren Wissens, dass keiner die Todesgrenze heil und lebend überschreitet.

204| Vgl. *Walter Kasper*, Glaube Geschichte, 135 f.

4.1.4 Die ungewöhnliche biblische Reihenfolge: Geist-Leib (Kirche) – Sohn – Vater[205]

Auf dem Hintergrund dieser heutigen Fragestellung, auf dem Hintergrund der Tatsache, dass die Gottesfrage heute sich weithin darstellt und artikuliert als die Frage nach dem Sinn personaler Gemeinschaft im Einzelnen und Ganzen, möchte ich Ihren Blick auf eine biblische Sprechweise lenken, die dieser unserer heutigen Problematik ganz nahe zu sein scheint, und die deshalb eine Hilfe sein kann bei dem Versuch, theologisch, christlich auf die Frage zu antworten: Wer ist das eigentlich – Gott?

Als Paulus sich im ersten Korintherbrief mit dem rechten Verständnis der Charismen, der Geistbegabungen befasst, den Korinthern klarzumachen versucht, wie die Vielfalt der verschiedenen gottgeschenkten Fähigkeiten doch für die Gemeinschaft verliehen worden ist, für die Gesamtheit nutzbar gemacht werden muss, zu einem Dienst, einer Diakonia an der brüderlichen Gemeinde werden muss, weil es um die Auferbauung der Gemeinschaft, um das Miteinander, um die Liebe, um die Einheit in der Liebe geht, da argumentiert er so:

> »Es sind da verschiedene Zuteilungen von Geistesgaben, aber derselbe Geist; verschiedene Zuteilungen von Diensten, aber derselbe Herr; und verschiedene Zuteilungen von Geisteswirkungen, aber derselbe Gott, der alles in allen wirkt. Einem jeden wird die Kundgebung des Geistes zum allgemeinen Besten verliehen« (1 Kor 12,4–7).

Das Ganze soll zur Einheit gefügt werden, die Gemeinde soll in Liebe verbunden sein, indem jeder seinen Teil ins Ganze einbringt, seinen Anteil zum Gelingen der Gemeinschaft beisteuert, denn es ist *ein Geist, ein Herr, ein Gott*. Ist diese für uns ungewohnte Reihenfolge (wir sagen doch immer Vater, Sohn, Geist oder hier entsprechend: Gott, Herr, Geist), ist diese ungewohnte Reihenfolge ein Zufall, eine weiter nicht bedeutsame Beliebigkeit? Es scheint nicht so, denn man findet einen ähnlichen Gedankengang im Epheserbrief. Er steht innerhalb einer Paränese, einer Mahnung, einer sittlichen Weisung, und das erklärt seinen konkreten Bezug auf die tatsächliche Gemeinde und ihre Schwierigkeiten, erklärt vielleicht auch die konkrete und scheinbar unsystematische Reihenfolge. Doch zuerst den Text aus dem Epheserbrief: »Darum ermahne ich euch,

205| Vgl. zu diesem Kapitel: 1 Kor 12,4–6. Eph 4,1–6. Eph 2,18. 1 Joh 1,1–6.

[…] ihr möget würdig der Berufung wandeln, die ihr empfangen habt« (Eph 4,1). Das ist gewissermaßen die Überschrift: Gott hat gerufen, nun sind wir dran. Wie?: in wahrer Menschlichkeit:

> »in aller Demut, Milde, Langmut, einander tragend in Liebe, mit dem eifrigen Bemühen, des Geistes Einheit zu wahren, umschlossen vom Band des Friedens: *ein* Leib und *ein* Geist, wie ihr auch berufen seid in *einer* Hoffnung, die eure Berufung bezeichnet – *ein* Herr, *ein* Glaube, *eine* Taufe, *ein* Gott, der Vater aller, der über allen ist und durch alle und in allen wirkt.« (Eph 4,2–6)

Mir kommt es jetzt nicht so sehr auf die erläuternden Nebensätze an, die eine Hoffnung, den einen Glauben, die eine Wirkung, sondern wiederum auf die Reihenfolge: Ein Leib und ein Geist, ein Herr, ein Gott. Und natürlich dient uns sehr zur Verdeutlichung dieses ganz konkret vorgehenden Denkens, dass hier zu Beginn von einem Leib die Rede ist. Welcher Leib ist gemeint? Natürlich das σῶμα τοῦ Χριστοῦ, der von einem Geist beseelte Leib, die Kirche. Hier wird also explizit ausgesprochen, was im Korintherbrief schon zu erkennen war: Wenn vom πνεῦμα die Rede ist, ist die Wirklichkeit der Kirche angesprochen. Denn die Kirche ist die Wirklichkeit und Wirksamkeit, das Geschöpf des Heiligen Geistes. Wie ja auch im apostolischen Symbolum die Aussagen über den Geist entfaltet werden in die Aussagen über die konkreten kirchlichen Lebensvollzüge: Ich glaube an den Heiligen Geist heißt: Ich glaube an die heilige, umfassende Kirche, die Gemeinde der Geheiligten, den Nachlass der Sünden in Taufe und Buße, die Auferstehung und Vollendung im ewigen Leben. Ein Leib und ein Geist, ein Geistleib, eine vom Geist beseelte Leibeinheit. Statt *Geist*-Sohn-Vater, statt *Geist*-Herr-Gott kann man also im Sinne dieser Aufzählung auch sagen *Kirche*-Jesus-Gott. Und wie um unseren Gedankengang zu bestätigen, dass hier eine bewusste Reihenfolge vor uns hintritt, dass sich hier ein Weg auftut, sagt der Epheserbrief 2,18: »Durch ihn haben wir Zutritt zum Vater, die beiden Teile in *einem* Geiste.« Das *in* hat an dieser Stelle sowohl räumliche als auch instrumentale Bedeutung. Es bezeichnet das Pneuma einerseits als jenen Raum, in dem wir uns bewegen, das Fluidum, die Atmosphäre, den Horizont, andererseits als die Vermittlung selbst, durch die wir mit Jesus und dem Vater vermittelt werden. Der Heilige Geist ist deshalb nicht ein imaginärer Jemand, dem wir vielen, in ihm geeinten Christen gegenüberstehen, sondern er ist die Gemeinsamkeit, die Vermittlung selbst, kraft derer wir gemeinsam Jesus und dem Vater gegenüberstehen. Zum Heiligen Geist treten wir nicht im eigentlichen Sinne in ein Ich-Du-Verhältnis. Er ist vielmehr das Wir, das Band, das uns zum Wir macht, untereinander und mit Jesus und dem Vater.

Diesen trinitätstheologischen Gedanken kann man aber, und daran läge mir sehr, auch wiederum ganz konkret, ganz von unserer eigenen Erfahrung her sagen. Dann lautet er etwa so: Der hier aufgewiesene Weg zu Gott heißt: In gläubiger menschlicher Gemeinschaft erfährt man, wer Jesus ist. Von Jesus und in Jesus erfährt man, wer der ist, den Jesus seinen Vater nennt. Aufgenommen in eine Gemeinschaft von Menschen, die unter dem Gesetz leben, dass einer des Anderen Last tragen muss, dass einer dem Anderen Stütze und Lebenshilfe ist, in der ein Raum des Vertrauens und der Freude, der Zuversicht und echter Freiheit sich auftut. In diesem Raum echten Geistes, heiligen Geistes, in dem man atmen und lachen, lieben und leben kann, erfährt man, dass sich dieses Konzept, dieser Entwurf und seine Unternehmung auf Jesus stützt und beruft. In dieser Gemeinschaft wird deshalb die Erinnerung an Jesus wachgehalten, im Wort des Glaubens, im Bekenntnis, in den heiligen, sakramentalen Zeichen, weil er das Haupt dieses Organismus, der Grundstein dieses Baues, weil er der eigentliche Grund der Hoffnung ist. Denn er lebt, er hat als Erster unter den vom Tode gezeichneten einen Weg angezeigt und durchgestanden, der den Graben des Todes überwindet. In der Gemeinde der Glaubenden erfährt man, wer Jesus ist und was mit Jesus ist. Und durch diese Botschaft von und über Jesus, durch Jesu Worte und sein Schicksal erfährt man, woher Jesus lebt und woraufhin er lebt, dass er in einem einzigartigen Vertrauensverhältnis steht zu Jahwe, den er seinen Vater nennt, in einer aufreizend vertraulichen Form. Seine Rede von Gott meint nicht ein abstraktes Weltgesetz, eine unumstößliche Naturgesetzlichkeit, ein ehernes Gesetz der Gerechtigkeit, einen sich selbst begründenden und alles andere begründenden Grund im Sinne einer Ursache, sondern meint Zärtlichkeit, Zuversicht, Angeredetwerden und Anredenkönnen, meint Liebe in all ihrer unauslotbaren Tiefe, meint Sinn inmitten eines scheinbar vollständigen Unsinns, meint Bejahung aller Ausgestoßenen und Diskriminierten, meint das Aufheben und Vergeben von quälender Schuld, meint Neuanfang und Geborgenheit.

Die liebende Gemeinde verweist auf Jesus, Jesus verweist auf die alles umfassende Liebe, die er seinen Vater nennt. Kirche verbindet mit Jesus, Jesus verbindet mit Gott. »Mit uns Gemeinschaft haben bedeutet, sie mit dem Vater und seinem Sohne Jesus Christus haben« (1 Joh 1,3), so sagt schon der Anfang des ersten Johannesbriefes. In die Gemeinschaft mit den Zeugen Jesu, mit den Brüdern und Schwestern Jesu Christi eintreten heißt, in die Gemeinschaft mit Jesus Christus, dem Wort und Boten des Vaters eintreten, heißt, in dem Raum sein (im Pneuma), in welchem Gott mit uns zusammen *wir* sagt.

4.1.5 Charismatische Kirche[206]

240 Vielleicht empfinden Sie die in diesen Texten angesprochene und uns eröffnete Möglichkeit angesichts der konkreten Situation in unseren Gemeinden und in der Weltkirche viel mehr als eine Aufgabe denn als eine Gabe. Das würde aber durchaus der Argumentation des Paulus entsprechen, der immer aus dem Gegebenen das Aufgegebene, aus dem Indikativ den Imperativ, aus dem donum das mandatum ableitet und begründet. Diese Reihenfolge zeigt, indiziert einerseits die zentrale Bedeutung unserer Brüderlichkeit, unserer konkreten Christlichkeit, unserer Orthopraxie – unsere Liebe. Diese ungewohnte Reihenfolge ruft andererseits drängend und laut nach einer charismatischen Kirche, nach einer Gemeinde, die alle Geistesgaben zur Auferbauung des Ganzen voll zum Zuge kommen lässt, in der nicht nur Behörden Erlasse durchbringen, in der nicht nur Recht gesprochen und gewahrt wird, sondern in der die Impulse der Freiheit ansteckend wirken, in der Menschenwürde geachtet wird, in der Vertrauen gesät und geschenkt wird, in welcher der Geist nicht durch sture Verwaltung niedergetreten wird. Denn gerade angesichts der heutigen Verstellung der traditionellen Gotteserfahrung und angesichts der hochakuten Gefahr einer neuen, totalen Versklavung durch weltliche Sachzwänge und Systemzwänge, durch Manipulation, brauchen wir dringender diesen mitmenschlichen institutionell verfassten und unzerstörbaren Raum, in dem man atmen und leben, sinnvoll leben kann. Der heutige konkrete Zugang zur Menschwerdung Gottes, zur Nähe Gottes in Jesus Christus geht über die Glaubwürdigkeit unseres Christseins, geht über die Erfahrung, dass Menschsein möglich ist,

206| Vgl. zu diesem Kapitel: *Joseph Ratzinger*, Bemerkungen Charismen, 257–272.

dass Vertrauen möglich ist, dass es Geborgenheit gibt, dass Liebe Erfüllung schenkt, dass Verzeihen sinnvoll ist, dass das Chaos und die Bosheit nur die Außenseite sind und nicht das Ganze, dass Für-einandersein Lebenschance ist und zwar Chance für ein Leben, in das wir schon aufgebrochen sind, das aber, weil es zugleich das Mitsein mit Gott ist, in einem unvorstellbaren Glanz, in eine abgründige Seligkeit münden wird, in der Zukunft, welche Gott selbst ist.

4.2 Kirchliche Strukturen und die Glaubwürdigkeit des Glaubens

Am letzten Sonntag habe ich in einer ostwestfälischen Stadt die Heilige Messe mitgefeiert – als normaler Gläubiger im Kirchenschiff – und mir die Predigt eines Franziskanerpaters über das Angebot Gottes, den Frieden, anhören müssen. Bei solchen Gelegenheiten denke ich immer wieder, wie heilsam es für alle Kleriker, die Sonntag für Sonntag der Eucharistiefeier vorstehen und selbst reden dürfen (oder müssen), wie heilsam es auch für den normalen Pfarrklerus wäre, von Zeit zu Zeit in die Rolle eines armen, geplagten eucharistischen Normalverbrauchers zu schlüpfen, um des öfteren deutlich am eigenen Leibe zu erleben, wie sich das eigene Theater von hinten aus dem Kirchenschiff ausnimmt! Ich weiß, für die meisten ist das einfach von der äußeren Anforderung her kaum möglich, aber manche sehen darin immer auch noch so etwas wie mangelnde Frömmigkeit und eine Missachtung der priesterlichen Pflicht. Aber die Erfahrung ist eigentlich durch nichts zu ersetzen: Man kommt in die Heilige Messe, man möchte richtig beten, ist bereit mitzutun, möchte das Wort der Schrift aufmerksam hören und ausgelegt bekommen, möchte brüderlich Eucharistie feiern und ist nun einfach auf das angewiesen, was einem dort vorgesetzt wird, muss unter Umständen gegen inneren Widerstand und Aufbegehren ankämpfen und sich schließlich innerlich einigeln.

Bei der Predigt des Franziskaners habe ich immer überlegt, warum ich mich sträubte. Das, was er sagte, war nämlich ein wichtiger Gedanke. Es ging ihm um den Geschenkcharakter des Heils, um den Charakter des beglückenden Angebotes Gottes. Aber er sprach so, dass man kaum bereit war, ihm das Gesagte abzunehmen. Mein Unbehagen entsprang kaum einer theologischen Überheblichkeit meinerseits – das glaube ich sagen zu können. Meinen Eltern, die keine theologischen Fachleute sind und eine Generation älter, ging es ähnlich. Ein wichtiges Hindernis war für mein Gefühl die Tatsache, dass er uns wie kleine Kinder ansprach, wie eine Schulklasse, auch immer mit ›Ihr‹ und ›Euch‹ operierte. Aber gravierender war eigentlich noch, dass er sich ausschließlich eines herkömmlichen Predigtjargons bediente, lauter abgegriffene, in sich irgendwie stimmige Wortzusammenstellungen aus der frommen Schublade der dreißiger Jahre benutzte, die nirgends richtig trafen. Nun ist es gewiss schwer, das weiß ich sehr gut, theologische Zusammenhänge mit Worten zu beschreiben, die jeder nachvollziehen kann, aber ich habe bei dieser Gelegenheit wieder ganz stark empfunden, wie wichtig es ist, eine richtige Terminologie zu gebrauchen, eine Terminologie, die das Gemeinte für den Hörer – darauf kommt es ja vor allem an – nicht vernebelt und verstellt, sondern offenlegt. Das bleibt immer ein Programm und wird selten voll erreicht. Aber es ist gerade in der Theologie ein ganz wichtiges Programm, weil es nicht in erster Linie darum geht, ein in sich stimmiges System zu entwerfen und aufzuzeigen, sondern darum, den Anruf Gottes in Jesus Christus auf konkrete Menschen hin hörbar zu machen. Das soll gewiss nicht zu Schleuderpreisen und wie auf dem Jahrmarkt geschehen, gewiss darf das Eigentliche, das Geheimnis, nicht durch eine platte Vereinfachung und Schwarz-Weiß-Malerei einfach verloren gehen, aber über allem steht doch: Die Botschaft ist für den Menschen da und nicht der Mensch für die Botschaft! Das Problem einer unglücklichen und sehr missverständlichen Terminologie im normalen kirchlich-theologischen Sprachgebrauch können wir sehr gut auch in dem Bereich aufzeigen, mit dem wir uns heute beschäftigen wollen.

4.2.1 Gottgesetzte hierarchische Struktur?[207]

Wenn der Papst das *Oberhaupt* der Kirche genannt wird, dann ist auf das paulinische Bild vom Haupt und vom Leib wenigstens mittelbar angespielt. In der paulinischen Ausdrucksweise ist Christus das Haupt und zu seinem Leibe gehören alle Christen, auch die Amtsträger, auch die Bischöfe, auch Petrus, auch der Bischof von Rom. Die Funktion des Hauptes, die Christus ausübt, kann von niemandem übernommen werden. In dieser Hinsicht gibt es keinen Stellvertreter Christi auf Erden (auch so ein missverständlicher Ausdruck!), denn Christus ist das Haupt

207| Vgl. zu diesem Kapitel: *Konzil von Trient*, De ecclesiastica hierarchia, DS 1767–1778, bes.: 1776. *Zweites Vatikanisches Konzil*, Lumen Gentium, Nr. 28. *Alois Müller / Edbert Höflich*, Hierarchie Volkssouveränität.

ja gerade als Erhöhter, Lebendiger, in die Macht gesetzter. Es wäre also unsinnig zu argumentieren: Weil Jesus nicht mehr menschlich-irdisch unter uns weile, müsse seine Funktion von einem Menschen stellvertretend wahrgenommen werden. In der Rolle des Hauptes braucht Jesus Christus keinen Stellvertreter, wenn man theologisch genau reden will. Wenn einer dagegen hält, das sei ja auch nicht gemeint, das sei eine übertragene Redeweise, dann müsste man doch energisch darauf hinweisen, dass es um eine sehr gefährliche und irreführende Redeweise geht. Ähnlich ist es ja mit dem uns so geläufigen Namen ›Oberhirten‹. Gewiss sollen die Apostel, soll Petrus die anvertraute Herde weiden, das ist biblische Sprechweise. Aber ›Oberhirt‹!? Wenn das Johannesevangelium in die Zukunft schauend sagt: Dann wird eine Herde sein unter einem Hirten (vgl. Joh 10,16), dann haben wir durch unsere kirchliche Rede vom menschlichen Hirten und Oberhirten erreicht, dass bei vielen Katholiken sofort der Gedanke mitschwingt: Dann wird eine katholische Kirche unter einem Papst sein. Aber ist das gemeint? Es wird eine gläubige Menschheit unter dem einen Hirten Jesus Christus sein. Das will das Johannesevangelium doch sagen.

Als ganz besonders schlimm in dieser Hinsicht finde ich die Anrede ›Heiliger Vater‹, nicht weil ich Zweifel hätte an Pauls des VI. Integrität und persönlicher Heiligkeit, sondern weil *Heiliger Vater* (etwa Joh 17,11) die Anrede Jesu an den himmlischen Vater ist, und auch im eucharistischen Hochgebet als Anrede Gottes gebraucht wird, also eine Benennung Gottes auch in unserem Beten geblieben ist.

Es ist eine von der Sache her gefährliche Nachlässigkeit und für mein Empfinden eine unerträgliche Terminologie, den Papst in Rom mit den gleichen Worten anzureden und zu benennen wie Gott selbst.

Die Bedenken gegenüber einer irreführenden, stilwidrigen Terminologie treffen übrigens im vollen Maße auch auf das Wort *Hierarchie* zu. Für die meisten einfachen Gläubigen verbindet sich mit diesem Wort wahrscheinlich die Vorstellung von den violetten Mitgliedern der Kirche. Natürlich wissen nur die sogenannten Gebildeten, dass Hierarchie soviel heißt wie heilige Stufung, heilige Herrschaft, aber auch für die einfachen Christen ist damit ganz sicher die Vorstellung einer gottgewollten Über- und Unterordnung angesprochen, meistens in der Form des traditionellen Bildes von der hierarchischen Pyramide: Ganz oben, mit aller Vollmacht auch über die Bischöfe ausgestattet, der Papst; darunter seine

Mitarbeiter, die Kardinäle, sein beratender, aber natürlich auch zu Gehorsam verpflichteter Senat; darunter die Provinzstatthalter, die Bischöfe, die von der Zentrale ernannt werden und dieser auch regelmäßig Rechenschaft schuldig sind; darunter die Bezirkskommissare, die Pfarrer, die nun wieder das ausführende Organ des Bischofs sind; auch die Pfarrer haben noch Hilfsbremser, die Kapläne, die früher ganz schön springen mussten nach der Pfeife des Pfarrherrn, in letzter Zeit etwas unbotmäßiger geworden sind (zum Leidwesen von Bischof und Pfarrer); und darunter kommen nun wir, die Betreuten, die Herde, die dem Oberhirten treu folgen muss, die bepredigt, beseelsorgt, bevormundet wird, deren Ehen von Zölibatären gemaßregelt werden, um nur ein Beispiel in verkürzt-polemischer Form zu nennen!

Wir sind uns alle darin einig – hoffe ich –, dass dieses Bild der gestuften Herrschaft, der hierarchischen Pyramide, den Aufbau des absolutistischen Staates aus dem 18./19. Jahrhundert wiedergibt, aber nicht die Gemeinde Jesu Christi, wie sie uns im Neuen Testament entgegentritt. Wenn sich aber tatsächlich mit dem Wort Hierarchie, gewollt oder ungewollt, solche Vorstellungen verbinden, dann kann man guten Gewissens nicht mehr von einer *hierarchisch* strukturierten Kirche reden. Und zwar in erster Linie nicht deshalb, weil das Wort *Hierarchie* nicht im Neuen Testament vorkommt (obschon das natürlich typisch ist für den Sachverhalt). Wir gebrauchen viele Worte, die nicht im Neuen Testament vorkommen und doch das Gemeinte angemessen wiedergeben. Es geht deshalb nicht, weil die Sache, nämlich die innere Struktur der Kirche, damit völlig falsch wiedergegeben wird!

4.2.2 Kirchliches Dienst-Amt[208]

Kann man aber einfach darauf verzichten? Hat nicht das Konzil von Trient verbindlich erklärt, im Kanon 6 des Kapitels über den Ordo: »Si quis dixerit, in Ecclesia catholica non esse hierarchiam, divina ordinatione institutam, quae constat ex episcopis, presbyteris et ministris: anathema sit.« (DS 1776) »Wer sagt, es gebe in der katholischen Kirche keine heilige Rangordnung, die, nach göttlicher Anordnung eingeführt, aus Bischöfen, Priestern und Dienern besteht, der sei ausgeschlossen.« (NR 718)

208 | Vgl. zu diesem Kapitel: *Joachim Gnilka*, Strukturen Kirche, 30–40. *Hans Küng*, Kirche, 458–562. *Heinrich Fries*, Konzil Stellungnahme, 21.

Bin ich also mit meiner These von eben ausdrücklich exkommuniziert vom Konzil von Trient? Gegen einen solchen Vorwurf würde ich mich schnell hinter den Vätern des Zweiten Vatikanums verstecken, denn die wären dann auch alle exkommuniziert. Sie haben unter ausdrücklicher Bezugnahme auf diesen Text des Tridentinums ihn doch auf eine sehr kennzeichnende Weise modifiziert und differenziert und allein durch diesen Vorgang zu erkennen gegeben, dass nicht eine bestimmte versteinerte Formel, sondern das in ihr Gemeinte das eigentlich zu Bewahrende und Weiterzugebende sei. An dieser Stelle können wir jetzt nicht auf den wichtigen, hochinteressanten und für die ganze theologische Arbeit in der Gegenwart grundlegendenden Sachverhalt der Dogmenentwicklung, der Dogmeninterpretation eingehen! Die Väter des Zweiten Vatikanums schreiben im Dekret über die Kirche Nr. 28: »Sic ministerium ecclesiasticum divinitus institutum diversis ordinibus exercetur ab illis qui iam ab antiquo Episcopi, Presbyteri, Diaconi vocantur.« (LG 28) »So wird das aus göttlicher Einsetzung kommende kirchliche Dienstamt in verschiedenen Ordnungen ausgeübt von jenen, die schon seit alters Bischöfe, Priester, Diakone heißen.« (LG 28)

Es heißt also: Die innere Struktur der Kirche geht auf Gottes Plan und Willen zurück. Diese innere Struktur wird aber gerade nicht Hierarchie genannt, sondern mit dem Terminus Ministerium, *Dienstamt* umschrieben.

Es wird auch nicht gesagt (was man beim Text des Tridentinums fast herauslesen möchte), dass die traditionelle Dreigliederung von Gott eingesetzt sei (was immer man auch näherhin darunter zu verstehen hätte: durch den historischen Jesus? durch den erhöhten Christus? durch den in der Urkirche wirkenden Heiligen Geist Gottes, der in alle Wahrheit einführen soll und lehren soll? – das alles könnte sich ja unter diesem Terminus verbergen), hier wird einfach dem biblischen Befund einer anfänglichen Unentschiedenheit dieser Aufgliederung Rechnung getragen und gesagt, dass seit alters her diese Dienstämter mit diesen Namen benannt worden sind!

Wir verstehen uns doch wohl richtig: Es wäre unangemessen und primitiv, in einem Anflug von Jakobinertum (mit dem Schlachtruf: Freiheit, Gleichheit, Brüderlichkeit) alles durch den Wolf drehen zu wollen zu einem Einheitsbrei: *Jeder kann alles, jeder darf alles.*

Die Gleichberechtigung und Gleichrangigkeit und Gleichwürdigkeit, die unter den Gliedern des Gottesvolkes, den Getauften, besteht, ist grundlegend und wichtig und geht aller inneren Aufgliederung voraus (das hat das letzte Konzil ja auch im Aufbau der Kirchenkonstitution deutlich gesagt: Das zweite Kapitel handelt vom Volk Gottes, von den grundlegenden Bestimmungen aller Christen und erst das dritte Kapitel von den verschiedenen Ämtern innerhalb des Gottesvolkes). Aber es würde den Fakten nicht gerecht und wäre auch eine seltsame Illusion und eine naive Weltfremdheit, wollte man die unterschiedlichen Funktionen, die unterschiedlichen Begabungen und Charismen, die Geistesbegabungen nicht sehen und nicht ernst nehmen. Alle sind Glieder, kein Glied kann auf die anderen verzichten, aber keins macht alles allein.

246 Es gibt verschiedene Beauftragungen zum Dienst am Funktionieren der Gesamtheit. Dabei darf die richtige, sachgemäße Zuordnung aber auch nicht auf den Kopf gestellt werden: Nicht: Weil es Bischöfe als Nachfolger der Apostel gebe, deshalb müsse es auch Gläubige geben, damit regiert werden kann, sondern: Weil es Gemeinden Jesu Christi gibt, deshalb gibt es Lehrer, Propheten und Vorsteher, die für die Gemeinde arbeiten. Vereinfachend gesagt: Es gibt Dienstämter, weil es Kirche gibt (und nicht umgekehrt), oder, um noch einmal die eingefahrene, aber ebenfalls missverständliche Terminologie zu gebrauchen: Es gibt Klerus, weil es Laien gibt (und nicht umgekehrt). Das Amt ist für die Gesamtkirche da und nicht die Kirche für das Amt.

Dass diese Sätze nicht in einem plebiszitären Sinne, im Sinne einer Volkssouveränität von unten missverstanden werden sollten, müssen wir gleich noch einmal ansprechen, wenn wir über die notwendige Demokratisierung der Kirche etwas sagen wollen.

Hier zunächst nur so viel: Natürlich gibt es in der Kirche nicht nur die amorphe Masse, die einfachhin Christus als dem Haupt gegenübersteht, natürlich gibt es in der Kirche auch so etwas wie Repräsentanz Christi durch Menschen gegenüber anderen Menschen. Aber diese Repräsentanz Christi ist eben nicht einfach und vor allem nicht ausschließlich an die Amtsträger gebunden: Wenn ein Christ einen anderen lehrend, mahnend auf das Evangelium hinweist, dann ist er Repräsentant Christi. Eltern gegenüber ihren Kindern (aber unter Umständen auch umgekehrt!), ein Bruder gegenüber seinem Bruder, die Frau, die ihren Mann liebevoll auf sein Versagen gegenüber dem Evangelium hinweist, oder auch das Laienmitglied eines Seelsorgerats, das den Bischof auf etwas aufmerksam macht, das nicht dem Wort Jesu entspricht. Erst recht ist der Prediger Repräsentant Jesu, wenn er sich ganz in den Dienst der Verkündigung der Botschaft Jesu stellt und wenn er als Vorsteher der Eucharistiefeier die Worte Jesu über Brot und Wein spricht. Es soll in keiner Weise geschmälert werden, was die alte Formel sagt: *Sacerdos agit in persona Christi.* Nur darf dies in der Kirche jederzeit mögliche Gegenüber von Anspruch Jesu Christi in menschlicher Gestalt und angesprochenen Menschen nicht einfach mit dem Gegenüber (oder gar Gegensatz) von Amtsträgern und Gläubigen identifiziert werden. In manchen Situationen können auch Gläubige gegenüber Amtsträgern Christus repräsentieren!

An dieser Stelle sollten wir noch einmal ausdrücklich darauf hinweisen, dass es die Bücher des Neuen Testamentes bei der Benennung der verschiedenen kirchlichen Dienste ausdrücklich vermeiden, irgendwelche Ausdrücke zu gebrauchen, die für das heidnisch-kultische (oder auch alttestamentlich-kultische) Priestertum gebraucht wurden. Hier geht es nicht um Kult im üblichen Sinne der Sachopfer, um Leute, die rituelle Darbietungen vollziehen, sondern es geht um Kult im Sinne der Ganzhingabe, der Selbsthingabe. Deshalb kann der *Laie* Jesus Christus, der nicht dem amtlichen Priestertum angehörte, der eigentliche Hohepriester (im strengen kultischen Sinne) genannt werden, denn in ihm fallen Opferdiener und Opfergabe in eins zusammen, seine Selbsthingabe ist die Ausübung des endgültigen neutestamentlichen Priestertums. Und insofern alle Gläubigen in diese liebende Selbsthingabe eintreten sollen im Opferdienst des alltäglichen Lebens (»Ich ermahne euch, [...] bringet euren Leib als lebendige, heilige, Gott wohlgefällige Opfergabe dar« (Röm 12,1), sagt Paulus), insofern heißen alle Christen ein heiliges Volk, ein königliches Priestertum.

Aber die besonderen Dienste im Innern der Kirche tragen nirgendwo diesen Namen, wie ja auch die Eucharistiefeier etwa nirgendwo mit dem kultischen Terminus Opfer benannt wird. (Inwiefern man dennoch zu Recht vom Opfercharakter der Eucharistie reden kann und reden muss, werden wir in der Hauptvorlesung des nächsten Semesters unter anderem zu klären haben.) Hier soll festgestellt werden: Das Vorsteher- und Leitungsamt wird im Neuen Testament nicht mit Termini benannt, die für die Kultdiener gebraucht wurden, und – das ist eben wichtig in diesem Zusammenhang – es wird auch nicht mit Worten benannt, die im politischen Sinne als Herrschaft, als Macht, als Überordnung verstanden werden können. Ja, es wird dieser Gedanke eigens und ausdrücklich abgewehrt! Bei Matthäus 20,25 sagt Jesus:

> »Ihr wißt, daß die Herrscher der Völker sie knechten und daß die Großen sie ihre Macht fühlen lassen. Nicht so soll es unter euch sein. Vielmehr, wer unter euch groß sein will, sei euer Diener, und wer unter euch der Erste sein will, sei euer Knecht – so wie des Menschen Sohn nicht gekommen ist, sich bedienen zu lassen, sondern zu dienen und sein Leben als Lösepreis für viele zu geben.« (Mt 20,25–28)

248 Sechsmal erscheint bei den Synoptikern dieses Wort vom Dienen, das Jesus seinen Jüngern ganz tief eingeprägt hat: In Luk 22,27 ist es ausdrücklich an dem Beispiel des Tischdienstes demonstriert: »Denn wer ist größer: der zu Tische sitzt oder der bedient? Doch wohl der, welcher zu Tische sitzt – und ich bin in eurer Mitte wie der Dienende!« Und die direkte Folgerung daraus: »Der Größte unter euch soll wie der Jüngste sein, der Gebieter wie der Dienende.« (Lk 22,26) Diakonia-Dienst als Bezeichnung für die Jüngerschaft und vor allem für die Funktion der Amtsträger, das war gewissermaßen eine Art Neuentdeckung auf dem letzten Konzil, wo dieser Gedanke immer wieder zitiert wurde. Die Funktion Jesu übernimmt ein Mensch durch den Dienst am Anderen! In der Jüngerschaft Jesu gibt es kein Amt, das einfach durch Recht und Macht konstituiert ist, also darin dem Amt staatlicher Machthaber entspräche. Es gibt auch kein Amt, das durch Wissen und Würde konstituiert wird und darin etwa dem Amt der alttestamentlichen Schriftgelehrten entsprechen würde. Wurzel, Ziel und Figur des neutestamentlichen Amtes als einer Funktion im Dienste der Gesamtheit ist die Diakonia, das Für-den-andern-dasein, die Liebe. Von diesem Ursprung her, von diesem neuentdeckten biblischen Ansatz des letzten Konzils her, haben viele Bischöfe in ihrer Amtsausübung und ihrem Auftreten eine ganz neue Glaubwürdigkeit ins Spiel gebracht. Sie kennen selbst genügend Beispiele, ich denke etwa an Holland oder auch an den auf so unwürdige Weise von der Kurie vorzeitig abgehalfterten Kardinal Lercaro von Bologna. Die strahlendste, aber auch gefährdetste und zerbrechlichste Gestalt in diesem Zusammenhang ist ja wohl Helder Camara.

Dieser (dringend notwendige) Neuansatz ist noch nicht bis in alle bischöflichen Palais und Kurien durchgedrungen, er ist sogar schon wieder in entscheidender Weise in Gefahr, überrollt, verdeckt und beiseitegeschoben zu werden. Sie haben gewiss die Diskussion um die Vorlage für die römische Bischofssynode im Herbst ein wenig verfolgt, um das Arbeitspapier über »Das priesterliche Amt«. Da marschiert recht zielstrebig und ungeniert (und vielleicht sogar noch besten Glaubens) die Reaktion. Hier kommt plötzlich wieder eine Sicht des Amtes aus den Löchern hervor, die ausgesprochen vorkonziliar, tridentinisch ist, so dass Heinrich Fries seinen Artikel sogar so überschreiben konnte: *Hinter das Konzil zurück?* Er setzt zwar ein Fragezeichen hinter die Überschrift, aber die Ausführungen selbst zeigen, dass er diese Frage angesichts des Textentwurfs bejaht! Eine schlechte Situationsanalyse, die im Grunde gar keine ist, weil sie ein festgefasstes, statisches Kirchenbild einer chaotischen, alles in Frage stellenden Welt gegenübergestellt. Diese Pseudoanalyse lastet einseitig die Krisensituation außerkirchlichen Faktoren an oder dem schwindenden Glauben der Priester, lässt aber nirgendwo ernsthaft die Frage aufkommen, inwieweit die konkrete Gestalt der bisherigen Amtsstrukturen und deren Ausübung selbst mit Schuld sind an der Krisensituation oder zumindest einer Lösung der anstehenden Fragen im Weg stehen. Aus einem schlechten methodischen Ansatz kann kaum eine gute Antwort hervorkommen. Hier werden soziologische Phänomene mit theologischer Argumentation zurückgewiesen, hier werden Konzilstexte nach Gutdünken kombiniert, ohne eine biblische Grundlegung geleistet zu haben, hier wird ernsthaften Einwänden mit dem billigen, pauschalen Vorwurf der Unwissenheit begegnet. Hier wird also ein Text geboten, der erheblich hinter das *Lehrschreiben der deutschen Bischöfe über das priesterliche Amt* zurückfällt, das vor einiger Zeit herauskam und das ja auch noch verbesserungsfähig war. Hier wird einfach versucht, das Rad der Geschichte zurückzudrehen und das Konzil auszuhöhlen:

> »Das Konzil war darauf bedacht [...] jeden Anschein von Klerikalismus zu vermeiden. Es hatte, um ein Beispiel zu nennen, die früher in der ›Katholischen Aktion‹ übliche Terminologie nicht mehr übernommen. Es hatte abgelehnt, von einer ›Teilnahme der Laien am hierarchischen Apostolat der Kirche‹ zu sprechen und hat vielmehr das Apostolat der Laien als ›Teilnahme an der Heilssendung der Kirche selbst beschrieben. Zu diesem Apostolat werden alle vom Herrn selbst durch Taufe und Firmung bestellt.‹ (LG 33) Das Konzil hat es

> abgelehnt, das Laienapostolat unter der ›Führung der Hierarchie‹ zu verankern und statt dessen von Mitarbeit gesprochen. [...] Demgegenüber beschreibt die Arbeitsgrundlage die Tätigkeit der Laien in der Kirche mit genau jenen Formulierungen, die auf dem Konzil keine Zustimmung finden konnten.«[209]

Der Widerspruch aus Priesterräten und auch in Bischofskonferenzen ist schon so deutlich artikuliert, dass man hoffen kann, dass auf der Bischofssynode in Rom das Schlimmste zumindest verhindert wird. Aber das ist eben das Fatale, dass die guten Leute im Episkopat ihre Kraft daran verschwenden müssen, das Schlimmste zu verhindern, statt das Notwendige zu tun, und nirgendwo, außer im formalen Verfahren – dass eben die Kurie nicht mehr einfach verfügen kann – ein Fortschritt erzielt wird, ja von vornherein ein solcher gar nicht erwartet werden kann, weil die wirklich dringenden Probleme: Weihe verheirateter Männer in den Notstandsgebieten, Analyse der abnehmenden Weihezahlen, der zunehmenden Amtsniederlegungen, neue Formen priesterlicher Zusammenarbeit – um nur einige zu nennen – von vornherein nicht auf der Tagesordnung stehen.

In der jetzigen Diskussion um ein erneuertes Verständnis der kirchlichen Ämter und ihrer konkreten Funktion könnte ein intensiver Austausch zwischen den Gemeindepfarrern mit ihren Gläubigen und den Ortsbischöfen sowie den Verantwortlichen in den römischen Behörden weiterführen.

Damit ist allerdings ein wunder Punkt in dem gegenwärtigen Geschehen angesprochen. Denn die Kommunikationsformen der Kirche sind doch stark einseitig von oben nach unten gerichtet. (Wenn ein Kardinal gegen Interkommunion ist, was immer er auch darunter verstehen mag, dann kann er von heute auf morgen seine Thesen in Millionenauflage unter das Volk werfen, auch all denen ins Haus schicken, die darauf gar keinen Wert legen. Er hat die legalen Mittel dazu!) Aber wie erfährt ein Bischof, was die Mehrzahl seiner Priester und seiner Gläubigen wirklich denkt. Wie artikuliert eine breite Öffentlichkeit ihre Meinung gegenüber fragwürdigen Vorschlägen, Entwürfen oder Dokumenten aus Rom? Da fehlt ganz eindeutig nicht nur die Erfahrung, sondern auch die Einrichtung

209 | *Heinrich Fries*, Konzil Stellungnahme, 21.

von funktionierenden Institutionen der Meinungsbildung und Information von unten nach oben!

4.2.3 Demokratisierung der Kirche[210]

Damit sind wir schon mitten in der Frage nach der *Demokratisierung* der Kirche. Das ist gewiss ein vielschichtiges und schillerndes Thema. Aber das dürfte Sie nicht davon abhalten, sich dieser Frage mit voller Aufmerksamkeit zuzuwenden. An dieser Stelle steht nämlich ganz entscheidend auch die kirchliche Glaubwürdigkeit auf dem Spiel. In unserer weithin demokratisch eingerichteten Welt kann man ja sogar an sich richtige Unternehmungen und Entscheidungen allein schon dadurch unnötig ins Zwielicht bringen und verdächtig machen, dass man wichtige Beschlüsse mit überflüssiger Geheimniskrämerei umgibt.

Was lässt sich in aller Kürze zu diesem Thema *Demokratisierung der Kirche* sagen?

Zunächst einmal wird man bei nüchterner Prüfung des *biblischen* Befundes kaum daran vorbeikommen festzustellen, dass die Sicht der brüderlichen Gemeinschaft Kirche im Neuen Testament dem allgemeinen Bild von Demokratie erheblich näher steht als einem monarchischen Denken. Der Satz: »Einer ist euer Meister, ihr alle aber seid Brüder« (Mt 23,8), meint eben nicht das Magisterium eines Meisters in Rom oder sonstwo, sondern meint Jesus als das Wort des Vaters. Und unter den Brüdern befinden sich auch alle Exzellenzen, Eminenzen und ihr mehr oder minder stattlicher Hofstaat. Die neutestamentliche Sicht einer brüderlichen Gemeinde entspräche eher einem demokratischen Modell, das klingt jetzt ziemlich ideologisch und ist ja auch auf die inhaltliche Seite bezogen. Damit an dieser Stelle kein Missverständnis aufkommt, müssten wir etwas differenzieren: Demokratie im heutigen politischen Wortgebrauch ist ja zunächst nicht eine ideologische, sondern eine pragmatische Konzeption, natürlich basierend auf einer bestimmten Sicht des Menschen und der menschlichen Gemeinschaft. Demokratie im landläufigen Sinn hat zunächst gar nichts zu tun mit Erforschung der Wahrheit, mit der Findung des objektiv Richtigen. Demokratie ist zunächst einmal die Übereinkunft, dass dasjenige verbindlich sein soll, womit die meisten Menschen, eben die Mehrzahl, einverstanden sind. Die Gesetze und ihre

210| Vgl. zu diesem Kapitel: *Rudolf Pesch*, Grundlagen Lebensform, 166–171. *Karl Lehmann*, Legitimation Demokratisierung, 171–181. Das ganze Conciliumheft 3 (1971).

Handhabung sollen so sein, dass der kleinste Teil unter ihnen zu leiden hat und der größte Teil mit ihnen zufrieden ist.
In diesem praktischen Sinn, der den Einzelnen und seine Meinung und seine besondere Begabung und seinen Beitrag für das Ganze ernst nimmt, kann und muss es eine ganze Menge mehr Demokratie in der Kirche geben: Wie man sich in Schulfragen konkret verhält, wie die Seelsorgestrukturen eines Bezirks umgestaltet werden sollen, wie und was gebaut, geplant wird, wie die vorhandenen Gelder verwandt werden, wie die Pfarrstellen besetzt werden, wie ein vakanter Bischofsstuhl neu besetzt wird, all das kann man und müssten wir heute in einem wirklich demokratischen Vorgehen lösen: *Was alle angeht, muss auch von allen traktiert werden*, ist ein guter, alter kirchlicher Rechtssatz. In allen diesen Fällen kommt es ja vor allem darauf an, dass eine für die Mehrzahl der Betroffenen akzeptable Lösung getroffen wird. Aus der Tatsache, dass Bischöfe und Pfarrer wieder, wie früher schon jahrhundertelang in der Kirche, von einem breiten, repräsentativen Gremium gewählt werden (wenn das dem Wunsch der Betroffenen entspricht und auf eine effektive Weise möglich ist), aus dieser Tatsache könnte man keineswegs ableiten, dass diese Amtsträger nun nur als die angestellten Funktionäre der Bistümer und Gemeinden zu betrachten seien in dem Sinne, dass sie den Leuten nach dem Mund zu reden hätten und nur die ausführenden Organe von Mehrheitsbeschlüssen wären. Selbst nach heutigem Recht werden Papst und ostkirchliche Patriarchen gewählt, ohne dass man dort diese Folgerung zöge. Die Art und Weise, wie konkret die Auswahl eines Amtsträgers getroffen wird, sagt keineswegs automatisch etwas über die Bedeutung seines Amtes und über den Inhalt seiner Tätigkeit. Und wenn so ein Amt etwa damit umschrieben ist, dass das Evangelium Christi verkündet werden muss und der Anruf Gottes konkret hörbar gemacht werden muss, dann ist damit von vornherein gesagt, dass hier nicht ein Verein nachträglich sein Selbstverständnis definiert und einen Geschäftsführer installiert, sondern dass die zuvor ergangene Botschaft, der zuerst von Gott in Jesus ergangene Ruf weitergetragen werden muss: »Tritt auf, sei es gelegen oder ungelegen« (2 Tim 4,2).
Es wäre also ein Kurzschluss, wollte man Bestrebungen zu einem wirklich sachentsprechenden Meinungsbildungs- und Entscheidungsprozess in Fragen des kirchlichen Lebens bis hin zur Wahl der Amtsträger mit dem Hinweis abtun: Das Entscheidende in der Kirche ist Gabe Gottes

von oben und nicht Entschluss des Volkes von unten. Ich weiß, dass es solche ideologischen, grundsätzlichen Demokratisierer gibt, die den Gnadencharakter des Heils negieren möchten und die Kirche am liebsten zu einem schlagkräftigen Instrument gesellschaftlicher Strukturveränderungen machen möchten. Aber es hat noch nie sehr weit geführt, wenn man etwas Richtiges, ja Notwendiges unterließ mit dem ängstlichen Hinweis darauf, es bestehe die Gefahr der Missdeutung und des Missbrauchs. Besteht die Gefahr bei der augenblicklichen Praxis der Amtsausübung etwa nicht! Wenn man doch immer und überall so sorgfältig auf die Gefahr des Missbrauchs aufmerksam machen wollte wie hier!

Wir müssen aber nun doch auf den eigentlichen Kern des Fragepunktes kommen, nämlich auf die zentrale Aufgabe der Kirche, auf die Verkündigung des Evangeliums. Die Verkündigung des Evangeliums ist ja nicht einfach ein Aufsagen bestimmter Formeln, sondern ein lebendiger Prozess der Vermittlung, der Adaptation, der Übersetzung. Wer sagt, wie heute wirklich Christus verkündigt wird? In diesem Punkte klingt es wenig hoffnungsvoll, wenn man behauptet: Mehr Demokratie! Denn die richtige Erkenntnis muss nicht automatisch bei der Mehrheitsmeinung sein. Ja, es lassen sich sehr leicht konkrete Fälle aufzeigen, in denen es wahrscheinlich ist, dass die Mehrheit der falschen Lösung zuneigt, weil sie leichter ist, weil die richtige Lösung Selbstlosigkeit, Opfersinn und großen Einsatz aller voraussetzt. In einem solchen Fall einfach der Meinung der Mehrheit zu folgen, wäre keine sinnvolle Lösung; denn getan werden muss nicht, was allen gut dünkt, sondern was der Sendung der Kirche, was dem Willen Christi entspricht. An dieser Stelle der Überlegungen wird von solchen, die autoritäre Strukturformen aufrechterhalten möchten, gern der schnelle Schluss gezogen, dass hier nur die hierarchischen Glieder der Kirche allein zu bestimmen hätten, was wahr und was richtig ist. Aber auch hier müsste man sagen: Vorsicht, nicht zu hastig! Allein die Tatsache, dass auf dem Konzil argumentiert, abgestimmt, eine Meinung geformt wurde, zeigt doch, dass Gottes Geist nicht einfach neben solchen Formen der Meinungsbildung wirkt, sondern wenn überhaupt dann durch sie hindurch. Gerade auch bei dieser entscheidenden Frage wäre es dringlich, eine Art von Dialog, von Gespräch in der Kirche, von Stimmenauszählung in der Kirche vornehmen zu lassen, vor allem die Meinung der Fachleute zu hören, die als Gläubige doch auch Wissende sind und die Salbung des Heiligen Geistes empfangen haben, wie der erste Johannesbrief sagt (vgl. 1 Joh 2,20). Selbst in Fragen der rechten Interpretation des Evangeliums auf die konkrete Situation hin, ist es fast immer von Nutzen und gelegentlich sogar unumgänglich, im Dialog das Notwendige ausfindig zu machen. Die Wahrheit des Evangeliums liegt nicht einfach im Mehrheitsentscheid, aber sie findet sich stets leichter im gemeinsamen Gespräch der Sachkundigen, Gläubigen, als in gequältem Nachdenken Einzelner im Kämmerlein. Hier müssten wir allerdings auch den Grenzfall ansprechen, der dann entsteht, wenn eine Gruppe der Kirche völlig gegen eine andere steht, wenn entscheidende Aussagen des Glaubens auf dem Spiel stehen, angegriffen

oder geleugnet werden. Für den Fall, dass die Kirche ihre Identität verteidigen muss, dass sie ihr eigentliches Kirchesein gegen totale Bestreitungen bewahren muss, für diesen Fall tritt über den Dialog hinaus und über den allgemeinen, stets zu erfragenden Glaubenssinn der Gläubigen hinaus jene innere Dienstfunktion entscheidend auf den Plan, die die Vorsteher der Gemeinden gegenüber den Gläubigen und der Inhaber des Petrusdienstes gegenüber seinen Amtskollegen und der Gesamtkirche zu leisten hat: Die Bischöfe erklären auf dem Konzil ihren Glauben und den Glauben ihrer Gemeinden, sie einigen sich auf eine brauchbare Formulierung dieses nicht von ihnen entworfenen, sondern empfangenen und überlieferten Glaubens. Und wenn nun dieses oberste Gremium der über den Erdkreis verstreuten, katholischen, allumfassenden Kirche verbindlich sagt und durch den Vorsitzenden dieses Gremiums, den Papst als ihren Sprecher, und ihr Einheitsband ausdrücklich erklären lässt, dies und das ist unser katholischer Glaube, dann, in dieser entscheidenden Absicherung des Selbstverständnisses der Kirche als Kirche Jesu Christi, ist jener Fall gegeben, den wir mit unfehlbarem Lehramt (in nicht sehr glücklicher Terminologie) beschreiben. Nach unserem Glauben wirkt sich hier die Tatsache aus, dass die Kirche als Ganze nicht aus der Wahrheit Gottes herausfallen kann. Aber auch diese Kundgabe – das sollten wir noch einmal besonders erwähnen – ist kein Reden eines einzelnen Papstes aus sich heraus oder der Bischöfe aus ihrem privaten theologischen Sachverständnis, sondern ist die Wiedergabe des Glaubens der einen gesamten Kirche und die Verkündigung des Glaubens *für* die eine gesamte Kirche!

4.2.4 Die Gefahr eines neuen kirchlichen Grundgesetzes[211]

Wir haben die Frage nur angerissen und unzureichend dargestellt. Den letzten Punkt können wir nun schon gar nicht mehr angehen, weil die Stunde fast um ist. Vielleicht kann ich schließen mit dem tröstlichen Hinweis darauf, dass am Montag in der vatikanischen Pressekonferenz ein erster Erfolg der massiven Proteste gegen den gefährlichen Entwurf eines Grundgesetzes erkennbar geworden ist. Entschieden wird vorläufig gar nichts, hieß es, die Diskussion gehe weiter und soll nicht unter Zeitdruck stehen. Ein gefährlicher erster Angriff ist erfolgreich zurückgeschlagen, so scheint es, aber es heißt: auf der Hut bleiben! Dazu ist eigentlich nötig, dass Sie sich die Dokumente einmal ansehen. Einige Hinweise dazu habe ich Ihnen unter 4.24 aufgeschrieben!

4.3 Freimut und Gehorsam – Gottesdienst und Weltdienst

4.3.1 Damit wir in Freiheit leben (vgl. Gal 5,1)[212]

Wenn heute jemand, etwa in einer Debatte über gesellschaftliche Zwänge und repressive Strukturen, erklären würde: Um wahrhaft frei zu sein, müsse man Christ sein, nur ein Christ sei wahrhaft frei – dann würde er vermutlich ein mehr oder weniger starkes Gelächter auslösen.

Im allgemeinen, unreflektierten Bewusstsein gilt die Kirche, und da noch einmal besonders die katholische, als ein letzter Hort von reaktionärer Bevormundung: Du musst dies und du musst das, man darf dies nicht und man darf jenes nicht! Und wenn wir ganz ehrlich sind, auch wir selbst wären einem solchen Satz gegenüber doch ziemlich skeptisch, hielten ihn allenfalls in der Theorie als Programm für wichtig, aber in der Praxis?

Nun ist aber zunächst einmal unabhängig von allen Bedenken dieser oder jener Art doch wichtig festzustellen, dass Freiheit als ein zentraler Inhalt der biblischen Verkündigung erscheint. »Damit wir frei seien, hat Christus uns frei gemacht. So stehet fest und laßt euch nicht wieder unter das Joch der Knechtschaft beugen!« (Gal 5,1), schreibt Paulus nach Galatien. Sie kennen den aktuellen Hintergrund, die grundsätzlich und

211| Vgl. zu diesem Kapitel: *Herderkorrespondenz*, Entwurf Grundgesetz, 239–249. *Giuseppe Alberigo*, Grundgesetz Kirche, 85–90. *Walter Kasper*, Grundgesetz Restauration, 14. *Herderkorrespndenz*, Grundgesetz Kirche, 273–276.

212| Vgl. zu diesem Kapitel: *Johann Baptist Metz*, Autorität Freiheitsgeschichte, 53–90. *Joseph Ratzinger*, Volk Gottes, 249–266. *Heinrich Schlier*, Freiheit, 421–436. *Thomas Sartory / Gertrude Sartory*, Utopie Freiheit.

für die Mission entscheidende Frage: Müssen Heiden erst Juden werden, um Christen sein zu können, müssen sie das mosaische Gesetz samt Beschneidung übernehmen und dazu dann die Taufe empfangen? Muss man sich zu einem bestimmten Volk, seinen Gesetzen und Gebräuchen bekennen, oder ist der Anschluss an das Heil in Christus universal, durch keine rassischen oder völkischen Schranken festgelegt, eingeengt, vorgespurt?

Wenn Paulus einige Verse später noch einmal ruft: »Ihr seid zur Freiheit berufen, Brüder« (Gal 5,13), dann könnte man demgegenüber zu bedenken geben, dass hier gewissermaßen ein spezieller Bereich von Freiheit, nämlich der Freiheit vom mosaischen Gesetz, behandelt werde. Ich würde aber doch fragen, ob nicht manche heutige Problematik strukturell ähnlich liegt, ob nicht manche kirchliche Praxis, die gegen den hier beschworenen Geist der Freiheit verstößt, gerade darin ihren Ursprung hat, dass der Buchstabe über den Geist gesetzt wird, dass eine neue Form von Gesetzlichkeit, von Leistungsdenken, von Beachtung von Geboten sich dort breitgemacht hat, wo der Geist des Herrn wehen sollte. Auch Paulus beschränkt seine Predigt über die Freiheit übrigens durchaus nicht auf diesen engen Aspekt. Wenn er im zweiten Korintherbrief schreibt: »'Der Herr' ist selbst der Geist, und wo der Geist des Herrn waltet, da ist Freiheit« (2 Kor 3,17), dann geht es schon gar nicht mehr nur um Beschneidung, sondern um die Weite der Erkenntnis und der eröffneten Gottesbeziehung, die das Geschehen um Mose und die alten Schriften überbietet, nämlich das Geschehen in Jesus Christus. Und dass für Paulus Freiheit nicht nur heißt Freiheit vom mosaischen Gesetz, dass er in die eigentliche Problematik, die mit diesem Begriff angesprochen ist, einsteigt, das zeigt sich in seiner Argumentation gegenüber der Gemeinde in Rom, wo es um Sünde und Tod und Auferstehung geht. Sünde und Tod binden, versklaven, knechten. Freiwerden von Sünde und Tod heißt freiwerden von einer entscheidenden Quälerei und Sklaverei: »Und wenn *sein* [Gottes; T.S.] Geist in euch wohnt, der Jesus vom Tode auferweckte, so wird Er [...] auch euren sterblichen Leib zum Leben erwecken.« (Röm 8,11)

Der Geist Gottes, der Geist Jesu Christi schenkt also die eigentliche Freiheit, denn er öffnet den Kerker des Todes und er löst die innere Fessel der Sünde, der Selbstsucht:

»Denn wenn ihr nach dem Geheiß des naturhaft Irdischen lebt, so

> werdet ihr sterben; wenn ihr hingegen durch den Geist die Anreize des irdischen Wesens ertötet, werdet ihr leben. Denn die sich vom Geiste Gottes leiten lassen, die sind Kinder Gottes. Ihr habt doch nicht den Geist von Sklaven erhalten, daß ihr euch wieder fürchten müßtet, sondern den Geist von anerkannten Kindern« (Röm 8,13–15).

Freiheit der Kinder Gottes, gottgeschenkte, geistgeschenkte Freiheit von der äußerlichen Gesetzlichkeit, von der Macht der Sünde, von der Macht des Todes. Freiheit damit immer auch von der Angst und Furcht vor der ungewissen Zukunft, Freiheit von der Angst vor Hölle und Verdammnis, Freiheit auch von unwürdiger gesetzlicher Bevormundung durch überholte menschlich-kirchliche Gesetze.

Andererseits sollten wir nicht erstaunt tun angesichts der Verdrehungen und Verzeichnungen des Programms der christlichen Freiheit in der tatsächlichen Kirche!

Wenn die Kirche aus lauter Menschen besteht, wie wir welche sind, dann ist sie eine Kirche aus Sündern. Das wirkt sich nicht nur im Leben des einzelnen Christen und des einzelnen Amtsträgers aus, sondern immer auch im Leben der Gemeinschaft, in den Formen, auch in den gesetzmäßig geregelten Umgangsformen, in den Strukturen des Umgangs miteinander, in gewissen gewohnheitsmäßigen oder auch schriftlich fixierten Verfahrensweisen. Es war eine Art Supranaturalismus, der in der Vergangenheit diese Sündigkeit nicht sehen wollte und säuberlich unterschied zwischen der Sündigkeit der einzelnen Mitglieder und der Heiligkeit und Makellosigkeit einer Kirche, sie dann notwendigerweise sehr gedanklich, gewissermaßen hypostasiert, erschien. In der Kirche aus Sündern ist das wahre Wesen der Kirche, Vermittlerin des Heils des Heiligen Geistes, des Geistes der Freiheit, zu sein, jeweils nur durch das Unwesen hindurch, durch verstellende Verfremdungen hindurch erkennbar. Die christliche Botschaft der Freiheit ist beschwert und beschmutzt mit mancherlei massiven Zeichen von Unfreiheit.

An dieser Stelle wäre zweierlei zu fragen. *Einmal*: Was kann man als Einzelner tun angesichts von Manipulation, Machtmissbrauch, Verleumdung, Rufmord oder auch falscher Gesetzlichkeit, Einpflanzen von Verdammungsangst und einer einseitigen Sündenmoral? Und zum *Zweiten* (und diese Frage würde eine sehr grundsätzliche sein): Gibt es nicht doch in der Kirche eine echte, im menschlich-konkreten Bereich ausgeübte Autorität, der gegenüber Gehorsam zu leisten ist, so dass die Botschaft von der christlichen Freiheit immer zugleich die Lehre von einer endgültigen Bindung, einem selbstlosen Gehorsam einschließt? Am besten sagen wir zunächst etwas zur zweiten Frage, weil sie unter Umständen die Antwort auf die erste Frage erheblich beeinflusst. Die landläufige Auffassung im kirchlichen Raum war doch wohl bisher die: Es gibt eine von Gott in Jesus der Kirche übergebene Autorität der Lehre und der konkreten sittlichen Weisung. Das Heil Jesu Christi wird konkret durch die Kirche vermittelt, wer zum Heil finden will, muss tun, was die Kirche sagt. *Fest soll mein Taufbund immer stehen, ich will die Kirche hören*. Die Kirche

hören heißt die offizielle Lehre hören, das Lehramt hören, dem Amt gehorchen. Und zwar nicht wegen der persönlichen Bedeutung und Strahlkraft des Amtsträgers, sondern wegen seiner besonderen Repräsentanz Jesu Christi. In der aszetischen Literatur und auch in der theologischen Wissenschaft wurde hier immer wieder auf den Hymnus im Philipperbrief hingewiesen, auf jenes alte, urkirchliche Christuslied, das den Weg Jesu als einen Weg radikalen Gehorsams beschreibt: »Indem er [...] uns Menschen gleich wurde und sich in seiner ganzen Erscheinung wie ein Mensch gab, erniedrigte er sich und ward gehorsam bis zum Tod, ja bis zum Tod am Kreuz.« (Phil 2,8) Und diese radikale Erniedrigung des Gehorsams war der Schritt in die vollendete Erhöhung. »Darum hat [...] Gott [...] ihm den Namen verliehen über alle Namen« (Phil 2,9). Zur Nachfolge Jesu Christi gehöre also immer auch die Nachfolge im Gehorsam, ja Paulus beschreibt den christlichen Glauben ausdrücklich als Glaubensgehorsam, den alle zu leisten hätten (vgl. Röm 16,26). Seine Aufgabe als Apostel beschreibt er im Anfang des Römerbriefes so: Er wolle unter allen Völkern den Gehorsam gegenüber der Glaubensbotschaft aufrichten (vgl. Röm 1,5). Vergleiche 2 Kor 10,4–6, dort schreibt er sogar:

> »Wir machen damit zunichte die Klügeleien und jedweden Dünkel, der sich gegen die Erkenntnis Gottes erhebt, und nehmen alles Denken in Beschlag für den Gehorsam gegen Christus, bereit, jede Verletzung der Ordnung zu züchtigen – sobald euer Gehorsam einmal wiederhergestellt ist.« (2 Kor 10,4–6)

Wo bleiben wir da mit unserer Schwärmerei von der Freiheit? Geraten wir nicht ganz schön in die Defensive angesichts solcher Worte? Wo liegt die Schwierigkeit, beide Gesichtspunkte (beide kommen ja von Paulus!) miteinander zu verbinden? Wo liegt die Gefahr eines Kurzschlusses?

Wenn man den Gehorsam Christi und den Aufruf Pauli zum Glaubensgehorsam nahtlos in die Forderung nach Gehorsam gegenüber der kirchlichen Behörde, dem kirchlichen Amtsträger überleitet, dann übersieht man eine sehr wichtige Unterscheidung! Der Gehorsam Jesu Christi und der Glaubensgehorsam der Christen sind ein Gehorsam gegenüber Gott, das heißt: In der Nachfolge Jesu wollen die Christen ihr Denken und Handeln ausrichten nach dem, was als Gottes Anruf an uns ergeht, als Weisung Gottes erfahren und erkannt wird. In diesem Sinn ist das Hören auf Gottes Ruf, das Hörsam-sein, das Gehorsam-sein eine christliche Grundtugend, identisch mit Glauben. Das ist in jeder Hinsicht unbestreitbar. Aber wenn man daraus nun folgert: Der Wille Gottes wird uns vermittelt und vorgestellt durch die kirchliche Autorität, also besteht der Gottesgehorsam im Gehorsam gegenüber der Kirche, dann hat man *kurz*geschlossen, dann hat man verkürzt, dann ist die notwendige Unterscheidung zwischen Gottesgehorsam und Kirchengehorsam unterschlagen, meist sehr zum Schaden des Evangeliums. An dieser Stelle muss man sich sehr vor jeder Art von Simplifizierung hüten.

Denn einerseits ist die Kirche nicht nur ein menschliches Gemächte, in der Kirche gibt es den göttlichen Auftrag, der in der Kraft des göttlichen Geistes, aber eben immer nur in menschlichen Worten und auf menschliche Weise, weitergegeben wird. Aber der göttliche Geist und Beistand ist nicht nur auf der Seite der Amtsträger zu finden, so dass es ein Kurzschluss wäre, die Anordnung der Amtsträger schlechterdings und unbesehen immer als von göttlicher Autorität getragen, als den Ausdruck göttlichen Willens anzusehen. Was wirklich der Anruf Gottes ist, was jetzt von uns in dieser Situation des Jahres 1971, im 20. Jahrhundert hier in der Kirche in Deutschland, in Bochum, zu tun ist, das kann nur im gemeinsamen Bemühen um die Sache gefunden werden. Die Synode ist etwa ein Instrument solchen Bemühens. Man kann nicht sagen, dies seien theoretische Ausflüchte, um der konkreten Gehorsamsforderung zu entgehen, um sich zu drücken, hier und jetzt Stellung zu beziehen. (Das gibt es natürlich auch. Jemand ist gegen die Modalitäten eines kirchlichen Gesetzes, weil er es grundsätzlich leichter haben möchte, weil er sich drücken möchte. Aber das trifft ja unsere Sache nicht.) Das Problem ist: Der Ruf Gottes wird nie einfach aus behördlichen Anordnungen vernommen, sondern wird in der besonderen geschichtlichen Lage, konkret nur aus dem aufmerksamen Hören des Evangeliums, dem Aufmerken auf die Zeichen der Zeit und einer intensiven Situationsanalyse ermittelt. Und in dieser Analyse spielt noch einmal die persönliche Empfänglichkeit, die innere Ansprechbarkeit, die Offenheit der Betroffenen eine große Rolle. Gottes Ruf ist nie einfach identisch mit kirchlichen Anordnungen. Deshalb ist auch kirchlicher Gehorsam nie einfach identisch mit Gottesgehorsam und Glaubensgehorsam. Er *kann* sich damit decken, er kann aber auch damit in regelrechten Widerspruch geraten. Wer hörte den Anruf Gottes in Bezug auf die konkrete Situation besser: Die französischen Arbeiterpriester, die inmitten der tristen Fabriken das Evangelium präsent machen wollten, oder die römischen Behörden, die den Priestern volle Schichtarbeit verboten, weil sie angeblich mit dem Priestertum unvereinbar sei? Es ist auch erst wenige Jahre her, dass vom Bischof offiziell verboten war, an Gemeinschaftsschulen Religionsunterricht zu erteilen, weil das angeblich die politische Position der Kirche im Streit um die Bekenntnisschulen schwächte. Wer folgte dem Ruf zum Gottesgehorsam, die kirchliche Behörde oder der Pfarrer, der sich über diese Anordnungen hinwegsetzte? Wie kurze Zeit ist es erst her, dass eine Zelebration der Messe zum Volk hin verboten war, dass die deutsche Fassung des Hochgebets verboten war, dass die Evangelientexte immer, in jeder Messe, lateinisch gelesen werden mussten. Das liegt hinter uns, aber in der Frage der Kanontexte ist ja schon wieder eine vergleichbare Situation. Damit haben wir eigentlich, wenn auch auf eine unerwartete Weise, zurückgelenkt in die *erste* Frage hinein, in die Frage nämlich, was man tun könne, wenn die Freiheit bedroht und missachtet werde. Die Frage stellt sich allerdings jetzt ein wenig anders: Was ist zu tun, wenn der als unumgänglich erkannte Anruf Gottes in Widerspruch und Konflikt gerät mit menschlich-kirchlichen Anordnungen, welche der Freiheit des Zeugnisses, der Sache des Evangeliums im Wege zu stehen scheinen. Die mögliche Antwort des Einzelnen ist schon angedeutet worden. Sie hat in der Geschichte der Kirche, in der Moraltheologie sogar einen besonderen Namen erhalten, der allerdings meistens, wegen seiner geheimen Sprengkraft, schamhaft verschwiegen worden ist: Epikie, vom griechischen Epi-eikeia, Angemessenheit, Nachsichtigkeit. Allgemein formuliert besagt dieses moraltheologische Prinzip: Ein menschliches Gesetz verpflichtet nicht, wenn ich nach Abwägung aller Umstände zu dem Ergebnis komme, dass der Gesetzgeber gewiss nicht verpflichten würde, wenn er die ganz konkrete Situation genau kennen würde. Für unsere Frage würde man vielleicht besser so sagen: Wenn ich zu der festen und begründeten Überzeugung komme, dass in diesem Falle das menschliche Gesetz seiner eigenen, eigentlichen Absicht und Zielrichtung entgegen und im Wege steht, dann bin ich nicht zur Beachtung verpflichtet. Dieser Gesichtspunkt kann und darf ins Spiel gebracht werden, ob es sich um die Ehemoral handelt oder um holländische Kanontexte. Dieses Moralprinzip der Epikie ist eine Hilfe zur Lösung bestimmter Konfliktsituationen, vorwiegend im privaten oder Gewissensbereich. Aber darüber hinaus gibt es manches kirchliche Geschehen, das mich selbst nur mittelbar tangiert, mein privates Leben höchstens indirekt beeinflusst, aber dennoch in der Öffentlichkeit Ärgernis erregt, weil es mit dem Evangelium unvereinbar ist. Was dann? Lerne leiden, ohne zu klagen? Es sollte uns zu denken geben, dass im Neuen Testament das Wort παρρησία, Freimut, offene Rede, freimütige Rede, mehr als 30-mal gebraucht wird. Freimütige Rede ist nach dem Neuen Testament also eine wichtige christliche Haltung. Opportune, importune, gilt nicht nur in der Verkündigung gegenüber dem Unglauben, dem Ungehorsam draußen, sondern auch gegenüber dem Missbrauch, der Glaubenslosigkeit und dem Ungehorsam innerhalb der Kirche, der sich in allen Schichten der Gläubigen findet. Denn auch Angst vor dem Geist sowie Misstrauen gegenüber dem Wirken Gottes in der Zukunft sind im Sinne der Glaubensforderung des Paulus Ungehorsam gegenüber Gottes Anruf.

So kann und so muss immer wieder die freimütige Rede der Christen – die zunächst von außen gesehen wie eine Aufsässigkeit, wie ein Ungehorsam gegenüber kirchlichen Anordnungen erscheinen mag – im Kern dann doch so etwas wie ein Aufruf zum Glaubensgehorsam sein an alle Glieder der Kirche, auch an die Amtsträger. In solcher Situation wird man allerdings auch ein gerütteltes Maß kritischer Wachsamkeit sich selbst gegenüber einbringen müssen, um seine eigene Rolle nicht falsch einzuschätzen: Propheten haben sich nie selbst ernannt, sondern sind immer vom Geiste Gottes Getriebene und Gerufene gewesen. Aber im Einzelfall würde ich sagen: Lieber ein bisschen zu viel Prophetismus als zu wenig!

Ich sollte Sie wenigstens noch hinweisen auf eine Seite der Freiheits-Problematik, auf die Johann Baptist Metz aufmerksam macht. Bisher ging es mehr oder weniger um Konflikte zwischen kirchlicher Autorität und menschlicher-individueller Freiheit bzw. um die wirksame Verkündigung des Evangeliums und ihre unnötige Behinderung durch menschlich-kirchliche Gesetze. In unserer modernen, manipulierten Welt, die auf bisher ganz ungekannte Weise wieder anonymen Mächten dämonischen Charakters unterworfen wird, stellt sich nun auch die Frage nach einem Ort institutionalisierter Freiheit, einer gesellschaftlichen Größe also, die jedem Einzelnen ein Minimum an Freiheitsraum und Lebensraum in einer rücksichtslosen Leistungsgesellschaft offen hält. Wenn die
262 Kirche, wie es Metz vorschwebt, diese Funktion übernehmen soll, dann heißt die Frage also nicht mehr Autorität oder Freiheit, sondern Autorität für die Freiheit. Es ginge also um die Frage: Wie muss eine freiheitsermöglichende, freiheitsbezeugende Autorität aussehen, Autorität gegenüber allen repressiven freiheitseinengenden Institutionen und Mächten? Diese Frage reißt den Blick heilsam weg von innerkirchlichen Problemen auf die Aufgabe, die die Kirche an allen Menschen in unserer gesellschaftlichen Entwicklung zu leisten hätte.

4.3.2 Kirchliche Autorität und Gehorsam der Christen[213]

Eine solche Aufgabe wäre nicht einfach eine rein innerweltliche Aufgabe, die die Kirche nicht direkt anginge, die deshalb von den Politikern zu leisten wäre. Eine solche Sorge hört man ja des Öfteren angesichts christlicher Programme, die die Kirche einseitig zu einem Caritasverband weltweiten Ausmaßes oder zu einem Trainingscamp für Volksbefreiungsaktionen machen möchten. Tatsächlich ist ja nicht zu verkennen, dass es massive Tendenzen gibt zu einem Horizontalismus, der wirklich so genannt werden muss, zu der Ansicht also, Christentum sei nichts anderes als eine besondere Weise der Verantwortlichkeit gegenüber dem Wohlergehen der Welt, wobei mit Wohlergehen das handfeste, innergeschichtliche, innerweltliche, materiell-geistige Wohlergehen gemeint ist. Die Neigung zu solchen Thesen ist deshalb erklärlich und verständlich, weil es in der Lehre Jesu wirklich um den konkreten Menschen und sein

213 | Vgl. zu diesem Kapitel: *Alois Müller*, Autorität Gehorsam, 354–361. *ders.*, Befehl Gehorsam. *Hans Urs von Balthasar*, Christologie Gehorsam, 185–203. *ders.*, Klarstellungen, 80–93. *Hans Küng*, Wahrhaftigkeit.

geschundenes Leben geht, also nicht Heil an der konkreten Welt vorbei verkündet wird, sondern für die unfreie, geknechtete Menschheit. Andererseits ist aber doch das entscheidend Christliche gerade dies, dass es nicht daneben auch noch die Vertikale gäbe, die Linie zu Gott also, und dass man *sowohl als auch* sagen müsste, sowohl gut sein zum Nächsten als auch gläubig gegenüber Gott. Es wäre also ein unzureichendes Vorstellungsmodell, *Horizontale,* also Mitmenschlichkeit und *Vertikale,* also Gottesliebe miteinander vermitteln, verbinden zu wollen. Unser Mitsein selbst, unser Miteinandersein selbst, menschlicher Lebensvollzug in der Gemeinschaft, in geschichtlicher Erstreckung hat jene Tiefe, jene Abgründigkeit, jene Dimension der Transzendenz, dass selbst in ihr Gottes Zuspruch und Anspruch an uns herantritt. Um diese Erkenntnis haben wir uns nun lange genug bemüht: Man kann christlich legitimerweise nicht sagen: Gottesdienst oder Weltdienst, man kann diese beiden Gesichtspunkte nicht gegeneinander ausspielen. Der Heilsauftrag der Kirche richtet sich nicht an abstrakte Seelen, unabhängig von ihrer konkreten Notlage. Wo dringend Hilfe benötigt wird, gehört diese unmittelbare Hilfe auch zum Heilsauftrag der Kirche. Aber das Wort der Kirche reicht weiter als bis zur Verbesserung sozialer und gesellschaftlicher Notstände. Denn der Mensch lebt nicht vom Brot allein! (Vgl. Dtn 8,3) Auch in wohlsituierten und mit allen materiellen Gütern gesegneten Kreisen gibt es Leid, Krankheit, Tod, Verzweiflung. Und wenn die zentrale Botschaft von der Liebe Gottes, die er im Schicksal Jesu Christi erwiesen hat, indem er ihn aus der Erniedrigung herauszog und auferweckte aus dem Tod, wenn diese eigentliche Botschaft Jesu: Der Vater liebt euch, nichts ist Grund, endgültig zu verzweifeln, er gibt euch Leben, endgültiges Leben, wenn diese göttliche Komponente im Heilsauftrag der Kirche *entmythologisiert* würde, dann ist die Botschaft Jesu verraten.

Wir sollten uns aber nun doch noch kurz vergegenwärtigen, dass wir uns mit dieser Ansicht auf dem Boden der biblischen Schrift befinden. An einigen Stellen ist die biblische Redeweise ja tatsächlich so, dass ein Gegensatz zwischen Gott und Welt angenommen scheint: »Gleichet euch nicht dieser Welt an« (Röm 12,2), denn die Welt ist böse, finster, vom Fürsten dieser Welt beherrscht (vgl. Eph 6,12). Wer sich Gott zuwenden will, muss sich von der Welt abwenden. Entziehen solche Worte unserer Ansicht den Boden, unserer Ansicht, dass spätestens seit Jesus Christus Welt und Gott keine getrennten Größen mehr sind, die gegeneinander

ausgespielt werden können? Was heißt *Welt* im theologischen Sprachgebrauch? *Welt* kann zunächst einmal in ganz weitem Sinn den uns vorgegebenen Kosmos meinen, den nicht vom Menschen gemachten Lebensraum, in den wir gesetzt sind. »Gott sah alles, was er gemacht hatte, und fürwahr, es war sehr gut.« (Gen 1,31) Diese geschaffene *Welt* ist uns nicht nur zum Staunen, als Spur Gottes, als Hinweis auf den Schöpfer anvertraut, sondern ausdrücklich mit dem Auftragswort versehen: Macht euch die Erde untertan (vgl. Gen 1,28). Was aus Bewusstsein und Gedanken und Bewirken Gottes kommt, soll vom Bewusstsein und Gedanken und Wirken des Menschen durchdrungen und durchformt werden.
Und hier kommt eine zweite Bedeutung des Wortes *Welt* in den Blick,

konkreter als die allgemeine Schöpfung Gottes. Denn faktisch haben wir ja mit der *Welt* zu tun, die immer irgendwo in irgendeiner Weise von uns Menschen mitgestaltet ist, in der der Acker bebaut wird, Wein gepflanzt, mit Netzen gefischt wird, in der Hütten und Häuser und Tempel gebaut werden, die in verschiedenster Form zum Kulturland geworden ist. Hier ist eine interessante Zwiespältigkeit in der Sicht der Bibel wahrzunehmen. Denn einerseits wird die *Stadt* als Inbegriff der menschlichen Kultur und Zivilisation gegründet vom Brudermörder Kain (auch die ersten Erfinder werden in seinem Stammbaum aufgeführt – hier merkt man also eine gewisse Skepsis gegenüber menschlichem Machen, das leicht in Hybris ausarten kann, demonstriert vor allem am Turmbau von Babel). Andererseits wird dann die Vollendung der Menschheit am Ende der Tage beschrieben unter dem Bilde der neuen *Stadt*. Menschlicher Aufbau und menschliche Kultur erscheinen also dort als der Reichtum der Erfüllung, in welche die *Welt* einmünden soll: Vom Menschen gestaltete *Welt* wird von Gott her strahlend vollendet.

Stadt ist bewohnte, belebte Stadt, beherbergt Menschen, ja meint in diesem apokalyptischen Bild in erster Linie die Menschen und nicht die steinernen Häuser! Das wäre eine dritte Dimension des Wortes *Welt*. *Welt* als menschliche Umwelt, als Mitwelt, *Welt* als die vielfältigen Verhaltensweisen und Beziehungen der Menschen untereinander, *Welt* als die Menschheit. Und auch in diesem Sinne ist die Kirche ein Teil der *Welt*, sind die Christen *Welt*.

Auf dieser Ebene wäre wohl auch die Redeweise von Johann Baptist Metz von der »weltlichen Welt« anzusiedeln, wenngleich er sich natürlich nicht völlig deckt mit dem Wort Menschheit. *Welt* als die entdivinisierte, also ihrer selbst und ihrer eigenen Möglichkeiten bewusst gewordene, experimentierfreudige, planende, entwerfende Menschheit, ist immerhin Menschheit, der das Heil verheißen ist, von der geschrieben ist: Gott »will, daß alle Menschen gerettet werden« (1 Tim 2,4). Allerdings wird hier nun auch die Möglichkeit einer zusätzlichen Begriffsverengung deutlich, die dann nämlich eintritt, wenn in einer nochmaligen anthropologischen Reduktion der Begriff *Welt* nicht mehr allgemein die auf die irdische Existenz bezogenen Verhaltensweisen der Menschen meint, sondern jenes Verhalten, dass sich bewusst auf den eigenen Radius beschränkt, sich selbst zum Maß aller Hoffnungen und allen Strebens macht, von sich selbst her die Sinngebung des Ganzen versucht und damit notwendigerweise die Maßstäbe verkehrt und den Mittelpunkt falsch setzt. Diese Art, sich selbst zur Welt, zum Kosmos, zur Sonne zu machen, um die alles andere höchstens begleitend kreisen darf, nennen das Johannesevangelium und auch Paulus abfällig und abwertend *diese Welt, diesen Äon*, die einen tödlichen Ausgang nehmen werden, weil Egoismus in sich vertrocknet. *Welt* in diesem vierten Sinne von gottferner, ichverkrümmter Menschlichkeit ist – das sollte man deutlich sehen – aber auch nicht etwas, was einfach der Kirche oder den Christen gegenüber stünde, sondern ist eine Macht, die sich immer auch in der Kirche und im Leben des Christen am Werk zeigt. Wenn wir alle die These vertreten: In der hoffnungsvollen Mitarbeit an der Gestaltung der Welt und in der vertrauenden Zuwendung zu der Umwelt der Mitmenschen handeln wir im Sinne Gottes, vollziehen wir den Dienst, den Gott der Welt leisten will und den er allein leisten kann, sind wir Handlanger und Werkzeuge für Gottes Dienst an der Welt und bewegen uns dann auf festem biblischen Boden. Die von Gott geschaffene Welt ist grundsätzlich gut, sie soll von Menschen gestaltet werden, von den Menschen, die durch diese Aufgabe Gottes Heil ausbreiten helfen und selbst in Gott Heil erlangen.

Wenn die Kirche Gottes Dienst an der Welt, also sein heilschaffendes Handeln an der Welt kundtun und bewusst machen soll und selbst zum Instrument für die Verwirklichung dieses Heils der Welt erwählt ist, wenn andererseits diese Welt wesentlich Menschheit meint, dann haben Gottesdienst und Glaube und Theologie immer auch wesentlich eine gesellschaftliche Dimension, wenn man so will eine im weiten Sinn des Wortes *politische* Dimension.

Als ich an dieser Stelle meiner Vorbereitung angelangt war und mit dem unmöglichen Unterfangen beginnen wollte, in fünf Minuten etwas über die sogenannte *politische Theologie* zu sagen, über ihre Berechtigung und Absicht, über ihren unglücklichen Titel, über die Möglichkeit ihres Missverständnisses, aber auch über die Notwendigkeit, ihren Ansatz in unser Theologisieren zu integrieren, da kam ich mir plötzlich vor wie einer, der mit einem kleinen Kahn über den Ozean rudern soll, und da habe ich zunächst einmal die Ruder eingezogen. Ich hoffe, es gibt sich später noch einmal die Gelegenheit, dieses Thema in Ruhe und in Ausführlichkeit zu behandeln.

Ein ganz kurzes Wort noch zu dem, was wir im engeren Sinne Gottesdienst nennen. Ich glaube, ich kenne auch ein wenig die Schwierigkeiten, die sich einem guten, regelmäßigen, echt mitvollzogenen Sonntagsgottesdienst in den Weg stellen. Meine Erfahrung ist die, dass der von Walter Kasper letztens hier vorgetragene Gedanke eine ungeheure Gewichtigkeit besitzt. Kasper hat dem Sinn nach in seinem Vortrag gesagt: *Man dient Gott, indem man dem Menschen dient, aber man dient auch dem Menschen, indem man Gott dient.* Und hier meinte er den Gottesdienst im engeren Sinne. Ich stimme seiner Meinung zu: Irgendwo muss nicht nur gesagt, sondern auch gezeigt und vollzogen werden, dass der Zweck des Menschen im Zweckfreien liegt, dass nicht alles dem Planen und Machen unterliegen darf, sondern dass unser Eigentliches die Liebe ist, also etwas, das das genaue Gegenteil von Zweck und Berechnung ist – Fest, Feier Beseeligung, Glücklichsein, Fröhlichsein, Singenkönnen, Geborgensein, Wissen, dass man nicht allein ist. Der Gottesdienst, die regelmäßige Eucharistiefeier, sollte für uns auch so etwas sein wie ein institutionalisierter Raum der Freiheit, der Zwecklosigkeit, der Unverzwecktheit. Feiern will ich den Herrn aus ganzem Herzen (vgl. Ps 34,2), das gehört einfach dazu, nicht ohne Mitmenschen und nicht an ihnen vorbei, miteinander, aber doch bewusst auf Gott gerichtet, den Vater Jesu Christi, ihn bewusst gemeinsam anredend: »Betet denn so«, hat Jesus gesagt: »Vater unser im Himmel« (Mt 6,9).

Wir haben nun ein Semester lang uns gemeinsam Gedanken gemacht über die konkrete Gestalt unseres Glaubens, über das Miteinander und Ineinander von Glaubensdenken und Glaubenstun.

Die eigentliche Spitze unserer Überlegungen möchte ich zum Schluss noch einmal deutlich machen mit einer kleinen Erzählung aus dem Matthäusevangelium. Dort spricht Jesus zu den Pharisäern:

> »›Und was dünkt euch zu folgendem? Ein Mann hatte zwei Söhne; er trat zum ersten und sprach: ›Mein Sohn, geh heute hin und arbeite im Weinberg!‹ Der gab ihm zur Antwort: ›Ja, Herr‹ – ging aber nicht hin. Dann ging er zum zweiten und sagte ihm das gleiche. Dieser antwortete: ›Ich mag nicht!‹ – nachher aber reute es ihn, und er ging hin. Welcher von den beiden hat den Willen des Vaters erfüllt?‹ ›Der letzte!‹ sagten sie.« (Mt 21,28–31)

Soweit Matthäus.

Wie riesig groß ist auch für uns die Versuchung, erster Sohn zu sein, eine gute Figur zu machen, ja zu sagen, verbindlich zu sein, zu reden, ohne zu handeln. Der zweite Sohn bockt zunächst, widerspricht, begehrt auf, sagt, was er denkt, wehrt sich – aber dann kehrt er sich, er lässt sich bewegen durch das Wort des Vaters, er tut etwas, er geht in den Weinberg und arbeitet. »Welcher von den beiden hat den Willen des Vaters erfüllt? ›Der letzte!‹, sagten sie.« (Mt 21,31)

Literatur- und Abkürzungsverzeichnis

Abkürzungen

CIC/1917	Codex iuris canonici Pii X Pontificis Maximi iussu digestus, Benedicti Papae XV auctoritate promulgates, Rom 1917.
DS	*Denzinger, Heinrich / Schönmetzer, Adolf*, Enchiridion Symbolorum definitionum et declarationum de rebus fidei et morum, Freiburg [34]1967.
NR	*Neuner, Josef / Roos, Heinrich*, Der Glaube der Kirche in den Urkunden der Lehrverkündigung, Regensburg [8]1971.
DV	Dei Verbum (Zweites Vatikanisches Konzil).
HThG	Handbuch theologischer Grundbegriffe, herausgegeben von *Heinrich Fries*, 2 Bde., München 1962/1963.
HThK	Herders Theologischer Kommentar zum Neuen Testament, Freiburg 1953ff.
LThK	Lexikon für Theologie und Kirche, herausgegeben von *Josef Höfer / Karl Rahner*, Freiburg [2]1957–1967.
LG	Lumen Gentium (Zweites Vatikanisches Konzil).
NA	Nostra Aetate (Zweites Vatikanisches Konzil).
ThWNT	Theologisches Wörterbuch zum Neuen Testament, begründet von *Gerhard Kittel*, herausgegeben von *Gerhard Friedrich*, Stuttgart 1933–1979.
UR	Unitatis Redintegratio (Zweites Vatikanisches Konzil).
ZKTh	Zeitschrift für Katholische Theologie, Wien 1877ff.
ZSTh	Zeitschrift für Systematische Theologie, Berlin 1923–1955.
ZThK	Zeitschrift für Theologie und Kirche, Tübingen 1891ff.

Übersetzungen der Bibel

Die Heilige Schrift des Alten und Neuen Testamentes. Nach den Grundtexten übersetzt und herausgegeben von *Vinzenz Hamp / Meinrad Stenzel / Josef Kürzinger*, Aschaffenburg [15]1963.

Neues Testament. Übersetzt und erklärt von *Otto Karrer*, München 1965.

Das Neue Testament. Übertragen von *Jörg Zink*, Stuttgart / Berlin 1965.

Eberhard Nestle / Erwin Nestle, Novum Testamentum Graece, Stuttgart 1963.

Lehramtliche Dokumente

Viertes Laterankonzil, De fide catholica. Definitio contra Albigenses et Catharos (1215), DS 800–802.

Bonifaz VIII., Bulle »Unam Sanctam« (1302), DS 870–875.

Konzil von Florenz, Dekret für die Jakobiten (1442), DS 1330.

Konzil von Trient, Decretum de justificatione (1547), DS 1520–1583.

Konzil von Trient, Doctrina de sacramento ordinis, cap. 4: De ecclesiastica hierarchia et ordinatione (1563), DS 1767–1778, bes.: 1776.

Erstes Vatikanisches Konzil, Dei Filius (1870), 3008–3020, 3031–3043.

Das Zweite Vatikanische Konzil. Konstitutionen, Dekrete und Erklärungen. Lateinisch und deutsch, Bd. 1–3, Freiburg / Basel /Wien 1966–1968. Herausgegeben von *Heinrich Suso Brechter / Bernhard Häring* u. a.

Antike und mittelalterliche Quellen

Aristoteles, Metaphysik. Übersetzt von *Adolf Lasson*, Jena [2]1924.

Ignatius von Loyola, Die Exerzitien, Einsiedeln [2]1954.

Thascius Caecilius Cyprianus, Des Heiligen Kirchenvaters Caecilius Cyprianus Sämtliche Schriften. Übersetzt von *Julius Baer* (Bibliothek der Kirchenväter, Bd. 60), Kempten 1928.

Thomas von Aquin, Summa Theologica. Emendata de Rubeis, Billuart, Turin, Marinetti.

Thomas von Aquin, S. Thomae Aquinatis in librum beati Dionysii ›De divinis nominibus‹ expositio, Turin, Marinetti 1950.

Thomas von Kempen, Die Nachfolge Christi. Übertragen von *Felix Braun*, Stuttgart 1949.

Weitere Literatur

Adorno, Theodor W., Stichworte. Kritische Modelle 2, Frankfurt [3]1970.

Adorno, Theodor W., Negative Dialektik, in: *Rolf Tiedemann* (Hg.), Gesammelte Schriften, Frankfurt 1970.

Alberigo, Giuseppe, Ein Grundgesetz der Kirche? Gegen einen bedrohlichen Anschlag auf das Konzil, in: Orientierung 35 (1971) 85–90.

Alfaro, Juan, Glaube, in: Sacramentum Mundi. Theologisches Lexikon für die Praxis, Bd. II, Freiburg 1968, 390–409.

Arenhoevel, Diego, Die Kritik der Propheten, in: Wort und Antwort 12 (1971) 22–26.

Baeck, Leo, Das Wesen des Judentums, Köln 1960.

Banning, Willem, Karl Marx. Leben, Lehre und Bedeutung (Siebenstern Tb. 73), München 1966.

Bartsch, Hans-Werner, Jesus. Prophet und Messias aus Galiläa, Frankfurt 1970.

Bernhart, Joseph, Das Böse, in: HThG 1 (1962) 184–197.

Berning, Vincent, Geschichtlichkeit im Hinblick auf das Problem der Erkenntnis, in: *Vincent Berning / Paul Neuenzeit / Heinz Robert Schlette*, Geschichtlichkeit und Offenbarungswahrheit, München 1964, 17–35.

Biser, Eugen, Glaubensvollzug, Einsiedeln 1967.

Biser, Eugen, Theologische Sprachtheorie und Hermeneutik, München 1970.

Bläser, Peter, Gesetz. III. Im Neuen Testament, in: LThK 4 ([2]1960) 820–822.

Bloch, Ernst, Das Prinzip Hoffnung I, Frankfurt 1959.

Böckenförde, Werner, Glaube unter Kontrolle. Aus der Geschichte der römischen Kongregation für die Glaubenslehre in: *Leo Waltermann* (Hg.), Rom, Platz des Heiligen Offiziums Nr. 11, Graz / Wien / Köln 1970, 159–198.

Boros, Ladislaus, Aus der Hoffnung leben, Olten / Freiburg 1968.

Buber, Martin, Moses, Heidelberg [2]1952.

Buber, Martin, Die Erzählungen der Chassidim, Zürich 1949.

Bultmann, Rudolf, Theologie des Neuen Testamentes, Tübingen 1953.

Casper, Bernhard, Die Bedeutung der Lehre vom Verstehen für die Theologie, in: *Klaus Hemmerle / Bernhard Casper / Peter Hünermann*, Theologie als Wissenschaft (Quaestiones Disputatae, Bd. 45), Freiburg 1970, 9–53.

Congar, Yves, Außer der Kirche kein Heil. Wahrheit und Dimensionen des Heils, Essen 1961.

Cullmann, Oscar, Jesus und die Revolutionäre seiner Zeit, Tübingen [2]1970.

Darlapp, Adolf, Geschichtlichkeit, in: HThG 1 (1962) 491–497.

Deissler, Alfons, Die Bundespartnerschaft des Menschen mit Gott als Hinwendung zur Welt und zum Mitmenschen. Eine überholbare Botschaft der frühen altbundlichen Offenbarung, in: *Johann Baptist Metz* (Hg.), Weltverständnis im Glauben, Mainz 1965, 203–223.

Deissler, Alfons, Die Grundbotschaft des Alten Testaments (Handbuch der Verkündigung, Bd. 1), Freiburg 1970.

Deissler, Alfons, Gottes Selbstoffenbarung im Alten Testament (Mysterium Salutis, Bd. 2), Einsiedeln 1967.

Deissler, Alfons, Ich werde mit dir sein. Meditationen zu den fünf Büchern Mose, Freiburg 1969.

de Lubac, Henri, Die Tragödie des Humanismus ohne Gott, Salzburg 1950.

de Lubac, Henri, Glauben aus Liebe. Catholicisme, Einsiedeln 1970.

de Saint-Exupéry, Antoine, Der kleine Prinz, in: *ders.*, Gesammelte Schriften, Bd. 1, Düsseldorf 1966, 489–579.

Esser, Albert (Hg.): *Ludwig Feuerbach,* Das Wesen der Religion. Ausgewählte Texte zur Religionsphilosophie, eingeleitet von Albert Esser, Köln 1967.

Fetscher, Iring / Post, Werner, Verdirbt Religion den Menschen? Marxistischer und christlicher Humanismus (Das theologische Interview), Düsseldorf 1969.

Feuerbach, Ludwig, Das Wesen des Christenthums (Sämtliche Werke, Bd. 6), Stuttgart [2]1960.

Feuerbach, Ludwig, Das Wesen des Glaubens im Sinne Luthers. Ein Beitrag zum »Wesen des Christentums«, Darmstadt 1970.

Feuerbach, Ludwig, Erläuterungen und Ergänzungen zum Wesen des Christentums (Ludwig Feuerbachs sämmtliche Werke, Bd. 1), Leipzig 1846.

Feuerbach, Ludwig, Gedanken über Tod und Unsterblichkeit aus den Papieren eines Denkers nebst einem Anhang theologisch-satyrischer Xenien. Herausgegeben von einem seiner Freunde, Nürnberg 1830.

Feuerbach, Ludwig, Philosophische Kritiken und Grundsätze (Ludwig Feuerbachs sämmtliche Werke, Bd. 2), Leipzig 1846.

Fries, Heinrich, Der Glaube als Erkenntnis und Tat, in: *Leonhard Reinisch* (Hg.), Theologie heute, München [3]1961, 17–31.

Fries, Heinrich, Glauben – Wissen. Wege zu einer Lösung des Problems, Berlin 1960.

Fries, Heinrich, Hinter das Konzil zurück? Stellungnahme zur Arbeitsgrundlage »Das priesterliche Amt« für die Diskussion in der römischen Bischofssynode, in: Publik 26 (1971) 21.

Fries, Heinrich, Was heißt glauben? Glaubensverständnis in einer säkularisierten Welt (Das theologische Interview, Bd. 5), Düsseldorf 1969.

Garaudy, Roger / Rahner, Karl / Metz, Johann Baptist, Der Dialog, Hamburg 1966.

Gethmann-Siefert, Annemarie, Theologische Perspektiven im marxistischen Humanismus, in: Orientierung 21 (1970) 223.

Gnilka, Joachim, Jesus Christus nach frühen Zeugnissen des Glaubens, München 1970.

Gnilka, Joachim, Strukturen der Kirche nach dem Neuen Testament, in: *Josef Schreiner* (Hg.), Die Kirche im Wandel der Gesellschaft, Würzburg 1970, 30–40.

Gnilka, Joachim, Wahrheit. II Biblisch, in: HThG II (1963) 794–800.

Gollwitzer, Helmuth, Die marxistische Religionskritik und der christliche Glaube (Siebenstern Tb. 33), München [2]1967.

Greinacher, Norbert, Theologie im Spannungsverhältnis von Theorie und Praxis, in: *Paul Neuenzeit* (Hg.), Die Funktion der Theologie in Kirche und Gesellschaft, München 1969, 156–170.

Groß, Johannes Heinrich / Schmid, Josef, Propheten II, Biblisch, in: LThK 8 ([2]1963) 795–800.

Haag, Herbert, Glaube und Dogma im Alten Testament und im Judentum, in: *Thomas Sartory* (Hg.), Entdeckungen im Alten Testament oder die vergessene Wurzel, München 1970, 67–76.

Grün, Karl, Ludwig Feuerbach in seinem Briefwechsel und Nachlaß sowie in seiner Philosophischen Charakterentwicklung I, Leipzig 1874.

Haarsma, Frans / Kasper, Walter / Kaufmann, Franz-Xaver, Kirchliche Lehre – Skepsis der Gläubigen, Freiburg 1970.

Habermas, Jürgen, Erkenntnis und Interesse, Frankfurt 1968.

Habermas, Jürgen, Theorie und Praxis. Sozialphilosophische Studien, Neuwied / Berlin [2]1967.

Halaczek, Bernard, Wie wahr sind Sätze?, in: Orientierung 35 (1971) 115–117.

Hegel, Georg W. F., Encyklopädie der philosophischen Wissenschaften im Grundrisse. Mit Einleitung und Erläuterungen herausgegeben von *Karl Rosenkranz,* Berlin 1870.

Hemmerle, Klaus, Wahrheit und Zeugnis, in: *Bernhard Casper / Klaus Hemmerle / Peter Hünermann,* Theologie als Wissenschaft, Freiburg 1970, 54–72.

Heidegger, Martin, Identität und Differenz, Pfullingen 1957.

Hengel, Martin, War Jesus Revolutionär? (Calwer Hefte 110), Stuttgart 1970.

Hengel, Martin, War Jesus Revolutionär? Sechs Thesen eines Neutestamentlers, in: Evangelische Kommentare 2 (1969) 694–696.

Herderkorrespondenz, Das Grundgesetz der Kirche – eine kanonistische Fehlkonstruktion, in: Herderkorrespondenz 25 (1971) 273–276.

Herderkorrespondenz, Entwurf eines Grundgesetzes der Kirche, in: Herderkorrespondenz 25 (1971) 239–249.

Horkheimer, Max, Die Sehnsucht nach dem ganz Anderen. Ein Interview mit Kommentar von H. Gumnior (Furche Stundenbücher 97), Hamburg 1970.

Hossfeld, Frank-Lothar, Prophet und Politik in Israel, in: Bibel und Kirche 26 (1970) 39–43.

Hyman, Arthur, Maimonides' »Thirteen Principles«, in: *Alexander Altmann* (Hg.), Jewish Medieval and Renaissance Studies, Cambridge 1967, 119–144.

Kadenbach, Johannes, Das Religionsverständnis von Karl Marx, München 1970.

Kahl, Joachim, Das Elend des Christentums oder Plädoyer für eine Humanität ohne Gott, Hamburg 1968.

Kamen, Henry, Die spanische Inquisition, München 1969.

Kasper, Walter, Dogma unter dem Wort Gottes, Mainz 1965.

Kasper, Walter, Ein Grundgesetz der Kirche – ein Grundgesetz der Restauration. Die theologische Problematik des Entwurfs, in: Publik 22 (1971) 14.

Kasper, Walter, Glaube und Geschichte, Mainz 1970.

Kasper, Walter, Möglichkeit der Gotteserfahrung heute, in: Geist und Leben 42 (1969) 329–349.

Kasper, Walter, Was heißt eigentlich christlich?, in: *ders.,* Glaube und Geschichte, Mainz 1970, 243–257.

Kierkegaard, Sören, Abschliessende unwissenschaftliche Nachschrift zu den philosophischen Brocken. Übersetzt von *Hans Martin Junghans,* Düsseldorf 1957.

Kierkegaard, Sören, Die Tagebücher. Herausgegeben von *Theodor Haecker* (Bd. 1 und 2), Innsbruck 1923.

Klohr, Otto, Naturwissenschaft, Religion und Kirche, Berlin 1958.

Krings, Hermann, Wahrheit, in: HThG II (1963) 786–794.

Küng, Hans, Christenheit als Minderheit (Theologische Meditationen 12), Einsiedeln 1965.

Küng, Hans, Die Kirche, Freiburg 1969.

Küng, Hans, Was ist die christliche Botschaft?, in: Die Zukunft der Kirche. Berichtband des Concilium-Kongresses Brüssel 12.–18.09.1970, Einsiedeln / Mainz 1971, 78–85.

Küng, Hans, Katholische Besinnung auf Luthers Rechtfertigungslehre heute, in: *Joseph Ratzinger* (Hg.), Theologie im Wandel (FS der Tübinger Theologischen Fakultät), München / Freiburg 1967, 449–468.

Küng, Hans, Wahrhaftigkeit, Freiburg 1971.

Küng, Hans, Was ist die christliche Botschaft? Versuch einer Kurzformel für unsere Zeit, in: Publik 40 (1970) 23.

Lehmann, Karl, Kurzformel des christlichen Glaubens, in: *Bruno Dreher / Norbert Greinacher / Ferdinand Klostermann* (Hg.), Handbuch der Verkündigung, Bd. I, Freiburg 1970, 274–295.

Lehmann, Karl, Zur dogmatischen Legitimation einer Demokratisierung der Kirche, in: Concilium 7 (1971) 171–181.

Limbeck, Meinrad, Wahrheit, in: *Herbert Haag* (Hg.), Bibellexikon, Einsiedeln [2]1968, 1864–1866.

Lobkowicz, Nikolaus, Theory and Practice. History of a Concept from Aristotle to Marx, London 1967.

Lohfink, Norbert, Das Hauptgebot im Alten Testament, in: Geist und Leben 36 (1963) 271–281.

Lohfink, Norbert, Zum »kleinen geschichtlichen Credo« Dtn 26,5–9, in: Theologie und Philosophie 46 (1971) 19–39.

Löwith, Karl, Die philosophische Kritik der christlichen Religion im 19. Jahrhundert, in: Theologische Rundschau 5 (1933) 131–172.

Löwith, Karl, Von Hegel zu Nietzsche. Der revolutionäre Bruch im Denken des 19. Jahrhunderts, Hamburg 1969.

Lohse, Jens Marten, Menschlich sein – mit oder ohne Gott, Stuttgart 1969.

Marcuse, Herbert, Kultur und Gesellschaft I, Frankfurt [9]1970.

Marx, Karl, Die Frühschriften. Herausgegeben von *Siegfried Landshut,* Stuttgart 1953.

Marx, Karl, Werke – Schriften – Briefe. Herausgegeben von *Hans-Joachim Lieber,* Stuttgart 1960.

Merkel, Helmut, War Jesus ein Revolutionär?, in: Bibel und Kirche 20 (1971) 44–47.

Metz, Johann Baptist, Befreiendes Gedächtnis Jesu Christi, Mainz 1970.

Metz, Johann Baptist, Gefährliche und befreiende Erinnerung. Zur Präsenz der Kirche in der Gesellschaft, in: Publik 41 (1970) 23.

Metz, Johann Baptist, Kirchliche Autorität im Anspruch der Freiheitsgeschichte, in: *Johann Baptist Metz / Jürgen Moltmann / Willi Oelmüller,* Kirche im Prozess der Aufklärung, München 1970, 53–90.

Metz, Johann Baptist, Konkupiszenz, in: HThG 1 (1962) 843–851.
Metz, Johann Baptist, Reform und Gegenreformation heute. Zwei Thesen zur ökumenischen Situation der Kirchen, Mainz 1969.
Metz, Johann Baptist, Zur Metaphysik der menschlichen Leiblichkeit, in: Arzt und Christ 4 (1958) 78–84.
Metz, Johann Baptist, Zur Theologie der Welt, Mainz 1968.
Molinski, Waldemar, Nächstenliebe, in: Sacramentum Mundi. Theologisches Lexikon für die Praxis, Bd. III, Freiburg 1969, 669–675.
Möller, Joseph, Geschichtlichkeit und Ungeschichtlichkeit der Wahrheit, in: *Joseph Ratzinger* (Hg.), Theologie im Wandel (FS Tübinger Theologische Fakultät), München / Freiburg 1967, 15–40.
Möller, Joseph, Glauben und Denken im Widerspruch? Philosophische Fragen an die Theologie der Gegenwart, Freiburg 1969.
Möller, Joseph, Wahrheit, in: Sacramentum Mundi. Theologisches Lexikon für die Praxis, Bd. IV, Freiburg 1969, 1223–1232.
Mühlen, Heribert, Die abendländische Seinsfrage als der Tod Gottes und der Aufgang einer neuen Gotteserfahrung, Paderborn 1968.
Müller, Alois, Autorität und Gehorsam in der Kirche, in: Concilium 2 (1966) 354–361.
Müller, Alois, Das Problem von Befehl und Gehorsam im Leben der Kirche, Einsiedeln 1964.
Müller, Alois / Höflich, Edbert, Hierarchie oder Volkssouveränität? Zum Problem der Autorität in der Kirche, Düsseldorf 1970.
Müller, Max / Halder, Alois (Hg.), Kleines philosophisches Wörterbuch, Freiburg 1971.
Muschalek, Georg, Die theoretische Wahrheit zwischen Theorie und Praxis, in: ZKTh 93 (1971) 129–147.
Mußner, Franz, Der Jakobusbrief, in: *Alfred Wilkenhauser / Anton Vögtle* (Hg.), Herders theologischer Kommentar zum Neuen Testament, Freiburg [2]1967, 127–157.
Neumann, Johannes, Erneuerter Glaubensschutz?, in: Orientierung 35 (1971) 40–42.
Pesch, Otto Hermann, Sprechender Glaube. Entwurf einer Theologie des Gebetes, Mainz 1970.
Pesch, Rudolf, Der Anspruch Jesu, in: Orientierung 35 (1971) 53–56, 67–70, 77–81.
Pesch, Rudolf, Neutestamentliche Grundlagen kirchlich-demokratischer Lebensform, in: Concilium 7 (1971) 166–171.
Post, Werner, Kritik der Religion bei Karl Marx, München 1969.
Post, Werner, Kritische Theorie und metaphysischer Pessimismus. Zum Spätwerk Max Horkheimers, München 1971.
Post, Werner, Theorie und Praxis, in: Sacramentum Mundi. Theologisches Lexikon für die Praxis, Bd. IV, Freiburg 1969, 894–901.
Rahner, Karl, Anonymes Christentum und Missionsauftrag der Kirche, in: *ders.*, Schriften zur Theologie, Bd. 9, Einsiedeln 1970, 498–515.
Rahner, Karl, Bemerkungen über das Charismatische in der Kirche, in: *ders.*, Schriften zur Theologie, Bd. 9, Einsiedeln 1970, 415–431.
Rahner, Karl, Chancen des Glaubens. Fragmente einer modernen Spiritualität (Herderbücherei 389), Freiburg 1970.
Rahner, Karl, Das »Gebot« der Liebe unter den anderen Geboten, in: *ders.*, Schriften zur Theologie, Bd. 5, Einsiedeln 1962, 494–517.

Rahner, Karl, Die anonymen Christen, in: *ders.*, Schriften zur Theologie, Einsiedeln [2]1968, 545–554.

Rahner, Karl, Die Antwort der Theologen. Rahner, Metz, Schoonenberg, Congar, Daniélou, Schillebeeckx zu Hauptproblemen der gegenwärtigen Kirche, Düsseldorf 1968.

Rahner, Karl, Geist in Welt. Zur Metaphysik der endlichen Erkenntnis bei Thomas von Aquin, München [2]1957.

Rahner, Karl, Ich glaube an Jesus Christus (Theologische Meditationen 21), Einsiedeln 1968.

Rahner, Karl, Kleines Fragment über die kollektive Findung der Wahrheit, in: *ders.*, Schriften zur Theologie, Bd. 6, Einsiedeln [2]1968, 104–110.

Rahner, Karl, Liebe, in: Sacramentum Mundi. Theologisches Lexikon für die Praxis, Bd. III, Freiburg 1969, 234–252.

Rahner, Karl, Rechtfertigung, in: Sacramentum Mundi. Theologisches Lexikon für die Praxis, Bd. IV, Freiburg 1969, 42–50.

Rahner, Karl, Reflexionen über die Problematik einer Kurzformel des Glaubens, in: *ders.*, Schriften zur Theologie, Bd. 9, Einsiedeln 1970, 242–256.

Rahner, Karl, Über die Einheit von Nächsten- und Gottesliebe, in: *ders.*, Schriften zur Theologie, Bd. 6, Einsiedeln [2]1968, 277–298.

Ratzinger, Joseph, Bemerkungen zur Frage der Charismen in der Kirche, in: *Günther Bornkamm / Karl Rahner* (Hg.), Die Zeit Jesu (FS für Heinrich Schlier), Freiburg 1970, 257–272.

Ratzinger, Joseph, Das neue Volk Gottes. Entwürfe zur Ekklesiologie, Düsseldorf 1969.

Ratzinger, Joseph, Die christliche Brüderlichkeit, München 1960.

Ratzinger, Joseph, Einführung in das Christentum. Vorlesungen über das Apostolische Glaubensbekenntnis, München 1968.

Ratzinger, Joseph, Glaube und Zukunft, München 1970.

Ratzinger, Joseph, Stellvertretung, in: HThG II (1963) 566–575.

Ratzinger, Joseph, Vom Sinn des Christseins. Drei Predigten, München [2]1966.

Reding, Marcel, Christliches Marx-Verständnis, in: *Karl Rahner* (Hg.), Theorie im Wandel (FS der Tübinger Theologischen Fakultät), München / Freiburg 1967.

Rendtorff, Trutz, Christentum außerhalb der Kirche (Furche Stundenbücher 89), Hamburg 1969.

Rich, Arthur, Die kryptoreligiösen Motive in den Frühschriften von Karl Marx, in: Theologische Zeitschrift 7 (1951) 192–209.

Riesenhuber, Klaus, Der anonyme Christ, nach Karl Rahner, in: ZKTh 86 (1964) 286–303.

Romaniuk, Kazimierz, Wegweiser in das Neue Testament, in: Welt der Bibel 17 (1965) 77–90.

Röper, Anita, Die anonymen Christen, Mainz 1963.

Sartory, Thomas / Sartory, Gertrude, Utopie Freiheit. Variationen zum Thema Gottesherrschaft, München 1970.

Scharbert, Josef / Schmid, Josef / Bläser, Peter, Gesetz, in: LThK 4 ([2]1960) 815–822.

Scheeben, Matthias Joseph, Handbuch der katholischen Dogmatik, Buch 1. Theologische Erkenntnislehre (Gesammelte Schriften, Bd. 3), Freiburg 1948.

Schelkle, Karl Hermann / Biser, Eugen, Nächstenliebe, in: LThK 7 ([2]1962) 765–770.

Schierse, Franz Joseph, Die neutestamentliche Trinitätsoffenbarung, in: *Johannes Feiner / Magnus Löhrer* (Hg.), Mysterium Salutis. Grundriss Heilsgeschichtlicher Dogmatik, Bd. II, Einsiedeln 1967, 85–131.

Schierse, Franz Joseph, Jesus von Nazareth und der Christusglaube der Apostel, in: *Jean Thomas* u. a. (Hg.), Rechenschaft vom Glauben, Wien 1969, 48–73.

Schlier, Heinrich, ἀμήν, in: ThWNT 1 (1933) 339–342.

Schlier, Heinrich, Besinnung auf das Neue Testament, Freiburg 1964.

Schlier, Heinrich, Der Christ und die Welt, in: Geist und Leben 38 (1965) 416–428.

Schlier, Heinrich, Die Anfänge des christologischen Credo, in: *Bernhard Welte* (Hg.), Zur Frühgeschichte der Christologie. Ihre biblischen Anfänge und die Lehrformel von Nikaia (Quaestiones Disputatae, Bd. 51), Freiburg 1970, 13–58.

Schlier, Heinrich, Die Zeit der Kirche, Freiburg 1956.

Schlier, Heinrich, Zur Freiheit gerufen. Das paulinische Freiheitsverständnis, in: Geist und Leben 43 (1970) 421–436.

Schmid, Hans Heinrich, »Ich bin, der ich bin«. Ein Beitrag des Alten Testaments zu unserer Frage nach Gott, in: Theologie und Glaube 60 (1970) 403–412.

Schmid, Josef, Das Evangelium nach Markus (Regensburger Neues Testament Bd. 2), Regensburg [5]1963.

Schmid, Josef, Das Evangelium nach Matthäus (Regensburger Neues Testament Bd. 1), Regensburg [4]1959.

Schmid, Josef, Goldene Regel, in: LThK 4 ([2]1960) 1040–1041.

Schmid, Josef / Schubert, Karl, Pharisäer, Pharisäismus, in: LThK 8 (1963) 438–441.

Schirmer-Imhoff, Ruth (Hg.), Der Prozeß Jeanne d'Arc – Akten und Protkolle 1431–1456, München 1961.

Schnackenburg, Rudolf, Christliche Existenz nach dem Neuen Testament. Abhandlungen und Vorträge, Bd. I, München 1967.

Schnackenburg, Rudolf, Exkurs 5: Bruderliebe, in: HThK XIII, 2 (1963) 117–121.

Schnackenburg, Rudolf, Exkurs 7: Das johanneische Glauben, in: HThK IV, 2 (1967) 508–524.

Schnackenburg, Rudolf, Glauben nach den Aussagen der Bibel, in: *Joseph Maria Reuß* (Hg.), Glauben heute, Mainz 1962, 36–58.

Schnackenburg, Rudolf, Mitmenschlichkeit im Horizont des Neuen Testaments, in: *Günther Bornkamm / Karl Rahner,* Die Zeit Jesu (FS für Heinrich Schlier), Freiburg 1970, 70–92.

Schnackenburg, Rudolf / Schierse, Franz Joseph, Wer war Jesus von Nazareth? Christologie in der Krise (Das theologische Interview, Bd. 9), Düsseldorf 1970.

Schneider, Theodor, Die Einheit des Menschen, Münster 1972, [2]1988.

Schreiner, Josef, Prophetische Kritik an Israels Institutionen, in: *ders.*, Die Kirche im Wandel der Gesellschaft, Würzburg 1970, 15–29.

Schultz, Hans-Jürgen (Hg.), Wer ist das eigentlich – Gott?, München 1969.

Schwager, Raymund, Wahrheit und Gesellschaft, in: Orientierung 34 (1970) 173–177.

Schweitzer, Albert, Geschichte der Leben-Jesu-Forschung, 2 Bände, München / Hamburg 1966.

Schweizer, Eduard, Jesus Christus im vielfältigen Zeugnis des Neuen Testaments, München / Hamburg 1968.

Semmelroth, Otto, Orthodoxie und Orthopraxie. Zur wechselseitigen Begründung von Glaubenserkennen und Glaubenstun, in: Geist und Leben 42 (1969) 359–373.

Seckler, Max, Glaube, in: HThG I (1962) 528–548.
Sölle, Dorothee / Steffensky, Fulbert (Hg.), Politisches Nachtgebet in Köln. Texte – Analysen – Kritik, Bd. 2, Stuttgart 1970.
Splett, Jörg, Sinn, in: Sacramentum Mundi. Theologisches Lexikon für die Praxis, Bd. IV, Freiburg 1969, 546–557.
Steck, Hannes Odil, Die Gesellschaftskritik der Propheten, in: *Wenzel Lohff / Bernhard Lohse* (Hg.), Christentum und Gesellschaft, Göttingen 1969, 46–62.
Stier, Fridolin, Geschichte Gottes mit dem Menschen (Welt der Bibel, Bd. 6), Düsseldorf 1959.
Sudbrack, Josef, Die Glaubwürdigkeit des Glaubens, Mainz 1969.
Theunissen, Michael, Gesellschaft und Geschichte. Zur Kritik der kritischen Theorie, Berlin 1969.
Thüsing, Wilhelm, Herrlichkeit und Einheit. Eine Auslegung des Hohepriesterlichen Gebets (Johannes 17), Düsseldorf 1962.

Trilling, Wolfgang, Fragen zur Geschichtlichkeit Jesu, Düsseldorf 1967.
Trütsch, Josef, Glaube II, in: LThK 4 (²1960) 917–920.
Trütsch, Josef, Glaube III, in: LThK 4 (²1960) 920–925.
Tucholsky, Kurt, Zwischen Gestern und Morgen. Eine Auswahl aus seinen Schriften und Gedichten, Hamburg 1952.
Tucholsky, Kurt, Die Leibesfrucht spricht, in: *ders.*, Zwischen Gestern und Morgen. Eine Auswahl aus seinen Schriften und Gedichten, Hamburg 1952, 126.
Tucholsky, Kurt, Der Mensch, in: *ders.*, Gesammelte Werke, Bd. 2. Herausgegeben von *Mary Gerold-Tucholsky*, Hamburg 1961, 882 f.
Vögtle, Anton, Exegetische Erwägungen über das Wissen und Selbstbewußtsein Jesu, in: *Johann Baptist Metz* u. a. (Hg.) Gott in Welt (FS für Karl Rahner), Freiburg 1964, 608–667.
Volk, Hermann, Glaube als Gläubigkeit, Mainz 1963.
Volz, Paul, Die radikale Ablehnung der Kultreligion durch die alttestamentlichen Propheten, in: ZSTh 14 (1937) 63–85.
von Balthasar, Hans Urs, Christologie und kirchlicher Gehorsam, in: Geist und Leben 42 (1969) 185–203.
von Balthasar, Hans Urs, Glaubhaft ist nur Liebe, Einsiedeln ³1963.
von Balthasar, Hans Urs, Klarstellungen. Zur Prüfung der Geister, Freiburg 1971.
von Balthasar, Hans Urs / Ratzinger, Joseph, Zwei Plädoyers, München 1971.
von Balthasar, Hans Urs, Spiritus creator (Skizzen zur Theologie, Bd. 3), Einsiedeln 1967.
von Balthasar, Hans Urs, Sponsa Verbi (Skizzen zur Theologie, Bd. 2), Einsiedeln 1961.
von Balthasar, Hans Urs, Wer ist ein Christ?, Einsiedeln ⁵1967.
von Rad, Gerhard, Das fünfte Buch Mose. Deuteronomium, Göttingen 1964.
von Rad, Gerhard, Theologie des Alten Testaments, Bd. II, Die Theologie der prophetischen Überlieferungen Israels, München 1960.
Vorgrimler, Herbert / Van der Gucht, Robert (Hg.), Bilanz der Theologie im 20. Jahrhundert, Freiburg 1969.
Wallmann, Johannes, Ludwig Feuerbach und die theologische Tradition, in: ZThK 67 (1970) 56–86.
Waltermann, Leo (Hg.), Rom, Platz des Heiligen Offiziums Nr. 11, Graz / Wien / Köln 1970.

Warnach, Victor, Liebe, in: HThG II (1963).
Welte, Bernhard, Nietzsches Atheismus und das Christentum. Auf der Spur des Ewigen, Freiburg 1965.
Wolff, Hans Walter, Die Stunde des Amos. Prophetie und Protest, München 1969.

Dorothea Sattler, Münster

Leben wie Lehren

Orthodoxie und Orthopraxie im Kontext der christlichen Ökumene

1. Hinführung zur Thematik

Mit Theodor Schneider verbindet mich sehr Vieles – auch die Freude an der *schönen Literatur*, an der Belletristik. Zugleich sind wir diesbezüglich jeweils anderen Spuren gefolgt, die gewiss auch im Zusammenhang mit unserem unterschiedlichen Lebensalter stehen. Jede Rezeption hat einen Zeitbezug. Theodor Schneider hat die Studierenden in Bochum zu Beginn der 70er Jahre mit Gedanken des Sozialkritikers und Literaten Kurt Tucholsky in seine Thematik hineingeholt: Die Sorge um den Schutz des Lebens eines Menschen darf nicht nach den neun Monaten im Mutterleib enden; die Gesellschaft und die Kirchen sollten immerzu ihr Handeln an ihren Weisungen ausrichten und für das Nötigste zum Überleben sorgen. Ich möchte zu Beginn einen kurzen Gedanken, einen Aphorismus von Peter Handke aufnehmen, um in die Thematik einzuleiten: »Sag nie: ›Sei gerecht!‹, sondern: ›Werde gerecht!‹ Es ist immer ein Werden. Ein Aufschwung –, sich gerecht zu verhalten; ein Aufraffen«[1]. Einander gerecht zu werden, ist ein stetiges Bemühen, das eine personale Beziehung zur Voraussetzung hat. Zugleich muss ein Wille, eine Entschiedenheit dabei gegeben sein. Niemand ist – im Sinne einer Wesensaussage – immerzu gerecht. Menschen bleiben Sünderinnen und Sünder. Gelegentlich gelingt es jedoch in einer sensiblen Wahrnehmung von Situationen, einen Perspektivwechsel vorzunehmen, der es erlaubt, einander gerecht zu werden.

Vor diesem Hintergrund stellt sich die Frage, ob es theologisch angemessen wäre, das nizäno-konstantinopolitanische ökumenische Bekenntnis zu der »einen, heiligen, katholischen und apostolischen Kirche« nicht als eine Wesensaussage zu verstehen, vielmehr als einen Aufruf, einen stets

1 | *Peter Handke*, Phantasien der Wiederholung, 18. Vgl. zur theologischen Rezeption der Schriften von Peter Handke: *Jan-Heiner Tück / Andreas Bieringer* (Hg.), »Verwandeln allein durch Erzählen«.

zu vernehmenden Appell, zu einer Gemeinschaft im christlichen Glauben zu werden, deren Wesensverwirklichung unter präsentisch-eschatologischen Vorzeichen steht, in Zeit und Geschichte daher nur näherungsweise zu erreichen ist. In der östlich-orthodoxen eucharistischen Theologie wird der innere Zusammenhang zwischen der himmlischen und der irdischen Liturgie in den Feierformen gelebt und in der Lehre reflektiert. Liturgie und Leben werden in einem Zusammenhang gesehen. Alle christlichen Traditionen müssen sich der Frage stellen: Entspricht unser diakonisches Handeln unserem Zeugnis in der Verkündigung des Wortes Gottes?

Die persönliche Teilhabe an ökumenischen Dialogen in der christlichen Ökumene begann für Theodor Schneider in der Mitte der 70er Jahre des 20. Jahrhunderts angesichts der Rezeption seiner theologischen Studien zum Verständnis der Eucharistie als *Opfer* – als wirksames Gedächtnis der Lebenspreisgabe Jesu Christi für uns Sünderinnen und Sünder.[2] Seitdem blieb er dem Gedanken werktätig treu, die theologischen Gespräche zwischen der römisch-katholischen und den reformatorischen Kirchen über die im 16. Jahrhundert thematisierten theologischen Kontroversen verantwortlich mitzugestalten.[3]

Wer das Manuskript zur ersten Vorlesung von Theodor Schneider 1971 in Bochum aufmerksam liest, wird feststellen, dass er sich insbesondere bei seinen bibeltheologischen Begründungen seiner Erkenntnisse außer an namhaften katholischen Exegeten wie Alfons Deissler, Norbert Lohfink, Heinrich Schlier, Rudolf Schnackenburg und Anton Vögtle auch an der evangelischen exegetischen Literatur orientiert hat - vor allem an Gerhart von Rad, Odil Hannes Steck, Hans Walter Wolff, Martin Hengel, Eduard Schweizer, Oscar Cullmann und Rudolf Bultmann. Theodor Schneider gehört zu einer Generation von Lehrenden, die die Weisung des 2. Vatikanischen Konzils sehr ernst genommen haben: Das »Studium der Heiligen Schrift« ist die »Seele der ganzen Theologie«[4]. Kurz darauf ist zu lesen: »Die dogmatische Theologie soll so angeordnet werden, dass

2| Vgl. *Karl Lehmann / Edmund Schlink* (Hg.), Opfer Jesu Christi. Theodor Schneider hat zu dieser Studienarbeit des Ökumenischen Arbeitskreises einen wichtigen Beitrag geleistet; Vgl. *Theodor Schneider*, Opfer Jesu Christi.

3| Vgl. *Karl Lehmann / Wolfhart Pannenberg* (Hg.), Lehrverurteilungen – kirchentrennend?. Theodor Schneider hat bei dieser Studie den thematischen Bereich *Sakramente* moderiert.

4| 2. *Vatikanisches Konzil*, Dekret über die Ausbildung der Priester »Optatam totius«, Nr. 16.

zuerst die biblischen Themen selbst vorgelegt werden«[5]. Nach meiner Wahrnehmung hat Theodor Schneider über die Exegese zur Ökumene gefunden – und dabei war er unter seinen römisch-katholischen Kollegen zunächst oft recht allein unterwegs. Die Freude an bibeltheologischen Auskünften hat sich Theodor Schneider in der gesamten Zeit seines Schaffens bis heute bewahrt.

Mein eigener Weg in die Ökumene ist stark durch die Begegnung mit Theodor Schneider geprägt worden: Er hat sich sehr früh von mir zu ökumenischen Begegnungen begleiten lassen. Es gibt wohl ein lange verborgenes, spirituell begründetes ökumenisches Interesse in mir, das mit dem Erleben der Gemeinschaft von Taizé im Ursprung tief verbunden ist. In meinen frühen Studienzeiten in Freiburg gab es jedoch nur wenige Angebote zur Vertiefung der ökumenischen Anliegen. Dies änderte sich durch die Studienzeiten in Mainz, in denen ökumenische Fragestellungen als Themen in Vorlesungen und Seminaren immer präsent waren.

Ich möchte im Folgenden aufzeigen, dass es in der ökumenischen Hermeneutik sowohl grundsätzlich als auch exemplarisch thematisch von hoher Bedeutung ist, über das Verhältnis von Orthopraxie und Orthodoxie nachzudenken. Es entspricht nach meiner Wahrnehmung dem Empfinden vieler Menschen, nach einer ökumenischen Verbundenheit zu suchen, bei der das gemeinsame Handeln und nicht die trennende Lehre im Vordergrund steht. Der Dienst eint, auch wenn die Lehre trennt – dieser Gedanke gilt als argumentative Grundlage für das Wirken von »Life and Work« (Praktisches Christentum) des Ökumenischen Rates der Kirchen. Ich unterscheide im Folgenden zwischen allgemeinen hermeneutischen Aspekten (Abschnitt 2) und Hinweisen auf einzelne Fragestellungen (Abschnitt 3). Ich schließe mit Perspektiven im Hinblick auf die Ziele der Ökumene in Zeit und Ewigkeit (Abschnitt 4).

2. *Grundfragen der Ökumenischen Hermeneutik*

Die römisch-katholische Beteiligung an der Ökumenischen Bewegung begann in institutionalisierter Gestalt erst mit dem 2. Vatikanischen Konzil (1962–1965). Nach vielen Jahrzehnten, in denen sich die moderne, ihre Anliegen bewusst vortragende Ökumenische Bewegung seit

5 | Ebd.

Beginn des 20. Jahrhunderts um Annäherungen in zahlreichen Dialogen über kontroverse Themen bemühte, werden in jüngerer Zeit wieder Grundfragen der ökumenischen Hermeneutik in den ökumenischen Gesprächen auf wissenschaftlicher Ebene bedacht.[6]

2.1 Ist ein »Paradigmenwechsel« erforderlich?

Erneut und mit wachsender Bedrängnis erscheint es von sehr großer Bedeutung, sich den vielgestaltigen Herausforderungen der Gegenwart insbesondere im Blick auf sozialethische Fragen zu stellen. Bedarf es nicht doch heute und für immer grundsätzlich eines »Paradigmenwechsels«, den Konrad Raiser[7] als Generalsekretär des Ökumenischen Rates der Kirchen schon früher einforderte: weg von der Suche nach Orthodoxie und hin zur Gestaltung der Orthopraxie?[8] Eng verbunden mit dieser Option ist die Rede von der »Ökumene des Lebens«[9], deren Anliegen in jüngerer Zeit von Walter Kasper[10], dem langjährig tätigen Präsidenten des Päpstlichen Rates für die Förderung der Einheit der Christen, als Option auf einen Begriff gebracht wurden.

Bereits in der Frühzeit der Ökumenischen Bewegung zeigte sich, dass es zwei unterschiedliche Grundausrichtungen in der Wahl der angemessenen ökumenischen Methode gibt, die beide ihr Recht haben: der Blick auf die praktische Zusammenarbeit der Kirchen bei Fragen der Mission, der Erziehung sowie vor allem der Linderung jedweder Not auf der einen Seite, und die theologischen Dialoge über die noch strittigen Themenbereiche auf der anderen Seite. Beide Richtungen haben sich in den ersten Jahrzehnten des 20. Jahrhunderts profiliert und eigene Organisationsformen entwickelt, die unter dem Dach des Ökumenischen Rates der Kirchen bis heute verbunden sind.

Die *Bewegung für Praktisches Christentum* (»Life and Work«) hielt 1925 in Stockholm ihre erste Vollversammlung ab, die *Bewegung für Glauben und Kirchenverfassung* (»Faith and Order«) 1927 in Lausanne. Beide Bewegungen kamen bei der Gründung des Ökumenischen Rates der Kirchen

6| Vgl. *Thomas Bremer / Maria Wernsmann* (Hg.), Ökumene – überdacht.

7| Vgl. *Konrad Raiser*, Schritte auf dem Weg der Ökumene.

8| Vgl. *Libertus A. Hoedemaker*, Einige Erwägungen.

9| Vgl. grundlegend zum gesamten Themenbereich: *Bernd Jochen Hilberath* (Hg.), Ökumene des Lebens; *Daniela Kästle*, »Ökumene des Lebens«.

10| Vgl. zum Ökumene-Verständnis von Walter Kasper mit vielen Hinweisen auf sein umfängliches Werk: *Marc Witzenbacher*, Geeint in Jesus Christus.

(ÖRK) in Amsterdam 1948 wieder zusammen. Zu den Themenbereichen, die von »Life and Work« besprochen wurden und werden und die für alle Kirchen bleibende gemeinsame Herausforderungen darstellen, gehören: Hunger und Armut, Krankheiten, Bedrohung der Lebensgrundlagen durch den Klimawandel, Gerechtigkeit im weltweiten Wirtschaftssystem, die Beziehungen zwischen Frau und Mann, der interreligiöse Dialog, Flucht, Vertreibung und Migration. Der Leitspruch von »Life and Work« ist von den ersten Zeiten an: »Die Lehre trennt, der Dienst ein« – ein Gedanke, der in der Regel auf Nathan Söderblom, einen schwedischen Bischof lutherischer Konfession, zurückgeführt wird.

2.2 *Die Ökumenische Bewegung vor neuen Herausforderungen*

Gegenwärtig bestehen im Blick auf die Thematik Mission und Ökumene neue Herausforderungen, die zu Beginn in dem Maße nicht absehbar waren. Die weltweit vielfältigen ökumenischen Bemühungen bedürfen einer neuen Anstrengung zur Koordination. Nicht zuletzt die schwindende Finanzkraft der christlichen Ökumene in Europa nötigt oder besser ermutigt zu weit reichenden Reformen. Bei der Sichtung der bestehenden ökumenischen Initiativen sind mehrere Kriterien der Differenzierung möglich: Nationale Gremien unterscheiden sich von internationalen, bilaterale Gespräche von multilateralen, historisch-theologische Erkenntniswege von diakonal motivierten Projekten. An jedem Lebensort hat die Ökumene eine andere Gestalt, die maßgeblich auch durch die leitend handelnden Personen mitbestimmt wird. Zunehmend erscheint es in allen Regionen der Welt zudem nicht mehr möglich, christliche Ökumene ohne einen Bezug zur interreligiösen Situation vor Ort zu gestalten.

Keine Einzelpersönlichkeit kann angesichts der pluralen Gestalt der weltweiten Ökumene überschauen, was jeweils vor Ort geschieht. Die soziale Schere mit Blick auf die Armut der Menschen öffnet sich weltweit heute sehr stark; große Differenzen werden ersichtlich. Dies führt auch zu Spannungen in der internationalen ökumenischen Gemeinschaft. Nord und Süd – einfach gesagt – sind in einem andauernden Streit: Was ist Armut – nur die soziale oder auch die psychische? Es gibt arme und reiche Mitgliedskirchen des Ökumenischen Rates der Kirchen. Die einen weisen darauf hin, dass es vor allem Not tut, den Hunger und den Durst zu stillen und für das Überleben zu sorgen. Die anderen sagen, dass auch

jene Menschen, die gerade angesichts ihres Überflusses das rechte Lebensmaß nicht mehr finden und daher verzweifeln, insbesondere der Hilfe bedürfen. Was ist wahr? Es gilt, beides zu bedenken und die Spannungen auszuhalten.
Die Ökumenische Bewegung hat in jüngerer Zeit erneut eine soziale Wendung vollzogen: die Verantwortung für ein gemeinsames politisches Handeln ist deutlich im Bewusstsein. Im heutigen Zeitalter, in dem nahezu ohne Zeitverzögerung Kommunikation im internationalen Raum geschieht, werden Bedrängnisse, unter denen Christinnen und Christen leiden, weltweit rasch bekannt: die Lebensbedrohung, der getaufte Menschen im Nahen Osten und in Ländern in Asien ausgesetzt sind, rührt ebenso an wie die Solidarität, die Menschen auf der Flucht durch Angehörige aller Kirchen in ökumenischer Vernetzung erfahren. Bei vielen ökumenischen Stellungnahmen zu diesen komplexen Handlungsbereichen ist die Bereitschaft zur Öffnung hin auf interreligiöse Bezüge sowie zur Anerkenntnis der bestehenden Gemeinschaft mit allen Geschöpfen – auch solchen ohne explizite religiöse Orientierung – spürbar. Ökumenische Theologie beschränkt sich daher nicht auf das Gespräch mit den Kirchen. Sie wird zunehmend als eine solche gestaltet, die ihrem Namen eigentlich entspricht: Die Welt ist wie ein Haus (im Griechischen οἶκος), für das eine Lebensordnung zu suchen ist, die allen Menschen einen Zugang zu jenen Gütern ermöglicht, die Gott gemäß der biblischen Überlieferung allen Geschöpfen gewähren möchte: Wohnraum, Gerechtigkeit, Frieden, Nachkommenschaft, Gesundheit, Lebensfreude und Gedächtnis der Person.

Im diakonischen Handeln kommt es in der Regel zu Begegnungen zwischen Menschen unterschiedlicher Konfessionszugehörigkeit, die sich in einer besonderen, existentiell herausfordernden Situation befinden. In Zeiten der Not bekommen die gemeinsamen Grundlagen des christlichen Glaubens nochmals eigenes Gewicht. In vielen lokalkirchlichen Bereichen oder auch in der kategorialen Pastoral sind die ökumenischen Handlungsformen in der Diakonie von hoher Relevanz: Hospize (Orte der Sterbebegleitung), die Telefonseelsorge, die Notfallseelsorge, Tafeln für Bedürftige und andere diakonische Einrichtungen im ehrenamtlichen Bereich werden in der Regel heute in ökumenischer Verbundenheit verantwortet. Es gibt Institutionen, die bereits seit vielen Jahrzehnten in ökumenischer Trägerschaft sind – darunter beispielsweise die Bahnhofsmission[11]. Auch die Militärseelsorge kann auf Jahrzehnte in ökumenischer Gemeinschaft zurückblicken.

2.3 Eine Perspektive: Anthropologische Wendung (auch) in der Theologie der Ökumene

Karl Rahner war in der zweiten Hälfte des 20. Jahrhunderts in sehr vielen Themenbereichen darum bemüht, »zu zeigen, dass die dogmatische Theologie heute theologische Anthropologie sein muss, dass eine solche ›anthropozentrische Wendung‹ notwendig und fruchtbar ist«[12]. Nach meiner Wahrnehmung hat auch die Ökumenische Theologie sich dieser Perspektive zu stellen: Der Mensch steht vor den Rätseln des eigenen Daseins. Niemand hat sich selbst dazu entschieden, geboren zu werden. Die Erfahrung, sich in Schuld zu verstricken, weil die Folgen des eigenen Handelns nachhaltig die Beziehung zu den Mitlebenden stören, gehört zu den Grundwahrnehmungen der menschlichen Existenz. Woher kommen wir und wohin gehen wir?

Wer jemals erfahren hat, dass andere Menschen jener Antwort, die sie selbst auf die gemeinsamen Lebensfragen gefunden haben, in glaubwürdiger und ansprechender Weise Ausdruck verleihen können, der wird sich dem Reiz des geistlichen Miteinanders nicht mehr entziehen wollen. Das Leben lässt viel zu wünschen übrig. Gemeinsam fällt es leichter, sich in die Dunkelheit des Daseins zu begeben, den unausweichlichen Tod und die belastende Sünde zu bedenken. Nur in Gemeinschaft lässt sich das Licht des Vertrauens auf den Gott des Lebens hüten. Die Suche nach einem geeigneten institutionellen Gefüge der Kirche(n) tritt angesichts der offenen Fragen des Lebens in den Hintergrund.

Karl Rahner hat sich in einem viel beachteten Vortrag wenige Tage nach dem Ende des 2. Vatikanischen Konzils dafür ausgesprochen, in der Ökumene gemeinsam jene Fragen aufzunehmen, die den Menschen von heute wichtig sind. Damals sagte er mit prophetischen Worten:

> »Das Konzil hat sich zweifellos Aufgaben und Themen gestellt, die [...] nicht größer sein könnten. Aber gemessen an der Aufgabe, der die Kirche in den nächsten Jahrzehnten entgegensieht, sind alle diese Fragestellungen nur ein Anfang, eine entfernte Vorbereitung und

11 | Vgl. *Dorothea Sattler*, Ökumene beispielhaft leben.
12 | *Karl Rahner*, Theologie und Anthropologie, 43.

eine erste Zurüstung für diese Aufgabe der andrängenden Zukunft. Denn diese Zukunft fragt die Kirche nicht nach den genauen Einzelheiten der Kirchenverfassung, nach der genaueren und schöneren Gestaltung der Liturgie, auch nicht in erster Linie nach kontroverstheologischen Unterscheidungslehren gegenüber der Lehre der nichtkatholischen Christen, nicht nach einem mehr oder weniger idealen Regieren der römischen Kurie, sondern danach, ob die Kirche die richtende und erfüllende Nähe des unsagbaren Geheimnisses, das wir Gott nennen, so glaubhaft bezeugen könne, dass der Mensch des Zeitalters der Technik, der Welteinheit, der sich selbst zum Gegenstand seiner Tat macht und seine Umwelt nach seinen eigenen Gesetzen erbaut, dieses unsagbare Geheimnis auch als in *seinem* Leben waltend erfahren kann«[13].

Insbesondere die gemeinsame ökumenische Bemühung um einen argumentativen Zugang zum christologisch-soteriologischen Bekenntnis erschien Rahner damals schon von sehr hoher Bedeutung. Jede Bemühung um Orthodoxie in der ökumenischen Theologie wird diesen soteriologischen Kontext der Überlegungen zu achten haben. Das christliche Verständnis von der Erlösung ist nicht Theorie – es ist gelebte Praxis Tag für Tag.

2.4 Reflexionen

In der römisch-katholischen Theologie wird der (weithin nur) in der evangelischen Theologie vollzogene Paradigmenwechsel in der Regel als Abkehr von der Konvergenz- (oder gar Konsens-) Ökumene und einer damit verbundenen Hinkehr zu einer Sozial-Ökumene verbunden. Wenig im Bewusstsein ist aus meiner Sicht zuweilen, dass es sich dabei um zwei profilierte Handlungsbereiche handelt, die im Blick auf die Gesamtheit der an der ökumenischen Bewegung beteiligten Menschen keineswegs alternativ sind, sich lediglich in einem einzigen Menschenleben mit guten Gründen nicht gleichzeitig als Optionen verwirklichen lassen. Viele Faktoren – intendierte und / oder situativ vorgegebene – wirken sich bei der persönlichen Wahl des jeweiligen ökumenischen Engagements aus. Die Gleichzeitigkeit der unterschiedlichen Handlungsformen

13 | *Karl Rahner,* Das Konzil – ein neuer Beginn, 46 f. Hervorhebung im Original.

in der gemeinsamen Ausrichtung auf das eine Evangelium ist eine Stärke der Ökumene. Lehre und Dienst *einen*. Eigene Aufmerksamkeit muss aus meiner Sicht in diesem Zusammenhang der Aspekt der Dringlichkeit erfahren: Es gibt Orte und Zeiten, da gilt es sofort zu handeln und nicht mehr zu sprechen.

Einen besonderen Akzent setzen die Bischöfe beim 2. Vatikanischen Konzil mit ihrem Aufruf zum gemeinsamen sozialen Dienst in den Krisenregionen der Erde im Kampf gegen den Hunger, die Armut, die Wohnungsnot, den Analphabetismus und die ungerechte Verteilung der Güter (vgl. UR 12). Ethische Themen und Fragen der Glaubenslehre gelten als die beiden Bereiche, auf die bezogen ökumenische Gespräche geschehen. Eine wichtige Motivation ökumenischen Handelns ist die Einsicht, wie wichtig es ist, gemeinsam die weltpolitischen, sozialethischen und individualethischen Herausforderungen anzunehmen, die die Gemeinschaft der Geschöpfe bedrängen. Alle Kirchen sind gefordert, sich den Fragen der Gegenwart zu stellen: Wie können die Lebensgrundlagen für alle gesichert werden? Wie ist es möglich, Versöhnung und Frieden unter den Völkern zu erreichen? Warum gelingt es nicht, die Arbeit gerecht zu verteilen? Wer stillt den Hunger und Durst der Bedürftigen? In welcher Weise lassen sich die Verstrickungen lösen, die viele Menschen im Blick auf ihr Leben in Beziehungen empfinden?

Die gemeinsame Grundlage in der Suche nach Antworten auf diese Fragen sind die biblischen Schriften. In ihnen begegnet Gott mit der Verheißung des Lebens in Fülle in Gemeinschaft mit ihm. Gottes Weisungen zielen die Achtung der Lebensgrundlagen aller Geschöpfe an. In seinem Gewissen erfährt der Mensch sich gefordert, diesen Weisungen zu folgen.

In vielen ethischen Fragen konnten die Kirchen inzwischen einen hohen Grad an Einmütigkeit erreichen. Auf internationaler und auf nationaler Ebene sind zahlreiche Dokumente erschienen, in denen die Kirchen gemeinsam in der Öffentlichkeit Position beziehen. In Deutschland gibt es eine inzwischen gefestigte Tradition, gemeinsame Stellungnahmen der Evangelischen Kirche und der Katholischen Bischofskonferenz zu ethischen Fragen zu veröffentlichen. Dabei werden zum einen Einzelthemen des Lebensschutzes an den Grenzen des individuellen Daseins zu Beginn und am Ende des eigenen Lebens (zum Beispiel Embryonenschutz, vorgeburtliche Diagnostik, Organtransplantationen, Sterbehilfe), zum anderen sozialethische Fragen (zum Beispiel Arbeitslosigkeit, neue Armut, Mediengesellschaft, Fremdenfeindschaft) vorrangig in den Blick genommen. In wichtigen Gremien (zum Beispiel dem nationalen deutschen Ethikrat) sprechen christliche Delegierte nicht selten mit einer Stimme. Zugleich gibt es offene oder kontrovers besprochene Fragen, die vor allem im Bereich der Familien- und Sexualethik (zum Beispiel Wiederheirat Geschiedener, Methoden der Geburtenregelung, Homosexualität, Präimplantationsdiagnostik) angesiedelt sind.

In vielen Themenbereichen sind die Differenzen nicht zwischen den Konfessionen, sondern innerhalb der Konfessionen verortet. Das nach meiner Wahrnehmung in jüngerer Zeit vorrangig zu beachtende Vorzeichen vor allen konzeptionellen Überlegungen in der Ökumene ist die Tatsache, dass viele Konfessionsgemeinschaften in ihrem Binnenraum, im Blick also auf ihr Selbstverständnis als eine Gemeinschaft mit konfessioneller Identität, vor große Herausforderungen gestellt sind. Zerreißproben sind allüberall zu bestehen – und die eigenen Kräfte tragen sie miteinander aus. Die Pluralität der Standpunkte innerhalb jeder Konfession ist sehr groß – und die Bündnisse werden über die Konfessionen hinweg je nach dem theologischen Standort getroffen. Die dabei vorrangig zu Kontroversen Anlass gebenden Themen sind vor allem einzelnen Fragen im Bereich der Sexualethik und der Geschlechteranthropologie zuzurechnen: Frauen und Männer im kirchlichen Amt, gleichgeschlechtliche Partnerschaften, Zölibat. Auch bei der ethischen Beurteilung von Lebensformen zu Beginn und am Ende des menschlichen Daseins lassen sich nicht immer konfessionelle Grenzlinien ausmachen. Neben diesen ethischen Themenbereichen finden sich im binnenkonfessionellen Raum nicht selten kontroverse Ansichten über das Verständnis der Kirchenverfassungen und der amtlichen Strukturen. In diesen offenkundig von inneren Kämpfen bestimmten Zeiten fällt es schwer anzunehmen, dass viel Zeit und große Kraft in die zwischenkonfessionellen Bemühungen investiert werden.

Es gibt einen Einfluss kultur- und mentalitätsgeschichtlicher Faktoren auf theologische Themen. Es ist eine offene Frage, wie angesichts der geschichtlich geformten unterschiedlichen Lebenswelten der Menschen je noch Einmütigkeit insbesondere in Fragen der Anthropologie und der Ethik zu erreichen sein wird. Bei Fragen der Sexualethik und der Geschlechteranthropologie ist es recht leicht festzustellen, dass die zur Mentalitätsgeschichte geformten Lebenserfahrungen der Menschen in ihren unterschiedlichen Lebenskontexten das religiöse Urteil prägen. Sowohl biographische Erlebnisse wie kulturelle Prägungen bestimmen das Bewusstsein. Dies ist der Hintergrund für die Beobachtung, dass sich weltweit Koalitionen über die Konfessionsgrenzen hinweg bilden. Eine stärkere Regionalisierung der christlichen Bekenntnistraditionen könnte dieser Tatsache Rechnung tragen und in den jeweiligen Lebensräumen zu einer ökumenischen Verständigung führen. Zugleich stellt sich die Frage, wie erkannte Gemeinsamkeiten im kulturellen Erbe gepflegt, gefeiert, bedacht werden können, wenn auf der institutionellen Ebene die Trennung festgeschrieben wird. In der römisch-katholischen Kirche ist die Neigung derzeit nicht groß, durch Reformen eine Stärkung der ortskirchlichen Kompetenz (Ortskirche ist der Verantwortungsbereich des Bischofs) und in der Folge Differenzierungen (mit ökumenischer Bedeutung) vorzunehmen. Divergierende Ekklesiologien als Spiegel kultureller Unterschiede zu verstehen, ist der römisch-katholischen Tradition im Ansatz schon fremd; ihr Leitbild ist das verbindend-verbindliche Zeugnis der biblischen Schriften. Die ekklesialen Erfahrungsräume sind weltweit gleichwohl sehr verschieden römisch-katholisch: regionale Eigenliturgien leben fort; die Gemeinden sind unterschiedlich strukturiert; Formen der Katechese variieren.

3. *Der Glaube und das Leben – Hinweise auf einzelne Themenbereiche*

Die Themen der ökumenischen Dialoge waren über lange Zeit vor allem mit der Frage nach der angemessenen institutionellen Gestalt kirchlicher Existenz verbunden.[14] Vor allem die Kontroversen in der Lehre von den Sakramenten und im Verständnis des kirchlichen Amtes wurden intensiv aufgenommen. Die gemeinsame Suche nach einer Ausübung des Petrusdienstes, die den biblischen Zeugnissen entspricht, steht lange schon auf der ökumenischen Tagesordnung. Im Pontifikat von Franziskus ist die Orthopraxie von sehr hoher Bedeutung. Könnte es sein, dass die konkrete Ausübung des päpstlichen Primats – und weniger die theologische Lehre über sie – zukünftig von ökumenischer Bedeutung ist, weil sie Achtung über die Grenzen der römisch-katholischen Kirche hinaus erfährt?

14| Vgl. *Dorothea Sattler*, Brennpunkte des ökumenischen Dialogs.

In jüngerer Zeit werden bei ökumenischen Dialogen zunehmend ethische Themen in den Blick genommen – beispielsweise hinsichtlich der Präimplantationsdiagnostik, der gleichgeschlechtlichen sexuellen Orientierung oder des assistierten Suizids. Die ökumenische Theologie hat eine ethische Wendung genommen. Dies hat Konsequenzen für die weltweite Betrachtung der Themen. Kulturelle Differenzen werden heute viel stärker wahrgenommen als früher. In allen Bereichen sind hermeneutische Fragen – insbesondere das Verhältnis zwischen Schrift und Tradition sowie die philosophischen Kriterien in der ethischen Urteilsbildung – im offenen Gespräch miteinander zu bedenken. Was Orthopraxie jeweils bedeutet, lässt sich offenkundig nicht ohne einen Bezug zu den Lebenskontexten von Menschen bestimmen; diese sind weltweit sehr unterschiedlich. Zugleich gibt es Themen der Theologie, bei denen eine Reflexion auf das Verhältnis von Orthodoxie und Orthopraxie von bleibender Relevanz ist – dazu gehören die Themen Rechtfertigung und Taufe, die ich im Folgenden aufgreifen möchte.

3.1 Theologie der Rechtfertigung – Lehre und Leben

Aus Sicht vieler Menschen, die die Theologie nach deren anthropologischer Wendung heute mitgestalten möchten, erscheint es wichtig, die theologische Rede auf die Lebensfragen der Menschen zu beziehen. Die Dichterin Ingeborg Bachmann[15] umschreibt diese existentiellen, die Menschen umtreibenden Fragen mit folgenden Worten:

Es könnte viel bedeuten: wir vergehen,
wir kommen ungefragt und müssen weichen.
Doch dass wir sprechen und uns nicht verstehen
und keinen Augenblick des andern Hand erreichen,
zerschlägt so viel: wir werden nicht bestehen.
Schon den Versuch bedrohen fremde Zeichen,
und das Verlangen, tief uns anzusehen,
durchtrennt ein Kreuz, uns einsam auszustreichen.

Zwei Fragen bewegen demnach die Menschen: Woher kommen wir und wohin gehen wir? Und: Wie gelingt menschliches Verstehen, Zueinan-

15 | *Ingeborg Bachmann*, Es könnte viel bedeuten.

derstehen, Anerkenntnis des Daseinsrechts der Anderen? Ingeborg Bachmann ist skeptisch. Wir sprechen und verstehen uns nicht, in keinem Augenblick erreichen wir die Hand der Anderen; das Verlangen, tief uns anzusehen, geht oftmals ins Leere; es wird bedroht von der Neigung zur Selbstnichtung, dem Kreuz, sich einsam ausstreichen zu wollen, die Unzulänglichkeit des eigenen Daseins einzig durch Selbstabwertung als erträglich zu gestalten.

Christen geben auf diese Fragen eine andere Antwort. Christen sprechen gemeinsam Gottes Antwort nach; Gott sagt in Christus Jesus: Du – Du Welt und Du Mensch – Du sollst sein auf ewig. Du – jeder und jede von euch – ihr seid nicht zufällig da. Du bist gewollt und Du bleibst bestehen.

Ich, Gott selbst, reiche Dir meine Hand. Wenn Du glaubst, wenn Du mir vertraust, wirst Du auf ewig leben. Nun geh' und zeige den Anderen Dein Verlangen nach tiefem Verstehen! Reich' ihnen Deine Hand! Schau sie an und achte sie! Anfanghaft wird es gelingen – hier und heute bereits. Gottes Reich ist gegenwärtig.

Kann die »Gemeinsame Erklärung zur Rechtfertigungslehre«[16] wirklich einen Beitrag zur Existentialisierung des Glaubenslebens in den Gemeinden im angedeuteten Sinn leisten? Eine verständliche, lebensnahe Sprache spricht diese Erklärung nicht. Offenkundig wurde in den Zeiten der ökumenischen Gespräche über die Rechtfertigungslehre, dass es nicht nur katholischen Christen schwerfällt, zu verstehen, was denn eigentlich der Gegenstand dieser gemeinsamen Erklärung sein soll. *Rechtfertigung* – sperrig ist dieser biblische Begriff, weil er als erstes Anklage, öffentliche Verteidigungsreden und Gerichtsszenen in den Sinn kommen lässt. Dabei geht es um ein Geschehen von höchster Intimität: um das Vertrauen auf Gottes treue Bereitschaft, denen beständig die Hand zur Versöhnung zu reichen, die selbstbezogen und auf den eigenen Vorteil bedacht leben. Grundlos ist diese Geste Gottes, die er in Treue zu seinem barmherzigen Wesen verlässlich, immer wieder neu setzt.

Immer schon – in der biblischen und nachbiblischen Zeit der Traditionsbildung – war die Soteriologie auf Bildreden angewiesen, in denen zur Sprache kommt, was wir meinen, wenn wir von Erlösung sprechen. Loskauf, Freispruch, Erziehung, Teilhabe, Sühnopfer, Befreiung, Gemeinschaft – dies alles sind Bilder für Erlösung, deren Verständnis die Kennt-

16 | Lutherischer Weltbund / Päpstlicher Rat für die Förderung der Einheit der Kirchen, Gemeinsame Erklärung zur Rechtfertigungslehre.

nis der dabei implizierten Erfahrungen im geschichtlich sich wandelnden menschlichen Miteinander voraussetzt.

Gott hat in Christus Jesus offenbar sein lassen, dass die Erlösung vom Bösen möglich ist und von den Geschöpfen als Gabe Gottes empfangen werden kann. Mit diesem Gedanken lässt sich kurz zusammenfassen, welche Akzentsetzung die neuere Soteriologie vornimmt: Sie beschreibt das Christus-Ereignis als den *letzten* (verlässlichen, eindeutigen) Erkenntnisort, an dem Menschen gewiss werden können, von Gott aus den Fängen des Bösen befreit worden zu sein und an der Frucht dieses Geschehens teilhaben zu können. Als Sakrament, als zeichenhafte und darin wahre Erscheinung Gottes, ist das Menschenleben Jesu zu begreifen. Die Betrachtung des Lebens Jesu – nicht nur seines Sterbens – hat soteriologische Relevanz. Der Kolosserbrief bezeichnet Jesus Christus als das »Ebenbild des unsichtbaren Gottes« (Kol 1,15). Christus Jesus ist Gottes sichtbare Erscheinung in Zeit und Geschichte – Gottes letztes, letztgültiges, verlässliches Wort.

Das Leitbild, das viele Theologen bei ihrer Suche nach einer erfahrungsnahen Erkenntnis des Erlösungsgeschehens wählen, ist die Verwandlung durch die Begegnung mit Jesus. Menschen haben in der Begegnung mit Jesus eine Wandlung erfahren, die sie als Heilung wahrnehmen. Jesus lebte mit den Menschen eine Gestalt von Beziehung, in der die einzelnen zur Selbstannahme befähigt wurden. Jesus fragt die Menschen, die sich an ihn wenden, was sie von ihm möchten. Er ermutigt dazu, die eigenen Lebenswünsche anzuerkennen, die tiefe Sehnsucht in uns zu spüren und sie zu äußern – die Sehnsucht nach einer sensiblen Wahrnehmung der Wunden, die das Leben uns geschlagen hat.

Frauen können der Ekklesia die Erfahrung der in Beziehung geschehenden *Sorge für das Leben* als Bild für Erlösung bereitstellen und auf diese Weise die Glaubensgemeinschaft durch ein erfahrungsnahes Bild für Gottes schöpferische Gewähr und für Gottes schöpferischen Erhalt des Lebens reicher machen.

3.2 Theologie der Taufe – Lehre und Leben

Die durch die Ökumenische Bewegung gewachsene Aufmerksamkeit auf die Bedeutung der Taufe[17] hat zu einer christologisch-soteriologischen

17| Vgl. dazu ausführlicher: *Dorothea Sattler*, Ein Glaube und eine Taufe.

Vertiefung der ökumenischen Bemühungen geführt. Wir nehmen bewusster wahr, dass alle Christinnen und Christen sich um ein lebendiges Christuszeugnis bemühen. In der gesuchten Mitte der kirchlichen Bekenntnisse steht Jesus Christus selbst. In der Feier der Taufe geschieht ein Bekenntnis zu der Glaubensüberzeugung, als Getaufte als Erlöste zu leben.

Was meint die Rede von dem in der Taufe begründeten erlösten Dasein? Neuere Beiträge zur Erlösungslehre bemühen sich darum, das Leben, das Sterben und die Auferweckung Jesu sowie die Sendung des Geistes Gottes als ein Gesamtgeschehen der heilsgeschichtlichen Offenbarung Gottes zu begreifen. Es gilt, die Weise des Sterbens Jesu im größeren Zusammenhang der Botschaft Gottes zu verstehen, die Jesus in seinem Leben als wahr bezeugt hat. In der Taufe erhalten wir Anteil am gesamten Leib Christi – an seinem Leben, an seinem Tod und an seiner Auferweckung. Die Weise des Lebens und die Weise des Sterbens Jesu sind tief miteinander verwandt. In Jesu Weise, zu leben und zu sterben, haben wir eine vorbildliche Vorstellung von der Weise, wie Gott selbst ist: gemeinschaftstreu und bundeswillig trotz aller Anfeindung. In geschichtlich erfahrbarer Menschengestalt begegnet Gott: In Jesu Weise, in Verbundenheit zu bleiben auch mit denen, die ihn auslöschen wollen, nimmt Gottes Ja der Liebe zu denen, die das Nein der Feindschaft leben, leibhaftige Gestalt an. Gott sagt zu, dass die Geschöpfe bestehen dürfen, auch wenn sie ihm zu widerstehen trachten. Gott ist das Ja zu allem Lebendigen, und Christus Jesus hat dieses Ja gelebt bis hinein in die Negativität des Todes, der als solcher – wie jedes von Menschen einander zugefügte Leiden – nicht Hoffnung begründet, sondern Entsetzen auslöst. Nicht Gott wünschte den Tod seines gehorsamen Gesandten, um in seinem gerechten Zorn auf das Menschengeschlecht milde gestimmt zu werden. Menschen haben Jesus aus eigennützigen Gründen getötet. Gott begreift dieses Geschehen als Möglichkeit, in letzter Deutlichkeit, in höchster Entschiedenheit sein Wohlwollen den Geschöpfen gegenüber offenbar zu machen. Das Christusgeschehen ist Offenbarungsgeschehen: Gottes Offenbarung.

Hoffen lässt die von den Jüngerinnen und Jüngern bezeugte Erfahrung der auch am Karfreitag nicht aufgekündigten Bereitschaft Gottes, in Verbundenheit mit seiner Schöpfung zu sein. Stärker als Sünde und Tod sind die Liebe und das Leben. Darum weiß Gott von allem Anfang an. In dieser Gewissheit lässt er die Schöpfung an seinem Leben teilhaben. Und er lässt die Geschöpfe nicht im Ungewissen darüber, ob sie angesichts der Übermacht der Sünde, angesichts des zerstörerischen Gemeinschaftsbruchs, angesichts der vielfältigen Infragestellung der Daseinsmöglichkeiten der Anderen vor ihm bestehen bleiben. Auf vielen Wegen versucht Gott zu erreichen, dass Israel und die Völker ihn als Barmherzigen erkennen – zuletzt untrüglich in Jesus, in seinem Mensch gewordenen Wort, das ein Wort der Bejahung bleibt noch in der Erfahrung der qualvollen Verneinung seiner Existenz in dem Erleiden, getötet zu werden. Es bleibt aus meiner Sicht daher diese schwere Wahrheit. Zuinnerst verbunden mit dem Bekenntnis zu dem sich in Christus Jesus in seiner Güte und Menschenfreundlichkeit offenbarenden Gott ist die Erfahrung, dass wahre Liebe den Einsatz des gesamten Lebens erfordert: die Bereitschaft zur Selbstpreisgabe aus Liebe aufgrund der unbedingten Zustimmung zu den Daseinsrechten der anderen Geschöpfe. Wir teilen das Los Jesu Christi. Wir haben in seinem heiligen Geist Teil an seinem Lebensgeschick, wenn auch wir die Größe unserer Liebe darin erweisen, dass auch wir bereit sind, unser Leben verzehren zu lassen durch die Mitlebenden. Menschen sind um uns, die nach Anerkennung, nach Aufmerksamkeit, nach Zuwendung, nach Achtung hungern.

Christinnen und Christen wissen sich im Glauben als erlöst von der Ungewissheit, als Sünderinnen und Sünder vor Gott bestehen zu können. Wir feiern dies in der Taufe. Wir sollen dies leben Augenblick für Augenblick. Ein hoher ethischer Anspruch ist mit der Besinnung auf die eine christliche Taufe verbunden.

4. Perspektiven der Ökumene – in Zeit und Ewigkeit

4.1 Ernüchtert und realitätsnah

Es gab im 20. Jahrhundert – insbesondere nach dem 2. Vatikanischen Konzil (1962–1965) – Zeiten in der Ökumenischen Bewegung, die von dem Empfinden geprägt waren, in Kürze werde die sichtbare Einheit der Kirchen erreicht sein. Bereits in den 70er Jahren des 20. Jahrhunderts stellte sich heraus, dass es trotz der erkennbaren Wende in der römisch-katholischen Sicht der Ökumene nicht leicht sein werde, sich in Fragen des Kirchen- und Ämterverständnisses zu einigen. Ernüchtert angesichts der nicht zu erfüllenden, in früheren Zeiten weiter reichenden Optionen im Hinblick auf die Einheit der Kirchen[18] und zugleich realitätsnah auf die Gegenwart und ihre Herausforderungen bezogen handeln die Partner in der Ökumenischen Bewegung heute.

Menschen, die heute in der Ökumenischen Bewegung engagiert sind, wissen um die Wandlungen, die im Hinblick auf die Veränderung der Grundeinstellung insbesondere in der römisch-katholischen Kirche im 20. Jahrhundert geschehen sind. Nur wer weiß, wie noch zu Beginn des 20. Jahrhunderts in römisch-katholischen Lehrtexten daran festgehalten wurde, dass die Einheit der Kirchen nicht erst noch gesucht werden müsse, sie vielmehr ja bereits schon in der römisch-katholischen Kirche bestehe, wird ermessen können, was es auch auf Zukunft hin bedeutet, dass die Konzilsväter programmatisch zu Beginn von *Unitatis Redintegratio* (UR) formulierten:

> »Die Einheit aller Christen wiederherstellen zu helfen ist eine der Hauptaufgaben des Heiligen Ökumenischen Zweiten Vatikanischen Konzils. Denn Christus der Herr hat eine einige und einzige Kirche gegründet, und doch erheben mehrere christliche Gemeinschaften vor den Menschen den Anspruch, das wahre Erbe Jesu Christi darzustellen« (UR 1).[19]

Die ökumenisch motivierte Theologie steht beständig unter der Anforderung, ihren Rezeptionsraum bereits in die Reflexion einzubeziehen, da sowohl ihre Relevanz als auch ihre Valenz von weiteren Akteuren im Raum der Kirche(n) (sowohl der gesamten Gemeinschaft der Getauften als auch der kirchlichen Lehrämter) kritisch analysiert werden. Ohne Rezeption bleiben die Erkenntnisse der Ökumenischen Theologie ohne Wirksamkeit.

Die Ökumenische Theologie ist im Gesamt der Ökumenischen Bewegung zwar gewiss ein eigenständiges Subjekt des Handelns, zugleich sind die Bezüge zu den beiden genannten weiteren Akteuren enger als in anderen Bereichen der Theologie: Sowohl die sogenannte *Basis-Ökumene* als auch kirchliche Lehrautoritäten betrachten die theologischen Reflexionen mit unterschiedlichen Motivationen oft kritisch, gar skeptisch. Die einen fordern Veränderungen in den pastoralen Handlungsbereichen

18 | Vgl. *Heinrich Fries / Karl Rahner*, Einigung der Kirchen – reale Möglichkeit.
19 | Vgl. dazu ausführlicher: *Dorothea Sattler*, Einheit.

(vor allem im Hinblick auf die eucharistische Gemeinschaft), die anderen betrachten eine mögliche Preisgabe konfessioneller Standorte mit Argwohn. In diesem doppelten Spannungsbereich gilt es, Differenzierungen in der theologischen Urteilsbildung vorzunehmen.

In ökumenische Dialogkommissionen werden Theologinnen und Theologen berufen, die mit der jeweils behandelten Sachthematik bereits vertraut sind und das Vertrauen der delegierenden Kirchen haben, den konfessionellen Standort sachgemäß und gesprächsbereit zu präsentieren. Auch innerhalb der Konfessionsgemeinschaften sind die theologischen Sachpositionen nicht selten plural. Größtmögliche Ausgewogenheit unter den Schulrichtungen sollte gegeben sein. Dies gelingt keineswegs immer in allen Dialoggremien. Auch die Bemühungen um eine theologische Konvergenz sind abhängig von Bedingungen, die nicht allein unter fachtheologischen Gesichtspunkten zu erfassen sind. Dies wahrzunehmen ist aus meiner Sicht wichtig für alle Menschen, die eine Rezeption, das heißt einen anerkennenden oder abweisenden Nachvollzug der Gesprächsergebnisse versuchen. Oft werden die Gesprächsergebnisse leider nicht einmal in einer größeren theologischen Öffentlichkeit zur Kenntnis genommen. Wie könnten Dialogergebnisse zudem die Gemeinden vor Ort erreichen?[20] Nicht nur im Blick auf die Basisökumene, auch hinsichtlich der Kirchenleitungen sind die Erfolgsaussichten der Dialogergebnisse nüchtern zu betrachten, denn in den in kirchenoffiziellen Stellungnahmen erreichten theologischen Konvergenzen werden häufig jene Vorbehalte erneut benannt, die im Gesprächsgeschehen der Dialogkommissionen bereits einer differenzierteren Sichtweise näher gebracht wurden. Die zwischenmenschlichen Erlebnisse und Erfahrungen in den Dialogen lassen sich kaum aus den Texten heraus erahnen, die am Ende einer kritischen Öffentlichkeit präsentiert werden. Wenn trotz all dieser Erschwernisse die Gespräche in den Dialoggremien fortgesetzt werden, dann in der unabweisbaren Gewissheit, dass wir als Christinnen und Christen zuinnerst zueinander gehören. Bei den Morgen- und Abendandachten sowie beim lebensgeschichtlichen Erzählen

20 | Berechtigterweise besteht bis heute die Klage, Ergebnisse ökumenischer Dialoge könnten in den Ortskirchen kaum aufgenommen werden. Die Darstellungsform erschwert die Rezeption. Vor Ort sind die Fragen oft viel konkreter. Dennoch ist der Dialog auf theologischer Ebene wichtig, um die Hintergründe zu wissen, die bei manchen Verboten eines gut gemeinten ökumenischen Miteinanders wirksam werden. Vgl. zu diesem Problemkreis: *Sabine Pemsel-Maier*, Rezeption – Schwierigkeiten und Chancen.

am Abend eines langen Sitzungstages bei Wasser, Saft, Wein und Bier wird dies spürbar – und wirkt über die Tage der oft nicht leichten Dialogarbeit hinaus.

4.2 *Beharrungstendenzen im Institutionellen*

Insbesondere im amtlichen Gefüge der Kirchen sind – wie bei allen sozialen Institutionen – Tendenzen gegeben, zunächst in den bereits vertrauten Ordnungen und bei den (manchmal nur scheinbar) bewährten Verfahren zu verbleiben. Gerade in den Ämterlehren werden in diesem Zusammenhang historische Argumentationen angeführt, die nur mühsam durch eine offenere Wahrnehmung der durch Gottes Geist in der

Gegenwart geprägten Wirklichkeit abzulösen sind.

Es entspricht einer pneumatologisch ausgerichteten – auf der Annahme des Wirkens von Gottes Geist basierenden – ökumenischen Ekklesiologie, phänomenologisch offen zu sein; sie tritt im Ansatz deskriptiv und nicht normativ an die Wirklichkeit heran. In der ökumenischen Hermeneutik, insbesondere bei den Ämterlehren, wird das Votum formuliert, auch »via empirica« – auf dem Weg der Erfahrung – Einsichten zu gewinnen.[21] Wäre es theologisch nicht möglich, Ämter, die sich geistlich bewährt haben, in einem geistlichen Urteil als vom Heiligen Geist begründet zu erklären? Diese Frage stellt Walter Kasper[22] im Kontext der ökumenischen Kontroverse um die Frage der apostolischen Sukzession. Die empirische Sozialforschung hat die Kirche(n) lange schon als einen interessanten Bereich entdeckt. Die Frage, welche Erkenntnisse aus solchen Analysen zu gewinnen sind, wird unterschiedlich beantwortet: Die einen weisen darauf hin, dass auch ein mit den Mitteln der Empirie erzielter Forschungsertrag nicht ohne Interessen konzipiert wird; die anderen erachten eine stärkere Ausrichtung an den Fakten beispielsweise in der Analyse kirchennaher oder kirchenferner Milieus für unabdingbar.

4.3 *Mehrheiten gegen Minderheiten*

Die Orte, an denen kirchliches Leben zu erfahren ist, sind weltweit vielfältig: In Südkorea versammeln sich Sonntag für Sonntag in lokalen Gemeinden tausende von charismatisch bewegten Christinnen und Christen mit reformiert evangelischer oder lutherisch evangelischer Tradition

21| Vgl. *Hermann Josef Pottmeyer*, Die Frage nach der wahren Kirche.
22| Vgl. *Walter Kasper*, Apostolische Sukzession.

zu einer liturgischen Wortgottesfeier. In Afrika begeben sich Familien tagelang auf einen Fußweg, um einen Priester anzutreffen, der Eucharistie feiert, die Kinder tauft und das Eheversprechen entgegen nimmt. In Taizé versammeln sich Jugendliche zum Gespräch, zum Gesang und zu Diensten füreinander. Suppenküchen für die Ärmsten der Armen werden auch heute von der Heilsarmee und den Quäkern in den USA bereitgestellt. Orthodoxe Mönche versammeln sich auf dem Berg Athos mehrmals am Tag zum Stundengebet in einem gottesdienstlichen Raum mit Ikonen, die die Gegenwart der abgebildeten Heiligen wirksam werden lassen. Römisch-katholische Frauen beten vor der Eucharistiefeier den Rosenkranz. In Katechesen und im schulischen Religionsunterricht werden Kinder und Jugendliche in vielen Sprachen mit der christlichen Bekenntnistradition vertraut gemacht. Dies alles geschieht im Namen Jesu Christi. Die geschilderte Vielfalt ist ein Reichtum.

In der 2001 von den Kirchen in Europa unterzeichneten Charta Oecumenica wird dem Schutz der konfessionellen Minderheiten in jedem Land hohe Beachtung geschenkt. Die Kirchen verpflichten sich,

> »auf allen Ebenen des kirchlichen Lebens gemeinsam zu handeln, wo die Voraussetzungen dafür gegeben sind und nicht Gründe des Glaubens oder größere Zweckmäßigkeit dem entgegenstehen; die Rechte von Minderheiten zu verteidigen und zu helfen, Missverständnisse und Vorurteile zwischen Mehrheits- und Minderheitskirchen in unseren Ländern abzubauen«[23].

Die Selbstgenügsamkeit einer Konfession ist nicht erwünscht. Mission soll sein, Evangelisierung auch – allerdings in Achtung der bereits bestehenden christlichen Traditionen vor Ort. Konversionen werden eher kritisch betrachtet.

4.4 Ökumene und Gesellschaft

Abschließend möchte ich drei Perspektiven zu der Frage formulieren, welche gesellschaftliche Relevanz aus meiner Sicht die christliche Ökumenische Theologie hat. Die Verortung dieser akademischen Disziplin im universitären Kontext erscheint mir legitimiert. Dazu bedarf es jedoch gegenwärtig einer Begründung, die über den Hinweis des Ge-

23 | Charta Oecumenica, Abschnitt II.4.

sprächs zwischen der Ökumenischen Theologie mit den Kirchen über verbliebene Kontroversen insbesondere im ekklesiologischen Themenkreis weit hinausweist.

(1) In öffentlich wirksamen, die gesamte Gesellschaft erschütternden Krisenzeiten bedarf es einer Institution, die eine Deutung des menschlichen Daseins im Angesicht von Leiden und Tod wagt. In der christlichen Tradition wird dabei auch der Thematik der individuellen Sünde und der Verstrickung in Schuldzusammenhänge Raum gegeben. Bei Gedenkfeiern beispielsweise anlässlich von Naturkatastrophen oder angesichts grausamer Taten einzelner Menschen kann die christliche Gemeinschaft Zeichenhandlungen gestalten. Die Bereitschaft zur Klage verbindet sie dabei eng mit anderen religiösen Traditionen. Es ist heute in Deutschland nicht (mehr) vorstellbar, dass entsprechende Gedenkfeiern in einer konfessionellen Trägerschaft verantwortet werden.

(2) Einzelne Fragen der Ethik sind im Hinblick auf den gesellschaftlichen Zusammenhalt kommunikativ zu besprechen – durchaus auch mit Angeboten zu einer alternativen Argumentation. Im Nationalen Ethikrat sind Vertreter der Kirchen präsent, die in enger ökumenischer Verbundenheit ihre Position bestimmen. Christliche Werte sind noch immer hintergründig bei der Wahl der Handlungsoptionen von Menschen wirksam. Dies transparent zu machen, ist auch heute wichtig. In interreligiösen Gesprächen bedarf es zugleich einer Standortgewissheit und einer Gesprächsfähigkeit. Die dabei erforderlichen Fertigkeiten lassen sich im ökumenischen Gespräch einüben.

(3) Viele Menschen erleben das Christentum vor allem als ein Kulturgut, das die Geschichte nicht nur in Deutschland und Europa maßgeblich prägte. Die Kontroversen zwischen den Konfessionen im 16. Jahrhundert und die sich anschließenden europäischen Religionskriege haben tiefe Spuren in den europäischen Landschaften hinterlassen. Um diese Zusammenhänge zu wissen, ist ein Bildungsgut, das in ökumenischer Verbundenheit differenzierter und glaubwürdiger zu erwerben und zu bewahren ist.

Ich schließe, wie ich begonnen habe – mit einer Aufnahme eines Aphorismus von Peter Handke: »Wie erschüttert ich bin, wenn einmal jemand mir gerecht wird«[24]. Niemand ist gerecht – wir können einander nur immer wieder im personalen Geschehen gerecht werden. Möge es so sein in der Begegnung zwischen getauften Menschen – und zwischen allen Menschen. Es gibt solche beglückenden Erfahrungen. Sie scheinen selten zu sein – nicht nur in der christlichen Ökumene. Vielleicht hilft in diesem Zusammenhang die Mahnung zur Orthopraxie – in Achtung gewiss der Orthodoxie.

Literaturverzeichnis

Quellen

Die Bibel: Einheitsübersetzung. Altes und Neues Testament, Stuttgart 2016.

Dokumente des 2. Vatikanischen Konzils: *Rahner, Karl / Vorgrimler, Herbert*, Kleines Konzilskompendium, Freiburg / Basel / Wien 1966.

Lutherischer Weltbund / Päpstlicher Rat für die Förderung der Einheit der Kirchen, Gemeinsame Erklärung zur Rechtfertigungslehre, in: *Meyer, Harding* u. a. (Hg.), Dokumente wachsender Übereinstimmung, Bd. 3, Frankfurt / Paderborn 2003, 419–441.

Konferenz Europäischer Kirchen / Rat der Europäischen Bischofskonferenzen: Charta Oecumenica. Leitlinien für die wachsende Zusammenarbeit unter den Kirchen in Europa (unterzeichnet in Straßburg 2001), als Heft: Genf / St. Gallen 2001; als Arbeitshilfe der Arbeitsgemeinschaft Christlicher Kirchen in Deutschland: Frankfurt a. M. 2001.

Weitere Literatur

Bachmann, Ingeborg, Es könnte viel bedeuten (1948/49), in: *dies.*, Werke. Hg. von Christine Koschel u. a., Bd. 1, München 1978 12.

Bremer, Thomas / Wernsmann, Maria (Hg.), Ökumene – überdacht. Reflexionen und Realitäten im Umbruch, Freiburg / Basel / Wien 2014.

Fries, Heinrich / Rahner, Karl, Einigung der Kirchen – reale Möglichkeit, Freiburg / Basel / Wien 1983.

Handke, Peter, Phantasien der Wiederholung, Frankfurt 1983.

Hilberath, Bernd Jochen (Hg.), Ökumene des Lebens als Herausforderung der wissenschaftlichen Theologie. Tagungsbericht der 14. Wissenschaftlichen Konsultation der Societas Oecumenica, Frankfurt 2008.

Hoedemaker, Libertus A., Einige Erwägungen zu Konrad Raisers These vom Paradigmenwechsel, in: Ökumenische Rundschau 40 (1991) 436–446.

24 | *Peter Handke*, Phantasien der Wiederholung, 87.

Ionita, Viorel / Numico, Sarah (Hg.), Charta Oecumenica. Ein Text, ein Prozess und eine Vision der Kirchen in Europa, Genf / St. Gallen 2003.

Käsle, Daniela, »Ökumene des Lebens« – ein zukunftsweisender Weg der Ökumene?, in: Una Sancta 64 (2009) 219–232.

Kasper, Walter, Die apostolische Sukzession als ökumenisches Problem, in: *Pannenberg, Wolfhart* (Hg.), Lehrverurteilungen – kirchentrennend?, Bd. 3: Materialien zur Lehre von den Sakramenten und vom kirchlichen Amt, Freiburg / Göttingen 1990, 329–349.

Lehmann, Karl / Pannenberg, Wolfhart (Hg.), Lehrverurteilungen – kirchentrennend? Rechtfertigung, Sakramente und Amt im Zeitalter der Reformation und heute, Freiburg / Göttingen 1986.

Lehmann, Karl / Schlink, Edmund (Hg.), Das Opfer Jesu Christi und seine Gegenwart in der Kirche. Klärungen zum Opfercharakter des Herrenmahls, Freiburg / Göttingen 1983.

Pemsel-Maier, Sabine, Rezeption – Schwierigkeiten und Chancen. Eine Untersuchung zur Aufnahme und Umsetzung ökumenischer Konsensdokumente in den Ortskirchen, Würzburg 1993.

Pottmeyer, Hermann Josef, Die Frage nach der wahren Kirche, in: *Kern, Walter* u. a. (Hg.), Handbuch der Fundamentaltheologie, Bd. 3: Traktat Kirche, Freiburg / Basel / Wien 1986, 212–241.

Rahner, Karl, Das Konzil – ein neuer Beginn. Mit einer Hinführung von Karl Lehmann hg. von Andreas R. Batlogg und Albert Raffelt, Freiburg / Basel / Wien 2012.

Rahner, Karl, Theologie und Anthropologie, in: *ders.*, Schriften zur Theologie, Bd. 8, Einsiedeln 1967, 43–65.

Raiser, Konrad, Schritte auf dem Weg der Ökumene, Frankfurt 2005.

Sattler, Dorothea, Brennpunkte des ökumenischen Dialogs, in: *Kappes, Michael* u. a., Trennungen überwinden. Ökumene als Aufgabe der Theologie, Freiburg / Basel / Wien 2007, 56–105.

Sattler, Dorothea, Ein Glaube und eine Taufe. Die geistliche Grundlage der Ökumene (auch) heute, in: *Ruddat, Günter* (Hg.), Taufe – Zeichen des Lebens. Theologische Profile und interdisziplinäre Perspektiven, Neukirchen-Vluyn 2013, 129–146.

Sattler, Dorothea, Ökumene beispielhaft leben. Die Bahnhofsmission in der Geschichte der Ökumenischen Bewegung, in: *Lutz, Bernd* u. a. (Hg.), Der Bahnhof. Ort gelebter Kirche, Ostfildern 2013, 139–151.

Sattler, Dorothea, Von der als bestehend behaupteten zu der von Gott erflehten Einheit. Römisch-katholische Besinnung auf Joh 17,21, in: *Bienert, Wolfgang* (Hg.), Einheit als Gabe und Verpflichtung. Eine Studie des Deutschen Ökumenischen Studienausschusses zu Johannes 17 Vers 21, Frankfurt / Paderborn 2002, 113–130.

Schneider, Theodor, Opfer Jesu Christi und der Kirche. Zum Verständnis der Aussagen des Konzils von Trient, in: *Lehmann, Karl / Schlink, Edmund* (Hg.), Das Opfer Jesu Christi und seine Gegenwart in der Kirche. Klärungen zum Opfercharakter des Herrenmahls, Freiburg / Göttingen 1983, 176–195.

Schneider, Theodor, Unsere Hoffnung. Ein Bekenntnis zum Glauben in dieser Zeit. Einleitung, in: Gemeinsame Synode der Bistümer in der Bundesrepublik Deutschland. Beschlüsse der Vollversammlung. Offizielle Gesamtausgabe, Bd. 1, Freiburg / Basel / Wien 1976, 71–84.

Tück, Jan-Heiner / Bieringer, Andreas (Hg.), »Verwandeln allein durch Erzählen«. Peter Handke im Spannungsfeld von Theologie und Literaturwissenschaft, Freiburg / Basel / Wien 2014.

Witzenbacher, Marc, Geeint in Jesus Christus. Das Ökumeneverständnis Walter Kaspers, Freiburg / Basel / Wien 2018.

Bernd Jochen Hilberath, Tübingen

Offenbarung in Wort und Tat
Überlegungen im Anschluss an ein interreligiöses Seminar

Das Verhältnis von Orthodoxie und Orthopraxie lässt sich nicht sine ira et studio, in kühl-akademischer Distanz, behandeln. Es ist eine Lebensfrage und scheint aktuell zumindest in unseren Breiten auch eine Überlebensfrage der Religionen zu werden/zu sein. Als ich dieses Thema für ein interreligiöses Seminar von Juden, Christen und Muslimen vorschlug, gab es spontane Zustimmung und schon in der Vorbesprechung der Dozent*innen lebendige Diskussionen. Für alle ist es ein zentrales Thema, die Zuordnung von Orthodoxie und Orthopraxie fällt freilich je spezifisch aus. Hier sind wir erst am Anfang, so dass die folgenden Ausführungen als meine, eben auch durch die beiden anderen Religionen angeregte Reflexionen zu lesen sind. Ich versuche die Darstellung zu orientieren an dem Gefüge von Glauben – Wahrheit – Glaubenswahrheit. Erst wenn theologisch geklärt ist, was religiöser Glaube sein will und welchen Konzeptionen von Wahrheit wir begegnen, lässt sich bestimmen, was das Spezifikum von Glaubenswahrheit ist und wie sich dann Glauben und Leben, *Theorie* und *Praxis*, Dogma und Vollzug usw. zueinander – schon jetzt vorweg gesagt: eher ineinander – verhalten.

Was heißt Glauben? – die Erblast

Glauben zu können ist Geschenk – in religiöser Sprache: Gnade. Religiöser Glaube ist immer Antwort auf göttliches Wort, Reaktion auf die Aktion Gottes. Das Zweite Vatikanische Konzil beschreibt diese Offenbarung in Wort und Tat als Gottes Zugehen auf den Menschen: »In dieser Offenbarung redet der unsichtbare Gott […] aus überströmender Liebe die Menschen an wie Freunde […] und verkehrt mit ihnen […], um sie in seine Gemeinschaft einzuladen und aufzunehmen.« (DV 2) Das jüngste Konzil überwindet damit eine Engführung der neuscholastischen Schultheologie, die auch hinter der Offenbarungskonstitution des Ersten Vatikanischen Konzils steht. Offenbarung wurde bestimmt als göttliche Mitteilung ewiger, das heißt dem Menschen unerschwinglicher Wahrheiten, die vermittelt durch die hierarchische Lehramtsautorität den Gläubigen als zu glauben vorgelegt wurden, so dass deren Glauben im demütigen Für-wahr-halten der geoffenbarten Geheimnisse bestand. Gegenüber den Herausforderungen der europäischen Neuzeit reagierten die maßgebenden Subjekte der römisch-katholischen Kirche durch eine enggeführte Rezeption mittelalterlicher Philosophie und Theologie mit dem (thomistischen) Schwerpunkt auf der kognitiven Dimension des Glaubens und der Etablierung einer Kirchenstruktur, für die noch immer im Gefolge des Aristoteles die Monarchie als die ideale Staatsform galt. Auch und gerade hier wird deutlich, dass das Verständnis des Glaubens als ein Für-wahr-halten mit einem Verständnis von Autorität gekoppelt ist, für das die grundlegende *Tugend* der Gläubigen(!) im *Gehorsam des Glaubens* besteht.

Für das Verhältnis von Orthodoxie und Orthopraxie bedeutete dies: Die Praxis der Gläubigen war orthodox, wenn sie den Lehren der Kirche entsprach: »Fest soll mein Taufbund immer stehen, ich will die Kirche hören. Sie soll mich allzeit gläubig sehen und folgsam ihren Lehren.« (Ortho)Praxis als locus theologicus, also als Orthopraxie, war nicht vorgesehen – im Gegenteil: die Berufung auf Erfahrung wurde als Subjektivismus, die auf die geschichtliche Entwicklung als Untergraben der *ewigen* Wahrheiten (Plural!) gebrandmarkt, und dieses Urteil wurde gegenüber den sogenannten Modernisten vollstreckt. Das Zweite Vatikanum hatte einen anderen Weg gewiesen, den allerdings große Teile der Kurie und einflussreiche Kanonisten wieder versperrten. Deshalb muss auch Jahrzehnte nach dem Konzil theologisches Argumentieren in Sachen Glauben und Kirche häufig kontrafaktisch erfolgen und hat es von daher schwer, bei den (gläubigen) Menschen überhaupt noch Gehör zu finden. Viele dieser Menschen sind näher beim biblischen Verständnis von Offenbarung; manche von ihnen bestätigen mir in Glaubensgesprächen: »Das habe ich schon immer gedacht; gut, dass sie das als Theologe bestätigen.« Mehrfach wurde in meinen Seminaren zu Theodor Schneider oder Karl Rahner die verwunderte Frage laut: »Hat er das gerade gestern geschrieben?«

Dass- und Du-Glaube

Wie versteht die Bibel, die Ur-kunde unseres Glaubens, die wieder als *norma normans non normata* zur Geltung gebracht werden muss, *glauben*? Dieses Selbstverständnis des (nicht nur christlichen) Glaubens als Haltung und Handlung ist in einer Situation zur Geltung zu bringen, in der unterschiedliche, ja gegensätzliche Reden vom Glauben aufeinandertreffen. So beginnt Albert Franz im *Lexikon philosophischer Grundbegriffe der Theologie* seinen Artikel *Glaube* mit folgender Problembeschreibung:

> »Die Spannweite des Begriffs G. reicht vom unsicheren Meinen bis zum sich besonders sicher wähnenden Überzeugtsein, sei es aus rationalen Erwägungen oder aus dezidiert transrationalen, ja irrationalen Motiven, er umfasst die Gefühlsskala von höchster Emotionalität bis zu nicht weniger einseitigen, rein rationalistischen Glaubensvorstellungen, vereinigt also unter sich völlig verschiedene, ja durchaus widersprüchliche und unvereinbare Bedeutungen.«[1]

Von daher ergibt sich die Aufgabe, »den christlichen Glauben von alltagssprachlichen Missverständnissen und Fehldeutungen durch kritische Prüfung möglichst zu reinigen und sein spezifisches Profil herauszuarbeiten.«[2]

Jenseits dessen, was in der Alltagssprache alles möglich ist, zeichnen sich Konturen eines Begriffs ab, der in einem bestimmten Sinn verbindet, was häufig auseinandergehalten oder gar gegeneinandergestellt wird. In der theologischen Diskussion war dies vor allem die Antithese von biblischem und hellenistischem Glaubensverständnis. Mittels dieser Kontrastierung wollte mein jüdischer Kollege Asher Matern in unserem interreligiösen Seminar den Studierenden den Unterschied zwischen Judentum und Christentum vor Augen führen: Durch den Glauben an Jesus Christus sei das Christentum zu einem *Dass-Glauben* gekommen; ohne das Bekenntnis, dass Jesus der Sohn Gottes ist, sei Glaube nicht möglich. Das Judentum sei demgegenüber eigentlich keine Religion, jedenfalls primär keine Glaubensgemeinschaft, sondern Leben mit und in dem Gesetz. Hierzu passt, dass es in einem Lexikon der jüdisch-christlichen Begegnung selbstverständlich einen Artikel *Gesetz* gibt, für das Stichwort *Glaube* sich aber nur Verweise (auf Abraham; Erwählung; Paulus) finden, ebenso wie für das eigene Stichwort *Glaube und Werke* (hier

1 | *Albert Franz*, Glaube, 173.
2 | *Albert Franz*, Glaube, 174.

wird auf Gesetz; Gnade; Paulus verwiesen). Matern will ein wenig provozieren, nach meiner Wahrnehmung aus dem Anliegen heraus, das Judentum vor der Vereinnahmung durch das Christentum bzw. die christliche Theologie (Stichwort: *die jüdische Wurzel des Christentums*) zu sichern. Seine Definition dessen, was Judentum ausmacht, wird freilich nicht von allen Juden geteilt. Für Matern ist Gott selbstverständlich da, es bedarf als Motivation zum Leben aus dem Gesetz nicht des Bekenntnisses, *dass* Gott existiert. Vielmehr ist dieses Leben im Gesetz und vor allem das Halten des Schabbat der *Inhalt*, Gott wird vorausgesetzt, ja, sogar ein Gottesleugner, der aber den Schabbat feiert, ist als (gläubiger?) Jude zu bezeichnen. Matern wies daraufhin, dass jüdische Gelehrte im Mittelalter in Analogie zur christlichen Theologie Glaubenssätze, also Elemente eines Dass-Glaubens fixierten. Diese sind zumindest die Implikate eines Gesetzes-Glaubens. Noch interessanter für unsere Frage nach dem Verhältnis von Orthodoxie und Orthopraxie war für mich dann diese These des Kollegen: »Wir setzen nicht einen theoretischen Gottesglauben voraus, aus dem heraus wir dann handeln – vielmehr bringen wir durch unser Leben im Gesetz Gott in die Präsenz, zeigen wir, wer Gott ist.« Hatten sich so einst jüdische Philosophen für den Dass-Glauben interessiert, so kamen christliche Theologen im vergangenen Jahrhundert, angeregt durch Martin Buber, auf die Grundstruktur des religiösen Glaubens zurück. Entscheidende Impulse fand zum Beispiel Emil Brunner in der dialogischen Philosophie, für die neben Buber auch Ferdinand Ebner steht. Das Pendel schlug also für diese Philosophen und Theologen nach der Du-Seite hin aus, so dass das Verhältnis zum Dass-Glauben virulent wurde und den Einwand provozierte: Glauben sei nicht nur eine Ich-Du-Beziehung, sondern habe auch eine Ich-Es-Relation. Inzwischen gilt längst die folgende Verhältnisbestimmung als Standard:

> »In der Grundgestalt entspringt der Glaube dem Personkern und spricht sich als ›Du-Glaube‹ in Sätzen wie ›Ich glaube an Dich‹, ›Ich glaube Dir‹ aus. Von diesem Du-Glauben als raumgebenden Sich-Einlassen auf den Gott der Offenbarung wird der ›Dass-Glaube‹ oder ›Aussage-Glaube‹ umschlossen. Dieser Aussage-Glaube gründet im Du-Glauben, während sich der Du-Glaube im Aussage-Glaube artikuliert und bewährt.«[3]

3 | *Max Seckler / Christoph Berchtold*, Glaube, 245.

Herbert Vorgrimler beginnt seinen Artikel in dem ursprünglich zusammen mit Karl Rahner verfassten und jetzt als *Neues theologisches Wörterbuch* herausgegebenen Lexikon sogleich mit dem Ich-Du-Glauben: »Glaube (sprachlicher Zusammenhang mit ›geloben‹, ›verloben‹, ›sich anvertrauen‹) heißt im allgemeinsten Sinn, die Äußerung einer Person im Vertrauen auf sie frei anzunehmen (›ich glaube dir‹).«[4] In einem »allgemeinsten« Sinn stimmt der biblische Glaube »darin überein, dass er eine Vertrauensbekundung gegenüber den Zeugen einer Offenbarung Gottes ist, die dem Glauben als glaubwürdig erscheinen.«[5] Auch Vorgrimler muss dieses Glaubensverständnis gegenüber alten wie aktuellen Missverständnissen abgrenzen, vor allem gegen einen reinen Dass-Glauben, in dem Gott als »äußerlich bleibendes Glaubensmotiv« fungiere. Nein: »Die Kundgabe des biblischen Gottes ruft alle Dimensionen des Menschen an und sucht sie auf diesen Gott hin zu orientieren, und zwar aus dem Grund, weil sie Liebe ist.«[6]

Albert Franz wird in seinem Artikel noch ein wenig konkreter:

> »Das Spezifikum christlichen Glaubens ist darin zu sehen, dass es hier nicht nur um den Vollzug der Subjektivität geht, sei es im Denken, im Gefühl oder in der Lebenspraxis, sondern vor allem um die gelebte Beziehung zum Gott der Offenbarung. Dieser ist der den christlichen Glauben konstituierende Inhalt, sein Ausgangspunkt und sein Ziel.«

Kurz könnte an dieser Stelle der Verdacht hochkommen, die »gelebte Beziehung« werde auf eine Gottesbeziehung im engen Sinn reduziert; der Autor fährt freilich wie folgt fort:

> »Als dementsprechend personaler Gottesbezug berührt und umfasst der Glaube alle Dimensionen und Vollzüge des Menschseins, also Sinnlichkeit und Emotionalität, Verstand, Vernunft und Wille, theoretische Wahrnehmung und praktischen Umgang mit der Wirklichkeit, und gibt diesen für den Glauben ihre innere Einheit und ihren Sinn.«[7]

4 | *Herbert Vorgrimler*, Glaube, 230.
5 | *Herbert Vorgrimler*, Glaube, 230.
6 | *Herbert Vorgrimler*, Glaube, 230. (mit einem Verweis auf die Artikel Selbstmitteilung und Gnade)
7 | *Albert Franz*, Glaube, 174.

Der Glaube kommt folglich nicht zum Leben hinzu, sondern ist die den Lebensvollzug bestimmende Haltung, die Einstellung, in der ein Mensch sein Leben gestaltet bzw. zu gestalten versucht. Darin liegt sein/ihr Bemühen um Orthodoxie (was Gläubige vermutlich nie selbst von sich so sagen würden) und – für eine wachsende Zahl von Gläubigen – nicht mehr im korrekten Katechismuswissen. Gewiss, es lässt sich dagegenhalten, dass unsere Zeitgenossen immer weniger an religiösem Wissen (auch wenn es zur abendländischen Kultur gehört) ihr eigen nennen. Das ist ein Verlust, den ich bedauere. Diese Beobachtung sollte gleichwohl nicht dazu verleiten, in das Schema: vom *Glaubenssatz* (fettgedruckt) zur Überlegung *Für mein Leben* (im Katechismus kleingedruckt) zurück zu fallen. Nicht wenige Zeitgenossen sind, sofern sie sich von der (institutionalisierten) Religion noch etwas versprechen, der Meinung, diese müsse sich im Leben bewähren.

Gesetz, Bekenntnis und Glauben

Damit hat, was die Verhältnisbestimmung von Glauben und Leben angeht, mein jüdischer Kollege die besseren Karten, wenn er Judesein als Leben nach dem Gesetz, ja: im Gesetz definiert. Freilich bedeutet dies auch: Leben aus dem Gesetz heraus, das in der Vergangenheit kodifiziert wurde. Damit wird Tradition zur Autorität, das Leben hat sich nach dem Gesetz zu richten. Wo das nicht mehr zusammenpasst, wird die *passende* Autorität gesucht oder *scharfsinnig* interpretiert. Hier zeigt sich viel Ähnlichkeit damit, wie in der römisch-katholischen Kirche mit dem Codex Iuris Canonici umgegangen wird. Der CIC endet zwar mit der Behauptung »Das Heil der Seelen ist oberstes Gesetz« (c. 1752), aber immer weniger Gläubige erfahren das so – nicht nur in unseren geographischen Breiten, sondern auch in anderen Teilen der Weltkirche, wo sich Menschen mit einem lebensdienlicheren Umgang mit dem Codex häufig leichter tun. Wenn das Recht nicht mehr dem Leben dient, muss es sich die Rückfrage gefallen lassen, wie weit es noch orthodox ist. Nun gibt es Kanonisten, die ihre eigene Ekklesiologie oder die, die ihrer Meinung nach dem CIC zugrunde liegt, zum Maßstab nehmen. Den *korrekten Kanonisten* zufolge entscheidet der CIC auch über die *orthodoxe* Auslegung der Texte des Zweiten Vatikanischen Konzils. Von unseren hier vorgetragenen Überlegungen her ist festzuhalten: Entscheidend ist das Leben des

Glaubens, ja Glauben ist eine bestimmte Weise zu leben. Diese Bestimmung ergibt sich aus dem Evangelium, der Urkunde des Glaubens, das selbst im Leben der Glaubenden Gestalt gewinnt. Dazu hilft eine rechtliche Verfassung und Sicherung des Lebens, die ständig fortzuschreiben ist, so, wie das Leben sich verändert.[8] Die Praxis des Glaubens folgt nicht einfach einer vorauslaufenden Theorie (Glaubenslehre), sondern ist Bewahrung und Bewährung des Glaubens. Damit haben wir vom Verständnis dessen her, was Glaube christlich bedeutet, schon eine grundlegende Antwort auf die Frage nach dem Verhältnis von Orthodoxie und Orthopraxie erhalten.

Aufschlussreich war in unserem interreligiösen Seminar die Position des muslimischen Kollegen. Auch er betonte die Bedeutung der Praxis, des Lebens aus dem Glauben. Für dieses gibt es allerdings eine klare *dogmatische* Vorgabe: der Glaube an den einen Gott und seinen Gesandten. Das Glaubensleben folgt den Anweisungen im Koran und/oder in den Hadithen und ist in vielerlei Bereiche hinein geregelt. Asher Matern konnte als Grenzfall von einer Orthopraxie (jemand hält den Schabbat) ohne Orthodoxie (der Betreffende glaubt nicht an Gott) sprechen, was dem muslimischen Kollegen Hossam Ouf nach im Islam nicht möglich ist: Zu den verpflichtenden fünf Säulen des Glaubenslebens gehören nicht nur das fünfmalige Gebet am Tag, Fasten, Almosen und Pilgerfahrt, sondern eben auch und zuerst das Bekenntnis zu dem einen Gott. Das kann sich auch in den anderen vier *Säulen* zum Ausdruck bringen, es ist aber eigens immer wieder auszusprechen. Im *Lexikon des Dialogs* beschreibt Muammer Esen die Relationen von Islam, der gläubigen Hingabe an Gott, und Glauben, der eine kognitive und existenzielle Dimension aufweist, wie folgt:

> »Islam ist die äußere Erscheinung des Glaubens. Infolgedessen besteht wiederum eine enge Beziehung zwischen Glauben und Handeln. Der Glaube ist ein Akt des Herzens, und die Früchte des Glaubens sind gute Taten im Interesse der Menschheit. Der Ausdruck ›diejenigen, die glauben und gute Werke tun‹ kommt im Koran sehr oft vor.«[9]

8 | Vgl. aktuell *Judith Hahn*, Recht Krise.

9 | *Muammer Esen*, Glaube (isl.), 265.

So gewannen die Seminarteilnehmer*innen den Eindruck, dass der Muslim einerseits näher bei dem christlichen Theologen ist – das ausdrückliche Gottesbekenntnis ist unverzichtbar –, und andererseits betont er mit dem jüdischen Kollegen »die guten Taten im Interesse der Menschheit«. Im Hintergrund stehen, ich hatte bereits darauf aufmerksam gemacht, auch unterschiedliche Autoritätsstrukturen und eine jeweils eigene Pluralitäts(un)fähigkeit. Was die römisch-katholische Kirche angeht, so hat sich in dieser Hinsicht seit Schneiders Erstlingsvorlesung nichts geändert, ja die *Altvorderen* äußern immer häufiger, dass damals zumindest die Hoffnung auf eine evangeliumsgemäße Reform stärker war.

Was ist Wahrheit?

Die Frage des Pilatus (Joh 18,38) ist grundsätzlich gemeint. Seine Ratlosigkeit bezieht sich nicht nur darauf herauszufinden, ob Jesus oder dessen Gegner die Wahrheit sagen. Offenbar ist er ja eher geneigt, dem Nazarener zu glauben; dieser wirkt auf ihn als Person und dadurch in seinen Aussagen glaubwürdiger. Aber die Wahrheitsfindung überfordert den Prokurator, spätestens als sie ins Grundsätzliche übergehen müsste. Pilatus kapituliert angesichts der Behauptung Jesu: »Ich bin dazu geboren und dazu in die Welt gekommen, dass ich für die Wahrheit Zeugnis ablege« (Joh 18,37).

Was ist also die Wahrheit, für die der Sohn Zeugnis ablegt? Was ist die Wahrheit, auf die der Glaube sich bezieht? Ist das Hören auf die Wahrheit nur möglich, wenn ich schon in der Wahrheit bin, wie Jesus seinem Selbstzeugnis hinzufügt? »Jeder, der aus der Wahrheit ist, hört auf meine Stimme.« (Joh 18,37) Was ist gemeint, wenn der johanneische Jesus von sich sagt »ich *bin* der Weg und die Wahrheit und das Leben« (Joh 14,6)? Das ist doch offenbar etwas anderes, als würde er behaupten »ich *sage* die Wahrheit«. In diesem Fall hätte der antwortende Glaube die Struktur »ich glaube dir, dass du die Wahrheit sagst«, ich glaube also, dass das und das der Fall ist. Auch die Version »ich glaube, *dass* du die Wahrheit bist« erreicht nicht das Grundsätzliche, das *den Grund Setzende* der Selbstaussage Jesu. Zu dieser passt adäquat die Struktur »ich glaube an«. So bestätigt sich, jedenfalls vom Johannesevangelium her, die spezifische Struktur religiösen, zumindest biblischen Glaubens, wie wir sie im Vorhergehenden herausgestellt haben.

Wahrheit in Theologie und Glauben

Ist dieses Verständnis von Wahrheit kommunizierbar, kann es argumentativ vertreten werden? Oder wird es ebenso zur Privatsache erklärt wie die Charakterisierung des Glaubens im Gefolge der verbreiteten *Definition*: Glauben ist Nicht-wissen? Lässt sich begründet von einer Wahrheit des Glaubens sprechen? Sind religiöse Aussagen wahrheitsfähig? Wie wir im vorhergehenden Abschnitt dargelegt haben, ist zwischen Glaubensaussagen und (fach)theologischen Aussagen zu unterscheiden. Wissenschaftlich-theologische Aussagen sind nach den Kriterien wissenschaftlicher Aussagen hinsichtlich ihres Wahrheitsgehalts zu beurteilen. Sie müssen also widerspruchsfrei, konsistent und kohärent sein. Wird unter Wahrheit theologischer Aussagen deren Bezug zur Wirklichkeit verstanden, ist zu differenzieren. Wenn sich theologische Aussagen auf das Leben, die Praxis der Gläubigen in Wort und Tat beziehen, kann ihr Wirklichkeitsbezug überprüft, diskutiert und kritisiert werden. Wenn dagegen vertreten wird, dass Gott (θεός) die Wirklichkeit sei, auf die sich theologische Aussagen (λόγοι) richten, wird die Überprüfbarkeit, wird das Nachvollziehen theologischer Sätze fragwürdig. Ist die Alternative: die Wirklichkeit des Glaubenslebens – die Wirklichkeit Gottes ein ausschließendes Entweder – Oder? Der Glaube bezieht sich auf Gott, dieser Gottesbezug bestimmt das Glaubensleben. Theologie reflektiert die Wirklichkeit des »geglaubten Gottes« (Andreas Holzem), geht also dem nach, was geschieht, wenn Menschen sich auf Gott beziehen – noch angemessener: wenn sie in Wort und Tat darauf antworten, dass Gott sich (immer schon oder je neu) auf sie bezogen hat und bezieht. Dann reflektiert Theologie auf die Wirklichkeit Gottes, indem sie auf die Wirklichkeit des geglaubten Gottes achtet und diese untersucht, interpretiert usw. Ist dies die grundsätzliche Struktur der Theologie, dann haben ihre Aussagen einen zweifachen Wahrheitsbezug: Als wissenschaftliche Aussagen/Theorien/Hypothesen sind theologische Aussagen daraufhin zu prüfen, inwieweit sie die Wirklichkeit des *geglaubten* Gottes im Leben der Gläubigen wie der Glaubensgemeinschaften adäquat analysieren und interpretieren. In der Schultheologie wurde dies der *positive* (das heißt der auf das *Gegebene* bezogene) Teil der dogmatischen Aufgabe genannt. Als wissenschaftliche Aussagen, die sich auf Glaubensaussagen beziehen, fragen sie nach der Relevanz des Transzendenz- (Gottes-) Bezugs für den Menschen, treten sie dafür ein, dass der Transzendenzbezug, die Gottesbeziehung eine Menschenmöglichkeit ist. Das war der sogenannte spekulative Teil, der reflexive Arbeitsgang. Theologie kann dann mit anderen Wissenschaften und Weltanschauungen darüber streiten, was dem Menschen förderlich ist; sie kann auch von anderen profitieren, bereichert werden. In diesem Sinn geht es um die Wahrheit der Glaubenspraxis. Die *theoretischen* Implikationen dieser Praxis müssen in dieser selbst deutlich werden, es muss also eine orthodoxe Praxis sein, eine, die mit dem übereinstimmt, was sie von sich behauptet. Entgegen einer sich gegenwärtig eher noch ausbreitenden Skepsis gilt es zu markieren: »Der Glaube an die Botschaft von Jesus Christus wandelt sich damit nicht von einer Lebenspraxis zu einem Gedankengebäude, aber er ruft nach dem Dienst einer Theologie, die ihn systematisch auf den Zusammenhang mit aller Wirklichkeitserfahrung und Wahrheitserkenntnis hin expliziert.«[10]

Was die Forschungslage und den Diskussionsstand in Sachen Wahrheit, Wahrheitskriterien und Wahrheitstheorien angeht, so sind die grundsätzlichen Positionen schon in den ersten Jahrhunderten der europäischen Geistesgeschichte zu finden, freilich mit unterschiedlicher Aktualität angesichts der jeweiligen Zeichen der Zeit und mit einem relativ eindeutigen Gefälle in der jüngeren Vergangenheit.

Können theologische Aussagen wahr sein?

Es macht Sinn, der bereits vorgenommenen Unterscheidung von theologischer Wahrheit und Glaubenswahrheit zu folgen. Unsere erste Frage ist daher: Können theologische Aussagen wahr sein? Wenn sie das nicht sein könnten, wäre es sinnlos, über die Wahrheit von Glaubensaussagen zu reflektieren, denn dies kann nur in der Sprache der Theologie geschehen. Freilich sind beide Fragestellungen auch miteinander verbunden, denn die Frage, ob Theologie sinnvolle Aussagen treffen kann, entscheidet sich auch daran, ob die Wirklichkeit, auf die sich die von der Theologie zu reflektierenden Glaubensaussagen beziehen, eine ist, über die sinnvolle Aussagen gemacht werden können. Auf diesen Problemkomplex kann hier nur insoweit eingegangen werden, als wir die Untersuchung auf das Verhältnis von Orthodoxie und Orthopraxie fokussieren,

10 | *Ivo Meyer*, Wahrheit / Gewißheit, 246.

was nach den Ausführungen im vorhergehenden Teil bedeutet, dass wir uns auf die Frage konzentrieren, welcher Stellenwert der Orthopraxie zukommt, falls sie überhaupt relevant ist.

Was nun die *Wahrheitsfähigkeit* bzw. die Sinnhaftigkeit *theologischer Aussagen* angeht, so ragte aus der einschlägigen Literatur der 1970er Jahre der Entwurf von Wolfhart Pannenberg *Wissenschaftstheorie und Theologie*[11] heraus. Es kommt nicht von ungefähr, dass Otto Hermann Pesch sich in seiner *Summe* an Pannenberg orientiert, wenn er die wichtigen wissenschaftstheoretischen Konzepte und entsprechende Rezeptionen seitens der Theologie referiert und beurteilt. Mit seiner breiten Kenntnis auch dieser Forschungslage und der ihm eigenen methodologischen und didaktischen Kompetenz referiert und kommentiert Pesch die Entwicklung der wissenschaftstheoretischen Diskussion der letzten hundert Jahre. Schon Pannenberg und dann auf seine Weise Helmut Peukert hatten es verstanden, scharfsinnig vom Problemüberhang einer Theorie auf die, in der Regel historisch, folgende nächste Konzeption einzugehen. Pesch konzentriert sich auf die auch für unsere Frage einschlägigen Positionen des Logischen Empirismus, des Kritischen Rationalismus, der Hermeneutik, der Kritischen Theorie und der Kommunikationstheorie, die er in einer bestimmten Perspektive zusammensieht.

Was ergibt sich für die Frage, ob theologische Sätze wahr sind? Für Vertreter des Logischen Empirismus sind theologische Aussagen gar nicht auf wahr oder falsch hin zu überprüfen, weil sie a priori sinnlos sind. Fazit: »Je mehr man Gott der empirischen Nachprüfung entziehen zu müssen glaubt, umso mehr verliert ein Satz über Gott jeden angebbaren Sinn.«[12] Die Sätze im Bereich des mythischen Denkens waren zwar, so Rudolf Carnap, falsch, aber durchaus sachhaltig, »denn man konnte angeben, an welchen Beobachtungen sie sich überprüfen lassen sollten«[13]. Über Pesch hinaus drängt unser Thema zur Gegenfrage: Sollte es nicht möglich sein, durch Beobachtung der Glaubenspraxis zu sinnvollen Aussagen darüber zu kommen, dass Glauben als Lebensoption keine sinnlose Haltung und Handlung darstellt?

Charakteristisch für den Kritischen Rationalismus ist das Wahrheitskriterium der Falsifikation: Wissenschaftliche Aussagen werden nicht an

11 | *Wolfhart Pannenberg*, Wissenschaftstheorie und Theologie.
12 | *Otto Hermann Pesch*, Katholische Dogmatik, 111.
13 | *Otto Hermann Pesch*, Katholische Dogmatik, 110.

einem Verifikationskriterium gemessen, was bei All-Aussagen auf einen progressus ad infinitum hinauslaufen würde, sondern werden unter Bedingungen geprüft, die die Aussagesätze falsifizieren, weil es Fakten gibt bzw. neu auftauchen, die dem bisher Geltenden widersprechen. Falls es sich um prinzipielle Annahmen handelt und das Bisherige immer weniger an neuen Beobachtungen integrieren kann, steht ein Paradigmenwechsel an. Das allseits bekannte Beispiel hierfür ist die Ablösung des geozentrischen Weltbildes durch das heliozentrische. Hans Küng hatte das Stichwort vom Paradigmenwechsel aufgegriffen und auf die Geschichte des theologischen Denkens angewendet.[14] Theologische Sätze sind im Sinne des Kritischen Rationalismus nicht falsifikationsfähig. Ebenso wenig lassen seine Vertreter das *Auch-du-Argument* gelten: Auch du, Kritischer Rationalist, setzt ja ebenfalls unbewiesene Behauptungen voraus. Gleichwohl lässt Hans Albert, ein Hauptverfechter des Kritischen Rationalismus, der Theologie als Wissenschaft diesen Anspruch nicht gelten, sie bekommt bei ihm keine Füße auf den wissenschaftlichen Boden.

Hermeneutiker und Vertreter der Kritischen Theorie, die selbst wiederum gegeneinander argumentieren, sind die Gegenspieler von Karl R. Popper, Hans Albert u. a.; sie können für sich in der Perspektive Pannenbergs in Anspruch nehmen, den Problemüberhang des Kritischen Rationalismus aufzugreifen und die Wissenschaftstheorie voranzubringen. Hans Georg Gadamer plädiert in seinem Jahrhundertwerk *Wahrheit und Methode* für das Eigenrecht der Geisteswissenschaften (auch wenn dies nicht auf einen radikalen Gegensatz von Erklären und Verstehen reduziert werden sollte), er rehabilitiert, dann gerade auch in Auseinandersetzung mit der Kritischen Theorie der Frankfurter Schule, Autorität und Tradition als (mögliche) Quellen von Wahrheitserkenntnis. Dass die Hermeneutik eine Schlagseite in diese Richtung aufweist,[15] führt bis heute auch in der Theologie zur Distanzierung bis hin zu der Ablösung der hermeneutischen durch eine analytische Theologie. In meiner Dissertation hatte ich dafür plädiert, im Sinne Gadamers Autorität und Tradition in wahrheitstheoretischer Hinsicht ernst zu nehmen, freilich

14 | Vgl. *Hans Küng*, Theologie im Aufbruch, München – Zürich 1987.

15 | Nach *Otto Hermann Pesch*, Katholische Dogmatik, 123–126, neben dem »harmlosen« Problem der Abgrenzung gegenüber anderen Wissenschaftstheorien das gewichtige »konfliktträchtige« der internen Probleme der Hermeneutik.

seitens der Fundamentaltheologie eine Kriteriologie einzufordern, der sich eben auch Autorität und Überlieferung unterstellen müssten.[16] Sofern die hermeneutische Philosophie nach dem Ganzen der Wirklichkeit fragt, dies jedoch vor allem mit der Horizontverschmelzung des damaligen und heutigen Verstehens sucht, stehen Glaubens- wie theologische Aussagen zwar unter dem eschatologischen Vorbehalt der Vorläufigkeit aller menschlichen Wahrheitserkenntnis, aber zugleich in der Erwartung, dass das Schon des Heilshandelns Gottes die Hoffnung begründet, dass das Noch nicht seiner Vollendung den Vorgriff auf die Vollendung selbst nicht verbietet – im Gegenteil. Pannenberg ist gar der Auffassung, dass die Vorwegnahme (Prolepse) des Endes der Geschichte in der Auferweckung Jesu als des Erstlings der Entschlafenen als historisches Ereignis behauptet werden kann. Wenn die Annahme eines Ganzen der Geschichte Gründe für sich beanspruchen kann, dann macht es Sinn, in der Geschichte entsprechende Anhaltspunkte auszumachen.

Trotz ihrer einschlägigen Kritik an Gadamers *Universalhermeneutik* hängt die Theorie des Kommunikativen Handelns, für die vor allem Jürgen Habermas und Karl-Otto Apel stehen, »sachlich und historisch mit der Frage nach dem Verstehen von Geschichte zusammen und hat einen gemeinsamen Ursprung mit der Hermeneutik«[17]. Folglich treffen sie auch vergleichbare Einwände hinsichtlich der Setzung von Voraussetzungen wie das Ideal des herrschaftsfreien Dialogs, der Wertung der Geschichte und des entsprechenden Kriteriums. Theologische Aussagen sind nicht wahrheitsfähig:

> »Die Rede von *Gott* zielt ihrem Sachgehalt nach auf etwas, was beansprucht, jedem Handeln als dessen Sinngrund vorweg zu sein. Wie solche Rede dem Logischen Positivismus als sinnlos, dem Kritischen Rationalismus als irrationale ›Flucht ins Engagement‹ erscheint, so der Kritischen Theorie als Rest aus der Vorgeschichte menschlicher Befreiung.«[18]

Allerdings hat Helmut Peukert in seiner beeindruckenden Monographie gezeigt, wie von dem Problemüberhang der Theorie des kommunikati-

16| Vgl. *Bernd Jochen Hilberath*, Theologie Tradition Kritik. – Vor der Verführung durch die (Gadamersche) Hermeneutik warnte in seiner zeitgleich verfassten Dissertation *Heinz Günter Stobbe*, Hermeneutik.

17 | *Otto Hermann Pesch*, Katholische Dogmatik, 133.

18 | *Otto Hermann Pesch*, Katholische Dogmatik, 134 f.

ven Handelns eine Fundamentale Theologie des kommunikativen Handelns plausibilisiert werden kann.[19]

Pesch analysiert und kritisiert in einem eigenen Kapitel die Reaktionen seitens der Theologie, die ich in mein Referat schon teilweise mit einbezogen habe, und charakterisiert sie durch die Überschrift »Zwischen Abgrenzung und Streitgespräch«[20]. Für unsere Frage nach dem Verhältnis von Orthodoxie und Orthopraxie ist unter den von Pesch skizzierten Modellen der Reaktion das dritte, *die eschatologische Verifikation*, einschlägig interessant. Entsprechenden Aussagen haftet freilich ein labiler Status an, es sei denn, sie werden als innerweltlich überprüfbar oder jedenfalls sinnvoll eingeführt, wie dies Pannenberg mit der *Tatsache* der Auferweckung Jesu behauptet. Solange die Wahrheit theologischer Aussagen, die sich auf Gottes Vollendungshandeln beziehen, nur im Bekenntnis ausgesagt werden kann, sind sie Aussagen einer *schwachen* Theologie.[21] Allerdings könnte die Praxis der Glaubenden darauf hin analysiert werden, inwiefern sie dem, was *orthodox geglaubt* wird, eine praktische Plausibilität zu geben vermag. Im Anschluss an Johann Baptist Metz und die Ausarbeitung des Grundgedankens durch Helmut Peukert rückt die solidarische Anamnese, die sich gegen die Halbierung der Geschichte als Geschichte der Sieger, der Überlebenden stellt, in den Blickpunkt.

»Kennzeichnend für alle diese Versuche, ob sie nun Korrespondenztheorie, semantische Wahrheitstheorie, Redundanztheorie, Konsensus- oder Kohärenztheorie der Wahrheit heißen mögen, ist, dass sie sich im Modus sprachanalytischer Untersuchungen bewegen.«[22] Allerdings ist die Sprache »universal und zugleich geschichtlich und endlich«[23]. Da »die Grenzen der Sprache [...] die Grenzen unserer Welt sind« [24], wie Hans Michael Baumgartner mit Verweis auf Wittgenstein festhält, bewegt sich die Suche nach der Wahrheit in dieser Spannung. Ist der Mensch (der

19 | Vgl. *Helmut Peukert*, Wissenschaftstheorie – Handlungstheorie – Fundamentale Theologie. – Pesch kennzeichnet in dem jetzt zu erwähnenden Kapitel, in dem er Modelle der Reaktion auf die Wissenschaftstheorie vorstellt, Peukerts Ansatz als das Modell der »fundamentalen Übernahme« (149).

20 | *Otto Hermann Pesch*, Katholische Dogmatik, 139–151 (9. Kapitel).

21 | Für diese Position steht vor allem der italienische Philosoph Gianni Vattimo.

22 | Pointiert formuliert bei *Hans Michael Baumgartner*, Wahrheit / Gewißheit, 233. – Was bedeutet es, dass der Art. Wahrheit / Gewißheit in der Neuausgabe von 2005 fehlt??

23 | *Hans Michael Baumgartner*, Wahrheit / Gewißheit, 234.

24 | *Hans Michael Baumgartner*, Wahrheit / Gewißheit, 233 f.

menschliche Geist) als endlicher dennoch *capax infiniti*? Und die Seele *quoddammodo omnia*?

Theologie und Lehramt – zum Beispiel Ordination der Frau

Bevor wir dem Konnex von Theologie und Glaube weiter nachgehen, also dem Bezug der theologischen Aussagen auf die Äußerungen des Glaubens, will ich aus immer wieder aktuellem Anlass anmahnen, dass theologische Aussagen, diesseits der Frage nach ihrem Wirklichkeitsbezug, also sozusagen theologie-intern, den Regeln wissenschaftlich-korrekten Argumentierens folgen müssen. Dies ist anzumahnen vor allem angesichts lehramtlicher Äußerungen, die beanspruchen, theologisch zu argumentieren. Am Beispiel der mit großem lehramtlichem Einsatz vorgetragenen Behauptung, dass Frauen nicht ordiniert werden können, sei dies aufgezeigt:

(1) Neutestamentlicher Befund: Jesus hat *die Zwölf* ausgewählt als Repräsentanten des erneuerten Gottesvolkes der zwölf Stämme. Lukas spricht dann von den zwölf Aposteln, nennt aber in der Apostelgeschichte auch Paulus und Barnabas Apostel. Paulus selbst hat einen weiten Apostelbegriff, der auch Frauen als Gesandte im Dienst des Evangeliums einschließt (vgl. Röm 16). Es ist also zwischen dem *Amt* der Zwölf und dem der Apostol*innen zu unterscheiden. Ihnen kommen jeweils verschiedene Funktionen zu: Kontinuität und Neubeginn des Gottesvolkes (die Zwölf) – Verkündigung des Evangeliums und Sorge für die rechte Verkündigung und entsprechende *Orthopraxie* (die Apostol*innen). Daraus, dass Jesus nur Männer in den Zwölferkreis berufen hat, lassen sich keine Argumente gegen eine Ordination von Frauen ableiten, denn: Eine Repräsentation der zwölf Stammväter verlangte eine entsprechende symbolische Darstellung: Stamm*väter*. Außerdem haben die Zwölf in ihren Funktionen keine Nachfolger. Die Aufgaben der (Ur)Apostel dagegen sind weitergegangen, von der Funktion, Augenzeugen des Auferweckten zu sein, abgesehen. Zu diesen Osterzeugen gehören allerdings auch Frauen, allen voran Maria von Magdala. Fazit: Die Nachfolger der Apostel sind nicht auch die Nachfolger der Zwölf, repräsentieren also nicht die Stammväter; die Nachfolger der Apostel tragen, vor allem durch die Verkündigung des Evangeliums in Wort und Tat, Sorge für die

Orthodoxie und Orthopraxie der Gemeinden/Kirchen. Diese erst nach Tod und Auferstehung Jesu und mit der Ausbreitung des *neuen Weges* (vgl. Apg 9,2) notwendig gewordene Dienst/Amts-Funktion kann nicht unter Berufung auf Jesus als für Frauen ausgeschlossen behauptet werden.

(2) Historischer Befund: Über diese *Urgeschichte* des Christentums hinaus kennt die Geschichte vielfältige Beispiele, dass Frauen Dienste/Ämter/Kompetenzen wahrnahmen, zu denen heute ordiniert würde. Der endgültige Ausschluss der Frauen von den durch Ordination übertragenen Ämtern und dessen nachträgliche theologische *Legitimierung* sind also theologisch nicht zwingend – sonst wären die historischen Beispiele als *unorthodox* einzustufen. Wer argumentiert, dass *die Kirche* eben erst später in ihre Glaubenswahrheit hineingewachsen wäre und das gelte von da an, verfolgt ein evolutionistisches Konzept von Dogmenentwicklung, das dem historischen Befund nicht entspricht. Hinsichtlich dessen Details kann diskutiert werden, ohne dass der Befund insgesamt allererst nochmal gründlich studiert werden müsste, was immer wieder als Ausrede, um Zeit zu gewinnen, behauptet wird. Noch entscheidender ist freilich die grundlegende hermeneutische Einsicht, dass der exegetische wie der historische Befund uns heute die Entscheidung nicht abnehmen kann, ob wir noch länger Frauen von Ämtern der Kirche ausschließen wollen. In seiner Reaktion auf *Ordinatio sacerdotalis* formulierte der damalige Primas der Anglikanischen Gemeinschaft: Treue zu Jesus Christus heißt, uns zu fragen, was Christus heute von uns will. Ist das eine unorthodoxe oder gar häretische Position?

(3) Symboltheologische und anthropologische Argumentation: Diese bleibt übrig, wenn auch das Lehramt zugeben muss, dass der biblische und der historische Befund nicht ausreichend zwingend ist. Freilich: dass Jesus ein Mann war, bedeutet nicht, dass Gott nur in einem Mann hätte Mensch werden können. In den damaligen gesellschaftlichen Verhältnissen war das der *leichtere* Weg, um bei den Menschen anzukommen, wenn auch nur eine von zwei Möglichkeiten. Erlöst sind wir jedenfalls nicht durch Gott in einem Mann, sondern durch den menschgewordenen Gott. Wenn die Aufgabe der Amtsträger bei zentralen kirchlichen Vollzügen als Handeln *in persona Christi* bezeichnet wird, so ist damit nicht ein Nachahmen Jesu

> wie etwa bei Passionsspielen gemeint. Persona meint nicht Person in unserem abendländischen Menschenbild, sondern Rolle: der Priester handelt in der Rolle Jesu Christi, der – wie schon Augustinus lehrte – es ist, der tauft, der uns die verwandelten Gaben von Brot und Wein reicht, von Sünden losspricht. Das ist ein Handeln im Auftrag Christi, nicht ein *ich bin jetzt der Herr Jesus für euch*. Ein Mannsein ist hier nirgendwo gefordert, ja es wäre, um einer Verwechslung von Jesus Christus und dem Amtsträger vorzubeugen, symbolisch angebrachter, dass Männer und Frauen diese Dienste ausüben und damit vom menschgewordenen Gott verkünden. Das beliebte Symbol von Braut und Bräutigam als Argument heranzuziehen, zeugt von mangelnder theologischer Reflexion, denn: das Verhältnis von Christus zur Kirche als Verhältnis von Braut und Bräutigam kann in einer Gesellschaft, in der Braut und Bräutigam gleichberechtigt sind, nicht verwendet werden, um das Verhältnis Christus-Kirche darzustellen, das damals sprechend war: Christus erwählt sich aus Liebe die Kirche. Wer dieses Symbol weiter verwendet und daraus amtstheologische Konsequenzen zieht, muss sich auf seine Anthropologie hin befragen lassen. Ohnehin ist die amtstheologische Anwendung nicht zwingend, es sei denn, die Aufgabe der Amtsträger werde darin gesehen, Christus als Haupt zu präsentieren. Das ist freilich mit *in persona* nicht gemeint.

Wer in der Frage der Frauenordination Position bezieht, sollte also seinen theologischen Argumentationsgang überprüfen: Aus welchen Gründen ist eine Ordination von Frauen nicht orthodox? Exegetische, historische und systematisch-theologische, nach dem auch für die theologische Argumentation geltenden Standard eruierte Befunde lassen sich dafür nicht heranziehen, letztlich hat *die Kirche* das Evangelium angesichts der heutigen Zeichen der Zeit zu verkünden und ihm in der Orthopraxie zu entsprechen. Dann aber ist die Ordination von Frauen zu allen Ämtern selbstverständlich. Lehramtliche Äußerungen sollten sich zu dem stellen, was eine wachsende Zahl nicht nur von Theolog*innen, sondern von Gläubigen – und zwar nicht nur, wie gern behauptet, in dem satten und säkularisierten Europa! – als *orthodox* (ein)schätzen.

Mit Herbert Vorgrimler will ich festhalten:

> »Stellt sich die Theologie der heutigen Wahrheitsdiskussion, dann bedeutet das a) dass ihre Sätze überprüfbar mit der Wortoffenbarung

Gottes übereinstimmen und widerspruchsfrei sein müssen; b) dass ihre Sätze mit dem Konsens der Glaubensgemeinschaft im Verstehen der Wortoffenbarung übereinstimmen müssen; c) dass sowohl ihre Sätze als auch die Konsensaussagen der Glaubensgemeinschaft in Übereinstimmung mit gegenwärtigen Erfahrungen gebracht werden, jedenfalls nicht im Widerspruch zu diesen stehen; d) dass die Ansprüche der Offenbarung Gottes, Menschen zu praktischem Handeln zu bewegen, durch die Theologie in ihrer Bedeutung als Handlungsimpulse für die jeweilige ›heutige Situation‹ ausgelegt werden müssen, damit die ›Bewahrheitung‹ umfassend, nicht nur auf der Ebene der Übereinstimmung, sondern auch auf der Ebene der Praxis erfolgt. Diese Bewahrheitung ist immer ein Geschehen, verbunden mit einer Wegsuche unter dem Vorzeichen der im Wort Gottes enthaltenen Verheißungen.«[25]

Wahrheitsfähigkeit von Glaubensaussagen

Es lassen sich also sinnvolle theologische Sätze formulieren, aber beziehen diese sich auch auf eine Wirklichkeit, über die sinnvolle Aussagen gemacht werden können? Da sich theologische Aussagen auf Glaubensaussagen beziehen (sollen), deutete sich schon an, in welcher Weise der Wirklichkeitsbezug von Glaubensaussagen aufgezeigt werden kann. Als These formuliert: Die Wirklichkeit, auf die sich der Glaube in seinen Äußerungen in Wort und Tat (!) bezieht, ist nicht eine im Sinne von *Protokollsätzen* wie »es gibt (Gott, ewiges Leben…)«. Glaubensaussagen, also Reden und Handeln aus Glauben, halten mitten in diesem Leben den Himmel offen, plädieren für den Transzendenzbezug unserer immanenten Verhältnisse, dafür, dass ein Leben in Erwartung des Kommenden nicht sinnlos ist.

Wie passt diese Positionierung zu dem Diskurs über Wahrheit und Wahrheitskriterien?

Wie im Abschnitt zu den Wahrheitstheorien festgehalten, haben Wissenschaften keinen Wissens-Zugriff auf das Ganze der Wirklichkeit. Das haben Pannenberg und Peukert in ihren Aufarbeitungen der Problemüberhänge transparent gemacht. Theologie jedoch bezieht sich als Refle-

25 | *Herbert Vorgrimler*, Wahrheit, 671. – Zur »Wahrheit« der Dogmatik als theologischer Disziplin s. *Jürgen Werbick*, Prolegomena, 40–47; *Otto Hermann Pesch*, Katholische Dogmatik, 11. Kap.

xion auf Glaubensaussagen, die genau dies tun. Während theologische Aussagen nach den Standards wissenschaftlichen Argumentierens formuliert sein müssen, sind Glaubensaussagen keine Wissenssätze, sie zielen auf das Ganze der Wirklichkeit, wenn auch – *wissenschaftlich* gesehen – im Modus des Offenhaltens. Folgen wir noch einmal Pesch:

> »Wann sagen wir nun, eine Glaubensaussage sei ›wahr‹? Dann, wenn wir sagen wollen: *Auf die in der Aussage angezeigte Wirklichkeit hin lebe und sterbe ich.* Zum Beispiel auf das in der Glaubensaussage zur Sprache gebrachte Verhältnis Gottes zum Menschen und umgekehrt. Es handelt sich mithin um eine Aussage über Leben und Sterben als Ganzes, ja über die Wirklichkeit als ganze.«[26]

Diese Überzeugung führt zu der Schlussfolgerung:

> »Formal ist der Glaube damit also schwächer als die Wissenschaft und ihre Verfahren, die sich tatsächlich nur auf einen Ausschnitt der Wirklichkeit beziehen und die anderen Wirklichkeitsbereiche dadurch zugleich zu diskreditieren und auszugrenzen suchen, indem sie sie nicht für wahrheits- und wissenschaftsfähig erklären.«

Und der gläubige Theologe fügt hinzu: »Dieser Preis für Ganzheit und Ganzheitlichkeit ist aber nicht überhöht.«[27]

Das *Ganze* können nicht-philosophische und nicht-theologische Wissenschaften per se wissenschaftstheoretisch nicht er- bzw. bearbeiten. Aber auch schon in ihrem sektoralen Bereich müssen sie vernachlässigen, dass Wissenschaft nur Modelle der Wirklichkeit bzw. Interpretationen derselben erarbeiten können (genauer: die entsprechenden Wissenschaftler*innen sind sich dessen bewusst) und dass sie ihre Hypothesen in einer Sprache formulieren, die immer auch einen (inter)subjektiven Zugriff bedeutet. Dem Problem des Ganzen hat Jürgen Werbick in seinem Kapitel *Wahrheit als Beziehung zum Absoluten?* luzide Überlegungen in Auseinandersetzung mit Hegel gewidmet. Demnach ist Wahrheit in Beziehung

> »unvereinbar mit Ausschließen und Verdrängen, mit Abschneiden und Ausblenden. Sie meldet sich in der Unruhe des Geistes und des Herzens, die nicht davon ablassen kann, zusammenzuhalten und zusammenzubringen, was zusammengehört, die dem Absoluten auf der

26 | *Otto Hermann Pesch*, Katholische Dogmatik, 164.
27 | *Otto Hermann Pesch*, Katholische Dogmatik, 168.

> Spur bleibt und es als Gottes Absolutheit – als Gottes Herrschaft – zur Geltung gebracht sehen will. Eins ist hier freilich ausgeschlossen: dass menschliches Wissen dieses Absolute – die heilvolle Totalität der Vermittlungszusammenhänge, in der nichts mehr ungewürdigt bleiben muss und allem uneingeschränkt Gerechtigkeit widerfährt – umfassen und als solches *wissen* könnte.«[28]

Es bleibt dabei: »Christlicher Glaube ist nicht selbst ein wissenschaftliches oder philosophisches Wissen mit nur anderen Evidenzgründen, sondern eine Herausforderung für die existentielle Entscheidung des Menschen.«[29] Immer wieder erweist sich Glaube als Hoffnung: »Glaube aber ist: Grundlage dessen, was man hofft« (Hebr 11,1), deshalb gilt »Lasst uns an [...] der Hoffnung festhalten« (Hebr 10,23). Diese Hoffnungsstruktur des Glaubens wurde in der Mitte des vergangenen Jahrhunderts wieder entdeckt und theologisch ausformuliert, nicht zuletzt in dem »Bekenntnis zum Glauben in dieser Zeit« der Gemeinsamen (*Würzburger*) Synode.[30]

Glaubenswahrheit – Orthodoxie und Orthopraxie

Wie artikulieren die Religionen selbst von ihren Urkunden her *die Wahrheit*, und was folgt aus der Analyse dessen, was in der Bibel Glauben und Wahrheit bedeuten und wozu uns der interreligiöse Austausch angeregt hat, für die Verhältnisbestimmung von Orthodoxie und Orthopraxie?
Nach Hans Michael Baumgartner setzt die Frage des Pilatus »bereits eine reflektierte und skeptische Haltung voraus«. Demgegenüber sei »die ursprüngliche Frage nach der Wahrheit die Frage nach dem Insgesamt dessen, was wir verlässlich über uns und die Welt wissen können, worauf wir uns verlassen können.«[31] Dieser philosophische Einstieg bzw. Ausgangspunkt trifft auch die Grundstruktur der Glaubenswahrheit. Diese entspricht nämlich, entgegen eines immer noch verbreiteten Vorurteils, das durch Beispiele immer wieder verstärkt wird, nicht der Struktur des

28 | *Jürgen Werbick*, Glauben verantworten, 169.
29 | *Hans Michael Baumgartner*, Wahrheit / Gewißheit, 240.
30 | An dem von Johann Baptist Metz vorgelegten Text hat Theodor Schneider in der Sachkommission I kräftig mitgearbeitet und für die Offizielle Gesamtausgabe die Einleitung verfasst: *Theodor Schneider*, Einleitung, 71–84.
31 | *Hans Michael Baumgartner*, Wahrheit / Gewißheit, 230.

Für-wahr-haltens »wahrer Sätze«. Was ist das für eine Wahrheit, die *mit dem Mund bekannt und im Herzen geglaubt* (vgl. Röm 10,9 f.) wird? Glaube ist Vertrauen, ist eine Haltung, eine Option fürs Leben. *Ich glaube Dir* ist gleichbedeutend mit *ich liebe Dich* – beides geht in aller Endlichkeit nur *total*, also restlos und ganzheitlich. Zweifel, Abbruch und Neubeginn gehören dazu. Eine solche Glaubenshaltung/Option aus Liebe ist nur sinnvoll, nur verantwortbar, wenn der/die/das, worauf sich Glaube und Liebe ausrichten, wahrhaftig, vertrauenswürdig, verlässlich ist. Genau diese Eigenschaften verbindet das hebräische Wort emeth mit dem, was wir als Wahrheit übersetzen. Diese Wahrheit erweist sich im Prozess des Lebens, in der Geschichte des einzelnen wie der Menschheit. Die Wahr-

heit des Glaubens stellt sich grundsätzlich nicht als Relation von Aussage und Sache dar, sondern als personales Geschehen. Martin Thurner hält fest, dass die Annahme der Glaubenswahrheit »weniger in einer Summe von Wissensinhalten zur Geltung [kommt], sondern in einem ›Sein aus der Wahrheit‹ (vgl. Joh 18,37)«[32] Wer aus der Wahrheit sein will, hält sich an den, der die Wahrheit ist, zu ihr führt und dadurch Leben gibt – »ich bin der Weg und die Wahrheit und das Leben« (Joh 14,6). Eine »*lebendige* Wahrheit« wird verwirklicht »nicht allein in theoretischen Einsichten, sondern in dem, was im Neuen Testament als der individuelle Weg bezeichnet wird. Dies ist die vom göttlichen Heil her eröffnete geschichtliche Existenz des einzelnen Menschen auf Gott hin.«[33] Es kommt nicht von ungefähr, dass Thurner sich auf das Johannesevangelium stützt, das im Vergleich mit den Synoptikern ἀλήθεια weitaus häufiger verwendet und theologisch ausprägt. Die Wahrheit ist die Offenbarung selbst, Jesus Christus als *der Sohn*, der den Gläubigen in der Verkündigung begegnet. Und »jeder, der aus der Wahrheit ist, hört auf meine Stimme« (Joh 18,37) – »aus der Wahrheit sein« ist eine ganz und gar johanneische Prägung. Mit Blick auf das Verhältnis von Orthodoxie und Orthopraxie interessiert uns besonders die Wendung »die Wahrheit tun« (Joh 3,12; 1 Joh 1,6). Diese Formulierung »ist ganz ungriechisch, aber dem semitischen Denken angemessen und jetzt auch in Qumrantexten

32 | *Martin Thurner*, Wahrheit (chr.), 729 f.
33 | *Martin Thurner*, Wahrheit (chr.), 730.

nachgewiesen«[34]. Dort steht sie häufig zur »Gerechtigkeit, zum rechten Handeln in Beziehung«[35].

Die dahinterstehende Theologie des vierten Evangelisten erläutert Schnackenburg so:

> »Jesu Worte enthüllen nicht Geheimnisse apokalyptischer Art und lehren keine inhaltlichen ›Wahrheiten‹ (der Plural kommt nicht vor), sondern sind als Worte des göttlichen Gesandten und Offenbarers ›Geist und Leben‹ (6, 63.68). Die diese Wahrheit in sich aufnehmenden Menschen erhalten dadurch nicht eine rationale Belehrung oder Aufklärung, sondern werden in der Wahrheit ›geheiligt‹ (17, 17a.19), mit dem Leben Gottes erfüllt... Allerdings muss die Wahrheit auch die ihr Leben bestimmende Norm werden; sie müssen ›die Wahrheit tun‹ und die Liebe ›in Tat und Wahrheit‹ üben (vgl. 3,12; 1 Joh 1,6; 3,18).«[36]

Für Johannes gilt: Wer die Wahrheit tut, zeigt, dass er/sie aus Gott ist – in unserem Kontext gilt auch, wie oben schon angesprochen, dass sich im Tun der Wahrheit auch bewahrheitet, wer Gott ist, dass er ein treuer, zuverlässiger Gott ist, auf den der Mensch sein Leben setzen kann.

Was Johannes hochtheologisch konzipiert, passt freilich hinsichtlich des Verhältnisses von Orthodoxie und Orthopraxie zur Verkündigung Jesu bei den Synoptikern. Ein entsprechendes *Ich-Wort* Jesu könnte lauten: Ich bin nicht in die Welt gekommen, um euch Glaube und Sitten betreffende Dogmen mitzuteilen. Vielmehr bin ich gekommen, um euch an Gottes, des Vaters, Schöpfungsordnung zu erinnern und euch zuzusagen, dass Gott einen neuen Anlauf macht, sein Reich unter euch zu verwirklichen. Es geht allein um das Reich Gottes, um das Miteinanderleben der Menschen so, wie Gott sich dies in seinem *Projekt Schöpfung/Menschheit* vorgestellt hat. Die einschlägige Spitzenaussage lautet: »Nicht jeder, der zu mir sagt: Herr! Herr!, wird in das Himmelreich kommen, sondern wer den Willen meines Vaters im Himmel tut« (Mt 7,21). Worauf es ankommt, sagt konkret die Gerichtsrede in Mt 25!

In unseren interreligiösen Seminaren habe ich erfahren, dass nicht nur mit dem jüdischen Denken, sondern auch mit der muslimischen Theolo-

34 | *Rudolf Schnackenburg*, Johanneischer Wahrheitsbegriff, 268.

35 | *Rudolf Schnackenburg*, Johanneischer Wahrheitsbegriff, 275.

36 | *Rudolf Schnackenburg*, Johanneischer Wahrheitsbegriff, 270 f.

gie vieles gemeinsam ist. Der einschlägige Artikel im *Lexikon des Dialogs* spiegelt das wider: Die altvertrauen Theoreme *ens et verum convertuntur* und *adaequatio intellectus et rei* finden sich hier fast noch selbstverständlicher. Dem metaphysischen Bereich kommt Wirklichkeit zu, die auch erkannt werden kann, denn die Offenbarung ist »prinzipiell keine die Vernunft übersteigende oder ihr widersprechende Quelle der Wahrheit«[37]. Zuversichtlich heißt es: »So wie die Behauptung ›Die Welt existiert‹ für ihre Wahrheit eine von der Sprache und dem Geist unabhängige Realität voraussetzt, ist auch die Behauptung ›Gott existiert und ist einzig‹ nur unter der Voraussetzung richtig, dass Gott existiert und einzig ist.«[38] Näher als dieser erkenntnismetaphysische Optimismus, der gleichwohl, was die konkrete menschliche Erkenntnis angeht, realistisch bleibt, ist es, dass »der Wahre« im Koran zu den schönsten Namen Gottes zählt. Wahrheit ist also mehr als Richtigkeit, Wirklichkeit und Wahrhaftigkeit gehören ebenfalls zu »dem Wahren«.[39]

Für den Islam ist die Orthopraxie fundamental: Wer den Forderungen der fünf Säulen entspricht, ist ein Muslim. Dazu gehört freilich auch das Bekenntnis zu Allah als dem einzigen Gott und zu seinem Gesandten Muhammed. Bekennen ist folglich auch ein Akt der Glaubenspraxis. Durch die vier weiteren *Säulen* wird allerdings, wenn ich das richtig wahrnehme und höre, nicht Gott bewahrheitet, dieser ist vielmehr die selbstverständliche Voraussetzung, die in allem impliziert ist. Fünfmal am Tag beten, aber nicht an Gott glauben, ist für einen Muslimen unvorstellbar. Die muslimische Praxis ist orthodox, weil das Bekenntnis zu dem einen Gott Kern der Orthodoxie ist. Und das Bekenntnis bleibt orthodox, wenn die Gläubigen ihren Glauben praktizieren. Da an der Praxis abzulesen ist, ob ein Mensch dem orthodoxen Glauben entspricht, haben Muslime Schwierigkeiten damit, dass Christen sich für *gute* (orthodoxe) Christen halten, auch wenn sie nicht regelmäßig zum Gottesdienst (»in die Kirche«) gehen. Ist das nicht schon ein Zeichen von Schwäche der Religion? Zu hören ist ja schon, das Christentum sei eine »sterbende Religion«. Was vielen Muslimen offenbar noch selbstverständlich ist, stellt sich für Christenmenschen, jedenfalls (aber keineswegs nur) in unseren Breiten, problematischer dar. Die Überbetonung

37 | *Mehmet Sait Reçber*, Wahrheit (isl.), 731.
38 | *Mehmet Sait Reçber*, Wahrheit (isl.), 731.
39 | Vgl. *Mehmet Sait Reçber*, Wahrheit (isl.), 730.

der Orthodoxie, die ja noch nicht Vergangenheit ist, fördert die Wertschätzung der Orthopraxie. Insofern gilt für diejenigen, die auch in der Kirche gläubig sein (bleiben) wollen, als Beispiel, was das Synodenbekenntnis über den Zusammenhang von eucharistischer Tischgemeinschaft und der Tischgemeinschaft mit den armen Kirchen akzentuiert: »Die Kosten, die uns dafür abverlangt werden, sind nicht ein nachträgliches Almosen, sie sind eigentlich die Unkosten unserer Katholizität, die Unkosten unseres Volk-Gottes-Seins, der Preis unserer Orthodoxie.«[40]
Eigentlich genügt es doch, sich auf das Evangelium des Jesus von Nazareth einzulassen, und das heißt: es geht um das Reich Gottes, nicht um die Kirche. Das gilt auch dann, wenn wir *Kirche* als Gemeinschaft der Glaubenden verstehen und nicht auf die hierarchische Amtskirche reduzieren. Das gilt auch dann, wenn wir in der Perspektive der Orthopraxie behaupten, es gäbe auch Kirche außerhalb der Kirche. Wer auch immer in der Nachfolge Jesu steht, in der Spur des Evangeliums sich bewegt, ob *orthodox* oder *anonym*, dem/der kann es nicht um sich selbst gehen. Wer sich von Gott, mit dem der Glaube immer wieder ringen wird, beschenkt weiß, der kreist nicht mehr ängstlich um sich selbst, der versucht sich im »Dasein für andere« (Dietrich Bonhoeffer), im Leben aus dem Geist. Davon als Theologe zu reden und darin als Seelsorger zu handeln, gehört zum Lebensskript Theodor Schneiders.

Literaturverzeichnis

Quellen

Codex Iuris Canonici – Codex des kanonischen Rechtes, lat. / dt. Ausgabe, Kevelaer 1984.

Die Bibel: Einheitsübersetzung. Altes und Neues Testament, Stuttgart 2016.

Dokumente des 2. Vatikanischen Konzils: *Rahner, Karl / Vorgrimler, Herbert*, Kleines Konzilskompendium, Freiburg / Basel / Wien 1966.

Gemeinsame Synode der Bistümer in der Bundesrepublik Deutschland. Offizielle Gesamtausgabe, Bd.1, Freiburg 1976.

40 | Gemeinsame Synode der Bistümer in der Bundesrepublik Deutschland. Offizielle Gesamtausgabe (Bd. 1), 110.

Weitere Literatur

Baumgartner, Hans Michael, Wahrheit / Gewißheit. A. Aus philosophischer Sicht, in: NHthG 5 (1991) 230–241.

Esen, Muammer, Glaube (isl.), in: Lexikon des Dialogs. Grundbegriffe aus Christentum und Islam 2 ([2]2014) 265.

Franz, Albert, Glaube, in: *Franz, Albert / Baum, Wolfgang / Kreutzer, Karsten* (Hg.), Lexikon philosophischer Grundbegriffe der Theologie, Freiburg 2003, 173–176.

Hahn, Judith, Recht in der Krise. Neun soziologische Thesen zum Status des Kirchenrechts, in: Feinschwarz.net (Theologisches Feuilleton) v. 16.12.2019, auf https://www.feinschwarz.net/recht-in-der-krise-neun-soziologische-thesen-zum-status-des-kirchenrechts/

Hilberath, Bernd Jochen, Theologie zwischen Tradition und Kritik. Die Hermeneutik Hans Georg Gadamers als Herausforderung des theologischen Selbstverständnisses, Düsseldorf 1978.

Meyer, Ivo, Wahrheit / Gewißheit B. Aus biblisch-theologischer Sicht, in: NHthG 5 (1991) 241–249.

Küng, Hans, Theologie im Aufbruch, München / Zürich 1987.

Pannenberg, Wolfhart, Wissenschaftstheorie und Theologie, Frankfurt 1973.

Pesch, Otto Hermann, Katholische Dogmatik aus ökumenischer Erfahrung, Bd. 1/1, Ostfildern 2008.

Peukert, Helmut, Wissenschaftstheorie – Handlungstheorie – Fundamentale Theologie. Analysen zu Ansatz und Status theologischer Theoriebildung, Düsseldorf 1976.

Reçber, Mehmet Sait, Wahrheit (isl.), in: Lexikon des Dialogs. Grundbegriffe aus Christentum und Islam 2 ([2]2014) 730f.

Schnackenburg, Rudolf, Exkurs 10: Der johanneische Wahrheitsbegriff, in: HThK IV, 2 (1971) 265–281.

Schneider, Theodor, Einleitung zu: Unsere Hoffnung. Ein Bekenntnis zum Glauben in dieser Zeit, in: Gemeinsame Synode der Bistümer in der Bundesrepublik Deutschland. Beschlüsse der Vollversammlung, Offizielle Gesamtausgabe, Freiburg / Basel / Wien 1976, 71–84.

Seckler, Max / Berchtold, Christoph, Glaube, in: NHthG 2 (1991) 232–252.

Stobbe, Heinz Günter, Hermeneutik – ein ökumenisches Problem. Eine Kritik der katholischen Gadamer-Rezeption, Zürich 1981.

Thurner, Martin, Wahrheit (chr.), in: Lexikon des Dialogs. Grundbegriffe aus Christentum und Islam 2 (2013) 729f.

Vorgrimler, Herbert, Glaube, in: *ders.* (Hg.), Neues theologisches Wörterbuch, Freiburg 2000, 230–233.

Vorgrimler, Herbert, Wahrheit, in: *ders.* (Hg.), Neues Theologisches Wörterbuch, Freiburg. 2000, 669–671.

Werbick, Jürgen, Den Glauben verantworten. Eine Fundamentaltheologie, Freiburg 2000.

Werbick, Jürgen, Prolegomena, in: *Schneider, Theodor* (Hg.), Handbuch der Dogmatik, Bd.1, Düsseldorf [6]2017, 40–47.

Lebensdaten von Theodor Schneider

22.05.1930	Geburt in Essen/Ruhr
1936–1950	Schulbesuch in Essen, Lomnice (Tschechien), Galtür (Tirol), Gronau (Westfalen) und Essen
1950	Abitur am Carl-Humann-Gymnasium, Essen-Steele
1950–1956	Studium der Philosophie und Theologie in Bonn, Freiburg i.Br. und Bensberg
23.02.1956	Priesterweihe in St. Heribert, Köln-Deutz
1956–1959	Kaplan an St Augustinus, Essen-West
1959–1962	Subsidiar an St. Elisabeth, Essen-Schonnebeck, und Promotionsstudium in Münster
1962–1964	Geistlicher Rektor und Dozent für Dogmatik am Seminar für Seelsorgehelferinnen in Elkeringhausen und Bottrop
1964–1970	Wiss. Assistent am Dogmatischen Seminar der Katholisch-Theologischen Abteilung der Ruhr-Universität, Bochum
18.03.1966	Promotion zum Dr. theol. in Münster
SS 1970	Habilitation für Dogmatik und Dogmengeschichte in Bochum
1970–1971	Dozent an der Ruhr-Universität, Bochum
WS 1971/72	Berufung als Ordinarius für Dogmatik an die Johannes Gutenberg-Universität, Mainz
1971–1975	Theologischer Berater und Mitglied der Sachkommission I (Glaubenssituation und Verkündigung) der Würzburger Synode
1976–1986	Mitglied des Redaktionskomitees von »Concilium«, Sektion Spiritualität
seit 1976	Mitglied des Ökumenischen Arbeitskreises evangelischer und katholischer Theologen
1982–1985	Leiter der Arbeitsgruppe II »Sakramente« im Projekt »Lehrverurteilungen – kirchentrennend?«
1982–1990	Mitglied im theologischen Beirat des Katholischen Bibelwerks, Stuttgart
1984	Erweiterung der Lehrstuhlumschreibung (Dogmatik und Ökumenische Theologie) im Zusammenhang mit der Ablehnung eines Rufs nach Münster
1984–1992	Mitglied im Deutschen Ökumenischen Studienausschuss
1985–1989	Leiter der Arbeitsgemeinschaft der deutschsprachigen Dogmatiker und Fundamentaltheologen
1987–1999	Mitherausgeber der »Ökumenischen Rundschau«
1989–2005	Wiss. Leiter (kath.) des Ökumenischen Arbeitskreises evangelischer und katholischer Theologen
1989–2007	Mitglied des wissenschaftlichen Beirates der Zeitschrift »Theologie der Gegenwart«
1989–1996	Leiter der Deutschen Sektion der Europäischen Gesellschaft für Katholische Theologie
30.09.1998	Emeritierung

	Vorträge auf Fortbildungsveranstaltungen zu Themen aus dem Bereich der Ökumene, des Christusbekenntnisses, der Sakramententheologie, des Amtsverständnisses, der Kirchenreform u. a.
2014–2017	Mitarbeit bei der Herausgabe der »Sämtlichen Werke« von Karl Rahner: Übersetzung der lateinischen Vorlesung »De Gratia Christi« ins Deutsche. SW 5,1 und 5,2.
	In all diesen Jahren bis heute Einsatz in der Seelsorge (Eucharistiefeier, Predigt) in den Pfarrgemeinden Rheinhessens.

Buchveröffentlichungen von Theodor Schneider

Teleologie als theologische Kategorie bei Herman Schell, Essen 1966. (Dissertation)

Gewandeltes Eucharistieverständnis?, Einsiedeln 1969.

Plädoyer für eine wirkliche Kirche, Stuttgart 1972.

Die Einheit des Menschen. Die anthropologische Formel »anima forma corporis«. Ein Beitrag zur Vorgeschichte des Konzils von Vienne, Münster 1973 (2. Aufl. 1988). (Habilitationsschrift)

Wir sind sein Leib. Meditationen zur Eucharistie, Mainz 1977 (4. Aufl. 1989).
Italienische Übers. Brescia 1992.

Gott ist Gabe. Meditationen über den Heiligen Geist, Freiburg 1979.

Zeichen der Nähe Gottes. Grundriss der Sakramententheologie, Mainz 1979 (8. Aufl. 2008).
Spanische Übers. Salamanca 1982 (2. Aufl. 1985).
Italienische Übers. Brescia 1983 (2. Aufl. 1985).
Polnische Übers. Wroclaw 1990 (2. Aufl. 1995).

Deinen Tod verkünden wir. Gesammelte Studien zum erneuerten Eucharistieverständnis, Düsseldorf 1980.

Was wir glauben. Eine Auslegung des Apostolischen Glaubensbekenntnisses, Düsseldorf 1985 (7. Aufl. 2014).
Italienische Übers. Brecia 1989.
Spanische Übers. Salamanca 1991.

Auf seiner Spur. Ein Werkstattbuch, Düsseldorf 1990.

Wenn der Morgenstern aufgeht. Das Weihnachtsereignis, Freiburg 1991.

Dann wirst Du alle Tränen trocknen. Geistliche Reden zu Tod und Leben, Mainz 1996.

Sieben heilige Feiern. Eine kleine Sakramentenlehre, Mainz 2004. (Zusammen mit Martina Patenge)

Miteinander glauben. Erinnerung an Weggefährten, Münster 2008.

Kritische Treue. Grundfragen der Systematischen Theologie, Ostfildern 2010 (3. Aufl. 2018).

Die aufgegebene Reform. Vergessene Impulse und bleibender Auftrag des Zweiten Vatikanums, Ostfildern 2012 (2. Aufl. 2013).

Herausgeberschaften

Vorsehung und Handeln Gottes (Quaestiones Disputatae, Bd. 115), Freiburg 1988. (Zusammen mit Lothar Ullrich)

Mann und Frau – Grundproblem theologischer Anthropologie (Quaestiones Disputatae, Bd. 121), Freiburg 1989.

Handbuch der Dogmatik. 2 Bände, Düsseldorf 1992 (6. Aufl. 2017).
Italienische Übers. Brescia 1995.
Spanische Übers. Barcelona 1996.
Ungarische Übers. Budapest 1996/97.

Theologie zwischen Zeiten und Kontinenten (FS Elisabeth Gössmann), Freiburg 1993. (Zusammen mit Helen Schüngel-Straumann)

Geschieden – Wiederverheiratet – Abgewiesen? Antworten der Theologie (Quaestiones Disputatae, Bd. 157), Freiburg 1995.

Verbindliches Zeugnis. Bd. 1–3 (Dialog der Kirchen, Bd. 7, 9, 10), Freiburg / Göttingen, 1992–1998. (Zusammen mit Wolfhart Pannenberg)

Lehrverurteilungen – kirchentrennend? Bd. 4. Antworten auf kirchliche Stellungnahmen (Dialog der Kirchen, Bd. 8), Freiburg / Göttingen 1994.

Gerecht und Sünder zugleich? Ökumenische Klärungen (Dialog der Kirchen, Bd. 11), Freiburg / Göttingen 2001. (Zusammen mit Gunther Wenz)

Das kirchliche Amt in apostolischer Nachfolge. I Grundlagen und Grundfragen (Dialog der Kirchen, Bd. 12), Freiburg / Göttingen 2004. (Zusammen mit Gunther Wenz)